# Greek Rudiments

# GREEK RUDIMENTS

Catherine Forbes.

Class III A.

# Greek Rudiments

BY

## JOHN BURNET, M.A.

PROFESSOR OF GREEK IN THE UNITED COLLEGE OF ST. SALVATOR AND
ST. LEONARD, ST. ANDREWS;
FELLOW OF MERTON COLLEGE, OXFORD

Γράμματα μαθεῖν δεῖ καὶ μαθόντα νοῦν ἔχειν
*Menander*

NEW IMPRESSION

LONGMANS, GREEN AND CO.
39 PATERNOSTER ROW, LONDON
FOURTH AVENUE & 30TH STREET, NEW YORK
BOMBAY, CALCUTTA, AND MADRAS
1918

# PREFACE.

THE purpose of this book is to familiarise the learner with the diction and idiom of the Attic dialect, and thus to prepare him for the study of Aristophanes, Demosthenes, and Plato.

In the accidence, only those forms are given which are most commonly met with in Attic books. Considerable attention has been paid to accentuation, a subject which can easily be taught from the beginning, and will hardly be mastered later on unless it has been taught from the beginning. For a fuller treatment I may refer to the *Rules of Greek Accentuation* which I have prepared for my classes at St. Andrews.

In framing the sentences, I have tried to avoid meaningless combinations of words, and I have drawn most upon the language of common life, which is the kernel of all language. I have introduced syntactical rules as they are wanted, but I have left their full treatment to the teacher, for I believe that every teacher does best to follow his own methods.

I hope that the large type in which the paradigms are given will prove a boon to the learner.

J. B.

# CONTENTS.

## PART I.—DECLENSION.

# PART II.—CONJUGATION.

# PART I.

## INTRODUCTORY.

**1. The Attic Dialect.**—The language taught in this grammar is the Attic dialect, that is, the language spoken by the Athenians at the end of the fifth and the beginning of the fourth centuries B.C. There are many other Greek dialects, some of which will be learnt later on.

The chief works written in the Attic dialect are those of Thucydides, Plato, the Orators, and Aristophanes.

The Homeric poems are in an artificial dialect called the Epic. This is mainly Ionic, with many Aeolic and other elements  Herodotus writes in Ionic.  Greek tragedy is composed in an older form of Attic, with many peculiarities borrowed from the Epic.

From the fourth century B.C. onwards the Attic dialect became more and more the common language of Hellas; but, in so doing, it lost much of its purity.  The beginnings of this process can be traced in Xenophon

Later still, in the days of Alexander the Great, the "common dialect" became the official language of the East, and continued to be so under the Romans.  It is from this dialect that Modern Greek is descended.

As spoken by Orientals, the "common dialect" departed more and more from Attic purity, and is usually called Hellenistic Greek.  The New Testament is written in Hellenistic Greek.

Under the Roman Empire more or less successful attempts were made by some writers to revive the original Attic dialect.  These writers are called the Atticists.  The best known is Lucian.

A

**2. The Alphabet.**—The alphabet now used in writing and printing Greek is given opposite.

This alphabet is not ancient. The capitals are, for the most part, very like the letters used at Athens in the fourth century B C. ; the small letters have arisen gradually from rapid writing of the capitals. They are found in MSS. from the eighth century A.D. onwards.

The names of nearly all the letters are Phoenician ; for it was from the Phoenicians that the Greeks learnt the art of writing. Accordingly, these names resemble those of the Hebrew letters (cf. Psalm cxix.), for Hebrew and Phoenician are kindred tongues.

All modern European alphabets are derived from the Greek. The Romans took theirs from the Greek colonists of Southern Italy, and the alphabets of Western Europe are derived from that of the Romans. The Russian alphabet for the most part comes directly from the Greek.

*Obs. 1.*—The names ἒ ψῑλόν, ῦ ψῑλόν, ὃ μικρόν, and ὣ μέγα are not ancient.

*Obs. 2.*—Gamma (γ) before another guttural (κ, γ, χ or ξ) has the sound of *n* in 'ink,' 'sing,' 'ink-horn,' 'Sphinx,' *e.g.* ἄγγελος (pron. *angelos*), 'messenger,' 'angel' ; ἡ Σφίγξ, 'the Sphinx.'

*Obs. 3.*—Sigma is written s at the end of a word, elsewhere σ.

**3. Diphthongs.**—The diphthongs are—

| | | | |
|---|---|---|---|
| αι | ει | οι | υι |
| αυ | ευ | ου | ηυ |

When Iota (ι) forms a diphthong with the long vowels ᾱ, η, ω it is not sounded, and is written under the long vowel, thus—

χώρᾳ         μάχῃ         λόγῳ

This Iota is called *Iota subscript.*

*Obs.*—When the long α, η, or ω is a capital, the Iota is written after it (*Iota adscript*), thus—

ᾄδειν        ᾖσε        ᾠδή
Ἄιδειν       Ἦισε       Ὠιδή

| | | | | |
|---|---|---|---|---|
| Alpha | $A$ | $a$ | ă | ἄλφα |
| Bēta | $B$ | $\beta$ | b | βῆτα |
| Gamma | $\Gamma$ | $\gamma$ | g (always hard) | γάμμα |
| Delta | $\varDelta$ | $\delta$ | d | δέλτα |
| Epsĭlon | $E$ | $\epsilon$ | ĕ | εῖ |
| Zēta | $Z$ | $\zeta$ | z (ds) | ζῆτα |
| Ēta | $H$ | $\eta$ | ē | ῆτα |
| Thēta | $\Theta$ | $\theta$ | th | θῆτα |
| Iōta | $I$ | $\iota$ | ĭ | ἰῶτα |
| Kappa | $K$ | $\kappa$ | k | κάππα |
| Lamda | $\varLambda$ | $\lambda$ | l | λάμδα |
| My (Mü) | $M$ | $\mu$ | m | μῦ |
| Ny (Nü) | $N$ | $\nu$ | n | νῦ |
| Xei | $\varXi$ | $\xi$ | x (ks) | ξεῖ |
| Ŏmĭkron | $O$ | $o$ | ŏ | οῦ |
| Pei | $\Pi$ | $\pi$ | p | πεῖ |
| Rhō | $P$ | $\rho$ | r | ῥῶ |
| Sigma | $\varSigma$ | $\sigma, \varsigma$ | s | σίγμα |
| Tau | $T$ | $\tau$ | t | ταῦ |
| Upsĭlon | $\varUpsilon$ | $\upsilon$ | ü (y) | ὗ |
| Phei | $\Phi$ | $\phi$ | ph | φεῖ |
| Chei | $X$ | $\chi$ | ch (kh) | χεῖ |
| Psei | $\Psi$ | $\psi$ | ps | ψεῖ |
| Ōmega | $\varOmega$ | $\omega$ | ō | ὧ |

**4. Classification of Consonants.**—The consonants are classified thus—

| Mutes. | | | |
|---|---|---|---|
| | GUTTURAL. | LABIAL. | DENTAL. |
| Breathed | κ | π | τ |
| Voiced | γ | β | δ |
| Aspirated | χ | φ | θ |
| **Liquids.** | | | |
| Nasal | γ (before κ, γ, χ) | μ | ν |
| Lingual | | | λ, ρ |
| **Spirant.** | | | |
| | | | σ, ς |

*Obs.*—In Attic the spirants *w* and *y* are obsolete, though they have left many traces. In some dialects *w* is still preserved. It is written ϝ(ϝαῦ), and called the *digamma* from its shape.

**5. Final Consonants.**—The only consonants that can stand at the end of a word are *Ny*, *Rho*, and *Sigma* (*Nereus*).

*Obs.*—The only exceptions are the preposition ἐκ, 'out of' (before vowels ἐξ), and the adverb οὐκ, οὐχ, 'not' (before consonants οὐ). The exception here is apparent rather than real; for both these words are regarded as part of the following word.

**6. Breathings.**—Every vowel at the beginning of a word has one or other of the *Breathings* (*Spiritus*). These are written thus—

    Rough Breathing (*Spiritus asper*), ῾Ο, ὅ. —῾Η, ἥ.
    Smooth Breathing (*Spiritus lenis*), ᾿Εκ, ἐκ.—Εἰς, εἰς.

The *smooth* breathing is left unpronounced; the *rough* breathing is sounded like *h*, *e.g.*—

        ὁ ὅρος (hŏ hŏrŏs), 'the boundary.'
        τὸ ὄρος (tŏ ŏrŏs), 'the hill.'

*Obs* 1 —*Rhō*, though a consonant, always has the rough breathing at the beginning of a word, *e.g.*—

'Ρόδος, (Rhodos), ' Rhodes.'

ῥήτωρ (rhētor), ' orator.'

*Obs.* 2.—The vowel υ always has the rough breathing at the beginning of a word, *e.g.*—

ὑπέρ, 'over' (Lat. *super*).

ὕπνος, 'sleep' (Lat. *somnus*).

(In this case the breathing represents the lost σ.)

**7. Quantity.**—Vowels differ in *quantity, i.e.* in the length of time for which they are sounded. Thus ε differs from η, and o from ω as $\overset{\smallsmile}{\phantom{.}}$ from $\overset{}{\phantom{.}}$. Long ā, ῑ, ῡ have no separate signs to mark their quantity. Diphthongs are of course long.

*Obs* 1.—Quantity must not be confounded with stress. The stress of a word may fall on a short syllable just as well as on a long one.

*Obs* 2 —A syllable is said to be long 'by position' when it consists of a vowel followed by certain consonant groups. But the vowel of such a syllable may quite well be short 'by nature.'

**8. Accents.**—Nearly every Greek word has an *accent* on one or other of its last three syllables. The accents are—

The Acute  (′) *e.g.* ἀγαθός, 'good.'

The Grave  (‵)  ἀγαθὸς

The Circumflex (‸)  ἀγαθοῦ.

The accents and breathings are written—

(1) Before capitals—Ὅμηρος, Ἄτλας, Ἥρα :

(2) Above small letters—ὅρος, ὄρος, ἔστι :

(3) Above the second vowel of diphthongs—οὖς, εἶς, αἶς.

οὔς, εἰς, εὖ.

*Obs* 1.—The grave is only used to take the place of the acute at the end of words. But when a word is followed by a mark of punctuation (*in pausa*) or an enclitic, a final acute remains unchanged.

*Obs.* 2.—It is not now customary to attend to the accents in pronunciation, but it is essential to be able to write them correctly.

The accents originally marked a rise in *pitch*, thus—

It will be seen from the above figure that the circumflex can stand only on long syllables.

In Modern Greek the accents simply mark stress, and quantity has disappeared altogether.

In Western Europe it is customary to pronounce Greek according to the rule of the Latin accent.   The Latins said—

a mĭ-cus          ad-vĕ-na

and it is now customary to pronounce on the same principle—

ἄν-θρω-πος, 'man.'          ἀ-γᾰ-θός, 'good.'

Neither the Modern Greek pronunciation nor that now followed in Western Europe is at all like ancient Greek.

### 9. Punctuation.—The full stop (.) and the comma (,) have the same force as with us.

The sign (;) is used as a mark of interrogation.

A point above the line (·) is used for the colon and semicolon.

### 10. Hiatus.—In the best Attic prose, hiatus is avoided as much as possible.

In highly artificial writers like Isocrates this is carried to great extremes.   On the other hand, in inscriptions and public documents little attention seems to be paid to the matter.

### 11. Elision of a final vowel (ἀποκοπή, 'cutting off') is marked by the apostrophe (').

It is especially common in disyllabic prepositions, conjunctions, and adverbs.

In cases of elision final κ, π, τ become χ, φ, θ respectively when the next word begins with the rough breathing, thus—

|       | ὑπὸ ἐμοῦ,  | 'by me,'   | becomes | ὑπ' ἐμοῦ. |
|-------|------------|------------|---------|-----------|
| but   | ὑπὸ ἡμῶν,  | 'by us,'   | „       | ὑφ' ἡμῶν. |
|       | τότε ἐγώ,  | 'then I,'  | „       | τότ' ἐγώ. |
| but   | τότε ἡμεῖς. | 'then we,' | „       | τόθ' ἡμεῖς. |

**12. Crasis** (κρᾶσις, 'mixture') is the fusion of the last syllable of one word with the first syllable of the next. The following examples show some of the commonest types—

ὁ ἄνθρωπος, 'the man,'      becomes ἅνθρωπος.
οἱ ἄνθρωποι, 'the men,'      ,,    ἅνθρωποι.
τὸ ἀργύριον, 'the money,'      ,,    τἀργύριον.
τὸ ἔργον,    'the work,'      ,,    τοὖργον.
καὶ ἐν,     'and in,'      ,,    κἀν.
καὶ ἐάν,    'and if,'      ,,    κἄν.
καὶ εἶτα,    'and then,'      ,,    κᾆτα.
πρὸ ἔργου, 'advantageous,'      ,,    προὖργου.
τὼ ὀφθαλμώ, 'the (two) eyes,'   ,,    τὠφθαλμώ.

*Obs.* 1.—Syllables which arise by crasis are always long.

*Obs.* 2 —Iota is only preserved in crasis when it belongs to the last of the two fused syllables. It then appears as iota subscript.

*Obs.* 3 —In crasis the accent of the second word only is preserved

*Obs.* 4.—Crasis is specially common with the article and the conjunction καί, 'and.'

**13. Movable N.**—Certain forms in ε and ι sometimes add ν, especially before vowels and at the end of sentences, *e.g.*—

ἔστι κακός,
ἔστιν κακός,    } 'He is bad.'

ἔστιν ἀγαθός,
ἀγαθός ἐστι,     } 'He is good.'
ἀγαθός ἐστιν,

**14.** The following rules of accentuation are given for reference. They need not be mastered at once

## FUNDAMENTAL RULES OF GREEK ACCENTUATION.

RULE I.—The circumflex can stand only on syllables long by nature.

RULE II.—The acute cannot go further back than the antepenult, and that only when the last syllable is short by nature, *e.g.* nom sing θάλαττα, but gen sing θαλάττης.

RULE III.—The circumflex cannot go further back than the penult, and that only when the last syllable is short by nature, *e.g.* nom. sing. δῶρον, but gen. sing. δώρου.

RULE IV.—Words forming a trochee (— ⏑), or ending in a trochee, if accented on the penult, have the circumflex, *e.g.* nom. sing. πολίτης, but voc. sing. πολῖτα.

N.B.—For the purposes of these rules the final syllables -αι and -οι are counted short by nature.

### 15. Accentuation of Declinable Words.—Declinable words may have Regressive, Stationary, or Progressive accent.

(*a*) *Regressive Accent*—The accent goes as far back as the preceding rules will allow.

It appears—

(1) In polysyllables[1] as an acute on the antepenult or the penult, according as the last syllable is short or long (RULE II.).

(2) In disyllables as a circumflex on the penult wherever possible (RULES III. and IV.), *e.g.*—

| NOM. SING. | GEN. SING. | NOM. PLUR. |
|---|---|---|
| θάλαττα | θαλάττης | θάλατται |
| ἄνθρωπος | ἀνθρώπου | ἄνθρωποι |
| ὄνομα | ὀνόματος | ὀνόματα |
| πρᾶγμα | πράγματος | πράγματα |

(*b*) *Stationary Accent.*—The accent remains on the same syllable throughout the declension.

This accent is always on the penult except in the nominative singular of the third declension. It becomes a circumflex when the word ends in a trochee (RULE IV.), *e g*—

| NOM. SING. | GEN. SING. | NOM. PLUR |
|---|---|---|
| νίκη | νίκης | νῖκαι |
| στρατεία | στρατείας | στρατεῖαι |
| πολίτης | πολίτου | πολῖται |
| προδότης | προδότου | προδόται |
| παρθένος | παρθένου | παρθένοι |
| βιβλίον | βιβλίου | βιβλία |
| ἐλπίς | ἐλπίδος | ἐλπίδες |
| ποιμήν | ποιμένος | ποιμένες |
| ἀγών | ἀγῶνος | ἀγῶνες |

---

[1] In these rules the word 'polysyllable' includes trisyllables.

(c) *Progressive Accent.*—The accent is on the termination in the genitive and dative of all numbers, and is circumflex when the termination is long.

| Nom. Sing. | Gen. Sing. | Gen. Plur. |
|---|---|---|
| τῑμή | τῑμῆς | τῑμῶν |
| θεός | θεοῦ | θεῶν |
| ἅλς | ἁλός | ἁλῶν |
| γυνή | γυναικός | γυναικῶν |

## I.—THE ARTICLE.

1. In learning the article we virtually learn the first and second declensions.

| | | Masc. | Fem. | Neut. |
|---|---|---|---|---|
| Sing. | N. | ὁ | ἡ | τό |
| | G. | τοῦ | τῆς | τοῦ |
| | D. | τῷ | τῇ | τῷ |
| | A. | τόν | τήν | τό |
| Dual | N. A. | τώ | τώ | τώ |
| | G. D. | τοῖν | τοῖν | τοῖν |
| Plur. | N. | οἱ | αἱ | τά |
| | G. | τῶν | τῶν | τῶν |
| | D. | τοῖς | ταῖς | τοῖς |
| | A. | τούς | τάς | τά |

*Obs.* 1.—Those parts of the article which do not begin with τ have no accent, being regarded as part of the following word ('proclitic').

*Obs.* 2.—All genitives and datives of the article have the circumflex.

*Obs.* 3.—The -ας of the accusative plural feminine is always long, like the -ους of the masculine.

*Obs.* 4.—The article is much more freely used in Greek than in English. In particular it is used—

(a) With abstract nouns, *e.g.* ἡ ἀρετή, 'goodness' (cf. Fr. *la bonté,* Germ. *die Tugend*).

(b) With nouns singular or plural denoting a class, e.g. αἱ ψυχαί, 'souls' (cf. *les âmes, die Seelen*).

(c) Instead of a possessive pronoun when there is no emphasis and no ambiguity, e.g. ἡ ἀδελφή, 'my, your, his sister,' according to the context.

(d) With proper names of well-known persons or persons already mentioned, e.g. ὁ Σωκράτης.

## Exercise 1.

N.B.—All nouns and adjectives in this exercise are declined exactly like the feminine of the Article except in the nominative (see the Vocabularies at the end).

### EXCLAMATORY GENITIVE.

The genitive is used alone and with interjections to mark the source of the feeling expressed, e g.—

| | |
|---|---|
| τῆς τύχης, | 'What luck!' |
| οἴμοι τῆς κεφαλῆς, | 'O my head!' |

PHRASE—Sing χαῖρε,    ⎫ 'Hail! Good day!'
    Plur. χαίρετε,    ⎭ 'Farewell!' 'Good-bye!'

1. Χαῖρ', ὦ ἀδελφή.  χαίρετ', ὦ ἀδελφαί.
2. Ὡς δεινὴ ἡ ὀργὴ τῆς ἀδελφῆς.
3. Ἰοὺ τῆς πομπῆς, ὡς καλὴ ἡ πομπή.
4. Φεῦ τῆς λύπης.  ὡς δεινὴ ἡ λύπη.  οἴμοι τῆς κεφαλῆς.
5. Οἴμοι τῆς τύχης  ὡς χαλεπὴ ἡ τύχη.
6. Ὡς χαλεπὴ ἡ ἀνάγκη.  οἴμοι τῆς χαλεπῆς ἀνάγκης.
7. Τῆς ἡδονῆς.  ὡς καλὴ ἡ ἡδονή.
8. Ὡς δεινὴ ἡ τέχνη.  ὡς καλὴ ἡ ἀρετή.  ὡς καλὴ ἡ τιμή.
9. Ὦ τῆς καλῆς φωνῆς.  ὡς καλὴ ἡ ᾠδή.
10. Ὡς καλὴ ἡ ἑορτή.  ἰοὺ τῆς καλῆς ἑορτῆς.
11. Ὡς δεινὴ ἡ βοή.  οἴμοι τῆς δεινῆς βοῆς

1. Good day, (O) sisters!  Good day, my (O) sister!
2. How terrible the silence is!  O what silence!
3. How glorious honour is!  What glorious honour!
4. How good pleasure is!  O what pleasure!
5. O what a beautiful procession!  Hurrah for the procession!
6. O what a bad song!  O what a bad voice!

7. Dear me, what terrible anger! How harsh your (the) anger is, (O) sister!

8. Hurrah for our (the) good fortune! Dear me, what shouting!

## II.—THE FIRST DECLENSION.

### STEMS IN -α (-η).

2. The first declension comprises—

(a) Feminines in -α and -η.
(b) Masculines in -ᾱs and -ηs.

### (a) FEMININES IN -η.

3. Nouns in -η are declined like the feminine of the article except in the dual, which has -ᾱ (long) and -αιν. The feminine of most adjectives follows the same declension.

| | | | | |
|---|---|---|---|---|
| SING. N. | ἡ | ἀγαθὴ (good) | ψυχή (soul) |
| G. | τῆς | ἀγαθῆς | ψυχῆς |
| D. | τῇ | ἀγαθῇ | ψυχῇ |
| A. | τὴν | ἀγαθὴν | ψυχήν |
| DUAL N. A. | τὼ | ἀγαθά | ψυχά |
| G. D. | τοῖν | ἀγαθαῖν | ψυχαῖν |
| PLUR. N. | αἱ | ἀγαθαὶ | ψυχαί |
| G. | τῶν | ἀγαθῶν | ψυχῶν |
| D. | ταῖς | ἀγαθαῖς | ψυχαῖς |
| A. | τὰς | ἀγαθὰς | ψυχάς |

*Obs* —The accent of ἀγαθή and ψυχή is progressive, *i.e.* it tends to fall as near the end of the word as possible. Note that it becomes circumflex in the gen. and dat. of all numbers, just as in the article. (See Introd. 15 c.)

| 4. | SING. N. | ἡ | δεινή (terrible) | μάχη (battle) |
|---|---|---|---|---|
| | G. | τῆς | δεινῆς | μάχης |
| | D. | τῇ | δεινῇ | μάχῃ |
| | A. | τὴν | δεινήν | μάχην |
| | DUAL N. A. | τὼ | δεινά | μάχα |
| | G. D. | τοῖν | δειναῖν | μάχαιν |
| | PLUR. N. | αἱ | δειναί | μάχαι |
| | G. | τῶν | δεινῶν | μαχῶν |
| | D. | ταῖς | δειναῖς | μάχαις |
| | A. | τὰς | δεινάς | μάχας |

*Obs.*—The accent of μάχη is stationary, *i e* it remains unchanged *except in the genitive plural.*

RULE.—The genitive plural of all nouns of the first declension has the circumflex.

(This is because -ῶν is contracted for -άων. The rules which regulate this will be explained later on.[1])

| 5. | SING. N. | ἡ | καλή (beautiful, glorious) | νίκη (victory) |
|---|---|---|---|---|
| | G. | τῆς | καλῆς | νίκης |
| | D. | τῇ | καλῇ | νίκῃ |
| | A. | τὴν | καλήν | νίκην |
| | DUAL N A. | τὼ | καλά | νίκα |
| | G. D. | τοῖν | καλαῖν | νίκαιν |
| | PLUR. N. | αἱ | καλαί | νῖκαι |
| | G. | τῶν | καλῶν | νικῶν |
| | D. | ταῖς | καλαῖς | νίκαις |
| | A. | τὰς | καλάς | νίκας |

[1] App. §3

*Obs* —The noun **νίκη** has stationary accent on a long vowel. Note that the nom. plur. is accented **νῖκαι** by the rule of the final trochee (Introd. 14, Rule IV.).

On the same principles we accent—

| Nom Sing. | Nom. Plur. | Gen. Plur. |
|---|---|---|
| ἡ λύπη, 'pain.' | αἱ λῦπαι | τῶν λῡπῶν |
| ἡ κώμη, 'village.' | αἱ κῶμαι | τῶν κωμῶν |
| ἡ κρήνη, 'spring,' 'well.' | αἱ κρῆναι | τῶν κρηνῶν, etc. |

## Exercise 2.

### Subject—Predicate—Attribute.

1. The subject takes the article, the predicate does not, *e g.—*

ἡ ἀνδρεία ἀρετή,
ἀρετὴ ἡ ἀνδρεία,    } 'Courage is goodness.'

ἡ ἀρετὴ ἀνδρεία,
ἀνδρεία ἡ ἀρετή,    } 'Goodness is courage.'

2 The attribute is placed *between* the article and its noun, the predicate *outside* the article and its noun, *e.g.*—

ἡ ἀγαθὴ ψυχή,    'The good soul.'

ἡ ψυχὴ ἀγαθή,
ἀγαθὴ ἡ ψυχή,    } 'The soul is good.'

ἡ δεινὴ μάχη,    'The terrible battle.'

ἡ μάχη δεινή,
δεινὴ ἡ μάχη,    } 'The battle is terrible.'

Phrase—**ποῦ ἐστι(ν); ποῦ 'στι(ν);** 'Where is?'

The letter **ν** is often added to *ἐστί*, 'is,' especially before vowels (Introd. 13).' The whole phrase is accented as one word, *ἐστί(ν)* being an enclitic.

*N.B.*—Explain the accent of all the declinable words in this exercise.

1. Οἴμοι τῆς τύχης. φεῦ τῆς λύπης. δεινὴ ἡ λύπη.

2. Καλὴ ἡ νίκη. σοφὴ ἡ γνώμη. ἀγαθὴ ἡ τύχη.

3. Χαῖρ', ὦ κόρη, ποῦ 'στιν ἡ ἀδελφή;—Οὐκ ἔνδον ἡ ἀδελφή.

4. Ὡς καλαὶ αἱ 'Αθῆναι. ἐν 'Αθήναις καλαὶ αἱ ἑορταί.

5. Ὡς καλὴ ἡ πομπή. ἰοὺ τῆς νίκης. ἰοὺ τῆς εἰρήνης.

6 Ὡς καλὴ ἡ φωνὴ τῆς κόρης. ὡς καλὴ ἡ ᾠδή.

7. 'Εν ταῖς μάχαις δειναὶ αἱ τύχαι. ἐν ταῖς μάχαις ἀγαθὴ ἡ τέχνη.

8. Καλὴ ἡ ὕλη. ἐν τῇ ὕλῃ δεινὴ ἡ σιγή.

9 Ποῦ 'στιν ἡ ἀδελφή;—'Ενθάδε ἡ ἀδελφή. ἐνταῦθα ἡ ἀδελφή. ἐκεῖ ἡ ἀδελφή.

10. Οὐ σχολὴ τῇ ἀδελφῇ. ἐν 'Αθήναις ἡ ἀδελφή.

1. Dear me, what shouting! The shouting is for (διά c. acc.) the glorious victory.

2 Good day, my girl. Where is my sister? Your sister is not in.

3. How beautiful the wood is! How terrible the silence is!

4. How glorious the victories are! How fine the procession is!

5. Your anger is terrible, (O) sister! Dear me, what anger!

## III.—THE FIRST DECLENSION (continued).

### (b) Feminines in -a PURE.

6. Nouns in -a have -αν in the accusative singular.

If the -a of the nominative singular is preceded by a vowel or Rhō, the -a remains throughout the declension (*Alpha pure*).

In the dual and plural all nouns of the first declension are declined exactly alike.

7. Sing. N.    ἡ    μακρὰ (long)   σκιά (shadow)

    G.    τῆς   μακρᾶς    σκιᾶς

    D.    τῇ    μακρᾷ     σκιᾷ

    A.    τὴν   μακράν    σκιάν

*Obs.*—For the accentuation of the gen. and dat., see Introd. 15 c.

8. Sing. N.    ἡ    νέα (new)    ἀγορά (market-place)

    G.    τῆς   νέας     ἀγορᾶς

    D.    τῇ    νέα      ἀγορᾷ

    A.    τὴν   νέαν     ἀγοράν

*Question.*—How would you accent the nominative and genitive plural of these nouns?

| 9. | Sing. N. | ἡ | μικρὰ (small) | οἰκία (house) |
|---|---|---|---|---|
| | G. | τῆς | μικρᾶς | οἰκίας |
| | D. | τῇ | μικρᾷ | οἰκίᾳ |
| | A. | τὴν | μικρὰν | οἰκίαν |

| 10. | Sing. N. | ἡ | ἱερὰ (holy) | χώρα (ground, land) |
|---|---|---|---|---|
| | G. | τῆς | ἱερᾶς | χώρας |
| | D. | τῇ | ἱερᾷ | χώρᾳ |
| | A. | τὴν | ἱεράν | χώραν |

| 11. | Sing. N. | ἡ | καλὴ (beautiful) | σφαῖρα (ball) |
|---|---|---|---|---|
| | G. | τῆς | καλῆς | σφαίρας |
| | D. | τῇ | καλῇ | σφαίρᾳ |
| | A. | τὴν | καλὴν | σφαῖραν |

*Obs.*—Most nouns of this class have the -α long. When it is short, this is shown by the accent, *e g* σφαῖρᾰ, 'ball'; ἀλήθειᾰ, 'truth' (Cf. Introd. 14, RULES II.-IV.) The accusative singular follows the quantity of the nominative singular, but -ᾱs in the genitive singular and in the accusative plural is always long.

## Exercise 3.

### ATTRIBUTE.

The attribute inserted between the article and its noun may be a genitive case, *e.g.*—

ἡ τῆς κόρης ἀδελφή, 'the girl's sister.

### PRESENT TENSE OF ἄγειν AND ἥκειν.

ἄγω, I lead (bring, take).     ἥκω, I come (I am come, here I am)
ἄγεις, you lead.     ἥκεις, you come.
ἄγει, he leads.     ἥκει, he comes.

PHRASE—πόθεν ἥκεις; 'Where do you come from?'

1. Μακρὰ ἡ ἡμέρα.  νέα ἡ σελήνη.  καλὴ ἡ ἑσπέρα.

2. Ποῦ 'στιν ἡ ἀγορά, ὦ κόρη ;—Ἐνθάδε ἡ ἀγορά.  ἐνταῦθ' ἡ ἀγορά.  ἐκεῖ ἡ ἀγορά.

3. Χαῖρ', ὦ ἀδελφή, πόθεν ἥκεις ,—Ἥκω ἐξ Ἀθηνῶν ἀπὸ τῆς πομπῆς

4. Νίκης αἰτία ἡ ἀνδρεία.  σχολῆς αἰτία ἡ εἰρήνη.

5. Ὡς σοφὴ ἡ γνώμη.  ὦ τῆς σοφῆς γνώμης.  ὦ τῆς σοφίας.

6. Τῆς ἑσπέρας ('In the evening') μακρὰ ἡ τῆς οἰκίας σκιά.

7. Ὡς λαμπρὰ ἡ τῆς κόρης φωνή.  ὡς καλαὶ αἱ ᾠδαί.

8. Τιμῆς ἀξία ἡ ἀρετή.  διὰ τὴν ἀρετὴν τιμῆς ἄξιαι αἱ κόραι.

9. Σπουδῆς ἀξία ἡ ἀρετή.  ἀρχὴ τῆς σοφίας ἡ ἀρετή.

10. Διὰ μέσης τῆς ἀγορᾶς ('Through the middle of the market-place') ἥκει ἡ πομπὴ εἰς τὴν ἱερὰν χώραν.

11. Πρὸς ἑσπέραν οἴκαδ' ἥκω ἐκ τῆς ἀγορᾶς.

12. Ἐκ τῆς χώρας πολλάκις ἥκω εἰς Ἀθήνας εἰς τὴν ἐκκλησίαν.

13. Ἐν μέσῃ τῇ ('In the middle of') χώρᾳ ἡ κώμη.  ἐν μέσῃ τῇ κώμῃ ἡ οἰκία.

14. Μετὰ μεσημβρίαν οἴκοι ἡσυχίαν ἄγω.  ὡς καλὴ ἡ ἑσπέρα.

15. Ἐν τῇ ἐκκλησίᾳ δεινὴ ἡ βοή.  διὰ τὴν νίκην ἡ βοή.

16. Ἐν ταῖς μάχαις αἰσχρὰ ἡ φυγή.  ἐν τῇ μάχῃ καλὴ ἡ ἀνδρεία.

17. Τήμερον οἴκαδ' ἄγω τὴν ἀδελφὴν ἐκ τῆς χώρας Ἀθήναζε

18. Ὡς λαμπρὰ ἡ ἑορτή.  οἴκοθεν ἄγω τὰς ἀδελφὰς ἐπὶ θέαν τῆς πομπῆς.

19. Ποῦ 'στιν ἡ κόρη ;—Ἐπὶ ταῖς τῆς οἰκίας θύραις ἡ κόρη.

20. Τῆς ἑσπέρας οἴκαδ' ἐξ Ἀθηνῶν ἥκω εἰς τὴν κώμην.

1. The days are long.   The shadows of the houses are long. The market-place is fine.

2. Here comes (ἥκει) the procession through the market-place to the holy ground.   Hurrah for the procession !

ϐ. What a beautiful evening !   In the evening (τῆς ἑσπέρας) the moon is visible.

4. Towards evenıng (πρὸς ἑσπέραν) I get home from the market place.   I bring my sister from Athens.

3 5. Wisdom is worthy of honour. Folly is worthy of punishment.

6. In battles, skill is the cause of victory. Chance is often the cause of victory.

7. To-day I get home to the village from Athens with (μετά *c. gen.*) my sister.

8 The girl comes to Athens from the village for (διά *c. acc.*) the procession. I take the girl to Athens to see the procession.

9 Here comes my sister. Good day, sister; where do you come from? I come from Athens, from the procession.

10. Towards evening you get home from the Assembly to the village.

## IV.—THE FIRST DECLENSION (continued).

### (c) FEMININES IN -α IMPURE.

12. If the -α of the nominative singular is preceded by a consonant other than Rhō, the genitive and dative are in -ης, -ῃ (*Alpha impure*).

*Obs.*—All such nouns have the -α short in the nominative and accusative singular, and all have regressive accent (Introd. 15 *a*).

| 13. SING. | N. | ἡ | δεινή (terrible) | γλῶττα (tongue) |
|---|---|---|---|---|
| | G. | τῆς | δεινῆς | γλώττης |
| | D. | τῇ | δεινῇ | γλώττῃ |
| | A. | τὴν | δεινὴν | γλῶτταν |

*Question.*—How would you accent the genitive plural of ἡ δεινὴ γλῶττα?
*Obs* —For the accentuation of γλῶττα, cf. Introd. 14, Rule IV.

| 14. SING. | N. | ἡ | ἐρυθρά (red) | θάλαττᾰ (sea) |
|---|---|---|---|---|
| | G. | τῆς | ἐρυθρᾶς | θαλάττης |
| | D. | τῇ | ἐρυθρᾷ | θαλάττῃ |
| | A. | τὴν | ἐρυθρὰν | θάλατταν |

*Question* —Explain the accentuation of θάλαττα, and give the nominative and genitive plural with the proper accents.

B

## Exercise 4.

### ATTRIBUTE.

The attribute inserted between the article and its noun may be an adverb of time or place or a prepositional phrase, *e.g.*—

ἡ νῦν εἰρήνη,          'the *now* peace' (*i e.* 'the present peace').
αἱ ἐνθάδε οἰκίαι,          'the *here* houses' (*i.e.* 'the houses he.e').
αἱ ἐν 'Αθήναις οἰκίαι,⎫ 'the *at-Athens* houses'
αἱ 'Αθήνησιν οἰκίαι, ⎭  (*i.e.* 'the houses at Athens').

### PRESENT TENSE OF διδόναι AND ἔχειν.

δίδωμι,   I give.          ἔχω,   I have
δίδως,   you give.          ἔχεις, you have.
δίδωσι(ν), he gives.          ἔχει,   he has.

PHRASE— δός μοι, 'Give me.'

*N.B.*—As μοι is enclitic, this phrase is accented as a single word.

1. Δόξης καὶ τιμῆς αἴτιαι αἱ νῖκαι.  δόξαν καὶ τιμὴν ἔχω ἀπὸ τῆς νίκης.

2. Δός μοι τὴν μάχαιραν, ὦ κόρη.—'Επὶ τῆς τραπέζης ἡ μάχαιρα.

3. Οἰκίαν ἔχει ἐπὶ τῇ θαλάττῃ ἡ ἀδελφή.

4. 'Ως καλαὶ αἱ ἐν 'Αθήναις οἰκίαι.  ὡς μικραὶ αἱ παρὰ θάλατ-ταν οἰκίαι.

5. Δεινὴ ἡ μάχη κατὰ γῆν καὶ κατὰ θάλατταν.

6. Οἴμοι τῆς δίψης.  δεινὴ ἡ δίψα.  δός μοι τὴν φιάλην.

7. Ποῖ ἄγεις τὴν στρατιάν, ὦ Ξενοφῶν;—'Επὶ τὴν θάλατταν ἄγω τὴν στρατιάν

8. Ποῦ 'στιν ἡ δέσποινα, ὦ κόρη;—Ἔνδον ἡ δέσποινα μετὰ τῆς θεραπαίνης.

9. Δόξαν ἀρετῆς ἔχεις ἐν τῇ χώρᾳ, ὦ δέσποινα.

10 Πόθεν ἥκεις, ὦ δέσποινα;—'Εξ Αἰγίνης ἥκω εἰς 'Αθήνας ἐπὶ θέαν τῆς ἑορτῆς.

11. Ποῦ 'στι ἡ τῆς ἀδελφῆς χλαῖνα;—'Η θεράπαινα ἔχει τὴν χλαῖναν.

12. Δεινὴ ἡ ἧττα. τῆς ἥττης αἰτία ἡ φυγή. ὡς αἰσχρὰ ἡ φυγή.

13. Τήμερον εἰς τὴν ἀγορὰν ἄγω τὴν ἅμαξαν.

14. Οὐ καλὴ ἡ ἐνθάδε δίαιτα. καλὴ ἡ Ἀθήνησι δίαιτα.

15. Λαμπρὰ ἡ οἰκία. ὡς μαλακαὶ αἱ κλῖναι. ὡς καλαὶ αἱ τράπεζαι.

16. Τῇ ἀδελφῇ δίδωσι τὴν σφαῖραν ἡ κόρη.

17. Οὐ δίδωσι τὴν χλαῖναν τῇ θεραπαίνῃ ἡ κόρη.

18. Μετὰ τὴν μάχην ἡσυχίαν ἄγει ἡ στρατιά.

19. Νίκην τῇ στρατιᾷ δίδωσιν ἡ τύχη.

20. Πόθεν ἥκεις, ὦ δέσποινα;—Ἐνθένδε ἥκω. ἐντεῦθεν ἥκω. ἐκεῖθεν ἥκω. οἴκοθεν ἥκω.

/ 1. The sea is beautiful. The tables are beautiful. The couches are comfortable. /

2. Give me my cloak   Your cloak is on the bed, my girl

3. Where is your sister's house ?   My sister's house is at (ἐπί c dat.) the sea-side

4. Where is my knife ?   Your knife is on the table.   He gives the knife to his sister.

5. The defeat is terrible by land and by sea.   Alas for the defeat   Where is the army ?

6. The girl deserves punishment.   I give the ball to her sister.

7. I have a cup and a knife.   Where is the cup?   The cup is on the table.

8. My sister's cloak is beautiful.   My sister has a house at the sea-side.

9. In my sister's house the beds and tables are beautiful. O what beautiful tables !

10. The girl comes to Athens from the village on (ἐπί c. gen.) the waggon to see the festival

## V.—THE FIRST DECLENSION (continued).

### (d) MASCULINES IN -ᾱς AND -ης.

15. Nouns of the 1st declension in -ᾱς and -ης are masculine. They differ from those already given in two points:—

    (a) They borrow from the 2nd declension a gen. in -ου.

    (b) Nouns in -της, national names in -ης, and compounds have the vocative singular in -α short. Proper names of persons have -η.

16.

| | | | | |
|---|---|---|---|---|
| SING. N. | ὁ | σοφὸς | (clever, wise) | νεανίας (young man) |
| G. | τοῦ | σοφοῦ | | νεανίου |
| D. | τῷ | σοφῷ | | νεανίᾳ |
| A. | τὸν | σοφὸν | | νεανίαν |
| V. | ὦ | σοφὲ | | νεανία |
| DUAL N. A. | τὼ | σοφὼ | | νεανία |
| G. D. | τοῖν | σοφοῖν | | νεανίαιν |
| PLUR. N. | οἱ | σοφοὶ | | νεανίαι |
| G. | τῶν | σοφῶν | | νεανιῶν |
| D. | τοῖς | σοφοῖς | | νεανίαις |
| A. | τοὺς | σοφοὺς | | νεανίας |

17.

| | | | | |
|---|---|---|---|---|
| SING. N. | ὁ | ἀγαθὸς (good) | | πολίτης (citizen) |
| G. | τοῦ | ἀγαθοῦ | | πολίτου |
| D. | τῷ | ἀγαθῷ | | πολίτῃ |
| A. | τὸν | ἀγαθὸν | | πολίτην |
| V. | ὦ | ἀγαθὲ | | πολῖτα |
| DUAL N. A. | τὼ | ἀγαθὼ | | πολῖτα |
| G. D. | τοῖν | ἀγαθοῖν | | πολίταιν |

| | | | |
|---|---|---|---|
| Plur. N. | οἱ | ἀγαθοὶ | πολῖται |
| G. | τῶν | ἀγαθῶν | πολιτῶν |
| D. | τοῖς | ἀγαθοῖς | πολίταις |
| A. | τοὺς | ἀγαθοὺς | πολίτας |

*Obs* 1.—The accent of the vocative singular and nominative plural of πολίτης (which has long ι) is due to the rule of the final trochee. (Introd. 14, RULE IV.)

*Obs*. 2.—The noun δεσπότης, 'master,' like some others in very common use, draws back the accent in the vocative singular, thus— ὦ δέσποτα

## Exercise 5.

### APPENDED ATTRIBUTE.

The attribute is sometimes *appended* instead of being placed between the article and its noun, but the article must be repeated with the attribute so appended, *e.g.*—

αἱ οἰκίαι αἱ μικραί, 'the small houses.'

αἱ οἰκίαι αἱ $\begin{cases} ἐν ᾿Αθήναις, \\ ᾿Αθήνησι(ν), \end{cases}$ 'the houses at Athens.'

But, if the attribute is a genitive case, the article need not be repeated, *e g* —

ἡ τῶν Περσῶν ἀρχή, $\left.\begin{array}{l} \\ \\ \end{array}\right\}$

ἡ ἀρχὴ ἡ τῶν Περσῶν, 'the empire of the Persians.'

ἡ ἀρχὴ τῶν Περσῶν,

### PRESENT TENSE OF λέγειν AND γράφειν.

| | | | |
|---|---|---|---|
| λέγω, | I say. | γράφω, | I write. |
| λέγεις, | you say. | γράφεις, | you write |
| λέγει, | he says. | γράφει, | he writes. |

### PHRASE—ἰδού, λαβέ, 'There, take (it).'

1. Καλὸς κἀγαθὸς ὁ νεανίας. ὦ τοῦ σοφοῦ νεανίου.

2. Λέγει ὁ σοφιστὴς ὅτι δεινὸς ὁ νεανίας. λέγει ὁ νεανίας ὅτι σοφὸς ὁ σοφιστής.

3. Τῆς ἑσπέρας οἴκαδ᾿ ἥκει ὁ νεανίας παρὰ τοῦ σοφιστοῦ.

4. Λέγει ὁ οἰκέτης ὅτι κακὸς ὁ δεσπότης. οἴμοι τοῦ κακοῦ δεσπότου.

5. Δεινοὶ οἱ νῦν ὑποκριταί. δεινοὶ οἱ ὑποκριταὶ οἱ ἐν ᾿Αθήναις.

6. Ποῦ ᾿στιν ὁ σοφιστής ;—᾿Εν τῇ ἀγορᾷ ὁ σοφιστὴς μετὰ τῶν νεανιῶν.

7. Δός μοι τὴν μάχαιραν, ὦ νεανία.—᾿Ιδού, λαβὲ τὴν μάχαιραν.

8 Καλὴ ἡ ἀρετὴ ἡ τῶν πολιτῶν. τῆς νίκης αἰτία ἡ ἀνδρεία.

9. Ποῦ ᾿στιν ὁ δεσπότης ;—Λέγει ὁ οἰκέτης ὅτι οὐ σχολὴ τῷ δεσπότῃ.

10 ᾿Επιστολὴν γράφει ὁ δεσπότης· μακρὰ ἡ τοῦ δεσπότου ἐπιστολή.

11. ῾Ως δεινὴ ἡ σοφία ἡ τῶν νῦν σοφιστῶν. δεινοὶ οἱ ᾿Αθήνησι σοφισταί.

12. Λέγω ὅτι καλαὶ αἱ παρὰ τῶν πολιτῶν δόξαι καὶ τιμαί.

13. Κατὰ γῆν καὶ κατὰ θάλατταν δεινὴ ἡ πρὸς τοὺς Πέρσας μάχη.

14. ῾Ως καλὴ ἡ πομπὴ ἡ τῶν πολιτῶν. διὰ τὴν τῶν Περσῶν ἧτταν ἡ πομπή.

15. ᾿Εν ταῖς μάχαις δεινὴ ἡ τέχνη ἡ τῶν νῦν ὁπλιτῶν.

16. Διὰ τὴν σοφίαν καὶ τὴν τέχνην τιμῆς ἄξιος ὁ ποιητής.

17. Τιμὴν ἔχει ὁ ποιητὴς ἐν τῇ χώρᾳ διὰ τὴν σοφίαν.

18. Γράφει ὁ σοφιστὴς ὅτι σπουδῆς ἀξία ἡ ἀρετή.

19. Δός μοι τὴν ἐπιστολήν.—Οὐ μακρὰ ἡ ἐπιστολή, ὦ δέσποτα.

20. Τῷ σοφιστῇ δίδωσιν ὁ οἰκέτης τὴν τοῦ δεσπότου ἐπιστολήν.

1. Where is the sophist's house? The sophist's house is in the market-place.

2. Good day, young man! Where do you come from? I come from the sophist.

3. Where is your mistress? My mistress is in the house with my master.

4. He says that towards evening the shadows of the houses are long.

5. Give me the cup, young man. There, take the cup The cup is not on the table.

6. You say that the defeat is disgraceful to the citizens.

7. He says that the sophist is in the market-place with the young men.

8. I say that poets are worthy of honour because of their skill.

9. You say that the skill of the actors of the present day is wonderful.

10. The citizens are always in the market-place.

## VI.—THE SECOND DECLENSION.

### STEMS IN -o.

**18.** The second declension comprises masculines (a few feminines) in -ος and neuters in -ον. The masculine and neuter of most adjectives also belong to this declension.

**19.** 

| | | | |
|---|---|---|---|
| SING. N. | ὁ | ἀγαθὸς (good) | ἄνθρωπος (man) |
| G. | τοῦ | ἀγαθοῦ | ἀνθρώπου |
| D. | τῷ | ἀγαθῷ | ἀνθρώπῳ |
| A. | τὸν | ἀγαθὸν | ἄνθρωπον |
| V. | ὦ | ἀγαθέ | ἄνθρωπε |
| DUAL N. A. | τὼ | ἀγαθὼ | ἀνθρώπω |
| G. D. | τοῖν | ἀγαθοῖν | ἀνθρώποιν |
| PLUR. N. | οἱ | ἀγαθοὶ | ἄνθρωποι |
| G. | τῶν | ἀγαθῶν | ἀνθρώπων |
| D. | τοῖς | ἀγαθοῖς | ἀνθρώποις |
| A. | τοὺς | ἀγαθοὺς | ἀνθρώπους |
| V. | ὦ | ἀγαθοὶ | ἄνθρωποι |

*Obs.*—The noun ἀδελφός, 'brother,' being in very common use, draws back its accent in the vocative singular—ὦ ἄδελφε (cf §17, *Obs.* 2).

20. Sing. N.    ἡ    μακρὰ (long)    ὁδός (way)

        G.    τῆς   μακρᾶς      ὁδοῦ

        D    τῇ    μακρᾷ      ὁδῷ

        A.    τὴν   μακρὰν      ὁδόν

Dual N. A.   τὼ    μακρὰ       ὁδώ

   G. D.    τοῖν   μακραῖν      ὁδοῖν

Plur N.     αἱ    μακραὶ       ὁδοί

       G.    τῶν   μακρῶν      ὁδῶν

       D.    ταῖς   μακραῖς      ὁδοῖς

       A.    τὰς    μακρὰς      ὁδούς

*Obs.*—The noun ὁδός, having progressive accent, takes the circumflex in the genitive and dative (see Intiod 15 c).

21. Sing N.    τὸ    καλὸν (beautiful) δῶρον (gift)

        G.    τοῦ   καλοῦ       δώρου

        D.    τῷ    καλῷ       δώρῳ

        A.    τὸ    καλὸν       δῶρον

        V.    ὦ    καλὸν       δῶρον

Dual N. A.   τὼ    καλὼ        δώρω

   G. D.    τοῖν   καλοῖν       δώροιν

Plur. N.    τὰ    καλὰ        δῶρα

       G.    τῶν   καλῶν       δώρων

       D.    τοῖς   καλοῖς       δώροις

       A.    τὰ    καλὰ        δῶρα

       V    ὦ    καλὰ        δῶρα

*Obs.*—The rule for accenting the genitive plural of the first declension (§ 4, *Obs.*) does not apply to the second.

**22.** The commonest feminines in -ος are—

ἡ νῆσος, 'the island.'

ἡ νόσος, 'the disease,' 'illness.'

ἡ ὁδός, 'the way,' 'road,' 'street.'

*Obs.*—The Athenians said ὁ θεός, 'the god,' ἡ θεός, 'the goddess.' The feminine form θεά is found in other dialects. At Athens τὼ θεώ meant the two goddesses of Eleusis, Dēmēter and Korē.

## Exercise 6.

### AGREEMENT OF NOMINATIVE AND VERB.

When the subject is a neuter plural, the verb is put in the singular number, *e.g.*—

τὰ δῶρά ἐστι καλά, 'the gifts are (is) beautiful.'

*N.B.*—The word ἐστί(ν), being an enclitic, loses its accent to the preceding word, when it can do so without causing two acutes to stand on successive syllables, *e.g.*—

δῶρά ἐστι(ν), but δώρων ἐστί(ν).

### PRESENT TENSE OF φέρειν AND πέμπειν.

| | |
|---|---|
| φέρω, I bring, bear, carry. | πέμπω, I send. |
| φέρεις, you bring. | πέμπεις, you send. |
| φέρει, he brings. | πέμπει, he sends. |

PHRASE—ἐλθὲ δεῦρο, 'Come here !'

1. Δοῦλος ὁ ἄνθρωπος. καλὸν τὸ ἔργον. δίκαιος ὁ λόγος. αἰσχρὸν τοὖργον.

2. Δεινὸς ὁ πρὸς τοὺς Πέρσας πόλεμος κατὰ γῆν καὶ κατὰ θάλατταν.

3. Ἐλθὲ δεῦρο, ὦ ἰατρέ· δεινὴ γὰρ ἡ νόσος. θανάτου αἰτία ἡ νόσος.

4. Λέγει ὁ ἄνθρωπος ὅτι ἡ ὁδὸς φέρει εἰς Ἀθήνας. στενὴ καὶ χαλεπὴ ἡ ὁδός.

5. Γράφει ὁ σοφιστὴς ὅτι τῶν νῦν κακῶν αἴτιος ὁ πόλεμος.

6. Θανάτου ἄξιος ἄνθρωπος· ἐχθρὸς γάρ ἐστι τῷ δήμῳ.

7. Τῆς ἑσπέρας ἐπὶ δεῖπνον ἥκει ὁ σοφιστής.

8. Ἰδού, ἐπὶ τῆς ἁμάξης ὁ ἀθλητής. χαλεπὸς ὁ τῶν ἀθλητῶν βίος.

9. Τῆς ἥττης αἴτιοι οἱ τῶν Ἀθηναίων στρατηγοί.

10. Ἐπαίνου ἄξιος ὁ στρατηγός. ἔπαινον ἔχει παρὰ τῶν πολιτῶν ὁ στρατηγός.

11. Ἐν τῷ νῦν χρόνῳ οὐκ ὀλίγοι οἱ τῶν Ἀθηναίων σύμμαχοι.

12. Ἥκει ὁ νεανίας παρὰ τὸν σοφιστήν —Δός μοι τὸν μισθόν, ὦ νεανία.—Ἰδού, λαβὲ τἀργύριον, ὦ σοφιστά.

13. Κατὰ τοὺς νόμους ζημίας ἄξιος ὁ στρατηγός· αἴτιος γάρ ἐστι τῆς ἥττης.

14. Ἐν Ἀθήναις καλὸς ὁ καθ᾽ ἡμέραν βίος. δίκαιοι οἱ νόμοι οἱ τῶν Ἀθηναίων.

15. Λέγει ὁ ποιητὴς ὅτι καλὼ τώφθαλμὼ τῆς παρθένου. δῶρον δίδωσι τῇ παρθένῳ ὁ ποιητής.

16. Δεινὸς ὁ τοῦ ἀνθρώπου λόγος. δεινὰ λέγει ἄνθρωπος.

17. Μισθὸν φέρει ὁ στρατιώτης. τῷ στρατιώτῃ μισθὸν δίδωσιν ὁ στρατηγός.

18. Καλὰ ἱμάτια ἔχει ὁ νεανίας. ὡς καλά ἐστι τὰ ἱμάτια.

19. Διὰ τὴν νίκην πομπὴν πέμπει ὁ στρατηγός. ὡς καλὴ ἡ νίκη.

20. Ἐκ τῆς χώρας ἄγω τὸν ἵππον. ἄρτον φέρω εἰς τὴν ἀγοράν.

1. The sun is bright. O what a bright sun! The sun is visible in the sea.

2. The gifts of the gods are beautiful The god gives beautiful gifts to (the) men.

3. Towards evening the girl comes home from Athens with her brothers. She brings bread from Athens.

4. Good day, young man! , Where do you come from? I come from the doctor's. My illness is terrible.

5. He says that the doctors of the present day are skilful.

6. Come here, friend. Where is your brother? My brother is leading his horse into the field.

7. The animals are strong and beautiful.

8. How glorious the victory is! What a fine procession! Hurrah for the general!

9. I say that poets deserve honour because of their art.

10. My master's illness is terrible. Give me my fee! There, take the money, doctor.

## VII.—THE THIRD DECLENSION.

**23.** The third declension comprises—

    I. Consonant stems.

    II. Vowel stems.

### I.—Consonant Stems.

*Type A.*—Mute stems taking -ς in the nominative singular masculine and feminine.

*Type B.*—Liquid stems lengthening the stem-vowel in the nominative singular masculine and feminine.

*Type C.*—Sigmatic stems lengthening the stem-vowel in the nominative singular masculine and feminine.

*Obs.*—The declension of participial stems in -ντ is reserved for Part II.

**24.** The terminations of the third declension are best seen in the noun ἅλς, 'salt.'

| | SING. | | DUAL. | | PLUR. |
|---|---|---|---|---|---|
| N. | ὁ | ἅλς | τὼ ἅλε | οἱ | ἅλες |
| G. | τοῦ | ἁλός | τοῖν ἁλοῖν | τῶν | ἁλῶν |
| D. | τῷ | ἁλί | | τοῖς | ἁλσί(ν) |
| A. | τὸν | ἅλα | | τοὺς | ἅλας |

*Obs.* 1.—In the genitive and dative of all numbers the accent is progressive.

*Obs.* 2.—In the accusative of the third declension -α and -ας are short.

RULE.—In all *monosyllables* of the third declension (except participles and a few irregular words) the accent is progressive in the genitive and dative.

*Type A.*—Mute Stems.

**25.** The final -s of the nominative singular combines with the mute according to the following rules—

$$\kappa, \quad \gamma, \quad \chi \quad + \quad s \quad = \quad \xi.$$
$$\pi, \quad \beta, \quad \phi \quad + \quad s \quad = \quad \psi.$$
$$\tau, \quad \delta, \quad \theta \quad + \quad s \quad = \quad -s.$$

## 26. Guttural Stem.

ὁ φύλαξ, 'the guard,' 'sentry.'

|      | Sing.         |        | Dual.            |      | Plur.           |
|------|---------------|--------|------------------|------|-----------------|
| N. ὁ | φύλαξ         | τὼ     | φύλακε           | οἱ   | φύλακες         |
| G. τοῦ | φύλακος     | τοῖν   | φυλάκοιν         | τῶν  | φυλάκων         |
| D. τῷ | φύλακι        |        |                  | τοῖς | φύλαξι(ν)       |
| A. τὸν | φύλακα       |        |                  | τοὺς | φύλακας         |
| .V. ὦ | φύλαξ         |        |                  | ὦ    | φύλακες         |

*Obs.*—All guttural stems are masculine or feminine.

## 27. Dental Stems.

ἡ ἐλπίς, 'hope.'

|      | Sing.        |        | Dual.           |      | Plur.          |
|------|--------------|--------|-----------------|------|----------------|
| N. ἡ | ἐλπίς        | τὼ     | ἐλπίδε          | αἱ   | ἐλπίδες        |
| G. τῆς | ἐλπίδος    | τοῖν   | ἐλπίδοιν        | τῶν  | ἐλπίδων        |
| D. τῇ | ἐλπίδι       |        |                 | ταῖς | ἐλπίσι(ν)      |
| A. τὴν | ἐλπίδα      |        |                 | τὰς  | ἐλπίδας        |

28. Dental stems with nominative in -ις *unaccented*, take -ιν
in the accusative singular, thus—

ἡ χάρις, 'grace,' 'favour.'

|  | SING. | DUAL. | PLUR. |
|---|---|---|---|
| N. ἡ | χάρις | τὼ χάριτε | αἱ χάριτες |
| G. τῆς | χάριτος | τοῖν χαρίτοιν | τῶν χαρίτων |
| D. τῇ | χάριτι |  | ταῖς χάρισι(ν) |
| A τὴν | χάριν |  | τὰς χάριτας |

*Obs.*—Dental stems are nearly all feminine.

29. ὁ, ἡ παῖς, 'the boy,' 'girl.'

|  | SING. | DUAL. | PLUR. |
|---|---|---|---|
| N. ὁ | παῖς | τὼ παῖδε | οἱ παῖδες |
| G. τοῦ | παιδός | τοῖν παίδοιν | τῶν παίδων |
| D. τῷ | παιδί |  | τοῖς παισί(ν) |
| A. τὸν | παῖδα |  | τοὺς παῖδας |
| V. ὦ | παῖ |  | ὦ παῖδες |

*Obs.*—The accent of the genitive and dative is irregular (cf. § 24, *Obs.*)
where it can be so without giving rise to a circumflex.

30. ἡ νύξ, 'night.'

|  | SING. | DUAL. | PLUR. |
|---|---|---|---|
| N. ἡ | νύξ | τὼ νύκτε | αἱ νύκτες |
| G. τῆς | νυκτός | τοῖν νυκτοῖν | τῶν νυκτῶν |
| D. τῇ | νυκτί |  | ταῖς νυξί(ν) |
| A. τὴν | νύκτα |  | τὰς νύκτας |
| V. ὦ | νύξ |  | ὦ νύκτες |

### 31. LABIAL STEM.

ἡ φλέψ, 'the vein.'

|  | SING. |  | DUAL. |  | PLUR. |
|---|---|---|---|---|---|
| N. | ἡ φλέψ | τὼ | φλέβε | αἱ | φλέβες |
| G. | τῆς φλεβός | τοῖν | φλεβοῖν | τῶν | φλεβῶν |
| D. | τῇ φλεβί |  |  | ταῖς | φλεψί(ν) |
| A. | τὴν φλέβα |  |  | τὰς | φλέβας |

### 32. ACCENTUATION.

RULE.—The increase of a word by one syllable in the course of inflexion has the same effect as the lengthening of the final syllable (cf. *Introd.* 14, Rules II., III.).   Thus—

| NOM SING | GEN. SING. | GEN PLUR. |
|---|---|---|
| ὁ κῆρυξ, 'the herald.' | τοῦ κήρυκος | τῶν κηρύκων |
| εὔχαρις, 'graceful.' | εὐχάριτος | εὐχαρίτων |

## Exercise 7.

#### ACCUSATIVE WITH ADJECTIVES.

The accusative is freely used with adjectives to define their sphere of application, *e.g.*—

καλὸς τὴν ἰδέαν, 'beautiful in appearance,' 'good-looking.'

δεινὸς τὴν τέχνην, 'clever at one's art' ('trade,' 'profession').

This accusative may be replaced by an infinitive, *e.g.*—

δεινὸς λέγειν, 'clever at speaking,' 'eloquent.'

#### PRESENT TENSE OF ἄγειν AND ἥκειν.

| ἄγομεν, | we lead, bring. | ἥκομεν, | we come. |
|---|---|---|---|
| ἄγετε, | you bring. | ἥκετε, | you come. |
| ἄγουσι(ν), | they bring. | ἥκουσι(ν), | they come. |

#### PHRASE—εἰπέ μοι, 'Tell me !'

*N.B.*—As μοι is enclitic the phrase is accented as one word, and the acute of εἰπέ does not become a grave.

1. Φύλακας ἔχει ὁ τύραννος.   δεινοὶ οἱ τοῦ τυράννου φύλακες.

2. Καλαὶ αἱ τῶν ἀγαθῶν ἐλπίδες.   χάριν ἔχουσιν οἱ ἀγαθοὶ τοῖς θεοῖς.

3. Μακρὰ ἡ νύξ. ὡς μακραὶ αἱ νύκτες. οἴμοι τῆς μακρᾶς νυκτός.

4. Μικρὰ ἡ φωνὴ τοῦ παιδός. καλοὶ τὴν ἰδέαν οἱ παῖδες.

5. Εἰπέ μοι, πόθεν ἥκεις, ὦ παῖ ;—Ἥκω ἐξ Ἀθηνῶν παρὰ τοῦ διδασκάλου.

6 Πρὸς ἑσπέραν παρὰ τῶν πολεμίων ἥκουσιν οἱ κήρυκες.

7. Ἐλθὲ δεῦρο, ὦ παῖ. λαβὲ τὸ βιβλίον.—Ἰδού, ἔχω τὸ βιβλίον, ὦ διδάσκαλε

8. Δεινὴ ἡ τέχνη τῶν νῦν σοφιστῶν. δεινοὶ τὴν τέχνην οἱ ἐν Ἀθήναις σοφισταί

9. Πρὸς χάριν λέγει τοῖς παισὶν ὁ σοφιστής. πρὸς χάριν λέγει τῷ διδασκάλῳ ὁ παῖς.

10. Γέλωτος ἄξιοι οἱ τοῦ ὑποκριτοῦ λόγοι. σπουδῆς ἄξιοι οἱ τοῦ σοφιστοῦ λόγοι.

11. Εἰπέ μοι, πόθεν ἥκουσιν οἱ φύλακες ;—Ἐκ τῆς ἀγορᾶς ἥκουσιν οἱ φύλακες.

12. Ἀνάξιος τῆς πατρίδος ἄνθρωπος. θανάτου ἄξιος ἄνθρωπος· ἐχθρὸς γὰρ τῇ πατρίδι.

13. Χαλεπὴ ἡ τῶν πενήτων δίαιτα. ἀργύριον οὐκ ἔχει ὁ πένης

14. Δόξαν ἔχει ἐν τῇ πατρίδι ὁ στρατηγός· ὑπὲρ τῆς Ἑλλάδος ἡ πρὸς τοὺς Πέρσας μάχη.

15 Μυρίων ἀγαθῶν αἴτιος ὁ πόλεμος τῇ Ἑλλάδι. διὰ τὴν νίκην ἑορτὴν ἄγουσιν οἱ πολῖται.

16. Βίᾳ ἄγουσι τοὺς πολίτας οἱ τοῦ τυράννου φύλακες

17. Δεινὰ λέγει ὁ κῆρυξ. εἰπέ μοι πάλιν ἐξ ἀρχῆς τὸν τοῦ κήρυκος λόγον.

18. Χαίρετ᾽, ὦ παῖδες. πόθεν ἥκετε ;—Ἐκ τῆς χώρας ἥκομεν εἰς Ἀθήνας.

19. Χάριν ἔχει τῷ διδασκάλῳ ὁ παῖς. μισθὸν δίδωσι τῷ διδασκάλῳ ὁ παῖς.

20 Ἥκομεν ἐκ τῆς χώρας εἰς τὴν ἀγοράν. ἄξιος ὁ σῖτος. τίμιος ὁ οἶνος.

1. Good day, friends! Where do you come from? We come from the country to see the festival.

2. We are taking (use ἄγειν) our sister to Athens We are taking (use φέρειν) wine to market.

3. The boy's hopes are bright.   The boys' voices are clear.

4. The tyrant is grateful to his guards.   The guards are hateful to the citizens.

5. The flatterer speaks to please the tyrant.   The flatterer's words are base.

6. Wine is cheap to-day in the market.   At Athens wine is dear.

7. He says that flatterers are skilled in their trade.

8. We come from the country to the Assembly.   The herald's voice is clear.

9. Tell me, where do the heralds come from?   The heralds come from the army.

10. The flatterer is eloquent.   The flatterer gets pay from his master.

## VIII.—THE THIRD DECLENSION (continued).

### Consonant Stems (*continued*).

### Type *B*.—Liquid Stems.

**33.** Stems in -ν and -ρ lengthen the stem-vowel, if short, in the nominative singular masculine and feminine

The short vowel appears in the vocative singular unless the accent is on the last syllable.

### Stems in -ν.

**34.** ὁ ποιμήν, 'the shepherd.'

|    | Sing. | Dual. | Plur. |
|----|-------|-------|-------|
| N. | ὁ ποιμήν | τὼ ποιμένε | οἱ ποιμένες |
| G. | τοῦ ποιμένος | τοῖν ποιμένοιν | τῶν ποιμένων |
| D. | τῷ ποιμένι |  | τοῖς ποιμέσι(ν) |
| A. | τὸν ποιμένα |  | τοὺς ποιμένας |
| V. | ὦ ποιμήν (accent !) |  | ὦ ποιμένες |

**35.** ὁ δαίμων, 'the divinity.'

|  | SING. |  | DUAL. |  | PLUR. |
|---|---|---|---|---|---|
| N. | ὁ δαίμων | τὼ | δαίμονε | οἱ | δαίμονες |
| G. | τοῦ δαίμονος | τοῖν | δαιμόνοιν | τῶν | δαιμόνων |
| D. | τῷ δαίμονι |  |  | τοῖς | δαίμοσι(ν) |
| A. | τὸν δαίμονα |  |  | τοὺς | δαίμονας |
| V. | ὦ δαῖμον (accent!) |  |  | ὦ | δαίμονες |

STEMS IN -ρ.

**36.** ὁ ῥήτωρ, 'the speaker,' 'orator.'

|  | SING. |  | DUAL. |  | PLUR. |
|---|---|---|---|---|---|
| N. | ὁ ῥήτωρ | τὼ | ῥήτορε | οἱ | ῥήτορες |
| G. | τοῦ ῥήτορος | τοῖν | ῥητόροιν | τῶν | ῥητόρων |
| D. | τῷ ῥήτορι |  |  | τοῖς | ῥήτορσι(ν) |
| A. | τὸν ῥήτορα |  |  | τοὺς | ῥήτορας |
| V. | ὦ ῥῆτορ |  |  | ὦ | ῥήτορες |

If the stem-vowel is long, it of course remains long through-out the declension, e.g.—

| NOM. | GEN. |
|---|---|
| θήρ, 'wild beast.' | θηρός (accent!) |
| Ἕλλην, 'Greek.' | Ἕλληνος |
| χιτών, 'tunic.' | χιτῶνος |

It is therefore necessary to look up the genitive of such stems in the Vocabulary.

## Exercise 8.

### ATTRIBUTE.

All attributes may be used as subjects or objects, the noun being omitted, *e.g.*—

| | |
|---|---|
| ὁ ἀγαθός, τὸν ἀγαθόν, | 'the good man.' |
| οἱ σοφοί, τοὺς σοφούς, | { 'the wise' (cf. Lat. *sapientes*, Fr. *les sages*, Germ. *die Weisen*). |
| οἱ πάλαι, τοὺς πάλαι, | 'the men of old.' |
| οἱ ἐν Ἀθήναις, τοὺς ἐν Ἀθήναις, | { 'the men at Athens' ('those in Athens'). |
| τὰ τοῦ ἀδελφοῦ, | 'those of my brother' ('my brother's'). |
| τὸ καλόν, | 'beauty.' |
| τὰ ἀγαθά, τὰ κακά, | 'blessings,' 'evils.' |

### PRESENT TENSE OF διδόναι AND ἔχειν.

| | | | |
|---|---|---|---|
| δίδομεν, | we give. | ἔχομεν, | we have. |
| δίδοτε, | you give. | ἔχετε, | you have. |
| διδόᾱσι(ν), | they give. | ἔχουσι(ν), | they have. |

PHRASES—πρὸς τῶν θεῶν, 'By the gods!' (in questions and entreaties, 'For heaven's sake!' 'For goodness' sake!' 'Please!')

νὴ τοὺς θεούς, 'By the gods!' (in affirmations, 'Upon my word!')

1. Οἴμοι τῆς τῶν Ἑλλήνων τύχης.   δεινὴ ἡ ἧττα κατὰ γῆν καὶ κατὰ θάλατταν.

2. Δεινοὶ λέγειν οἱ νῦν ῥήτορες.   δεινοὶ τὴν τῶν λόγων τέχνην οἱ ῥήτορες.

3. Δός μοι τὸν χιτῶνα, ὦ παῖ, πρὸς τῶν θεῶν.—Ἐπὶ τῆς κλίνης ὁ χιτών.

4. Σπουδῆς ἄξιος ὁ ἀγὼν Ἕλλησι καὶ βαρβάροις ὁμοίως.

5. Λέγει ὅτι δίκαιος ὁ λόγος ὁ τοῦ ἀγαθοῦ ῥήτορος.   δίκαια λέγει ὁ ῥήτωρ.

6. Νὴ τοὺς θεούς, λαμπρὰ ἡ τοῦ ῥήτορος φωνή.   δεινὸς ὁ ῥήτωρ.

7. Γράφει ὁ σοφιστὴς ὅτι καλαὶ αἱ τῶν σωφρόνων ἐλπίδες.

8. Πόθεν ἥκεις, ὦ ἀδελφή, πρὸς τῶν θεῶν;—Ἥκω ἐκ τῶν γειτόνων, ὦ ἄδελφε.

9. Ἡγεμόνα οὐκ ἔχουσι τῆς ὁδοῦ οἱ Ἕλληνες.

10. Δεινοὶ λέγειν οἱ νῦν.   διὰ τὴν ἀρετὴν τιμῆς ἄξιοι οἱ πάλαι.

11. Δός μοι τὸν χιτῶνα, ὦ παῖ.—Οὐκ ἔχω χιτῶνα.—Δός μοι τὸν τοῦ ἀδελφοῦ.

12. Τοῖς ἀνθρώποις τἀγαθὰ διδόασιν οἱ δαίμονες. χάριν ἔχομεν τοῖς δαίμοσιν.

13. Πρὸς χάριν λέγει τῷ δήμῳ ὁ ῥήτωρ. αἰσχρὸς ὁ τοῦ ῥήτορος λόγος. αἰσχρὰ λέγει ὁ ῥήτωρ.

14. Χαλεπὸς ὁ χειμὼν τοῖς πένησι τῶν πολιτῶν. τοῖς πένησι χιτῶνας διδόασιν οἱ πλούσιοι.

15. Ἐν τοῖς ἀγροῖς ἑορτὰς ἄγουσιν οἱ ποιμένες. σύριγγας ἔχουσιν οἱ ποιμένες.

16. Ἥκομεν ἐκ τοῦ λιμένος. ποῦ 'στιν ἡ ἀγορά.; οἶνον ἔχομεν καὶ σῖτον.

17. Νὴ τοὺς θεούς, λευκὴ ἡ χιών. ὦ τῆς λευκῆς χιόνος. ἐν τῷ χειμῶνι λευκὴ ἡ χιών.

18. Δὶς τοῦ μηνὸς ἥκουσιν οἱ γεωργοὶ εἰς Ἀθήνας. σῖτον ἔχουσι καὶ οἶνον.

19. Ὡς καλὸς ὁ ἀήρ. ὡς λαμπραὶ αἱ αὖραι. ὦ τοῦ καλοῦ ἀέρος.

20. Σωτῆρες τῆς πατρίδος οἱ στρατηγοί. σωτὴρ τῆς πατρίδος ὁ ῥήτωρ.


1. The shepherds are celebrating a festival in-honour-of (*dative*) the divinity.

2. In winter the farmers rest. The snow is white in the meadows.

3. We come thrice a month from the harbour to the market-place.

4. Thrice a day they come to the shepherd's house. They bring bread and wine.

5. The orators are the cause of our present evils. The general is an enemy to his country.

6. Tell me, for goodness' sake, where is my sister? Your sister is with (παρά c. dat.) our neighbours.

. 7. Upon my word, I am grateful to the ancients! The books of the ancients are grand.

8. The boy gives his tunic to the poor man. The poor man is not grateful to the boy.

9. The orator speaks so as to please the poor. He says that poverty is the cause of their present ills.          ·

10. We give pay to the shepherds. The shepherd's life is hard in the winter-time.

## IX.—THE THIRD DECLENSION (continued).

### Consonant Stems (*continued*).

#### Type C.—Sigmatic Stems.

**37.** All peculiarities in the declension of these stems are due to the Greek law of euphony that Sigma is dropped between two vowels. The original forms are given in brackets for reference.

#### 38. Stems in -ες.

All common nouns which have their stems in -ες are neuter. In the nominative, accusative, and vocative singular -ες becomes -ος.

The adjectives with stems in -ες are given in §§ 67 sqq., where the proper names of the same class will also be found.

·39. τὸ γένος, 'the race,' 'kindred.'

| | | | |
|---|---|---|---|
| Sing. N. | τὸ | γένος | |
| G. | τοῦ | γένους | (γένε[σ]-ος) |
| D. | τῷ | γένει | (γένε[σ]-ι) |
| A. | τὸ | γένος | |
| V. | ὦ | γένος | |
| Dual N. A. V. | τὼ | γένει | (γένε[σ]-ε) |
| G. D. | τοῖν | γενοῖν | (γενέ[σ]-οιν) |

| | | | |
|---|---|---|---|
| PLUR. N. | τὰ | γένη | (γένε[σ]-α) |
| G. | τῶν | γενῶν | (γενέ[σ]-ων) |
| D. | τοῖς | γένεσι(ν) | (γένε[σ]-σι) |
| A. | τὰ | γένη | (γένε[σ]-α) |
| V. | ὦ | γένη | (γένε[σ]-α) |

Compare with this Lat. *genus, generis,* noting that *s* between two vowels becomes *r* in Latin, while it is dropped in Greek.

### 40. STEM IN -ας.

τὸ κρέας, 'meat.'

| | | | |
|---|---|---|---|
| SING. N. | τὸ | κρέας | |
| G. | τοῦ | κρέως | (κρέα[σ]-ος) |
| D. | τῷ | κρέᾳ | (κρέα[σ]-ι) |
| A. | τὸ | κρέας | |
| PLUR N. | τὰ | κρέα | (κρέα[σ]-α) |
| G. | τῶν | κρεῶν | (κρεά[σ]-ων) |
| D. | τοῖς | κρέασι(ν) | (κρέα[σ]-σι) |
| A. | τὰ | κρέα | (κρέα[σ]-α) |

In the same way are declined τὸ γέρας, 'the meed of honour,' and τὸ γῆρας, 'old age.'

### 41. STEM in -ος.

This stem, being feminine, lengthens its vowel in the nominative singular.

ἡ αἰδώς, 'shame,' 'reverence.'

| | | | |
|---|---|---|---|
| N. | ἡ | αἰδώς | |
| G. | τῆς | αἰδοῦς | (αἰδό[σ] ος) |
| D. | τῇ | αἰδοῖ | (αἰδό[σ]-ι) |
| A. | τὴν | αἰδῶ | (αἰδό[σ]-α) |

The vocative singular of αἰδώς is not found. It could not possibly be αἰδοῖ as stated in most grammars.

## Exercise 9.

### PREDICATIVE ADJECTIVE.

Instead of saying ' He has a small head' the Greeks said ' He has the (his) head small,' thus—

μικρὰν ἔχει τὴν κεφαλήν.

Cf. Fr. *Il a la tête petite.* So—

δικαίους λέγει τοὺς λόγους, 'The words he speaks are just' (lit ' He speaks his words just ').

### PRESENT TENSE OF λέγειν AND γράφειν.

| | | | |
|---|---|---|---|
| λέγομεν, | we say. | γράφομεν, | we write. |
| λέγετε, | you say. | γράφετε, | you write. |
| λέγουσι(ν), | they say. | γράφουσι(ν), | they write. |

PHRASE—ἔνεγκέ μοι, 'bring me !'

1. Πόθεν ἥκεις, ὦ ποιμήν ;—Ἥκω ἐκ τοῦ ὄρους.

2. Αἰδοῦς ἄξιον τὸ γῆρας Ἕλλησι καὶ βαρβάροις ὁμοίως.

3. Ποῦ 'στι τὰ κρέα ;—Ἰδού, ἐπὶ τῆς τραπέζης τὰ κρέα καὶ ὁ οἶνος.

4. Διὰ τὴν ἑορτὴν δεινὸν τὸ πλῆθος τὸ ἐν ταῖς ὁδοῖς   οἴμοι τοῦ πλήθους.

5. Εἰπέ μοι, πρὸς τῶν θεῶν, ποῦ 'στι τὰ μακρὰ τείχη ;—Ἐνταῦθα τὸ τεῖχος, ὦ ξένε.

6. Πρὸς χάριν λέγουσι τῷ πλήθει οἱ νῦν ῥήτορες.

7. Δειναὶ αἱ νόσοι τῷ τῶν ἀνθρώπων γένει.  οὐ μακρὸν ἔχει τὸν βίον τὸ τῶν ἀνθρώπων γένος.

8. Ἔνεγκέ μοι τὸ ξίφος καὶ τὴν ἀσπίδα, ὦ παῖ.—Ἰδοὺ τὸ ξίφος, ὦ δέσποτα.

9. Δημόκριτος λέγει ὅτι ἐλπὶς κακοῦ κέρδους ἀρχὴ ζημίας.

10. Λέγουσιν οἱ ῥήτορες ὅτι καλὸς ὁ παρὰ τοῦ πλήθους ἔπαινος.

11. Ὑπὸ γήρως μικρὰν ἔχει τὴν φωνὴν ὁ ῥήτωρ.

12. Κέρδους ἕνεκα πρὸς χάριν λέγουσι τοῖς πλουσίοις οἱ κόλακες.

13. Γράφει ὁ Ἡρόδοτος ὅτι βάρβαροι τὸ γένος καὶ τὴν φωνὴν οἱ ἐν τῇ νήσῳ.

14. Ἐν τῇ μάχῃ δεινὸν τὸ πλῆθος τῶν ὁπλιτῶν. ἀνδρεῖοι οἱ τῶν τειχῶν φύλακες.

15. Θέρους καὶ χειμῶνος καλὴ ἡ ἐνθάδε δίαιτα.

16. Δὶς τοῦ ἔτους ἥκω εἰς Ἀθήνας παρὰ τοὺς φίλους.

17. Δικαίους λέγουσι τοὺς λόγους οἱ ῥήτορες. κέρδους ἔνεκα ἄδικα λέγει ὁ ῥήτωρ.

18. Τοῦ βίου τέλος ὁ θάνατος. Τοῖς ἀνδρείοις οὐ δεινὸς ὁ θάνατος.

19. Καλὴν ἔχει τὴν κόμην ἡ παρθένος. δεινὸν τὸ βάρος τῆς κόμης.

20. Δεινὸν τὸ ὕψος τῶν ὀρῶν. ὡς ὑψηλὰ τὰ ὄρη. ἐν τοῖς ὄρεσι δεινοὶ οἱ θῆρες.

1. Bring me the bread, the meat, and the wine, my boy. The meat is on the table, sir! Where is the wine?

2. The young ladies deserve respect. They deserve honour for their goodness.

3. The weight of old age is hard to bear. My voice is weak from old age.

4. Summer and winter we come to market. We bring meat and wine. We carry home bread.

5. The sophist deserves respect because of his old age. He has not a clear voice.

6. The tribes of the barbarians are not brave. Victory is easy. The gods give victory to the Hellenes.

7. The tribes in the hills are wild. The hills are terrible to the soldiers. Dear me, what a height!

8. The customs of the barbarians are strange. They have a ridiculous language.

9. Death is terrible to the human race. Death is the cause of sorrow to men.

10. The experiences of the army are terrible. They have no bread. Their thirst is terrible.

## X.—THE THIRD DECLENSION (continued).

### NEUTERS IN -μα.

**42.** Neuters in -μα form a class by themselves.

*Obs.*—Originally they were -n stems, and akin to type B.

τὸ πρᾶγμα, 'the thing,' 'business.'

| | | | |
|---|---|---|---|
| SING. | N. | τὸ | πρᾶγμα |
| | G. | τοῦ | πράγματος |
| | D. | τῷ | πράγματι |
| | A. | τὸ | πρᾶγμα |
| DUAL | N. A. τὼ | | πράγματε |
| | G. D. τοῖν | | πραγμάτοιν |
| PLUR. | N. | τὰ | πράγματα |
| | G. | τῶν | πραγμάτων |
| | D. | τοῖς | πράγμασι(ν) |
| | A. | τὰ | πράγματα |

*Obs.*—The α of πρᾶγμα is long by nature, and takes the circumflex by the rule of the final trochee (Introd. 14, RULE IV.). In the cases, the circumflex becomes acute by § 32, *Obs.*

**43.** The noun ὕδωρ, 'water,' is declined in the same way—

| | | |
|---|---|---|
| N. | τὸ | ὕδωρ |
| G. | τοῦ | ὕδατος |
| D. | τῷ | ὕδατι |
| A. | τὸ | ὕδωρ |

## Exercise 10.

GENITIVE OF THE WHOLE (PARTITIVE GENITIVE).

The whole place or time within which the action of the verb takes place is put in the genitive, *e.g.*—

    (1) ἥκουσι **τῆς Ἀττικῆς** εἰς Οἰνόην, 'They come to Oinoe in Attica' (lit. 'Within the sphere of Attica they come to Oinoe').

    (2) **θέρους καὶ χειμῶνος** ἥκουσιν εἰς ἄστυ, 'They come to town summer and winter' (lit. 'at certain times within the periods of summer and of winter').

FUTURE TENSE OF ἄγειν AND ἥκειν.

| | | | |
|---|---|---|---|
| ἄξω, | I shall lead, bring. | ἥξω, | I shall come. |
| ἄξεις, | you will lead, bring. | ἥξεις, | you will come. |
| ἄξει, | he will lead, bring. | ἥξει, | he will come. |
| ἄξομεν, | we shall lead, bring. | ἥξομεν, | we shall come. |
| ἄξετε, | you will lead, bring. | ἥξετε, | you will come. |
| ἄξουσι(ν), | they will lead, bring. | ἥξουσι(ν), | they will come. |

PHRASE—**οὐ διὰ μακροῦ,** 'before long,' 'soon.'

1. Δός μοι τὸ ὕδωρ, πρὸς τῶν θεῶν.—Ἐπὶ τῆς τραπέζης τὸ ὕδωρ.

2. Καλὸς τὸ σῶμα ὁ νεανίας. καλὸν ἔχει τὸ σῶμα ὁ νεανίας.

3. Γελοῖον τὸ πρᾶγμα. γέλωτος ἄξιον τὸ πρᾶγμα. σπουδῆς οὐκ ἄξιον τὸ πρᾶγμα.

4. Ἐλθὲ δεῦρο, ὦ παῖ. εἰπέ μοι τοὔνομα τοῦ ὄρους.

5. Πράγματ᾽ ἔχουσιν οἱ Ἕλληνες. τῶν νῦν πραγμάτων ὁ πόλεμος αἴτιος.

6. Δός μοι τἀργύριον, πρὸς τῶν θεῶν.—Οὐκ ἔχω χρήματα, νὴ τοὺς θεούς.

7. Θανάτου αἰτία τῷ σώματι ἡ νόσος. δειναὶ αἱ νόσοι τοῖς τῶν ἀνθρώπων σώμασιν.

8. Πολλάκις κακίας αἴτια τὰ χρήματα. χρημάτων ἕνεκα ἄδικα λέγουσιν οἱ ῥήτορες.

9. Ἔνεγκέ μοι τὰ ὑποδήματα, ὦ παῖ.—Ἰδού, ὦ δέσποτα, ὑπὸ τῇ κλίνῃ τὰ ὑποδήματα.

10. Γραμμάτων ἄπειρος ὁ παῖς. γυμναστικῆς ἔμπειρος ἀδελφός.

11. Ἐλθὲ δεῦρο παρὰ τοὺς φίλους, ὦ ἑταῖρε.—Εἰς ἑσπέραν ἥξω ἐπὶ δεῖπνον.

12. Αὔριον ἥξει ἡ κόρη διὰ τὴν ἑορτήν. πράγματ' ἔχουσιν οἱ στρατηγοὶ διὰ τὴν ἑορτήν.

13. Χρήματ' ἔχουσιν ἀπὸ τῆς τέχνης οἱ σοφισταί. πλούσιοι οἱ παρὰ τοῖς Ἕλλησι σοφισταί.

14. Πράγματ' ἔχουσιν οἱ ἐν ἀγορᾷ διὰ τὴν τῶν χρημάτων ἀπορίαν.

15. Ἐν τῇ στρατιᾷ δεινὴ ἡ νόσος διὰ τὴν τοῦ ὕδατος ἀπορίαν.

16. Τήμερον ἄξω τὴν ἀδελφὴν εἰς Ἀθήνας. δεινὸν τὸ κάλλος τῆς ἑορτῆς.

17. Ἐν τῇ κρήνῃ ψυχρὸν τὸ ὕδωρ. δεινὸν τὸ βάθος τοῦ ὕδατος.

18. Οὐ διὰ μακροῦ ἥξει ὁ κῆρυξ ἐκ τῆς στρατιᾶς. λέγουσιν ὅτι δεινὴ ἡ ἧττα.

19. Ὦ κῆρυξ, εἰπέ μοι τὰ ὀνόματα τῶν ἐν τῇ στρατιᾷ πολιτῶν.

20. Αὔριον ἄξουσιν οἱ γεωργοὶ τὸν ἵππον εἰς τὴν ἀγοράν.

1. To-morrow the teacher will take his boys to see the games.

2. I shall come home from Athens before long with my sister.

3. Bring me the water, boy! The water is hot.

4. The boys are a source of trouble to the teacher.

5. Tell me the name of the general, please!

6. To-day I shall come to dinner. To-morrow I shall come to breakfast.

7. I shall bring my brother to dinner. Tell me your brother's name.

8. Before long I shall take my brother to Olympia.

9. The young men give money to the sophist. The sophist is skilful in his art.

10. Where are my shoes, boy? The maid has your shoes, sir.

## XI.—THE THIRD DECLENSION (continued).

### Consonant Stems (*continued*).

**44.** Nouns in -τηρ denoting relations are declined thus—

| | | | | | |
|---|---|---|---|---|---|
| Sing. N. | ὁ | πατήρ (father) | ἡ | μήτηρ (mother) |
| G. | τοῦ | πατρός | τῆς | μητρός |
| D. | τῷ | πατρί | τῇ | μητρί |
| A. | τὸν | πατέρα | τὴν | μητέρα |
| V. | ὦ | πάτερ (accent!) | ὦ | μῆτερ |
| Dual N. A. | τὼ | πατέρε | τὼ | μητέρε |
| G. D. | τοῖν | πατέροιν | τοῖν | μητέροιν |
| Plur. N. | οἱ | πατέρες | αἱ | μητέρες |
| G. | τῶν | πατέρων | τῶν | μητέρων |
| D. | τοῖς | πατράσι(ν) | ταῖς | μητράσι(ν) |
| A. | τοὺς | πατέρας | τὰς | μητέρας |
| V. | ὦ | πατέρες | ὦ | μητέρες |

So θυγάτηρ, 'daughter' (vocative, θύγατερ).

*Obs.* 1.—Like δεσπότης (§ 17, *Obs.* 2) and ἀδελφός (§ 10, *Obs.*) these words, being in very common use, draw back their accent in the vocative singular.

*Obs.* 2.—With this exception the syllables -τερ and -τρα are accented wherever they occur.

### Exercise 11.

#### Genitive of the Whole (Partitive Genitive)—*continued.*

Some adverbs of time and place are followed by a genitive of the whole time or space within which they mark a point, *e.g.*—

| | |
|---|---|
| ποῦ (τῆς) γῆς; | 'where on earth ?' |
| πόρρω τοῦ βίου, | 'far on (advanced) in life.' |
| πηνίκα τῆς ἡμέρας; | 'at what time of the day?' |
| πρῴ τῆς ἡμέρας, | 'early in the day.' |
| ὀψὲ τῆς ἡμέρας, | 'late in the day.' |

PRESENT TENSE OF πορεύεσθαι AND οἴχεσθαι.

| | | | |
|---|---|---|---|
| πορεύομαι, | I go. | οἴχομαι, | I am gone. |
| πορεύει, | you go. | οἴχει, | you are gone. |
| πορεύεται, | he goes. | οἴχεται, | he is gone. |

PHRASE—ποῖ πορεύει; 'Where (whither) are you going?'

1. Λέγει ὅτι δίκαιος ὁ τοῦ πατρὸς λόγος. δίκαια λέγει ὁ πατήρ.

2. Πόρρω ἤδη ἐστὶ τοῦ βίου ὁ πατήρ. θανάτου ἐγγὺς ὁ πατήρ.

3. Δός μοι τὸ βιβλίον, ὦ πάτερ.—Ἰδοὺ τὸ βιβλίον, ὦ παῖ.

4. Οὐκ ἔχουσι χάριν τοῖς πατράσιν οἱ παῖδες.

5. Ὡς αἰσχραὶ αἱ τοῦ στρατηγοῦ θυγατέρες.

6. Ποῖ πορεύει, ὦ παῖ;—Εἰς Ἀθήνας πορεύομαι παρὰ τὸν διδάσκαλον.

7. Ἔνεγκέ μοι τὴν χλαῖναν, ὦ θύγατερ.—Ἰδού, ἐπὶ τῆς κλίνης ἡ χλαῖνα, ὦ μῆτερ.

8. Λαμπρὰς ἔχουσι τὰς φωνὰς αἱ θυγατέρες. ὡς καλὴ ἡ τῶν θυγατέρων ᾠδή.

9. Δεινὸς ὁ κατὰ θάλατταν πόλεμος. ὠχραὶ ὑπὸ τοῦ δέους αἱ μητέρες.

10. Οἴχεται ὁ πατήρ. ποῖ πορεύει, ὦ πάτερ;—Εἰς Ἀθήνας πορεύομαι μετὰ τῆς μητρός.

11. Πρὸς τῶν θεῶν, εἰπέ μοι τοὔνομα τοῦ πατρός, ὦ παῖ.

12. Ἐλθὲ δεῦρο παρὰ τὴν μητέρα, ὦ παῖ· δεινὸν γὰρ τὸ πλῆθος τὸ ἐν ταῖς ὁδοῖς.

13. Παρὰ τὸν διδάσκαλον ἥκει ὁ παῖς μετὰ τοῦ πατρὸς καὶ τῆς μητρός.

14. Πολλάκις τοῦ ἔτους ἥκουσιν οἱ πατέρες μετὰ τῶν παίδων εἰς Ἀθήνας.

15. Οὐ διὰ μακροῦ ἄξει τὸν παῖδα ὁ πατὴρ εἰς Ὀλύμπια.

16. Ὦ θύγατερ, οὐ διὰ μακροῦ ἥξει ἡ πομπὴ διὰ τῆς ἀγορᾶς.

17. Λέγουσιν οἱ πατέρες ὅτι ζημίας ἄξιοι οἱ παῖδες.

18. Ἱκανὴν οὐσίαν ἔχει παρὰ τοῦ πατρὸς ἀδελφός.

19. Ὦ μῆτερ, δός μοι τὴν σφαῖραν, πρὸς τῶν θεῶν.

20. Τοῖς παισὶν ἀργύριον διδόασιν οἱ πατέρες, τοῖς πατράσι χάριν ἔχουσιν οἱ παῖδες.

1. My father's anger is terrible.  My mother's words are just.  My sister is good-looking.

2. My father is gone off to Olympia to see the games.  My mother is at home with her daughters.

3. Where are you going, father ?  I am going to dinner at (παρά c. acc.) my friend's.

4. Where is your father, boy?  He will come to Athens before long.

5. I come from the country with my father and my mother to see the procession.

6. The mother says that her daughters are good-looking.

7. The daughter writes a letter to her mother twice a month.  My father comes to Athens twice a year.

8. My father has money.  My mother is good-looking.  The beauty of my mother is wonderful.

9. The strangers come to dinner at (παρά c. acc.) my father's.  Good day, strangers !

10. Before long my father will come home with my sister.

## XII.—THE THIRD DECLENSION (continued).

### II.—Vowel Stems.

**45.** The commonest nouns of this class are those in -ις and -εύς.

1. Those in -ις are mostly feminine, those in -εύς are all masculine.

2. Those in -ις are never accented on the last syllable, those in -εύς always are so.

3. The genitive singular of both ends in -εως.

### 46. ἡ πόλις, 'the city,' 'state.'

| | | SING. | | DUAL. | | PLUR. |
|---|---|---|---|---|---|---|
| N. | ἡ | πόλις | τὼ | πόλει | αἱ | πόλεις |
| G. | τῆς | πόλεως | τοῖν | πολέοιν | τῶν | πόλεων |
| D. | τῇ | πόλει | | | ταῖς | πόλεσι(ν) |
| A. | τὴν | πόλιν | | | τὰς | πόλεις |
| V. | ὦ | πόλι | | | ὦ | πόλεις |

*Obs.*—In these nouns -εως and -εων are treated as one syllable for purposes of accentuation.

### 47. ὁ βασιλεύς, 'the king.'

| | | |
|---|---|---|
| SING. N. | ὁ | βασιλεύς |
| G. | τοῦ | βασιλέως |
| D. | τῷ | βασιλεῖ |
| A. | τὸν | βασιλέα |
| .V. | ὦ | βασιλεῦ |
| DUAL N. A. | τὼ | βασιλῆ |
| G. D. | τοῖν | βασιλέοιν |
| PLUR. N. | αἱ | βασιλῆς |
| G. | τῶν | βασιλέων |
| D. | τοῖς | βασιλεῦσι(ν) |
| A. | τοὺς | βασιλέας |
| V. | ὦ | βασιλῆς |

*Obs.* 1.—Nouns in -εύς have -α and -ας long in the accusative case.

*Obs.* 2.—About the middle of the fourth century B.C. βασιλεῖς took the place of βασιλῆς in the nominative plural, and is often found in our texts.

**48.** τὸ ἄστυ, 'the town.'

|  | SING. | | DUAL. | | PLUR. |
|---|---|---|---|---|---|
| N. | τὸ ἄστυ | τὼ | ἄστει | τὰ | ἄστη |
| G. | τοῦ ἄστεως | τοῖν | ἀστέοιν | τῶν | ἄστεων |
| D. | τῷ ἄστει | | | τοῖς | ἄστεσι(ν) |
| A. | τὸ ἄστυ | | | τὰ | ἄστη |
| V. | ὦ ἄστυ | | | ὦ | ἄστη |

*Obs.*—Πόλις and ἄστυ have the nominative, accusative, and vocative dual in -ει, but βασιλεύς has it in -η.

## Exercise 12.

### SUSPENSORY CONJUNCTIONS.

The conjunction μέν (always placed second in its clause) is used to suspend the attention by pointing forward to a contrasting or limiting clause which is coming. The latter clause has δέ (always second in its clause).

The conjunctions μέν and δέ together make up 'but,' *e.g.*—

Δεινὴ μὲν ἡ μάχη, καλὴ δὲ ἡ νίκη.

'The battle is terrible, but the victory is glorious.'

The words ὁ μέν, ὁ δέ mean 'the one, the other,' or 'the former, the latter.'

### PRESENT TENSE OF βούλεσθαι AND ἔρχεσθαι.

| | | | |
|---|---|---|---|
| βούλομαι, | I wish, will. | ἔρχομαι, | I go, come. |
| βούλει, | you wish, will. | ἔρχει, | you go, come. |
| βούλεται, | he wishes, wills. | ἔρχεται, | he goes, comes. |

PHRASES—ἆρα marks a sentence as interrogative (Lat. *-ne*).

ού ; ἆρ' οὐ ; look for an affirmative answer (*nonne*).

μή ; μῶν ; look for a negative answer (*num*).

1. Ἆρ' οὐ θανάτου ἄξιος τῇ πόλει ἄνθρωπος ; οὐκ αἴτιος τῆς ἥττης ; οὐκ ἐχθρὸς τῷ δήμῳ ;

2. Εἰπέ μοι τοὔνομα τῆς πόλεως, πρὸς τῶν θεῶν. βούλει μοι λέγειν τὸ τῆς πόλεως ὄνομα ;

3. Μυρίων μὲν κακῶν αἴτιος ὁ πόλεμος τῇ πόλει, χρήσιμος δὲ τοῖς στρατιώταις.

4. Πόθεν ἥκουσιν οἱ κήρυκες;—Παρὰ τοῦ βασιλέως ἥκουσιν οἱ κήρυκες.

5 Θαυμασία τὸ κάλλος ἡ τῶν ἱππέων πομπή. λαμπροὶ οἱ τῶν Ἀθηναίων ἱππῆς.

6. Δεινὴ ἡ στάσις ἡ ἐν τῇ πόλει. τῆς στάσεως αἴτιοι οἱ ῥήτορες.

7. Περὶ τῶν τῆς πόλεως πραγμάτων βούλεται λέγειν ὁ ῥήτωρ. ἐν τῇ ἐκκλησίᾳ δεινὴ ἡ βοή.

8. Ἅπαξ τοῦ ἔτους ἥκουσιν οἱ σύμμαχοι ἐκ τῶν πόλεων. εἰς Ἀθήνας φέρουσι τὸν φόρον.

9. Ἰοὺ τῆς νίκης. ἆρ' οὐκ ἀξία τῆς πόλεως ἡ νίκη καὶ τοῦ Μαραθῶνι τροπαίου;

10. Ἀγαθός ἐστι περὶ τὴν πόλιν ὁ στρατηγός. ἆρ' οὐ τιμῆς ἄξιός ἐστι παρὰ τοῦ πλήθους;

11. Πράγματ' ἔχουσιν οἱ ἐν ἄστει διὰ τὴν τοῦ ὕδατος ἀπορίαν.

12. Ἆρ' οὐ σπουδῆς ἀξία τῇ πόλει ἡ τῶν νέων παιδεία; ἐν τοῖς νέοις αἱ τοῦ δήμου ἐλπίδες.

13. Διὰ τῆς πόλεως ἔρχεται ὁ ἰατρός· δεινὴ γὰρ ἡ νόσος ἡ ἐν τῇ πόλει.

14. Οὐκ ὀλίγ' ἔχουσι χρήματα οἱ τῶν βαρβάρων βασιλῆς.

15. Ποῖ πορεύει, ὦ ἑταῖρε;—Οἴκαδ' ἔρχομαι εἰς τὴν πόλιν μετὰ τῆς μητρός.—Οἴχεται ὁ ἑταῖρος.

16. Λέγουσιν οἱ ῥήτορες ὅτι τῶν νῦν ἀγαθῶν αἰτία ἡ εἰρήνη πόλεσι καὶ ἔθνεσιν ὁμοίως.

17. Ἐν ταῖς πόλεσιν ὁ μὲν πλούσιός ἐστιν, ὁ δὲ πένης. σπουδῆς ἀξία τῇ πόλει ἡ τῶν πενήτων ἀπορία.

18. Τήμερον ὁ μὲν οἴχεται ἐκ τῆς πόλεως, ὁ δὲ ἥκει. χαῖρ', ὦ ξένε, πόθεν ἥκεις;—Ἥκω παρὰ βασιλέως.

19. Δὶς τοῦ ἔτους ἑορτὴν ἄγουσιν οἱ πολῖται. εἰς τὴν πόλιν ἥκουσιν οἱ ξένοι ἐπὶ θέαν τῆς ἑορτῆς.

20. Οἴμοι τῆς ὕβρεως. ἆρ' οὐ δεινὴ ἡ ὕβρις; κακὸν μὲν ἡ ὕβρις, ἀγαθὸν δ' ἡ αἰδώς.

1. The general is going through the town with the knights. The beauty of their arms is wonderful.

2. The ancients say that faction is a disease of the state. Want of money is the cause of faction.

3. Flatterers speak to please the king. For the sake of gain they say that kings are gods.

4. The war is grievous to the state, but useful to the king.

5. The knights have bright arms. The procession of knights goes through the market-place.

6. Are your sisters good-looking? The one is beautiful, the other is ugly.

7. I am come back to town to see the procession. The king is gone to the country.

8. The tyrant's insolence is hateful to the citizens.

9. The sea is near the city. The city has fine harbours.

10. The defeat of the king is terrible by land and sea. Hurrah for the glorious victory!

## XIII.—IRREGULAR NOUNS.

### 49. ὁ ἀνήρ, 'the man,' 'husband.'

| | SING. | | DUAL. | | PLUR. |
|---|---|---|---|---|---|
| N. | ὁ ἀνήρ | τὼ | ἄνδρε | οἱ | ἄνδρες |
| G. | τοῦ ἀνδρός | τοῖν | ἀνδροῖν | τῶν | ἀνδρῶν |
| D. | τῷ ἀνδρί | | | τοῖς | ἀνδράσι(ν) |
| A. | τὸν ἄνδρα | | | τοὺς | ἄνδρας |
| V. | ὦ ἄνερ (accent !) | | | ὦ | ἄνδρες |

*Obs.*—The declension of ἀνήρ is like that of πατήρ (§ 44), except that when ν and ρ come together a δ naturally arises in passing from the one sound to the other (cf. Fr. *gendre*, from Lat. *generum*).

D

**50.** ἡ γυνή, 'the woman,' 'wife.'

| | | |
|---|---|---|
| SING. N. | ἡ | γυνή |
| G. | τῆς | γυναικός |
| D. | τῇ | γυναικί |
| A. | τὴν | γυναῖκα |
| V. | ὦ | γύναι (accent !) |
| DUAL N. A. | τώ | γυναῖκε |
| G. D. | τοῖν | γυναικοῖν |
| PLUR N. | αἱ | γυναῖκες |
| G. | τῶν | γυναικῶν |
| D. | ταῖς | γυναιξί(ν) |
| A. | τὰς | γυναῖκας |
| V. | ὦ | γυναῖκες |

*Obs.* 1.—The only irregularity here is in the nominative singular **γυνή**. The vocative singular represents the stem **γυναικ**, but **κ** cannot stand at the end of a word (Introd. 5).

*Obs.* 2.—Both these words accent the genitive and dative on the termination, and draw back their accent in the vocative (cf. § 44, *Obs.*).

**51.** ὁ υἱός, 'the son.'

| | SING. | | PLUR | |
|---|---|---|---|---|
| N. | ὁ | υἱός | οἱ | υἱοί or υἱεῖς |
| G. | τοῦ | υἱοῦ or υἱέος | τῶν | υἱῶν or υἱέων |
| D | τῷ | υἱῷ or υἱεῖ | τοῖς | υἱοῖς or υἱέσι(ν) |
| A. | τὸν | υἱόν | τοὺς | υἱούς or υἱεῖς |
| V. | ὦ | υἱέ | ὦ | υἱοί or υἱεῖς |

*Obs.*—This noun was more frequently written ὑός, etc., in Attic, but the form given is the oldest and that still commonly found in our texts.

52. ὁ γέρων, 'the old man.'

| | | |
|---|---|---|
| SING. N. | ὁ | γέρων |
| G. | τοῦ | γέροντος |
| D. | τῷ | γέροντι |
| A. | τὸν | γέροντα |
| V. | ὦ | γέρον |
| DUAL N. A. | τὼ | γέροντε |
| G. D. | τοῖν | γερόντοιν |
| PLUR. N. | οἱ | γέροντες |
| G. | τῶν | γερόντων |
| D. | τοῖς | γέρουσι(ν) |
| A. | τοὺς | γέροντας |
| V. | ὦ | γέροντες |

## Exercise 13.

### SUSPENSORY CONJUNCTIONS (continued).

The conjunction τε (enclitic, always placed second) is used to suspend the attention by pointing forward to something which is to be added. This is added with καί (always placed first), e.g.—

νέοι τε—καὶ γέροντες,    'Young men—and old men.'
λέγει τε—καὶ γράφει,    'He speaks—and writes.'
ὅ τε πατὴρ—καὶ ἡ μήτηρ,    'Both my father—and my mother.'

### PRESENT TENSE OF πορεύεσθαι AND οἴχεσθαι.

| | | | |
|---|---|---|---|
| πορευόμεθα, | we go. | οἰχόμεθα, | we are gone. |
| πορεύεσθε, | you go. | οἴχεσθε, | you are gone. |
| πορεύονται, | they go. | οἴχονται, | they are gone. |

PHRASE—τίς εἶ; 'Who are you?' (sing )

1. Νέαι μὲν αἱ γυναῖκες, γέροντες δὲ οἱ ἄνδρες.

2. Φροῦδος οἴχεται ἀνήρ. ποῖ πορεύεται ἀνήρ; παρὰ τὸν βασιλέα ἔρχεται ἀνήρ.

3. Εἰπέ μοι τοὔνομα τοῦ γέροντος, ὦ παῖ. τίς εἶ, ὦ γέρον, καὶ πόθεν ἥκεις;

4. Ἆρ' οὐκ ἄξιοι τῆς πόλεως οἱ ἄνδρες; ἆρ' οὐκ ἀγαθοὶ περὶ τὴν πόλιν;

5. Ἄδικα λέγει ὁ ῥήτωρ, ὦ ἄνδρες Ἀθηναῖοι. κέρδους ἕνεκα ἀδίκους λέγει τοὺς λόγους.

6. Μικρὰς ἔχουσι τὰς φωνὰς αἱ γυναῖκες. μικρὰ μὲν ἡ φωνὴ τῆς γυναικός, λαμπρὰ δέ.

7. Ταῖς μὲν γυναιξὶν αἰσχρὰ τὰ τοῦ πολέμου ἔργα, τοῖς δ' ἀνδράσι καλά.

8. Ὀψὲ τῆς ἡμέρας ἥκουσιν αἱ γυναῖκες εἰς ἄστυ. μακρὰν τὴν ὁδὸν πορεύονται.

9. Τοῖς ἀγαθοῖς ἀνδράσιν ἆθλον τοῦ πολέμου ἡ ἐλευθερία.

10. Ἀγαθοῦ ἀνδρὸς οὐκ ἄξιον τοὖργον. ἀγαθῷ ἀνδρὶ αἰσχρὸν τοὖργον. ἀγαθῶν ἀνδρῶν ἀνάξιον τοὖργον.

11. Λέγουσιν ὅτι δὶς παῖδες οἱ γέροντες.

12. Μετὰ τοῦ πατρὸς ἥκουσιν αἵ τε θυγατέρες καὶ οἱ υἱεῖς ἐπὶ θέαν τοῦ ἀγῶνος.

13. Ἀνάξιοι τοῦ πατρὸς οἱ υἱεῖς. πράγματ' ἔχουσιν οἱ πατέρες διὰ τὴν τῶν υἱέων μωρίαν.

14. Τοῖς υἱέσιν ἀργύριον διδόασιν οἱ πατέρες. χάριν ἔχουσι τοῖς πατράσιν οἱ υἱεῖς

15. Νέοις τε καὶ γέρουσιν ὁμοίως δεινὴ ἡ μάχη. ἀνδρεῖοι μὲν οἱ νέοι, σοφοὶ δ' οἱ γέροντες.

16. Ὁ μὲν οἴχεται, ὁ δ' ἥκει. οἱ μὲν οἴχονται, οἱ δ' ἥκουσιν. ἥκει πάλιν ὁ γέρων. φροῦδαι οἴχονται αἱ γυναῖκες.

17. Τίς εἶ, ὦ γύναι; εἰπέ μοι τοὔνομα, πρὸς τῶν θεῶν, καὶ πόθεν ἥκεις.

18. Καλαί τε κἀγαθαὶ αἱ γυναῖκες. ἰσχυροί τε καὶ σοφοὶ οἱ υἱεῖς. λέγειν τε καὶ γράφειν δεινὸς ὁ γέρων.

19. Τῶν γερόντων οἱ μὲν εἰς τὴν ἐκκλησίαν πορεύονται, οἱ δ' οἴκαδ' εἰς τοὺς ἀγροὺς οἴχονται.

20. Πρὸς χάριν λέγουσι ταῖς γυναιξὶν οἱ νῦν ἰατροί. οὐκ ἀξία λόγου ἡ νόσος ἡ τῆς γυναικός.

1. Where is your father, my boy ?  My father is gone home with my mother.

2. The man is gone away with his wife and his son to the country.

3. Who are you, madam ?  Where is your husband ?  My husband is in the battle with my sons.

4. The woman gives meat and wine to her husband.  She brings home bread from the market.

5. The woman's beauty is marvellous.  O what beauty ! Both the woman and her daughters are beautiful.

6. The woman has not a little money, but her husband is poor.

7. Before long my wife will come to Athens with her sons. She will take her sons to (παρά *c. acc.*) the teacher.

8. Wives often speak to please their husbands.

9. The ladies come to dinner with their maids.  The maid takes the girl to see the procession.

10. Come here, madam !  I wish to take you home, for it is late in the day.

## XIV.—IRREGULAR NOUNS (continued).

### 53. ἡ χείρ, 'the hand.'

|  | SING. |  | DUAL. |  | PLUR. |
|---|---|---|---|---|---|
| N. | ἡ χείρ | τὼ | χεῖρε | αἱ | χεῖρες |
| G. | τῆς χειρός | τοῖν | χειροῖν | τῶν | χειρῶν |
| D. | τῇ χειρί |  |  | ταῖς | χερσί(ν) |
| A. | τὴν χεῖρα |  |  | τὰς | χεῖρας |

*Obs.*—The only irregularity is in the dative plural χερσί(ν), but the less correct form χεροῖν is found in our texts.

### 54. ὁ πούς, 'the foot.'

|     | Sing. |       | Dual. |         | Plur. |          |
| --- | ----- | ----- | ----- | ------- | ----- | -------- |
| N.  | ὁ     | πούς  | τὼ    | πόδε    | οἱ    | πόδες    |
| G.  | τοῦ   | ποδός | τοῖν  | ποδοῖν  | τῶν   | ποδῶν    |
| D.  | τῷ    | ποδί  |       |         | τοῖς  | ποσί(ν)  |
| A.  | τὸν   | πόδα  |       |         | τοὺς  | πόδας    |

*Obs.*—The only irregularity is in the nominative singular.

### 55. τὸ οὖς, 'the ear.'

|     | Sing. |       | Dual |        | Plur. |          |
| --- | ----- | ----- | ---- | ------ | ----- | -------- |
| N.  | τὸ    | οὖς   | τὼ   | ὦτε    | τὰ    | ὦτα      |
| G.  | τοῦ   | ὠτός  | τοῖν | ὤτοιν  | τῶν   | ὤτων     |
| D.  | τῷ    | ὠτί   |      |        | τοῖς  | ὠσί(ν)   |
| A.  | τὸ    | οὖς   |      |        | τὰ    | ὦτα      |

*Obs.*—In the genitive and dative the accent is irregular where it can be so without giving rise to a circumflex.

### 56. ὁ ὀδούς, 'the tooth.'

|     | Sing. |          | Dual. |          | Plur. |           |
| --- | ----- | -------- | ----- | -------- | ----- | --------- |
| N.  | ὁ     | ὀδούς    | τὼ    | ὀδόντε   | οἱ    | ὀδόντες   |
| G.  | τοῦ   | ὀδόντος  | τοῖν  | ὀδόντοιν | τῶν   | ὀδόντων   |
| D.  | τῷ    | ὀδόντι   |       |          | τοῖς  | ὀδοῦσι(ν) |
| A.  | τὸν   | ὀδόντα   |       |          | τοὺς  | ὀδόντας   |

### 57. τὸ γόνυ, 'the knee.'

|     | Sing. |         | Dual. |          | Plur. |          |
| --- | ----- | ------- | ----- | -------- | ----- | -------- |
| N.  | τὸ    | γόνυ    | τὼ    | γόνατε   | τὰ    | γόνατα   |
| G.  | τοῦ   | γόνατος | τοῖν  | γονάτοιν | τῶν   | γονάτων  |
| D.  | τῷ    | γόνατι  |       |          | τοῖς  | γόνασι(ν)|
| A.  | τὸ    | γόνυ    |       |          | τὰ    | γόνατα   |

### 58. ἡ θρίξ, 'the hair.'

|  | SING. | DUAL. | PLUR. |
|---|---|---|---|
| N. | ἡ θρίξ | τὼ τρίχε | αἱ τρίχες |
| G. | τῆς τριχός | τοῖν τριχοῖν | τῶν τριχῶν |
| D. | τῇ τριχί |  | ταῖς θριξί(ν) |
| A. | τὴν τρίχα |  | τὰς τρίχας |

*Obs.*—The stem is θριχ. When the second aspirate appears, the first disappears (see App. § 2, 1).

## Exercise 14.

### PREDICATIVE POSITION.

In phrases like the following the adjective ἄκρος, *extremus*, takes predicative position :—

      ἄκροις τοῖς ποσί, *i.e* 'on tip-toe.'
      ἄκραις ταῖς χερσί, *i.e.* 'with the finger-tips.'

So also—

      ἐν μέσῃ τῇ πόλει,    'in the midst of the city.'

### PRESENT TENSE OF βούλεσθαι AND ἰέναι.

| | | | |
|---|---|---|---|
| βουλόμεθα, | we wish, will. | ἐρχόμεθα, | we go, come. |
| βούλεσθε, | you wish, will. | ἔρχεσθε, | you go, come. |
| βούλονται, | they wish, will. | ἔρχονται, | they go, come. |

PHRASE—εἰ μή, 'if not,' 'unless,' 'except.'

1. Δός μοι τὴν χεῖρα, ὦ γύναι. καλὰς ἔχεις τὰς χεῖρας, νὴ τοὺς θεούς.

2. Ἄκροις τοῖς ποσὶ πορεύονται αἱ γυναῖκες.

3. Μακρὰ ἔχουσι τὰ ὦτα οἱ ὄνοι. μικρὸν ἔχει τὸ οὖς ἡ παρθένος.

4. Ὀλίγους τοὺς ὀδόντας ἔχουσιν οἱ γέροντες. τοῖς γέρουσιν ὀλίγοι οἱ ὀδόντες.

5. Καλὰς ἔχει τὰς τρίχας ἡ κόρη. χρυσὸν ἔχει ἐν ταῖς θριξίν.

6. Διὰ μέσης τῆς πόλεως ἔρχεται ἡ τῶν ἱππέων πομπή.

7. Οὐ βούλομαι ἄγειν τὸν ἵππον εἰς τὴν ἀγοράν.

8. Ἆρ' οὐ χωλὸς τὼ πόδε ἄνθρωπος ; οὐ τυφλὸς τὠφθαλμώ ;

9. Εἰ μὴ τοῖς πλουσίοις τῶν πολιτῶν ὀλίγοι οἱ οἰκέται.

10. Ἆρ' οὐ δεινὴ ἡ τῶν γερόντων ὀργή; ὑπ' ὀργῆς ἐρυθρὰ ἔχουσι τὰ πρόσωπα.

11. Ποῦ 'στι τὸ βιβλίον ;—Ἐν ταῖς χερσὶν ἔχεις τὸ βιβλίον, ὦ δέσποτα.

12. Ἆρ' οὐ δεινοὺς τοὺς ὀδόντας ἔχει τὸ θηρίον ; ἐν τοῖς ὀδοῦσιν ἔχει τὸ κρέας.

13. Λευκὰς ἔχουσι τὰς τρίχας οἱ γέροντες. λευκαὶ μὲν αἱ τρίχες, ἀνδρεία δ' ἡ ψυχή.

14. Ὑπὸ τοῦ δέους ὀρθὰς ἔχει τὰς τρίχας ὁ παῖς.

15. Ἐπὶ τῆς κεφαλῆς ἔχει τὰς τρίχας τὸ τῶν ἀνθρώπων γένος.

16. Οὐ λέγω ὅτι ἐρυθρὰς ἔχει τὰς τρίχας ἡ παρθένος· αἰδοῦς γὰρ ἄξιαι αἱ γυναῖκες.

17. Ἆρ' οὐκ ἰσχυρὰς ἔχει τὰς χεῖρας ὁ ἀθλητής ;

18. Δός μοι τὴν φιάλην, ὦ ἑταῖρε.—Ἰδού, ταῖς χερσὶ λαβὲ τὴν φιάλην.

19. Τοῖς ἀνθρώποις χεῖράς τε καὶ πόδας διδόασιν οἱ θεοί.

20. Ὀλίγος ὁ τῶν ὑποκριτῶν μισθός. ὀλίγος ὁ μισθὸς εἰ μὴ τοῖς δεινοῖς τὴν τέχνην.

1. Girls have long hair.   The general's sons have red hair.

2. Tell me, has not the lady beautiful hands?   Upon my word, she has small hands.

3. The boy's hair is standing on end from fear.   The storm is terrible to the boy.

4. The horse's ears are erect.   The battle is not terrible to the horse.

5. The boy has long ears.   The donkey has long ears.

6. The mother has her baby in her arms (*say* 'hands'). What a pretty baby!

7. The girl has white teeth.   O what beautiful teeth!

8. The father has his son on his knees.   The mother has her daughter on her knees.

9. Take the book in your hands, boy!   Where is your book? The boy deserves punishment.

10. Give me your hand, my friend.   Before long I shall come to dinner.

## XV.—IRREGULAR NOUNS (continued).

### 59. ὁ Ζεύς, 'Zeus.'

| | | |
|---|---|---|
| N. | ὁ | Ζεύς |
| G. | τοῦ | Διός |
| D. | τῷ | Διΐ |
| A. | τὸν | Δία |
| V. | ὦ | Ζεῦ |

### 60. ὁ, ἡ κύων, 'the dog.'

| | SING. | | DUAL. | | PLUR. | |
|---|---|---|---|---|---|---|
| N. | ὁ | κύων | τὼ | κύνε | οἱ | κύνες |
| G. | τοῦ | κυνός | τοῖν | κυνοῖν | τῶν | κυνῶν |
| D. | τῷ | κυνί | | | τοῖς | κυσί(ν) |
| A. | τὸν | κύνα | | | οὓς | κύνας |
| V. | ὦ | κύον | | | ὦ | κύνες |

### 61. ὁ, ἡ ὄρνις, 'the bird.'

| | | | |
|---|---|---|---|
| SING. N. | ὁ | ὄρνις | |
| G. | τοῦ | ὄρνιθος | |
| D. | τῷ | ὄρνιθι | |
| A. | τὸν | ὄρνιν (ὄρνιθα) | |
| V. | ὦ | ὄρνι | |
| DUAL. N. A. | τὼ | ὄρνιθε | |
| G. D. | τοῖν | ὀρνίθοιν | |

| PLUR. | N. | οἱ | ὄρνιθες | ὄρνεις |
| | G. | τῶν | ὀρνίθων | ὀρνεων |
| | D. | τοῖς | ὄρνισι(ν) | |
| | A. | τοὺς | ὄρνιθας | ὄρνεις |
| | V. | ὦ | ὄρνιθες | ὄρνεις |

*Obs.*—The ι of ὄρνις is long

### 62. ὁ, ἡ βοῦς, 'the ox,' 'cow.'

| | SING. | | DUAL. | | PLUR. | |
| N. | ὁ | βοῦς | τὼ | βόε | οἱ | βόες |
| G. | τοῦ | βοός | τοῖν | βοοῖν | τῶν | βοῶν |
| D. | τῷ | βοΐ | | | τοῖς | βουσί(ν) |
| A. | τὸν | βοῦν | | | τοὺς | βοῦς |
| V. | ὦ | βοῦ | | | ὦ | βόες |

### 63. ἡ ναῦς, 'the ship.'

| | SING. | | DUAL. | | PLUR. | |
| N. | ἡ | ναῦς | τὼ | νῆε | αἱ | νῆες |
| G. | τῆς | νεώς | τοῖν | νεοῖν | τῶν | νεῶν |
| D | τῇ | νηΐ | | | ταῖς | ναυσί(ν) |
| A. | τὴν | ναῦν | | | τὰς | ναῦς |
| V. | ὦ | ναῦ | | | ὦ | νῆες |

*Obs.*—Before a consonant, the stem is ναυ. Before short vowels it is νη(ϝ), before long vowels and diphthongs, νε(ϝ).

## Exercise 15.
### INTERNAL ACCUSATIVE.

Intransitive verbs may take an accusative which is *cognate* in meaning. A noun used in this construction must always be accompanied by an attribute, unless it is already narrower in meaning than the verb, *e.g.*—

μακρὰν ὁδὸν ἔρχομαι, 'I go a long way (journey)';

but    πομπὴν πέμπω,    'I make a procession.'

IMPERFECT TENSE OF λέγειν AND γράφειν.

| | | | |
|---|---|---|---|
| ἔλεγον, | I said. | ἔγραφον, | I wrote. |
| ἔλεγες, | you said. | ἔγραφες, | you wrote. |
| ἔλεγε(ν), | he said. | ἔγραφε(ν), | he wrote. |

PHRASE—μὲν οὖν, corrective, like *immo vero* (always second in its clause).

1. Μακραὶ αἱ τῶν Ἀθηναίων νῆες. καλοὶ οἱ τοῦ νεανίου κύνες. νὴ τὸν Δία, ἰσχυροὶ οἱ βόες.

2. Ἐλθὲ δεῦρο, ὦ κύον. οἴμοι ὡς δεινοὺς ἔχει τοὺς ὀδόντας ὁ κύων.

3. Ἔλεγον οἱ πάλαι ὅτι βασιλεὺς τῶν θεῶν ὁ Ζεύς. ἔλεγον ὅτι ἀδελφὴ τοῦ Διὸς ἡ Ἥρα.

4. Οὐ διὰ μακροῦ ἥξει ἡ ναῦς εἰς τὸν λιμένα. ἐπὶ τῆς νεὼς ὅ τε πατὴρ καὶ ἡ μήτηρ.

5. Πρὸς τοῦ Διός, ὦ γύναι, εἰπέ μοι τοὔνομα τοῦ υἱέος. εἰπέ μοι τὰ ὀνόματα τῶν υἱέων.

6. Ὥσπερ λύκος ὅμοιος κυνί, οὕτω καὶ κόλαξ ὅμοιος φίλῳ.

7. Νὴ τὸν Δία, καλὼ τὼ βόε, ὦ ἄνδρες. εἰς τὸ ἄστυ ἄγει τὸν βοῦν ὁ γεωργός.

8 Ὀψὲ τῆς ἡμέρας ἥξουσιν αἱ νῆες εἰς τὸν λιμένα· δεινὸς γὰρ ὁ χειμών.

9. Ἔλεγεν ὁ ῥήτωρ ὅτι ἄνδρες εἰσὶ ('are') πόλις, οὐ τείχη οὐδὲ νῆες ἀνδρῶν κεναί.

10. Εἰπέ μοι, πρὸς τοῦ Διός, τίς εἶ καὶ πόθεν ἥκεις, ὦ ξένε ;— Ἐκ τῶν ἀγρῶν ἥκω ἐπὶ θέαν τῆς πόλεως.

11. Ἆρ' ἥξεις τήμερον ἐπὶ δεῖπνον, ὦ ἑταῖρε ,—Αὔριον μὲν οὖν ἥξω.

12. Ἆρ' οὐ λαμπρὰς ἔχουσι τὰς φωνὰς αἱ ὄρνεις ; ὦ τῶν καλῶν ὀρνέων.

13. Ἆρα πένης ὁ γεωργός ;—Πλούσιος μὲν οὖν ὁ γεωργός. βοῦς ἔχει καὶ ἵππους.

14. Κρέα δίδωσι τοῖς κυσὶν ὁ νεανίας. νὴ τὸν Δία καλὰς ἔχουσι τὰς τρίχας οἱ κύνες.

15. Τοῖς θηρσὶ δεινοὶ οἱ κύνες. ἐν τῇ ὕλῃ οἱ κύνες. ὦ τῆς βοῆς.

16 Δὶς τοῦ μηνὸς ἐπιστολὴν ἔγραφεν ὁ παῖς τῷ πατρί. κύνας δίδωσι τῷ υἱεῖ ὁ πατήρ.

17. Ὄρνεις πέμπει ὁ νεανίας τῇ παρθένῳ. καλὰ τὰ τοῦ νεανίου δῶρα.

18. Ποῖ πορεύει, ὦ νεανία; μῶν εἰς Ἀθήνας;—Οἴκαδε μὲν οὖν πορεύομαι. τοὺς κύνας ἄγω ἐξ ἄστεως.

19. Τοῖς ἀνθρώποις ἀγαθὰ δίδωσιν ὁ Ζεύς. χάριν ἔχουσιν ἄνθρωποι τῷ Διΐ.

20. Τῆς τῶν Ἀθηναίων δυνάμεως αἴτιαι αἱ νῆες. ἐν ταῖς ναυσὶ τὰ τῆς πόλεως πράγματα.

1. Tell me the name of your dog, young man. He has fine teeth.

2. The soldiers go on board ship to the enemies' country.

3. Where is your mother, my boy? She is on board ship with my father.

4. The farmer comes once a month to town. He brings oxen to the market.

5. My father has a pair of oxen and a horse.

6. How beautiful the birds are! What a beautiful song! The birds are in the wood.

7. The mother gives a bird to her daughter. The father gives a dog to his son.

8. The dogs are in the wood. The birds keep quiet from fear.

9. The bird's feathers are lovely. Birds have feathers instead of hair

10. The ships of the Athenians are grand in the battle. The victory is due to the ships.

## XVI.—ADJECTIVES.

### 1. ADJECTIVES OF THE FIRST AND SECOND DECLENSIONS.

64. Adjectives of the first and second declensions are de-. clined like the nouns of these declensions, thus—

| MASC. | FEM. | NEUT. |
|---|---|---|
| καλός (beautiful) | καλή | καλόν |
| etc. | etc. | etc. |
| αἰσχρός (ugly) | αἰσχρά | αἰσχρόν |
| etc. | etc. | etc. |

Note, however, that the rule for accenting the genitive plural of nouns of the first declension (§ 4, *Obs.*) does not apply to the feminine of adjectives, when they are the same in form as the masculine.

**65.** Compound adjectives have no special form for the feminine, *e g.*—

| Masc. | Fem. | Neut. |
|---|---|---|
| ἄδικος (unjust) | ἄδικος | ἄδικον |

There are also some other "adjectives of two terminations," *e.g.* βάρβαρος, 'barbarian'; ἥμερος, 'tame,' 'civilised'; ἥσυχος, 'quiet,' 'gentle.'

## 2. ADJECTIVES OF THE FIRST AND THIRD DECLENSIONS.

**66.** The commonest type is the following :—

|  |  | Masc. | Fem. | Neut. |
|---|---|---|---|---|
| Sing. | N. | ἡδύς (sweet, pleasant) | ἡδεῖα | ἡδύ |
|  | G. | ἡδέος | ἡδείας | ἡδέος |
|  | D. | ἡδεῖ | ἡδείᾳ | ἡδεῖ |
|  | A. | ἡδύν | ἡδεῖαν | ἡδύ |
|  | V. | ἡδύ | ἡδεῖα | ἡδύ |
| Dual | N. A. V. | ἡδεῖ | ἡδεία | ἡδεῖ |
|  | G. D. | ἡδέοιν | ἡδείαιν | ἡδέοιν |
| Plur. | N. | ἡδεῖς | ἡδεῖαι | ἡδέα |
|  | G. | ἡδέων | ἡδειῶν | ἡδέων |
|  | D. | ἡδέσι(ν) | ἡδείαις | ἡδέσι(ν) |
|  | A. | ἡδεῖς | ἡδείας | ἡδέα |
|  | V. | ἡδεῖς | ἡδεῖαι | ἡδέα |

*Obs.*—The genitive plural feminine is accented like that of a first declension noun because it differs in form from the masculine.

### 3. ADJECTIVES OF THE THIRD DECLENSION.

**67.** The two commonest types correspond to types B and C
of the consonantal stems. Thus—

*Type B.*—ADJECTIVES IN -ων.

| | MASC. AND FEM. | NEUT. |
|---|---|---|
| N. | σώφρων (sane) | σῶφρον |
| G. | σώφρονος | σώφρονος |
| D | σώφρονι | σώφρονι |
| A. | σώφρονα | σῶφρον |

*Type C*—ADJECTIVES IN -ης.

| | | MASC. AND FEM. | NEUT. |
|---|---|---|---|
| SING. | N. | ἀληθής (true) | ἀληθές |
| | G. | ἀληθοῦς | ἀληθοῦς |
| | D. | ἀληθεῖ | ἀληθεῖ |
| | A. | ἀληθῆ | ἀληθές |
| PLUR. | N. | ἀληθεῖς | ἀληθῆ |
| | G. | ἀληθῶν | ἀληθῶν |
| | D. | ἀληθέσι(ν) | ἀληθέσι(ν) |
| | A. | ἀληθεῖς | ἀληθῆ |

*Obs.*—Most adjectives of type B and adjectives of type C which are
not accented on the last syllable draw back the accent as far as possible
in the vocative singular, and the nominative and accusative neuter, *e.g.*
εὔδαιμον, σύνηθες.

**68.** Many proper names are declined in the same way, *e.g.*—

| | | |
|---|---|---|
| N. | ὁ | Σωκράτης (Socrates) |
| G. | τοῦ | Σωκράτους |
| D. | τῷ | Σωκράτει |
| A. | τὸν | Σωκράτη (Σωκράτην) |
| V. | ὦ | Σώκρατες |

*Obs.*—The accusative of these nouns is often affected by the analogy of the first declension, *e.g.* Σωκράτην.

**69.** Proper names compounded with κλέος, 'glory,' require special attention, *e g* —

| | | |
|---|---|---|
| N. | ὁ | Περικλῆς (Pericles) |
| G. | τοῦ | Περικλέους |
| D. | τῷ | Περικλεῖ |
| A. | τὸν | Περικλέα |
| V. | ὦ | Περίκλεις |

### Exercise 16.

#### PREDICATE.

A neuter adjective may stand as predicate whatever the gender or number of the subject, *e.g.*—

καλὸν ἡ ἀλήθεια, 'Truth is a fine thing.'

Cf. *Triste lupus stabulis.*

#### IMPERFECT TENSE OF λέγειν AND γράφειν.

| | | | |
|---|---|---|---|
| ἐλέγομεν, | we said. | ἐγράφομεν, | we wrote. |
| ἐλέγετε, | you said. | ἐγράφετε, | you wrote. |
| ἔλεγον, | they said. | ἔγραφον, | they wrote. |

PHRASE—ἴωμεν, 'Let us go.'

1. Ἐλθὲ δεῦρο, ὦ παῖ. ἴωμεν εἰς τὴν ὕλην· ἡδεῖα γὰρ ἡ σκιά.

2. Εἰς καιρὸν ἥκετ', ὦ φίλοι τήμερον γὰρ ἄγομεν τὴν ἑορτήν.

3. Ποῖ πορεύει, ὦ ἑταῖρε ;—Εἰς Ἀθήνας πορεύομαι —Βραχεῖα ἡ ὁδός.—Μακρὰ μὲν οὖν καὶ τραχεῖα ἡ ὁδός.

4. Νὴ τὸν Δία, ἡδεῖα ἡ εἰρήνη Ἕλλησι καὶ βαρβάροις ὁμοίως. καλὸν ἡ εἰρήνη.

5. Μακρὰν ὁδὸν ἔρχεται ἡ στρατιὰ διὰ τῆς τῶν πολεμίων χώρας. βραδεῖα ἡ τῆς στρατιᾶς ὁδός.

6. Ἔλεγον οἱ πάλαι ὅτι αἱ μὲν ἡδοναὶ θνηταί, αἱ δὲ τιμαὶ ἀθάνατοι.

7. Ἆρ' οὐχ ἡδεῖα ἡ παρὰ θάλατταν δίαιτα;—Χαλεπὴ μὲν οὖν καὶ λυπηρὰ ἡ ἐνθάδε δίαιτα.

8. Ἐν ταῖς πόλεσιν εὐδαίμονες οἱ πλούσιοι τῶν πολιτῶν. τοῖς πένησι χρήματα διδόασιν οἱ πλούσιοι.

9. Εἰπέ μοι τἀληθές, ὦ πάτερ, πρὸς τῶν θεῶν.—Ἀληθὴς ὁ τοῦ πατρὸς λόγος. ἀληθῆ λέγει ὁ πατήρ.

10. Οἴκαδ' ἴωμεν εἰς τὴν κώμην, ὦ γύναι· ὀψὲ γάρ ἐστι τῆς ἡμέρας.

11. Νὴ τὸν Δία, ταχέας ἔχει τοὺς πόδας ἄνθρωπος. εὐθεῖα ἡ ὁδός.

12. Ἔγραφον οἱ πάλαι ἰατροὶ ὅτι βραχὺς μὲν ὁ βίος, ἡ δὲ τέχνη μικρά. ἀληθὴς ὁ τοῦ Ἱπποκράτους λόγος.

13. Νὴ τοὺς θεούς, ἡδεῖαν ἔχεις τὴν φωνήν, ὦ γύναι. βαρείας τὰς φωνὰς ἔχουσιν οἱ ἄνδρες.

14. Ψευδὴς ὁ λόγος ὁ τοῦ ποιητοῦ. ψευδῆ λέγει ὁ ποιητής. πρὸς χάριν λέγουσι τοῖς ἀνθρώποις οἱ ποιηταί.

15. Ἰσχυρὸν τἀληθές. ἰσχυρὸν ἡ ἀλήθεια.—Καλὸν τὸ ἀγαθόν. καλὸν ἡ ἀρετή.—Εὐδαίμονες οἱ σώφρονες.

16. Βραχὺν τὸν λόγον ἐλέγομεν. βραχεῖαν τὴν ἐπιστολὴν ἐγράφομεν. βραχεῖς τοὺς λόγους λέγει ὁ Σωκράτης.

17. Γράφει ὁ Ξενοφῶν ὅτι τιμῆς ἄξιος ὁ Σωκράτης τῇ πόλει. καλὸς ὁ τοῦ Σωκράτους θάνατος.

18. Τοῦ πρὸς τοὺς Λακεδαιμονίους πολέμου αἴτιος ὁ Περικλῆς. θαυμάσιοι οἱ τοῦ Περικλέους λόγοι.

19. Ἡράκλεις, πόθεν ἥκουσιν οἱ ξένοι εἰς τὴν πόλιν;—Πρέσβεις (App. § 7, Obs.) οἱ ξένοι. παρὰ βασιλέως ἥκουσιν.

20. Ἐπαίνου ἄξιος ὁ Ἡρακλῆς διὰ τοὺς ἀγῶνας. τῷ Ἡρακλεῖ ἑορτὴν ἄγουσιν οἱ Ἕλληνες.

1. How pleasant the shade is! How sweet sleep is! How rough the road is! How short the journey is!

2. The road leads to Athens. They said that the road was difficult and rough. The journey is long and slow.

3. The general goes a long journey through the king's country. He is leading his army home.

4. At Athens poor citizens draw pay from the state. Let us go to Athens!

5. Upon my word, your daughter has a sweet voice. Your son has a deep voice.

6. In summer we wrote a letter to our mother twice a month. Our mother is in town.

7. The sophist wrote that the hopes of the good were glorious. The sophist's statement is true.

8. Is the man sane? No, he is silly. He deserves punishment for (διά c. acc.) his folly.

9. The writer says that the dialect of those in the island is barbarous.

10. The cities of the Hellenes are prosperous. Let us go to a prosperous city!

## XVII.—IRREGULAR ADJECTIVES.

**70.** The adjectives meaning 'great,' 'much' ('many'), and 'all' are irregular.

μέγας, 'great.'

| | Masc. | Fem. | Neut. |
|---|---|---|---|
| N. | μέγας | μεγάλη | μέγα |
| G. | μεγάλου | μεγάλης | μεγάλου |
| D. | μεγάλῳ | μεγάλῃ | μεγάλῳ |
| A. | μέγαν | μεγάλην | μέγα |

The only irregularity is in the nominative and accusative masculine and neuter.

The plural is quite regular—

| | | | |
|---|---|---|---|
| N. | μεγάλοι | μεγάλαι | μεγάλα |
| | etc. | etc. | etc. |

*Obs.*—The accent is always on the syllable -αλ- where it occurs.

E

71. πολύς, 'much' ('many').

| | MASC. | FEM. | NEUT. |
|------|--------|--------|--------|
| N. | πολύς | πολλή | πολύ |
| G. | πολλοῦ | πολλῆς | πολλοῦ |
| D. | πολλῷ | πολλῇ | πολλῷ |
| A. | πολύν | πολλήν | πολύ |

Here again the irregularity consists in the nominative and accusative masculine and neuter being formed from a different stem.

The plural ('many') is quite regular—

| N. | πολλοί | πολλαί | πολλά |
|------|--------|--------|--------|
| | etc. | etc. | etc. |

*Obs.*—The accent is progressive, and it is circumflex in the genitive and dative of all numbers.

72. πᾶς, 'any,' 'every,' 'all.'

| | | MASC. | FEM. | NEUT. |
|-------|------|--------|--------|--------|
| SING. | N. | πᾶς | πᾶσα | πᾶν |
| | G. | παντός | πάσης | παντός |
| | D. | παντί | πάσῃ | παντί |
| | A. | πάντα | πᾶσαν | πᾶν |
| PLUR. | N. | πάντες | πᾶσαι | πάντα |
| | G. | πάντων | πασῶν | πάντων |
| | D. | πᾶσι(ν) | πάσαις | πᾶσι(ν) |
| | A. | πάντας | πάσας | πάντα |

*Obs.*—The genitive and dative plural form an exception to the rule given in § 24, which is observed in the singular. The circumflex appears according to the rule of the final trochee (Introd. 14, RULE IV.). The genitive plural feminine follows the rule given in § 4, *Obs.* (p 12), in spite of § 64, *Obs.* This is because it differs in form from the masculine, and is therefore unaffected by the analogy.

## Exercise 17.

### PREDICATIVE POSITION.

The adjective πᾶς, 'all,' takes predicative position, *e.g.*—

πᾶσα ἡ πόλις,  'all the city.'
πάντες οἱ πολῖται, 'all the citizens.'

### IMPERFECT TENSE OF ἥκειν.

| | | | |
|---|---|---|---|
| ἧκον, | I came. | ἥκομεν, | we came. |
| ἧκες, | you came. | ἥκετε, | you came. |
| ἧκε(ν), | he came. | ἧκον, | they came. |

PHRASE—ὡς ἐπὶ τὸ πολύ, 'as a general rule.'

1. Μένανδρος ἔλεγεν ὅτι πάσης λύπης ἰατρὸς ὁ χρόνος.

2. Εἰπέ μοι τοὔνομα τοῦ μεγάλου ποταμοῦ, ὦ παῖ.—Νεῖλος τοὔνομα τοῦ ποταμοῦ, ὦ διδάσκαλε.

3. Μέγα λέγουσιν οἱ νῦν ῥήτορες. μεγάλῃ τῇ φωνῇ λέγουσιν.

4. Ὡς ἐπὶ τὸ πολὺ μεγάλοι καὶ καλοὶ οἱ τῶν πλουσίων παῖδες.

5. Χθὲς ἧκον εἰς τὴν πόλιν ἐπὶ θέαν τῆς ἑορτῆς. ἐν Ἀθήναις πολλαὶ καὶ καλαὶ αἱ ἑορταί.

6. Ἀρ' οὐ πολλοῦ ἄξιος ὁ στρατηγὸς τῇ πόλει; οὐκ ἀγαθὸς περὶ τὴν πόλιν;

7. Πολλῶν ἡμερῶν καὶ νυκτῶν ὁδὸν ἔρχεται ἡ στρατιὰ διὰ τῆς χώρας.

8. Πᾶσι τοῖς πολίταις μισθὸν δίδωσιν ἡ πόλις.

9. Μεγάλη καὶ εὐδαίμων ἡ τῶν Ἀθηναίων πόλις.

10. Πολλῶν καὶ μεγάλων ἀγαθῶν αἰτία ἡ εἰρήνη. πάντων τῶν νῦν κακῶν αἴτιος ὁ πόλεμος.

11. Μεγάλας τὰς ἐλπίδας ἔχουσιν οἱ πένητες· πρὸς χάριν γὰρ λέγουσι τῷ δήμῳ οἱ ῥήτορες.

12. Ἀρ' οὐ μεγάλη ἡ τῶν πάλαι ποιητῶν σοφία;

13. Κέρδους ἕνεκα ψευδῆ ἔλεγον οἱ πολλοὶ τῶν τότε ῥητόρων.

14. Πολλοὺς ἔχουσι συμμάχους οἱ Ἀθηναῖοι. τοῖς Ἀθηναίοις φόρον φέρουσι πάντες οἱ σύμμαχοι.

15. Ἐκ τῆς χώρας ἧκεν ὁ γεωργὸς διὰ τὸν πόλεμον. πᾶσι τοῖς γεωργοῖς πραγμάτων αἴτιος ὁ πόλεμος.

16. Διὰ πάσης τῆς πόλεως ἔρχονται οἱ τοῦ τυράννου φύλακες.

17. Μεγάλας μὲν ἔχει τὰς χεῖρας ὁ νεανίας, τοὺς δὲ πόδας μικροὺς πάνυ.

18. Πολλὰ χρήματα δίδωσι τῷ σοφιστῇ ὁ νεανίας. πολὺς ὁ μισθὸς ὁ τοῦ σοφιστοῦ.

19 Πολλοῖς θανάτου αἰτία ἡ νόσος. οἴχονται οἱ πολλοὶ τῶν ἰατρῶν.

20. Οὐ βούλομαι πολλὰ λέγειν, ὦ ἄνδρες Ἀθηναῖοι. βραχὺς μὲν ὁ λόγος, ἀληθὴς δέ.

11. All the citizens are in the army.   Many citizens are in the streets.   The city is great.

2. The young man has a loud voice.   The girl has a low voice.

3. He says that the road leads to Athens.   It is many days' journey (*The journey is of many days*).   The road is rough

4. I am indebted (*use αἴτιος and transpose*) to my native land for many (and) great blessings.

5. The speaker's words are valuable.   He says that faction is answerable for all our troubles.

6. The general says in a loud voice that the victory is due to (*use αἴτιος and transpose*) all the citizens.

7. My poverty is the source of all my troubles, O king!

8. As a general rule soldiers have loud voices.   The soldier said in a loud voice that the defeat was shameful.

9. There are many fine trees in the wood.   How large the trees are!   How pleasant the shade is!

10. There are many (and) large beasts in the hills.   The danger is great, but the sport is splendid.

## XVIII.—COMPARISON OF ADJECTIVES.

### COMPARISON IN -τερος, -τατος.

73. Adjectives of the first and second declensions (§ 64) regularly form the comparative and superlative by adding -τερος, -τατος to the -o- of the stem, thus—

| Pos. | Comp. | Sup. |
|---|---|---|
| λαμπρός | λαμπρότερος | λαμπρότατος |
| δεινός | δεινότερος | δεινότατος |
| ἀνδρεῖος | ἀνδρειότερος | ἀνδρειότατος |

**74.** When the preceding syllable is short, the stem-vowel is lengthened to -ω-, so as to avoid a succession of four short syllables, thus—

| | | |
|---|---|---|
| σοφός | σοφώτερος | σοφώτατος |
| χαλεπός | χαλεπώτερος | χαλεπώτατος |

*Obs.*—A short vowel followed by *any* consonant group or a double consonant is regarded as long for the purposes of this rule, *e.g.*—

| Pos. | Comp | Sup. |
|---|---|---|
| μακρός | μακρότερος | μακρότατος |
| ἔνδοξος | ἐνδοξότερος | ἐνδοξότατος |

**75.** Adjectives of the first and third declensions in -υς (§ 66) are compared in the same way—

| Pos. | Comp. | Sup. |
|---|---|---|
| βαρύς | βαρύτερος | βαρύτατος |

**76.** Adjectives of the third declension, type C (§ 67), add -τερος, -τατος to the -εσ- of the stem, *e.g.*—

| | | |
|---|---|---|
| ἀληθής | ἀληθέστερος | ἀληθέστατος |
| εὐγενής | εὐγενέστερος | εὐγενέστατος |

**77.** Following this analogy, adjectives of type B (§ 67) add -έστερος, -έστατος, *e.g.*—

| | | |
|---|---|---|
| σώφρων | σωφρονέστερος | σωφρονέστατος |

## Exercise 18.

### COMPARATIVE DEGREE.

The comparative may be followed—

    (1) By the conjunction ἤ (quam, 'than').

    (2) By the genitive case.

Thus we may say—

    (1) σοφώτερός ἐστιν ἤ ὁ ἀδελφός, ⎫

    (2) σοφώτερός ἐστι τοῦ ἀδελφοῦ, ⎬ 'He is wiser than his brother.'

### PRESENT TENSE OF ποιεῖν.

    ποιῶ,    I make, do.

    ποιεῖς,   you make, do.

    ποιεῖ,    he makes, does.

Note the accent of this verb. It is due to contraction, as will be explained later on.

### PHRASE—φέρ' ἴδω, 'Come, let me see !'

1. Φέρ' ἴδω, ἆρα σοφωτέρα ἡ κόρη τῆς ἀδελφῆς ;—Πάνυ μὲν οὖν.

2. Ποῦ 'στιν ὁ νεώτατος τῶν ἀδελφῶν ;—Οὐκ ἔνδον ἀδελφός.

3. Δεινοτάτη ἡ πρὸς τοὺς Πέρσας μάχη κατὰ γῆν τε καὶ θάλατταν.

4. Λαμπρότερος ὁ ἥλιος τῆς σελήνης.

5. Σοφώτατος πάντων τῶν Ἑλλήνων ὁ Σωκράτης.

6. Τῆς θαλάττης ἐμπειρότεροι οἱ Ἀθηναῖοι ἢ οἱ Λακεδαιμόνιοι.

7. Εἰπέ μοι τοὔνομα τοῦ νεωτάτου τῶν υἱέων, ὦ γύναι.

8. Πάντες λέγουσιν ὅτι τῶν νῦν ῥητόρων δεινότατος λέγειν ὁ Δημοσθένης.

9. Βαρυτέρας ὡς ἐπὶ τὸ πολὺ ἔχουσι τὰς φωνὰς οἱ ἄνδρες ἢ αἱ γύναικες.

10. Ἀληθέστατα λέγει ὁ πατήρ. ψευδῆ λέγει ὁ σοφιστής. ἀληθέστερος ὁ τοῦ πατρὸς λόγος ἢ ὁ τοῦ σοφιστοῦ,

11. Ἆρ' οὐ βραχεῖα ἡ ὁδός ;—Μακροτάτη μὲν οὖν καὶ χαλεπωτάτη ἡ ὁδός.

12. Πρὸς ἑσπέραν μακροτέρας ἔχουσι τὰς σκιὰς αἱ οἰκίαι. τὰς σκιὰς ποιεῖ ὁ ἥλιος.

13. Ἐν τῇ κρήνῃ ψυχρότατόν ἐστι τὸ ὕδωρ. θερμότερον τοῦ ὕδατος ὁ οἶνος.

14. Ἐν ταῖς πόλεσιν εὐδαιμονέστεροι οἱ πλούσιοι τῶν πενήτων.

15. Πολλάκις ἰσχυροτέρα ἡ τύχη τῆς τέχνης. δεινὸν ἡ τύχη.

16. Δικαιότεροι οἱ τῶν Ἑλλήνων νόμοι ἢ οἱ τῶν βαρβάρων.

17. Δεινότατα λέγουσιν οἱ ῥήτορες. εἰπέ μοι πάλιν ἐξ ἀρχῆς τοὺς τῶν ῥητόρων λόγους.

18. Δεινότεροι λέγειν οἱ νῦν ῥήτορες τῶν πάλαι.

19. Βραχύτατον ἔχει τὸν βίον τὸ τῶν ἀνθρώπων γένος.

20. Ἐν τῷ νῦν χρόνῳ τιμιώτερον τοῦ οἴνου τὸ ὕδωρ. οἴμοι τῆς δίψης.

1. Come, let me see! Is the boy younger than his brother? He is the youngest of all the brothers.

2. The orator has a very deep voice. He has a deeper voice than the general.

3. Tell me the shortest way, if you please. All the ways are very long and rough.

4. Men are stronger in body than women. Women have weaker bodies than men.

5. Tell me your youngest daughter's name. Where is she? Is she in?

6. Let us go the shortest way to the town. The road is very difficult.

7. Are you the strongest of all the boys? My brother is strongest of all.

8. They say that Demosthenes is the best speaker of all the Athenians.

9. The girl's statement is truer than the boy's.

10. I say that war is more terrible than disease. Faction is more terrible than war.

### XIX.—COMPARISON OF ADJECTIVES (continued).

#### COMPARATIVES IN -ίων, -ιστος.

**78.** Four common adjectives take -ίων, -ιστος. The stem of the comparative and superlative differs slightly from that of the positive. They are as follows:—

| Pos. | Comp. | Sup. |
|------|-------|------|
| αἰσχρός (ugly) | αἰσχίων | αἴσχιστος |
| ἐχθρός (hateful) | ἐχθίων | ἔχθιστος |
| ἡδύς (sweet) | ἡδίων | ἥδιστος |
| καλός (beautiful) | καλλίων | κάλλιστος |

**79.** Comparatives in -ίων are declined thus—

|  | MASC. AND FEM. | NEUT. |
|---|---|---|
| SING. N. | ἡδίων | ἥδιον |
| G. | ἡδίονος | ἡδίονος |
| D. | ἡδίονι | ἡδίονι |
| A. | ἡδίονα or ἡδίω (ἡδίο[σ]α) | ἥδιον |
| PLUR. N. | ἡδίονες or ἡδίους (ἡδίο[σ]ες) | ἡδίονα or ἡδίω |
| G. | ἡδιόνων | ἡδιόνων |
| D. | ἡδίοσι(ν) | ἡδίοσι(ν) |
| A. | ἡδίονας or ἡδίους | ἡδίονα or ἡδίω |

*Obs.*—In these forms ι is long.

## Exercise 19.

#### COMPARATIVE DEGREE.

When only two objects are compared, the comparative degree must always be used, *e.g.*—

> ὁ πρεσβύτερος τῶν ἀδελφῶν (τοῖν ἀδελφοῖν).
> 'The eldest (elder) of the (two) brothers.'

PRESENT TENSE OF ποιεῖν.

ποιοῦμεν, we make, do.
ποιεῖτε, you make, do.
ποιοῦσι(ν), they make, do.

PHRASE—εἶναι δοκεῖ, 'it seems to be,' 'is thought to be.'

1. Δός μοι τὸ κάλλιστον τῶν βιβλίων.—Ἰδού, λαβὲ τὸ βιβλίον.
2. Δόξης καὶ τιμῆς ἡ ἀρετὴ καλλίων εἶναι δοκεῖ.
3. Ἄρ' οὐχ ἡδίων ἡ παρὰ τὴν θάλατταν δίαιτα τῆς ἐν ἄστει;
4. Καλλίους ἔχουσι τὰς ἐλπίδας οἱ νέοι ἢ οἱ γέροντες.
5. Εἰπέ μοι, ἆρ' οὐχ ἥδιστος ὁ οἶνος;
6. Λέγουσιν ὅτι καλλίους τὴν ἰδέαν αἱ θυγατέρες τῆς μητρός.
7. Καλλίω τὰ τοῦ Ὁμήρου ἔπη ἢ τὰ τοῦ Καλλιμάχου.
8. Στρατηγῷ αἴσχιστόν ἐστι χρήματα ἔχειν παρὰ τῶν πολεμίων.
9. Αἴσχιόν ἐστι γραμμάτων ἄπειρον εἶναι ἢ γυμναστικῆς.
10. Καλλίων εἶναι δοκεῖ ὁ πρεσβύτερος τοῖν υἱέοιν.
11. Θανάτου ἄξιος εἶναι δοκεῖ ἄνθρωπος· ἔχθιστος γάρ ἐστι τῷ δήμῳ.
12. Ταῖς γυναιξὶν αἴσχιστόν ἐστι πολλὰ λέγειν. καλὸν ἡ σιγή, ὦ γύναι.
13. Ὡς ἡδὺ τὸ ὕδωρ.—Νὴ τοὺς θεούς, ἀλλ' ἡδίων καὶ γλυκύτερος ὁ οἶνος. •
14. Καλλίους μὲν αἱ γυναῖκες, ἰσχυρότεροι δ' οἱ ἄνδρες. θαυμασία τὸ κάλλος ἡ γυνή.
15. Ἐν Ἀθήναις καλλίους αἱ ἑορταὶ ἢ ἐν Λακεδαίμονι.
16. Τῶν ἀγαθῶν στρατηγῶν καλλίω εἶναι δοκεῖ τὰ ἔργα τῶν λόγων.
17. Ἡδίω μὲν λέγουσιν οἱ κόλακες τῶν φίλων, αἰσχίω δέ. αἴσχιστα λέγουσιν οἱ κόλακες.
18. Ἐχθίων εἶναι δοκεῖ ὁ βασιλεὺς τοῖς Ἀθηναίοις ἢ τοῖς Λακεδαιμονίοις.
19. Τὰ αἴσχιστα ποιεῖτε, ὦ ἄνδρες Ἀθηναῖοι. κέρδους ἕνεκα ἄδικα ποιεῖτε.
20. Αἴσχιστος ὁ τοῦ ῥήτορος λόγος. αἴσχιστα λέγει ὁ ῥήτωρ.

1. Wisdom is not thought (use δοκεῖ) by all to be more beautiful than riches.

2. Upon my word, wine is more pleasant than water. In winter water is very cold.

3. The sons are better-looking than their father. The father does not think (*use* δοκεῖ) so.

4. I think (*use* δοκεῖ) the youngest of the daughters is the best-looking.

5. The wise think (*use* δοκεῖ) injustice more shameful than poverty.

6. Most people think (*use* δοκεῖ) riches fairer than goodness. What folly!

7. War is more hostile to men than disease. War is the cause of many evils.

8. Of all diseases envy is the most disgraceful. Anger is nobler than envy.

9 It is most disgraceful for a boy to be ignorant of reading and writing.

10. The Athenians are better speakers than the Lacedaemonians.

## XX—COMPARISON OF ADJECTIVES (continued).

80. The comparison of the following adjectives is quite irregular—

| Pos. | Comp. | Sup. |
|---|---|---|
| ἀγαθός (good) | ἀμείνων<br>βελτίων<br>κρείττων (*superior*) | ἄριστος<br>βέλτιστος<br>κράτιστος |
| κακός (bad) | κακίων<br>χείρων (*deterior*)<br>ἥττων (*inferior*) | κάκιστος<br>χείριστος |
| μέγας (great) | μείζων | μέγιστος |

| Pos. | Comp. | Sup. |
|---|---|---|
| μικρός (small) | μικρότερος<br>ἐλάττων | μικρότατος<br>ἐλάχιστος |
| ὀλίγος (few) | μείων<br>ἐλάττων | ὀλίγιστος<br>ἐλάχιστος |
| πολύς (much) | πλείων | πλεῖστος |
| ῥᾴδιος (easy) | ῥᾴων | ῥᾷστος |
| ταχύς (quick) | θάττων | τάχιστος |

81. The comparative πλείων often drops its *Iota* before *short* vowels, e.g. πλέονος, πλέονα (but always πλείω, πλείους).

In the neuter, πλέον is the only form found in inscriptions.

## Exercise 20.

### INFINITIVE WITH ARTICLE.

The article can turn the infinitive into a noun, e.g.—

τὸ λέγειν, speaking.  τὸ γράφειν, writing.
τοῦ λέγειν, of (than) speaking.  τὸ ἄγειν, leading.
Etc.  etc.  τὸ φέρειν, bringing.

### PRESENT TENSE OF δοκεῖν.

δοκῶ, I seem, am thought  δοκοῦμεν, we seem, are thought.
δοκεῖς, you seem, are thought.  δοκεῖτε, you seem, are thought.
δοκεῖ, he seems, is thought.  δοκοῦσι(ν), they seem, are thought

PHRASE—πλέον ἔχω, c. *gen.*, 'I have an advantage over.'

1. Λέγουσιν οἱ σοφοὶ ὅτι ἀεὶ κράτιστόν ἐστι τἀσφαλέστατον.

2. Τοῖς πολλοῖς ὁ πλοῦτος κρείττων εἶναι δοκεῖ τῆς ἀρετῆς.

3. Τῆς στάσεως οὐκ ἔστι μεῖζον κακὸν ταῖς πόλεσιν. τοῦ πολέμου δεινότερον ἡ στάσις.

4. Οὐκ ἀεὶ πλέον ἔχει ὁ ἄδικος τοῦ δικαίου. πολλάκις κρείττων ἡ δικαιοσύνη τῆς ἀδικίας.

5. Λέγει ὁ ποιητὴς ὅτι ἡ πλεονεξία μέγιστον ἀνθρώποις κακόν.

6. Τοῖς ἀγαθοῖς πλέονος ἀξία δοκεῖ εἶναι ἡ δόξα τῶν χρημάτων.

7. Πάσης ἡδονῆς κρείττων ἐστὶν ὁ Σωκράτης. ἥττους τῶν ἡδονῶν οἱ πολλοί.

8. Τῆς μεγίστης ὀργῆς ἄξιος ἄνθρωπος· ἐχθρὸς γάρ ἐστι τῷ δήμῳ.

9. Χρημάτων ἥττους δοκοῦσιν εἶναι οἱ πολλοὶ τῶν σοφιστῶν.

10. Φέρ' ἴδω, ἆρα μείζων ὁ υἱὸς τοῦ πατρός.—Μείζων μὲν οὐκ ἔστι, καλλίων δὲ τὴν ἰδέαν.

11. Πλείω χρήματ' ἔχει ὁ βασιλεὺς ἢ αἱ πόλεις.

12. Οἴμοι τῆς ἥττης. ἴωμεν εἰς μείζω καὶ εὐδαιμονεστέραν πόλιν, ὦ φίλοι.

13. Ἐν ταῖς πόλεσι πλέον ἔχειν δοκοῦσιν οἱ πλούσιοι τῶν πενήτων.

14. Πάντων τῶν ῥητόρων κράτιστος εἶναι δοκεῖ ὁ Δημοσθένης.

15. Ἔλεγεν ὁ Πλάτων ὅτι ἀρχὴ παντὸς ἔργου μέγιστον.

16. Βέλτιον εἶναι δοκεῖ τὸ λέγειν τοῦ γράφειν. βελτίω τὰ ἔργα τῶν λόγων.

17. Πολλάκις ἀμείνους ποιεῖ τοὺς ἀνθρώπους ἡ πενία. ἐνίοτε χείρους τῶν πενήτων οἱ πλούσιοι.

18. Ἐν τῷ νῦν χρόνῳ ἐλάττους οἱ ἀγαθοὶ τῶν κακῶν.

19. Ῥᾷον τὸ λέγειν τοῦ ποιεῖν. ῥάους οἱ λόγοι τῶν ἔργων.

20. Οἴκαδ' ἴωμεν τὴν ταχίστην ὁδόν. θάττων ὁ ἵππος τοῦ ἀνθρώπου.

1. The ships of the Athenians are swifter than those of the Lacedaemonians.

2. It is easier to speak than to write. Writing is easier than speaking.

3. The rich are fewer than the poor. The poor are more numerous than the rich.

4. Of all the animals the horse is the swiftest.

5. Wise men think culture better than wealth.

6. The boy has a weakness for laughter.

7. The Athenian generals are superior to those of the king.

8. In war, rich states have an advantage over poor (ones).

9. There is not a greater evil than war. War makes some better, others worse.

10. Tell me the quickest way, please. Will you tell me the quickest way?

## XXI.—ADVERBS.

82. Adverbs formed from adjectives usually have the termination -ως.

The adverb may be formed by substituting -ως for the -ων of the genitive plural masculine, e.g.—

| Gen. Plur. Masc. | Adv. |
|---|---|
| καλῶν | καλῶς |
| ἡδέων | ἡδέως |
| σωφρόνων | σωφρόνως |
| ἀληθῶν | ἀληθῶς |

83. The comparative of most adverbs is the accusative singular neuter of the comparative adjective; the superlative adverb is the accusative plural neuter of the superlative adjective, e.g.—

| Pos. | Comp. | Sup. |
|---|---|---|
| καλῶς | κάλλιον | κάλλιστα |
| ἡδέως | ἥδιον | ἥδιστα |
| σωφρόνως | σωφρονέστερον | σωφρονέστατα |
| ἀληθῶς | ἀληθέστερον | ἀληθέστατα |

## Exercise 21.

### Adverbs with ἔχειν.

With adverbs the verb ἔχειν is used in an intransitive sense, e.g.—

εὖ, καλῶς ἔχει, 'It is well,' 'It is in a good condition *or* state.'

κακῶς ἔχει, 'It is ill,' 'It is in a bad way.'

οὕτως ἔχει, 'It is so.'

### Deponent Verbs.

| ἥδομαι, I am pleased. | ἄχθομαι, I am displeased. |
|---|---|
| ἥδει | ἄχθει |
| ἥδεται | ἄχθεται |
| ἡδόμεθα | ἀχθόμεθα |
| ἥδεσθε | ἄχθεσθε |
| ἥδονται | ἄχθονται |

Phrase—ὡς ἀληθῶς, 'really and truly.'

1. Χαίρετ', ὦ ἀδελφαί, πῶς ἔχετε ;—Κακῶς ἔχομεν, ὦ ἄδελφε. οὐ ῥᾳδίως φέρομεν τὴν νόσον.

2. Δεινὴ ὡς ἀληθῶς ἡ ἧττα, ὡς ἄχθομαι τῇ ἥττῃ.—Καλὴ ὡς ἀληθῶς ἡ νίκη. ὡς ἥδομαι τῇ νίκῃ.

3. Ποῦ 'στιν ὁ παῖς ;—ἐνθάδε ὁ παῖς. ἐνταῦθα ὁ∙παῖς. ἐκεῖ ὁ παῖς.

4. Καλαὶ καὶ μεγάλαι ὡς ἀληθῶς αἱ ἐν ἄστει οἰκίαι. οὐχ ἥδομαι τῇ παρὰ θάλατταν διαίτῃ.

5. Οὐχ ἥδομαι τοῖς νῦν ὑποκριταῖς. βαρέως φέρω τοὺς Ἀθήνησιν ὑποκριτάς.

6. Θανάτου ἄξια ποιεῖ ἄνθρωπος· ἐχθρῶς γὰρ ἔχει τῷ δήμῳ.

7. Ἐλθὲ δεῦρο, ὦ παῖ. δός μοι τὸ βιβλίον. φέρ' ἴδω, ἆρ' ὀρθῶς ἔγραφες τὰ τῶν βασιλέων ὀνόματα;

8. Πόθεν ἥκεις οὕτω ταχέως, πρὸς τῶν θεῶν ;—Ἐκ τῶν γειτόνων ἥκω, ὦ ἰατρέ, δεινὴ γὰρ ἐνταῦθα ἡ νόσος.

9. Καλῶς ἔχει ὁ παλαιὸς λόγος ὅτι αἰσχροῦ κέρδους κρείττων ἡ ζημία.

10. Δεινὸς μὲν τὴν γυμναστικὴν ὁ παῖς, γραμμάτων δ' ὅλως ἄπειρος. ἆρ' ἐμπείρως ἔχει τῆς μουσικῆς ;

11. Πρὸς τῶν θεῶν, εἰπέ μοι ταχέως τοὔνομα τοῦ πατρός, ὦ παῖ.

12. Ἀναξίως τῆς πόλεως τὰς πομπὰς πέμπουσιν οἱ νῦν στρατηγοί. πλέονος σπουδῆς ἄξιον τὸ πρᾶγμα.

13. Οἰκείως ἔχουσι τοῖς υἱέσιν οἱ πατέρες. διὰ παντὸς τοῦ βίου πράγματ' ἔχουσι διὰ τοὺς υἱεῖς.

14. Ὡς ἄχθομαι τῷ πολέμῳ. ὑπὸ τοῦ δέους ὀρθὰς ἔχω τὰς τρίχας.

15. Ὡς ἥδονται τῇ θήρᾳ οἱ κύνες. ἐχθρῶς δοκοῦσιν ἔχειν τοῖς θηρσίν.

16. Βραχέως ἔλεγον οἱ Σπαρτιᾶται. βραχύτερον τῶν Ἀθηναίων ἔλεγον οἱ Σπαρτιᾶται. πάντων τῶν Ἑλλήνων βραχύτατα ἔλεγον οἱ Σπαρτιᾶται.

17. Θέρους τε καὶ χειμῶνος ἡδέως πορευόμεθα παρὰ θάλατταν.

18. Ταχέως πορεύεται ἡ γυνή. θᾶττον πορεύεται ὁ παῖς. πάντων τάχιστα πορεύεται ἀνήρ.

19. Ἐχθρῶς ἔχειν δοκεῖ ὁ βασιλεὺς τοῖς Ἀθηναίοις. ἔχθιον ἔχει τοῖς Ἀθηναίοις ἢ τοῖς Λακεδαιμονίοις. ἔχθιστα μὲν οὖν ἔχει πᾶσι τοῖς Ἕλλησιν.

20. Καλῶς ἔχει τὸ σῶμα ὁ νεανίας. κάλλιον ἔχουσι τὰ σώματα οἱ Ἕλληνες τῶν βαρβάρων. κάλλιστ᾽ ἔχουσι τὰ σώματα οἱ ἀθληταί.

1. The speaker says that the affairs of the state are in a bad way.

2. My illness is really terrible, doctor.—Oh no! (use μὲν οὖν) your illness is not worth talking about.

3. The men speak justly, but the unjust have the advantage over the just.

4. The son walks faster than his father. The daughters walk faster than their mothers.

5. The sentries say that all is well in the town. The people are hostile to the tyrant.

6. The multitude is not kindly disposed to the king.

7. Are the guides acquainted with the roads? We are going a long and difficult journey.

8. I am really pleased with the man's conversation. He speaks very pleasantly.

9. I am displeased with the dinner. The meat is bad. The wine is worse.

10. As a general rule, women speak faster than men. My sister speaks fastest of all.

## XXII.—THE NUMERALS.

**84.** A full table of the numerals is given in the Appendix, § 16.

**85.** The numerals from 5 to 100 are indeclinable; the first four are declined thus—

εἷς, 'one.'

|     | MASC. | FEM. | NEUT. |
|-----|-------|------|-------|
| N.  | εἷς   | μία  | ἕν    |
| G.  | ἑνός  | μιᾶς | ἑνός  |
| D.  | ἑνί   | μιᾷ  | ἑνί   |
| A.  | ἕνα   | μίαν | ἕν    |

*Obs.*—Note the progressive accent of the genitive and dative feminine.

**86.** In the same way are declined—

| | | |
|---|---|---|
| οὐδείς }(no one, | οὐδεμία | οὐδέν |
| μηδείς } none) | μηδεμία | μηδέν |

*Obs.*—The distinction between these two negatives will be learned later.

**87.** δύο, 'two.'

N. A. δύο

G. D. δυοῖν

**88.** τρεῖς, 'three.'

|     | MASC. AND FEM. | NEUT. |
|-----|----------------|-------|
| N.  | τρεῖς          | τρία  |
| G.  | τριῶν          | τριῶν |
| D.  | τρισί(ν)       | τρισί(ν) |
| A.  | τρεῖς          | τρία  |

89. τέτταρες, 'four.'

| MASC. AND FEM. | NEUT. |
|---|---|
| N. τέτταρες | τέτταρα |
| G. τεττάρων | τεττάρων |
| D. τέτταρσι(ν) | τέτταρσι(ν) |
| A. τέτταρας | τέτταρα |

*Obs.*—The numeral δύο may be construed either with a dual or a plural noun, but δυοῖν generally has the noun in the dual, thus—

δύο πόλει or πόλεις

δυοῖν πολέοιν.

The English 'both' is expressed by ἄμφω or ἀμφότεραι, which take the dual and plural respectively, and stand in predicative position, thus—

ἄμφω τὼ πόλει.

ἀμφότεραι αἱ πόλεις.

## Exercise 22.

### ELLIPSE.

The nouns ὁδός, 'way'; οἰκία, 'house'; γῆ, 'land,' are often omitted, *e.g.*—

| | |
|---|---|
| τὴν ταχίστην, | 'the quickest way.' |
| εἰς τοῦ σοφιστοῦ, | { 'into the sophist's house.' |
|  | { 'to the sophist's.' |
| διὰ φιλίας, | 'through a friendly country.' |
| διὰ πολεμίας, | 'through a hostile country.' |
| διὰ τῆς βασιλέως, | 'through the King's country.' |

FUTURE TENSE OF φέρειν AND διδόναι.

| | | | |
|---|---|---|---|
| οἴσω, | I shall carry, bring. | δώσω, | I shall give. |
| οἴσεις, | you will carry, bring. | δώσεις, | you will give. |
| οἴσει, | he will carry, bring. | δώσει, | he will give. |
| οἴσομεν, | we shall carry, bring. | δώσομεν, | we shall give. |
| οἴσετε, | you will carry, bring. | δώσετε, | you will give. |
| οἴσουσι(ν), | they will carry, bring. | δώσουσι(ν), | they will give. |

PHRASE—πλεῖν ἤ, 'more than.'

1. Διὰ πολεμίας πλεῖν ἤ τριῶν ἡμερῶν ὁδὸν πορεύονται οἱ στρατιῶται.

2. Μυρίων κακῶν αἴτιος τῇ πόλει ὁ πρὸς τοὺς Λακεδαιμονίους πόλεμος.

F

3. Σιτί᾽ ἔχουσιν ἡμερῶν τριῶν οἱ στρατιῶται. τῇ τρίτῃ νυκτὶ ἥξουσιν ἐκεῖθεν δεῦρο.

4. Μιᾷ φωνῇ λέγουσιν οἱ σοφοὶ ὅτι καλλίων τῶν χρημάτων ἡ ἀρετή.

5. Ποῦ ᾽στιν ὁ σοφιστής ;—᾽Εν τῇ στοᾷ ὁ σοφιστὴς μετὰ τριῶν ἢ τεττάρων νεανιῶν.

6. Δύο ἢ τρεῖς ξένους ἄξω ἐπὶ δεῖπνον, ὦ γύναι.—᾽Αεὶ πράγματ᾽ ἔχω, ὦ ἄνερ, διὰ τοὺς ξένους.

7. Πλεῖν ἢ ἑκατὸν σταδίων ἡ ὁδός, ἡγεμόνα δ᾽ οὐκ ἔχομεν. δεινὴ ἡ ἀπορία.

8. Ὅσα χρήματ᾽ ἔχουσιν οἱ νῦν σοφισταί. πλεῖν ἢ δέκα τάλαντα ἔχει ὁ σοφιστής.

9. Πολλάκις καλλίων καὶ ἀληθέστερος ὁ παρ᾽ ἑνὸς ἔπαινος ἢ ὁ παρὰ τοῦ πλήθους.

10. Χθὲς ἧκον ἐπὶ δεῖπνον εἰς τοῦ Καλλίου πέντε ἢ ἓξ σοφισταί. ὅσον τὸ πλῆθος τῶν σοφιστῶν.

11. Δεῦρο παρὰ τὴν μητέρα, ὦ παιδίον. εἰπέ μοι πόσους δακτύλους ἔχεις.—Δέκα δακτύλους ἔχω, ὦ μῆτερ.

12. Διὰ τῆς πόλεως ἔρχονται οἱ τῶν ᾽Αθηναίων δέκα στρατηγοί. δεινὸν τὸ πλῆθος τὸ ἐν ταῖς ὁδοῖς.

13. ᾽Εννέα δραχμὰς δώσει ὁ πατὴρ τῷ υἱεῖ. χάριν ἔχει τῷ πατρὶ ὁ υἱός.

14. Δύο πόδας καὶ δύο χεῖρας ἔχει τὸ τῶν ἀνθρώπων γένος.

15. Διὰ τὴν νίκην πλέονα μισθὸν οἴσουσιν οἱ στρατιῶται. ἥδεται τῇ νίκῃ ὁ βασιλεύς

16 Ἕξ ὀδόντας ἔχει ὁ γέρων.—Ἑπτὰ μὲν οὖν ἔχει, ὦ δαιμόνιε.

17. Εἴκοσι μνᾶς δώσει τῷ σοφιστῇ ὁ νεανίας. πολὺς ὁ μισθὸς ὁ τοῦ σοφιστοῦ.

18. Ἑβδομήκοντα ἔτη ὁ τῶν ἀνθρώπων βίος. βραχύτατον ὡς ἀληθῶς ἔχομεν τὸν βίον.

19. Τῶν πέντε ἀδελφῶν αἴσχιστος εἶναι δοκεῖ ὁ πρεσβύτατος.

20. Τῶν ἑπτὰ σοφῶν Σόλων ὁ ᾽Αθηναῖος σοφώτατος εἶναι δοκεῖ.

1. The soldiers march ten days' journey through the king's country.

2. The king will give two drachmas a day. Upon my word, the pay is high.

3. The allies will soon bring their tribute to Athens. The tribute is more than five hundred talents.

4. The woman has two daughters and three sons. Two of her sons are at Athens.

5. The ten generals of the Athenians are gone on board ship to the island.

6. The general has a thousand heavy-armed foot, and five hundred cavalry.

7. Men have two hands and ten fingers.

8. The youngest of the two daughters is considered better-looking than her mother.

9. The orators say with one voice that the war is the cause of countless evils.

10. My father will give fifteen minae to the doctor. His illness is terrible.

## XXIII.—PERSONAL PRONOUNS.

**90.** The first and second personal pronouns are declined thus—

| | | | |
|---|---|---|---|
| SING. | N. | ἐγώ (I) | σύ (thou, you) |
| | G. | ἐμοῦ (μου) | σοῦ (σου) |
| | D. | ἐμοί (μοι) | σοί (σόι) |
| | A. | ἐμέ (με) | σέ (σε) |
| DUAL | N. A | νώ | σφώ |
| | G. D. | νῷν | σφῷν |
| PLUR. | N. | ἡμεῖς | ὑμεῖς |
| | G. | ἡμῶν | ὑμῶν |
| | D. | ἡμῖν | ὑμῖν |
| | A. | ἡμᾶς | ὑμᾶς |

*Obs.*—The enclitic forms in brackets are used, except—

(1) When the pronoun comes first, *e.g.* ἐμοὶ μὲν δοκεῖ.

(2) With prepositions, παρ' ἐμοῦ, παρὰ σοῦ.

**91.** There is, properly speaking, no third personal pronoun in Greek. In the oblique cases its place is supplied by αὐτός, thus—

|  |  | MASC. | FEM. | NEUT. |
|---|---|---|---|---|
| SING. | G. | αὐτοῦ | αὐτῆς | αὐτοῦ |
|  | D. | αὐτῷ | αὐτῇ | αὐτῷ |
|  | A. | αὐτόν | αὐτήν | αὐτό |
| DUAL | A. | αὐτώ | αὐτώ | αὐτώ |
|  | G. D. | αὐτοῖν | αὐτοῖν | αὐτοῖν |
| PLUR. | G. | αὐτῶν | αὐτῶν | αὐτῶν |
|  | D. | αὐτοῖς | αὐταῖς | αὐτοῖς |
|  | A. | αὐτούς | αὐτάς | αὐτά |

*Obs.*—The terminations of this pronoun are identical with those of the article, the syllable αὐ- being prefixed.

**92.** In the nominative an emphatic *he, she, it,* or *they,* is represented by—

|  | MASC. | FEM. | NEUT. |
|---|---|---|---|
| SING. | ἐκεῖνος | ἐκείνη | ἐκεῖνο |
| DUAL | ἐκείνω | ἐκείνω | ἐκείνω |
| PLUR. | ἐκεῖνοι | ἐκεῖναι | ἐκεῖνα |

*Obs.*—The nominative and accusative singular neuter of these pronouns end in -o (originally -oδ, cf. Lat. -*ud*) like those of the article.

## Exercise 23.

### POSSESSIVE DATIVE.

As in Latin, the dative is used with the verb "to be" to mark possession, *e.g.*—

ἔστι μοι οἰκία (*Est mihi domus*), ' I have a house.'

ἐμοί ἐστιν ἡ οἰκία (*La maison est à moi*), ' The house is mine.'

PRESENT TENSE OF εἶναι.

εἰμί,     I am.
εἶ,      you are.
ἐστί(ν),   he is.

*N B.*—The forms εἰμί and ἐστί are enclitic, *i.e.* they lose their accent to the preceding word when they can do so without causing two acutes to stand on successive syllables, *e g* —

ἄνθρωπός ἐστιν,
ἀγαθός ἐστιν,
ἀνδρεῖός ἐστιν,
Ξενοφῶν ἐστιν,
but λόγος ἐστιν.

At the beginning of a sentence and when it means ' exists ' we accent thus—

ἔστι κακός.
ὁ θεὸς ἔστι.

So too οὐκ ἔστι, ἀλλ' ἔστι, ταῦτ' ἔστιν, εἰ ἔστι.

PHRASE—ἔγωγε, ' Yes, I am ' (' I do ').

1. Χαῖρ', ὦ ἀδελφε.—Χαῖρε καὶ σύ γε, ὦ ἀδελφή. πόθεν ἥκεις ; ἆρ' ἀπὸ τῆς πομπῆς ;—Ἔγωγε.

2. Ὦ μῆτερ, ποῦ 'στιν ἡ ἀδελφή ;—Οἴκοι μετ' ἐμοῦ ἡσυχίαν ἄγει ἡ ἀδελφή, ὦ παῖ.

3. Σοφώτερος ἐγώ σου. πρεσβύτερός μου ἐκεῖνος. πάντων ἡμῶν ἐκεῖνος ἄριστος.

4. Καλὴ ἡ παρ' ἡμῖν δίαιτα. καλλίων ἡ 'Αθήνησι δίαιτα τῆς παρ' ὑμῖν.

5. Εἰς ἑσπέραν οἴκαδ' ἥξει ὁ νεανίας μετ' ἐμοῦ παρὰ τοῦ σοφιστοῦ. οἴκαδ' ἥξει παρ' ἐμέ.

6. Ὡς δεινὰ λέγει ἄνθρωπος. δεινὸς ὁ λόγος αὐτοῦ. κακῶς ἔχει τὰ πράγματα.

7. Δεινοὶ ὡς ἀληθῶς τὴν τέχνην οἱ παρ' ὑμῖν σοφισταί, ὦ ἄνδρες 'Αθηναῖοι.

8. Πρὸς χάριν ὑμῖν λέγουσιν οἱ ῥήτορες, ὦ ἄνδρες 'Αθηναῖοι. ψευδεῖς αὐτῶν οἱ λόγοι.

9. Δὶς τοῦ ἔτους ἥκω παρ' ὑμᾶς 'Αθήναζε ἐπὶ θέαν τῶν ἑορτῶν.

10. Πάντων τῶν νῦν πραγμάτων ὁ πόλεμος αἴτιος ἡμῖν καὶ ὑμῖν ὁμοίως.

11. Ποῖ ἄγεις με, ὦ πάτερ ;—Παρὰ τὸν διδάσκαλον ἄγομέν σ᾿ ἐγώ τε καὶ ἡ μήτηρ.

12. Τιμῆς ἄξιοι παρὰ τοῦ πλήθους οἱ ἄνδρες, ἀγαθοὶ γάρ εἰσι περὶ τὴν πόλιν ἡμῶν.

13. Ἆρ᾿ ἔστι σοι ἀνήρ, ὦ γύναι ;—Ἄνδρα γέροντα ἔχω, ὦ ξένε.

14. Ἆρα πλούσιοι οἱ παρ᾿ ὑμῖν ὑποκριταί ;—Ὀλίγα μὲν οὖν χρήματ᾿ ἐστὶν αὐτοῖς, εἰ μὴ τοῖς δεινοῖς τὴν τέχνην.

15. Μῶν πένης εἶ, ὦ γεωργέ ;—Πλούσιος μὲν οὖν εἰμί, πολλοὶ γάρ εἰσί μοι ἵπποι καὶ βόες.

16. Τοῦ πολέμου σὺ μόνος αἴτιος ἡμῖν, ὦ Περίκλεις. ἐν τῷ νῦν χρόνῳ ἐχθρῶς ἔχουσιν οἱ πολῖται τῷ Περικλεῖ.

17. Παρ᾿ ὑμῖν πλείους καὶ καλλίους αἱ ἑορταὶ ἢ παρ᾿ ἡμῖν, ὦ ἄνδρες Ἀθηναῖοι.

18. Ἐμπειρότερον ὑμῶν ἔχομεν τῆς θαλάττης, ὦ ἄνδρες Λακεδαιμόνιοι.

19. Ἔστιν ἡμῖν οἴκοι κάλλιστον βιβλίον. οὐ καὶ σοὶ δοκεῖ κάλλιστον εἶναι τὸ βιβλίον ;

20. Πολλὰ χρήματ᾿ ἔχει ὁ βασιλεύς. πλείω χρήματ᾿ ἐστὶν αὐτῷ ἢ πάσαις ταῖς τῶν Ἑλλήνων πόλεσιν.

1. Have you a knife? I have. Do you wish bread? I do

2. With (παρά c. dat.) us, poets have greater honour than with you.

3. I think (use δοκεῖ) the man is worthy of death at our hands (say 'to us') ; for he is hostile to the people.

4. I am taller than you, but you are better-looking than I.

5. The deed is unworthy of you, fellow-citizens !

6. The boys go with me to Olympia to see the games.

Λ 7. Did you write a letter to us yesterday? I did.

8. My poverty is a source of countless troubles to me. Well (ἀλλά), I am not responsible for your poverty, good sir !

9. Our sons are all unworthy of us, my friends ! They are altogether inferior to us.

10. The hopes of your fellow-citizens are in you, my boys ! You are young, but we are old.

## XXIV.—POSSESSIVE PRONOUNS.

93. The possessive pronouns of the first and second persons are as follows :—

FIRST PERSON—Singular.

| Masc. | Fem. | Neut. |
|---|---|---|
| N. ὁ ἐμός (οὑμός) | ἡ ἐμή | τὸ ἐμόν (τοὐμόν) |
| G. τοῦ ἐμοῦ (τοὐμοῦ) | τῆς ἐμῆς | τοῦ ἐμοῦ (τοὐμοῦ) |
| etc. | etc. | etc. |

Plural.

| | | |
|---|---|---|
| N. ὁ ἡμέτερος | ἡ ἡμετέρα | τὸ ἡμέτερον |
| G. τοῦ ἡμετέρου | τῆς ἡμετέρας | τοῦ ἡμετέρου |
| etc. | etc. | etc. |

SECOND PERSON—Singular.

| Masc. | Fem. | Neut. |
|---|---|---|
| N. ὁ σός | ἡ σή | τὸ σόν |
| G. τοῦ σοῦ | τῆς σῆς | τοῦ σοῦ |
| etc. | etc. | etc |

Plural.

| | | |
|---|---|---|
| N. ὁ ὑμέτερος | ἡ ὑμετέρα | τὸ ὑμέτερον |
| G. τοῦ ὑμετέρου | τῆς ὑμετέρας | τοῦ ὑμετέρου |
| etc. | etc. | etc. |

94. The possessive of the third person is commonly expressed by αὐτοῦ (αὐτῆς), αὐτῶν.

The possessive of the first and second persons may be expressed in the same way, *e.g.*—

| | |
|---|---|
| ὁ ἐμὸς (οὑμὸς) ἀδελφός, <br> ὁ ἀδελφός (ἀδελφός) μου, | 'my brother.' |
| ὁ σὸς ἀδελφός, <br> ἀδελφός σου, | 'your brother.' |
| ἀδελφὸς { αὐτοῦ, <br> αὐτῆς, | 'his (her) brother.' |
| ἀδελφὸς αὐτῶν, | 'their brother.' |

## Exercise 24.

### POSSESSIVE.

When the possessive is predicative it does not take the article, *e.g.*—

ὁ ἐμὸς (οὑμὸς) δοῦλος, ⎫
ὁ δοῦλός μου,     ⎬ 'my slave'
ἐμὸς ὁ δοῦλος,    ⎭   'The slave is mine.'

### PRESENT TENSE OF εἶναι.

ἐσμέν,   we are.
ἐστέ,    you are.
εἰσί(ν),   they are.

PHRASE—διὰ τί ; 'Why ?' ('Because of what ?')

1. Μείζων καὶ καλλίων ἡ ἐμὴ φωνὴ τῆς σῆς, ὦ ἀδελφή.

2. Οἴμοι τῆς τύχης, κάκιστ' ἔχει τἀμὰ πράγματα. αἴτιός σύ μοι πάντων τῶν κακῶν.

3. Ἐν μέσῃ τῇ χώρᾳ ἡ ἡμετέρα κώμη. μακρὰ καὶ χαλεπὴ ἡ ὁδός.

4. Ἐμὴ ἡ χλαῖνα, ὦ ἀδελφή. τὴν σὴν χλαῖναν ἔχει ἡ θεράπαινα.

5. Καλὴ ἡ ἀρετὴ τῶν ὑμετέρων πολιτῶν. αἰτία τῆς νίκης ἡ ὑμετέρα ἀνδρεία, ὦ ἄνδρες

6. Διὰ τί πομπὴν πέμπει ὁ στρατηγός ;—Διὰ τὴν νίκην ἡ πομπή. ἡμετέρα ἡ νίκη.

7. Σπουδῆς ἄξιοι οἱ ἐμοὶ λόγοι.—Γέλωτος μὲν οὖν ἄξιος ὁ σὸς λόγος, ὦ δαιμόνιε.

8. Ἐμὸς ὁ χιτών. δός μοι τὸν χιτῶνα, ὦ παῖ.—Οὐ σὸς ὁ χιτών, ὦ δέσποτα.

9. Δειναὶ αἱ νόσοι τῷ ἡμετέρῳ γένει. οὐ μακρὸν ἔχει τὸν βίον τὸ ἡμέτερον γένος.

10. Αὔριον ἄξομεν τὰς θυγατέρας ἐπὶ θέαν τῆς ὑμετέρας πόλεως.

11. Πόρρω ἤδη εἰσὶ τοῦ βίου οἱ ἡμέτεροι πατέρες. θανάτου ἐγγὺς οὑμὸς πατήρ.

12. Ἐν τῇ ἡμετέρᾳ πόλει δεινὴ ἡ στάσις. τῆς στάσεως αἰτία ἡ τῶν ῥητόρων ἀδικία.

13. Φροῦδος οἴχεται οὑμὸς ἀνήρ. λέγει ἡ γυνὴ ὅτι φροῦδος οἴχεται ἀνήρ.

14. Διὰ τί ἀεὶ ἐν ταῖς χερσὶν ἔχεις τὸ βιβλίον, ὦ γύναι;

15. Νὴ τοὺς θεούς, καλὸς ὁ σὸς κύων, ὦ νεανία. δεῦρο παρ' ἐμέ, ὦ κύον. ὡς λευκοὶ οἱ ὀδόντες αὐτοῦ.

16. Μῶν ἀληθὴς ὁ σὸς λόγος; μῶν ἀληθῆ λέγεις; εἰπέ μοι τἀληθές, πρὸς τῶν θεῶν.

17. Κατὰ τὸν σὸν λόγον πλέονος ἄξιοι τῇ πόλει οἱ ῥήτορες ἢ οἱ στρατηγοί.

18. Φέρ' ἴδω, ἆρα σοφώτερος οὑμὸς υἱὸς τοῦ σοῦ;—Οὐκ ἔμοιγε δοκεῖ.

19. Κατὰ τὸν σὸν λόγον αἴσχιόν ἐστι γραμμάτων ἀπείρως ἔχειν ἢ γυμναστικῆς.

20. Οἴκαδ' ἴωμεν εἰς τὴν ἡμετέραν πόλιν τὴν ταχίστην, ὦ φίλοι· οὐ γὰρ καλὴ ἡ ἐνθάδε δίαιτα.

1. Good day, my girls! Where is your mother?

2. The victory is ours! Hurrah for the victory! What a splendid procession!

3. Towards evening the moon is visible in the heavens.

4. The ball is mine. Give me my ball! Give him the ball.

5. The general writes that the victory is glorious to our city.

6. Come here, friend! Where is my brother? Your brother is in the field with my father.

7. My father says that flatterers are skilled in their trade.

8. My son gives his shoes to the poor man. The poor man is not grateful to my son.

9. Death is terrible to our race. Death is the cause of many sorrows to us.

10. The shoes are mine, boy! No (μὲν οὖν), the shoes are not yours. The maid has your shoes.

## XXV.—DEMONSTRATIVE PRONOUNS.

95. The principal demonstratives are—

    1. ὅδε, ἥδε, τόδε, 'this' (*hic*).

    2. οὗτος, αὕτη, τοῦτο, 'this' (*iste*).

    3. ἐκεῖνος, ἐκείνη, ἐκεῖνο, 'that' (*ille*).

### 96. ὅδε.

|  |  | Masc. | Fem. | Neut. |
|---|---|---|---|---|
| Sing. | N. | ὅδε | ἥδε | τόδε |
|  | G. | τοῦδε | τῆσδε | τοῦδε |
|  | D. | τῷδε | τῇδε | τῷδε |
|  | A. | τόνδε | τήνδε | τόδε |
| Dual | N. A | τώδε | τώδε | τώδε |
|  | G. D | τοῖνδε | τοῖνδε | τοῖνδε |
| Plur. | N. | οἵδε | αἵδε | τάδε |
|  | G. | τῶνδε | τῶνδε | τῶνδε |
|  | D. | τοῖσδε | ταῖσδε | τοῖσδε |
|  | A. | τούσδε | τάσδε | τάδε |

*Obs.*—This pronoun is simply the article with the enclitic -δε attached to it.

### 97. οὗτος.

|  |  | Masc. | Fem. | Neut. |
|---|---|---|---|---|
| Sing | N. | οὗτος | αὕτη | τοῦτο |
|  | G. | τούτου | ταύτης | τούτου |
|  | D. | τούτῳ | ταύτῃ | τούτῳ |
|  | A. | τοῦτον | ταύτην | τοῦτο |
| Dual | N. A. | τούτω | τούτω | τούτω |
|  | G. D. | τούτοιν | τούτοιν | τούτοιν |
| Plur. | N. | οὗτοι | αὗται | ταῦτα |
|  | G. | τούτων | τούτων | τούτων |
|  | D. | τούτοις | ταύταις | τούτοις |
|  | A. | τούτους | ταύτας | ταῦτα |

*Obs.*—This pronoun begins with τ in the same cases as the article, and the diphthong is **ου** in all cases where the article has **o** or **ω**.

### 98. ἐκεῖνος.

| | MASC. | FEM. | NEUT. |
|---|---|---|---|
| SING. N. | ἐκεῖνος | ἐκείνη | ἐκεῖνο |
| | etc. | etc. | etc. |

Observe the pronominal neuter termination -o instead of -ον (cf. Lat. *istud, aliud*, the final δ being dropped in Greek).

All these pronouns may add -ί (always accented) to increase their demonstrative force, *e.g.* ὁδί, οὑτοσί, ἐκεινοσί, ἡδί, τωνδί, τουτουσί, etc.

### 99. Use of the Demonstratives.—The demonstratives all stand in *predicative position* with the article, *e.g.*—

οὗτος ὁ ἀνήρ    or ἀνὴρ οὗτος.

αὕτη ἡ γυνή    or ἡ γυνὴ αὕτη.

τοῦτο τὸ πρᾶγμα    or τὸ πρᾶγμα τοῦτο.

The demonstratives ὅδε and οὗτος correspond to *hic* and *iste*.

*Note* 1 —ὅδε ὁ ἀνήρ,    'this man' (here present).

οὗτος ὁ ἀνήρ,    'this man' (of whom we are speaking).

*Note* 2.—ἔλεγε τάδε,    'He spoke thus' (as follows), 'This is what he said.'

ἔλεγε ταῦτα,    'He spoke thus' (as above), 'That is what he said.'

*N.B.*—We say 'The speeches of Demosthenes are better than *those* of Aeschines.' The Greek is either—

Βελτίους οἱ τοῦ Δημοσθένους λόγοι ἢ οἱ τοῦ Αἰσχίνου,

or    Βελτίους οἱ Δημοσθένους λόγοι τῶν Αἰσχίνου.

No demonstrative is needed at all

### 100. αὐτός.

| | MASC. | FEM. | NEUT. |
|---|---|---|---|
| SING. N. | αὐτός | αὐτή | αὐτό |
| | etc. | etc. | etc. |

This pronoun has three main uses—

(1) In the oblique cases it takes the place of the third personal pronoun, *e.g.*—

πέμπω αὐτόν,    'I send him.'

παρ' αὐτῷ,    'beside him,' 'at his home' (*chez lui*).

ἀδελφὸς αὐτοῦ,    'his brother.'

(2) With the article in attributive position it means
'same,' e.g.—

ὁ αὐτὸς ἀνήρ, 'the same man.'

(3) With the article in predicative position it means
'self,' e g.—

ὁ ἀνὴρ αὐτός,<br>αὐτὸς ὁ ἀνήρ, } 'the man himself'

Obs.—In the mouth of a servant, αὐτός (ipse) means 'my master,' e.g.—
οὐκ ἔνδον αὐτός, 'My master is not in.'

## Exercise 25.

### ASSIMILATION OF THE DEMONSTRATIVE.

If the demonstrative is the subject of a clause it is generally assimilated in gender as well as number to the predicate, e.g.—

οὗτός ἐστιν ἀνήρ,    'This is the man.'
αὕτη ἐστὶν ἡ γυνή,    'This is the woman.'
τοῦτό ἐστι τὸ ἔργον, 'This is the deed.'

### IMPERFECT TENSE OF εἶναι.

ἦ,    I was.
ἦσθα, you were.
ἦν,    he was.

PHRASES—ἐν τούτῳ,    'in the meantime.'
μετὰ ταῦτα, 'after this,' 'afterwards.'

1. Καλὴ αὕτη ἡ γυνή.   ἀγαθὸς οὗτος ὁ ῥήτωρ.   αἰσχρὸν τοῦτο τοὐργον.

2. Ὡς καλαὶ ἐκεῖναι αἱ γυναῖκες.—Νὴ τοὺς θεούς, ἀλλ' αἵδε καλλίους.

3. Τῆς ἑσπέρας οἴκαδ' ἔρχομαι εἰς τήνδε τὴν κώμην.

4. Ὡς σκληρὰ αὕτη ἡ κλίνη.—Ἰδού, μαλακωτέρα ἐκείνη.

5. Καλὸς κἀγαθὸς ὁ νεανίας οὑτοσί, οὐ καί σοι δοκεῖ;—Ἔμοιγε.

6. Λέγει ἄνθρωπος ὅτι αὕτη ἡ ὁδὸς φέρει εἰς Ἀθήνας.   μακροτέρα καὶ χαλεπωτέρα ταύτης ἐκείνη.

7. Ὡς μακρὰ ἡ νὺξ ἥδε.   τοῦ χειμῶνος μακρότεραι αἱ νύκτες τῶν ἡμερῶν.

8. Σπουδῆς ἄξιος οὗτος ὁ ἀγὼν Ἕλλησι καὶ βαρβάροις ὁμοίως.

9. Ἐπὶ τῆς τραπέζης τὰ κρέα.   ἆρ' οὐχ ἥδιστα ταῦτα τὰ κρέα;

10. Ὡς ψυχρὸν τοῦτο τὸ ὕδωρ. δεινὸν τὸ βάθος τούτου τοῦ ὕδατος.

11. Μῶν πένης ἐκεῖνος ;—Ἱκανὴν μὲν οὖν οὐσίαν ἔχει παρὰ τοῦ πατρός.

12. Ποῖ πορεύει, ὦ ἑταῖρε ;—Εἰς τὴν πόλιν ἔγωγε.—Καλῶς ἔχει, τὴν αὐτήν σοι ὁδὸν ἔρχομαι.

13. Ἀγαθοῦ ἀνδρὸς ἀνάξιον τοῦτο τὸ ἔργον. αἴσχιστον τοὖργον τοῦτο.

14. Χωλὸς τὼ πόδε οὑτοσί. τυφλὸς τὠφθαλμὼ ἐκεῖνος. κακοδαίμονες ὡς ἀληθῶς ἀμφότεροι.

15. Οὐ διὰ μακροῦ ἥξει πάλιν εἰς τὸν λιμένα ἡ ναῦς. ἐπὶ τῆς νεώς ἐστιν αὐτὸς ὁ βασιλεύς.

16. Ψευδὴς οὗτος ὁ λόγος. ψευδῆ ταῦτα λέγουσιν οἱ ποιηταί.

17. Μεγάλας μὲν ἔχει τὰς χεῖρας αὕτη ἡ γυνή, τοὺς δὲ πόδας μικροὺς πάνυ.

18. Ἐν ἐκείνῳ τῷ χρόνῳ τιμιώτερον ἦν τὸ ὕδωρ τοῦ οἴνου.

19. Αὐτῆς τῆς μητρὸς καλλίους εἰσὶν αἱ θυγατέρες. θαυμάσιον αὐτῶν τὸ κάλλος.

20. Ταῦτα μὲν ἔλεγεν ὁ ῥήτωρ, μετὰ δὲ ταῦτα, τάδε.

1. These words are just. The anger of that man is terrible. This is my house.

2. The general celebrates the festival. Afterwards he goes through the town with the knights.

3. Where is this boy's father? He is gone home to that village with his wife.

4. Tell me, has not this lady beautiful feet? Upon my word, these feet are beautiful.

5. This girl's mother is on board ship with her husband.

6. How rough this road is! How pleasant this shade is! How short this journey is!

7. This city was great. How prosperous this city was! How terrible was the crowd in the streets!

8. Come, let me see! Is this boy younger than that one? That boy is the youngest of all the brothers.

9. These men do not think (*use* δοκεῖ) riches more beautiful than wisdom.

10. These ships are swifter than those. This ship is the swiftest of all.

## XXVI.—DEMONSTRATIVE PRONOUNS (continued).

**101.** The demonstrative adjective τοιόσδε, 'such as this,' is declined as follows :—

|        |       | MASC.     | FEM.     | NEUT.    |
|--------|-------|-----------|----------|----------|
| SING.  | N.    | τοιόσδε   | τοιάδε   | τοιόνδε  |
|        | G.    | τοιοῦδε   | τοιᾶσδε  | τοιοῦδε  |
|        | D.    | τοιῷδε    | τοιᾷδε   | τοιῷδε   |
|        | A.    | τοιόνδε   | τοιάνδε  | τοιόνδε  |
| DUAL   | N. A. | τοιώδε    | τοιώδε   | τοιώδε   |
|        | G. D. | τοιοῖνδε  | τοιοῖνδε | τοιοῖνδε |
| PLUR.  | N.    | τοιοίδε   | τοιαίδε  | τοιάδε   |
|        | G.    | τοιῶνδε   | τοίωνδε  | τοιῶνδε  |
|        | D.    | τοιοῖσδε  | τοιαῖσδε | τοιοῖσδε |
|        | A.    | τοιούσδε  | τοιάσδε  | τοιάδε   |

**102.** The demonstrative adjective τοιοῦτος, 'such as that,' is declined as follows :—

|        |       | MASC.      | FEM.      | NEUT.     |
|--------|-------|------------|-----------|-----------|
| SING.  | N.    | τοιοῦτος   | τοιαύτη   | τοιοῦτον  |
|        | G.    | τοιούτου   | τοιαύτης  | τοιούτου  |
|        | D.    | τοιούτῳ    | τοιαύτῃ   | τοιούτῳ   |
|        | A.    | τοιοῦτον   | τοιαύτην  | τοιοῦτον  |
| DUAL   | N. A. | τοιούτω    | τοιούτω   | τοιούτω   |
|        | G. D. | τοιούτοιν  | τοιούτοιν | τοιούτοιν |

|  | MASC. | FEM. | NEUT. |
|---|---|---|---|
| PLUR. N. | τοιοῦτοι | τοιαῦται | τοιαῦτα |
| G. | τοιούτων | τοιούτων | τοιούτων |
| D. | τοιούτοις | τοιαύταις | τοιούτοις |
| A. | τοιούτους | τοιαύτας | τοιαῦτα |

103. In exactly the same way are declined τοσόσδε, 'so many as this,' and τοσοῦτος, 'so many as that.'

*Obs.*—Note that ἔλεγε τοιαῦτα means ' He spoke as above '; ἔλεγε τοιάδε, 'He spoke as follows.'

## Exercise 26.

### DATIVE OF MEASURE.

The measure of difference is expressed by the dative, *e.g.*—

| δυοῖν ποδοῖν μείζων, | 'two feet taller.' |
|---|---|
| τοσούτῳ μείζων, | 'so much taller.' |
| πολλῷ χρόνῳ ὕστερον, | 'a long time after.' |
| τοσούτῳ χρόνῳ ὕστερον, | 'so long after.' |

The adverbs 'much' and 'little' may be expressed either by the dative or the accusative neuter, *e.g.*—

πολλῷ<br>πολύ } μείζων, 'far, much taller.'

ὀλίγῳ<br>ὀλίγον } ὕστερον, 'a little later.'

### IMPERFECT TENSE OF εἶναι.

ἦμεν, we were.
ἦτε, you were.
ἦσαν, they were.

PHRASE—οὗτος, ' You there !' ' Hullo !'

1. Οὗτος, πόθεν ἥκεις; διὰ τί τοσαύτην ὁδὸν πορεύει, ὦ δαιμόνιε;

2. Τοσοῦτοι τὸ πλῆθος ἦσαν οἱ ἱππῆς. ὅσον τὸ τῶν ἱππέων πλῆθος.

3. Τοσαύτης σπουδῆς οὐκ ἄξιον τὸ πρᾶγμα.—Πλείστης μὲν οὖν σπουδῆς ἄξιόν ἐστι.

4. Πόθεν τοσαύτην δόξαν ἔχουσι παρ' ὑμῖν οἱ ποιηταί ;—Διὰ τὴν σοφίαν δόξαν ἔχουσι πάντες οἱ τοιοῦτοι.

5. Διὰ τί τοσαύτας ἐπιστολὰς γράφει ὁ δεσπότης ; πλεῖν ἢ τριάκοντα γράφει τῆς ἡμέρας.

6. Λιμῶν καὶ νόσων καὶ πάντων τῶν τοιούτων κακῶν ὁ πόλεμος αἴτιος.

7. Ἐχθρῶς ἔχει τῇ πατρίδι ἄνθρωπος. θανάτου ἄξιοι οἱ τοιοῦτοι.

8. Τοιοῦτος ἦν ὁ τοῦ ῥήτορος λόγος, μετὰ δὲ ταῦτα τοιάδ' ἔλεγεν ὁ στρατηγός.

9. Οἴμοι τοῦ πλήθους. διὰ τί τοσοῦτον τὸ πλῆθος τὸ ἐν ταῖς ὁδοῖς ;—Ἐπὶ θέαν τῆς πομπῆς ἥκουσιν, ὦ παιδίον.

10. Πόθεν τοσαῦτα χρήματ' ἔχουσιν οἱ παρ' ὑμῖν ῥήτορες ;—Χρημάτων ἕνεκα ἄδικα λέγουσι πάντες οἱ τοιοῦτοι.

11. Διὰ τί τοσοῦτον ἀργύριον διδόασι τοῖς παισὶν οἱ πατέρες ; χάριν οὐκ ἔχουσι τοῖς πατράσιν οἱ παῖδες.

12. Ἐν τῇ ἐκκλησίᾳ τοιάδ' ἔλεγον περὶ τῶν τῆς πόλεως πραγμάτων οἱ ῥήτορες.

13. Τοιοῦτοι ἦσαν οἱ ἄνδρες ἐκεῖνοι περὶ τὴν πόλιν. ἄξιοι τῆσδε τῆς πόλεως ἦσαν οἱ ἄνδρες.

14. Ὀλίγον ὕστερον ἥξουσιν ἐκεῖθεν δεῦρο οἱ ξένοι.

15. Διὰ τί τοσαῦτα κρέα δίδως τοῖς κυσίν, ὦ νεανία ; ὡς ἄγριοι εἰσιν οἱ κύνες σου.

16. Ὡς ἥδομαι τῇ παρὰ θάλατταν διαίτῃ. οὐ τοιαύτη ἡ παρ' ἡμῖν δίαιτα.

17. Ἐν τῷ νῦν χρόνῳ οὐκ ἔχουσι τοσούτους συμμάχους οἱ Ἀθηναῖοι. πολλῷ ἐλάττων ὁ φόρος.

18. Αἰσχρὰ παρ' ἡμῖν τὰ τοιαῦτα. τοσούτῳ δικαιότεροι οἱ ἡμέτεροι νόμοι τῶν παρ' ὑμῖν.

19. Πολὺ μεῖζον λέγουσιν οἱ νῦν ῥήτορες τῶν πάλαι.

20. Ποῦ ποτ' ἦσθα τοσοῦτον χρόνον ἀφ' ἡμῶν, ὦ βέλτιστε ;

1. Where is this boy's father? The father of such a boy is lucky.

2. I am come to town a little before my father.

3. To such beasts as these dogs are terrible.

4. We write as follows to our mother. We wrote as above to our father.

5. Poverty is the cause of all such troubles.

6. Is Demosthenes **really** so much more eloquent than Aeschines?

7. It is disgraceful for the son of such a father to speak like that (*to say such things*).

8. Why do you give us so much wine? We all have a weakness for wine.

9. At present we have far less money. We have not so many friends.

10 Why do you rest such a long time? Let us go, for the road is long.

## XXVII—RELATIVE PRONOUNS.

104. The relative pronoun is declined thus—

|  |  | MASC. | FEM. | NEUT. |
|---|---|---|---|---|
| SING. | N. | ὅς | ἥ | ὅ |
|  | G. | οὗ | ἧς | οὗ |
|  | D. | ᾧ | ᾗ | ᾧ |
|  | A. | ὅν | ἥν | ὅ |
| DUAL | N A. | ὥ | ὥ | ὥ |
|  | G. D. | οἷν | οἷν | οἷν |
| PLUR. | N. | οἵ | αἵ | ἅ |
|  | G. | ὧν | ὧν | ὧν |
|  | D. | οἷς | αἷς | οἷς |
|  | A. | οὕς | ἅς | ἅ |

*Obs.*—These forms are often strengthened by the addition of ·περ, *e.g.*—
ὅσπερ, ἥπερ, ὅπερ : οὕσπερ, ἅσπερ, ἅπερ, etc.

G

**105.** To τοιοῦτος and τοσοῦτος correspond the relatives οἷος and ὅσος.

*Obs.*—The adjective πᾶς takes the relative ὅσος e.g.—
　　　　πάντες ὅσοι, 'all who.'
　　　　πάνθ' ὅσα, 'everything which.'

## Exercise 27.

### ASSIMILATION OF RELATIVES.

When the antecedent is in the genitive or dative the relative is usually put in the same case, when it should logically be in the accusative, e.g.—

　　　　ἄξιοί εἰσι τῆς ἐλευθερίας ἧς ἔχουσιν.
　　　　'They are worthy of the liberty they have.'

　　　　ἥδονται τῇ ἐλευθερίᾳ ᾗ ἔχουσιν.
　　　　'They delight in the liberty they have.'

When the antecedent is a demonstrative in the genitive or dative it is omitted, and the relative is put in the genitive or dative, when it should logically be in the accusative, e g.—

　　　　ἄξιοί εἰσιν ὧν αὐτοῖς δίδωμι.
　　　　ἄξιοί εἰσι πάντων ὅσων δίδωμι.
　　　　ἥδονται οἷς δίδωμι.
　　　　ἄχθονται οἷς σὺ λέγεις.

FUTURE TENSE OF εἶναι.
　　　　ἔσομαι, I shall be.
　　　　ἔσει, you will be.
　　　　ἔσται, he will be.

PHRASES—ἐξ οὗ, 'since.'
　　　　ἐν ᾧ, 'while,' 'whilst.'

1. Ὡς καλὴ ἡ πομπὴ ἦν οἱ Ἀθηναῖοι πέμπουσιν.

2. Ὡς λαμπραὶ αἱ ἑορταὶ ἃς ἄγουσιν οἱ πολῖται.

3. Ἐν ᾧ σὺ πράγματ' ἔχεις, ἡμεῖς οἴκοι ἡσυχίαν ἄγομεν.

4. Δός μοι τὴν μάχαιραν ἥνπερ ἐν ταῖς χερσὶν ἔχεις.

5. Καλαὶ αἱ τιμαὶ καὶ αἱ δόξαι ἃς ἔχομεν παρὰ τῶν πολιτῶν.

6. Οὐκ ἔχουσι τοσούτους συμμάχους οἱ Ἀθηναῖοι ὅσους οἱ Λακεδαιμόνιοι.

7. Εἰπέ μοι πάλιν ἐξ ἀρχῆς πάνθ' ὅσα ἔλεγον οἱ ῥήτορες.

8. Οἴμοι τῆς τύχης ἧς νῦν ἔχουσι πάντες οἱ Ἕλληνες.

9. Ἐξ οὗ ταῦτ' ἔλεγον ἐν τῇ ἐκκλησίᾳ τιμὴν ἔχω καὶ δόξαν.

10. Νὴ τοὺς θεούς, γελοῖον τὸ πρᾶγμα ὃ σὺ λέγεις. γέλωτος ἄξια τὰ τοιαῦτα.

11. Χάριν οὐκ ἔχουσιν οἱ παῖδες ὧν αὐτοῖς διδόασιν οἱ πατέρες.

12. Βούλει μοι λέγειν τοὔνομα τῆς πόλεως εἰς ἥνπερ ἥκομεν ;

13. Ἥκει ὁ πατὴρ μεθ' ὧν ἔχει υἱέων καὶ θυγατέρων.

14. Ὡς ἥδονται ταῖς ὀλίγαις αἷς ἔχουσι θριξὶν οἱ γέροντες.

15. Χάριν ἔχουσι τῷ Διῒ ἄνθρωποι ὅσων αὐτοῖς δίδωσιν ἀγαθῶν.

16. Ἀληθῆ ἐστι πάνθ' ὅσα λέγεις, ὦ Σώκρατες.

17. Ὅσων νῦν ἔχομεν ἀγαθῶν αἰτία ἡ εἰρήνη.

18. Ὅσῳ λαμπρότερος ὁ ἥλιος τῆς σελήνης, τοσούτῳ καλλίων ἥδε ἡ πόλις τῆς ὑμετέρας.

19. Ὅσῳ ἡδίων ἡ παρὰ θάλατταν δίαιτα τῆς ἐν ἄστει.

20. Ὅσῳ πλέονος ἀξία ἡ ἡμετέρα δόξα πάντων ὅσων ὑμεῖς ἔχετε χρημάτων.

1. How fine the festival is which the Athenians are celebrating !

2. Whilst you are resting, I am going a long journey.

3. I have not so many friends as you, for I am poor.

4. Please tell me everything the teacher said to you yesterday.

5. The matter you speak of really deserves the greatest attention.

6. Men are not grateful to the gods for the blessings which they give them.

7. Will you tell me the name of the man to whose house (*omit*) we are going?

8. Everything that the man is telling you is false, my boy.

9. The war is answerable for all the troubles which we have at present.

10. How much more beautiful the daughter is than her mother !

## XXVIII.—REFLEXIVE PRONOUNS.

**106.** The reflexive pronouns are declined thus—

| | | FIRST PERSON. | SECOND PERSON. |
|---|---|---|---|
| SING. | G. | ἐμαυτοῦ (-ῆς) | σαυτοῦ (-ῆς) |
| | D. | ἐμαυτῷ (-ῇ) | σαυτῷ (-ῇ) |
| | A. | ἐμαυτόν (-ήν) | σαυτόν (-ήν) |
| PLUR. | G. | ἡμῶν αὐτῶν | ὑμῶν αὐτῶν |
| | D | ἡμῖν αὐτοῖς (-αῖς) | ὑμῖν αὐτοῖς (-αῖς) |
| | A. | ἡμᾶς αὐτούς (-άς) | ὑμᾶς αὐτούς (-άς) |

| | | THIRD PERSON. | | |
|---|---|---|---|---|
| | | MASC. | FEM. | NEUT. |
| SING. | G. | αὑτοῦ | αὑτῆς | αὑτοῦ |
| | D. | αὑτῷ | αὑτῇ | αὑτῷ |
| | A. | αὑτόν | αὑτήν | αὑτό |
| PLUR. | G. | αὑτῶν | αὑτῶν | αὑτῶν |
| | D. | αὑτοῖς | αὑταῖς | αὑτοῖς |
| | A. | αὑτούς | αὑτάς | αὑτά |

The uncontracted forms σεαυτοῦ, etc., and ἑαυτοῦ, etc., are also found.

**107.** The reciprocal pronoun 'each other,' 'one another,' is thus declined—

| | | | | |
|---|---|---|---|---|
| DUAL | A. | ἀλλήλω | ἀλλήλω | ἀλλήλω |
| | G. D. | ἀλλήλοιν | ἀλλήλοιν | ἀλλήλοιν |
| PLUR. | G. | ἀλλήλων | ἀλλήλων | ἀλλήλων |
| | D. | ἀλλήλοις | ἀλλήλαις | ἀλλήλοις |
| | A. | ἀλλήλους | ἀλλήλας | ἄλληλα |

## Exercise 28.

### FUTURE TENSE.

The future tense with ὅπως, 'how,' is used in exhortation and advice, *e.g.*—

ὅπως ἀνδρεῖοι ἔσεσθε, 'Mind you are brave!'
ὅπως αὔριον ἥξεις, 'Be sure to come to-morrow!'

### FUTURE TENSE OF εἶναι.

ἐσόμεθα, we shall be.
ἔσεσθε, you will be.
ἔσονται, they will be.

PHRASE—αὐτὸς αὑτοῦ ἀμείνων, 'at his best,' 'surpassing himself.'

1. Ἐν ἐκείνῳ τῷ χρόνῳ αὐτοὶ αὑτῶν ἀμείνους ἦσαν οἱ Ἀθηναῖοι.

2. Ὅπως ἄξιοι ὑμῶν αὐτῶν ἔσεσθε ἐν τῇ μάχῃ, ὦ ἄνδρες Ἀθηναῖοι.

3. Εἰς ἑσπέραν οἴκαδ' ἐξ Ἀθηνῶν ἥξω εἰς τὴν ἐμαυτοῦ κώμην.

4. Τὴν αὑτῆς χλαῖναν δώσει τῇ θεραπαίνῃ ἡ κόρη.

5. Λέγει ὁ δεσπότης ὅτι οὐ πιστοὶ οἱ ἑαυτοῦ οἰκέται.

6. Ἔπαινον ἔχει παρὰ τῶν αὑτοῦ πολιτῶν ὁ στρατηγός.

7. Εἰπέ μοι, πόθεν ἥκεις, ὦ παῖ.—Οἴκοθεν ἥκω παρὰ τὸν ἐμαυτοῦ διδάσκαλον.

8. Ἐν τῇ ἐκκλησίᾳ αὐτοὶ αὑτῶν δεινότεροι ἦσαν οἱ ῥήτορες.

9. Τοῦ αὑτῶν κέρδους ἕνεκα ἄδικα καὶ ψευδῆ λέγουσιν οἱ ῥήτορες.

10. Δεῦρο παρ' ἡμᾶς, ὦ παῖ. εἰπέ μοι τὸ σαυτοῦ ὄνομα.

11. Δός μοι τὸ ἐμαυτοῦ βιβλίον, ὦ πάτερ.—Ἰδού, λαβὲ τὸ βιβλίον, ὦ παῖ.

12. Αὔριον ἥξουσιν ἐκ τῶν αὐτῶν πόλεων οἱ σύμμαχοι. εἰς Ἀθήνας οἴσουσι τὸν φόρον.

13. Τίς εἶ, ὦ γύναι, καὶ ποῖ πορεύει;—Εἰς Ἀθήνας ἔρχομαι παρὰ τὸν ἐμαυτοῦ ἄνδρα.

14. Μῶν ἔχεις τὰς σαυτῆς τρίχας, ὦ κόρη;—Σκαιὸς εἶ καὶ ἄγροικος, ὤνθρωπε.

15. Οἴμοι, ὡς ὅμοιοι ἀλλήλοις ὅ τε φίλος καὶ ὁ κόλαξ.—Νὴ Δία, καὶ γὰρ ὅμοιοι ἀλλήλοις ὅ τε λύκος καὶ ὁ κύων.

16. Διὰ τῆς αὑτῶν βραχεῖαν ὁδὸν ἔρχονται οἱ στρατιῶται. ταχεῖα ἡ τῆς στρατιᾶς ὁδός.

17. Ἐν ἐκείνῳ τῷ χρόνῳ μεγάλη καὶ εὐδαίμων ἦν ἡ πόλις. τῆς τότε εὐδαιμονίας αὐτοὶ αὐτοῖς αἴτιοι ἦσαν οἱ πολῖται.

18. Λέγουσιν οἱ Ἀθηναῖοι ὅτι τῶν παρ' αὐτοῖς ῥητόρων δεινότατός ἐστι λέγειν ὁ Δημοσθένης.

19. Αἴσχιστος εἶ, ὤνθρωπε, καὶ σκαιότατος.—Ἀλλ' οὐκ ἐμαυτῷ δοκῶ, ὦ γύναι.

20. Κρείττων αὐτοῦ ἦν ὁ Σωκράτης. οὐδεμιᾶς ἡδονῆς ἥττων ἦν ὁ Σωκράτης.

1. Be sure to come to dinner in time, my friends.

2. The general surpassed himself in the battle against the Spartans.

3. The brave man will be master of himself both in pleasures and in pains.

4. How like each other all our friend's daughters are!

5. The old man has not his own teeth.

6. You are answerable to yourself for all your present troubles, my friend.

7. That is not your book. Be sure to bring your own book to-morrow.

8 Where is your brother? My brother is gone off to his own house.

9. These ladies are speaking to please one another. They are not telling the truth.

10. In the games the athletes surpassed themselves.

## XXIX.—INTERROGATIVE AND INDEFINITE PRONOUNS.

**108.** The interrogative pronoun is declined thus—

|  | | Masc. and Fem. | Neut. |
|---|---|---|---|
| Sing. | N. | τίς | τί |
|  | G. | τίνος or τοῦ | τίνος or τοῦ |
|  | D. | τίνι or τῷ | τίνι or τῷ |
|  | A. | τίνα | τί |

|  | Masc. and Fem. | Neut. |
|---|---|---|
| Dual N. A. | τίνε | τίνε |
| G. D. | τίνοιν | τίνοιν |
| Plur. N. | τίνες | τίνα |
| G. | τίνων | τίνων |
| D. | τίσι(ν) | τίσι(ν) |
| A. | τίνας | τίνα |

*Obs.* —The acute of this pronoun never becomes a grave.

**109.** The indefinite pronoun differs from the above only in being enclitic.

*Obs* —The disyllabic forms have progressive accent. The mono-syllabic forms never have an accent. All forms lose their accent to the preceding word when they can do so without causing two acutes to stand on successive syllables, *e.g.*—

ἄνθρωπός τις,

but          ἀνθρώπου τινος.

## Exercise 29.

### Final Subjunctive.

The subjunctive mood is used with ἵνα to express purpose, *e.g.*—

Ἥκω παρὰ σὲ ἵνα σοι φίλος ὦ.

'I come to you in order that I may be your friend' ('to be your friend').

#### Subjunctive Mood of εἶναι.

(ἵν') ὦ, (that) I may be.

(ἵν') ᾖς, (that) you may be.

(ἵν') ᾖ, (that) he may be.

Phrase—τίνος ἕνεκα; τοῦ ἕνεκα, 'Why?' 'Wherefore?'

1. Διὰ τί πρὸς ὀργὴν λέγεις μοι, ὦ ἀδελφή;

2. Τίνα ἑορτὴν ἄγουσιν ἐν τῷ νῦν χρόνῳ;—Ἑορτὴν ἄγουσι τῷ Ἡρακλεῖ, ὦ ξένε.

3. Τίς ἥκει;—Τήμερον ἥκουσι ξένοι τινὲς ἐπὶ θέαν τῆς πόλεως.

4. Τοῦ ἕνεκα τῇ κόρῃ δίδως τὴν σφαῖραν;—Τί σοι τοῦτο, ὦ δαιμόνιε;

5. Τί λέγει ὁ σοφιστής ;—Λέγει ὅτι σοφὸς ὁ νεανίας οὑτοσί.

6. Εἰπέ μοι, τίς αἴτιος ἦν τῆς ἥττης ;—Τῆς ἥττης αἴτιος ἦν ὁ στρατηγός.

7. Τίνος ἕνεκα μισθὸν δίδως τοσοῦτον τῷ σοφιστῇ, ὦ νεανία ;— Ἀργύριον δίδωμι ἵνα σοφὸς ὦ, ὦ γέρον.

8. Διὰ τί πράγματ᾽ ἔχεις τοσαῦτα διὰ βίου ;—Πράγματ᾽ ἔχω ἵνα πλούσιος ὦ.

9. Τίνες ἐστὲ τὸ γένος, ὦ ξένοι ; τίς ἡ φωνή ; μῶν βάρβαροί ἐστε ;

10. Ὦ κῆρυξ, εἰπέ μοι, πρὸς τῶν θεῶν, τίνες εἰσὶν οὑτοί ;— Πρέσβεις (App. § 7, *Obs.*) οὑτοί παρὰ βασιλέως.

11. Οὐ διὰ μακροῦ ἥξουσι ξένοι τινὲς ἐπὶ δεῖπνον, ὦ θύγατερ ⊢— Τίνες οἱ ξένοι, ὦ μῆτερ ;

12. Περὶ τοῦ βούλεται λέγειν ὁ ῥήτωρ ;—Περὶ τῶν τῆς πόλεως πραγμάτων λέγει, ὦ βέλτιστε.

13. Τί σοι ὄνομά ἐστιν, ὦ γέρον, καὶ τοῦ ἕνεκα δεῦρ᾽ ἥκεις ;

14. Δός μοι ὀλίγον τι ὕδατος, ὦ παῖ. οὐ καθαραί μοι αἱ χεῖρες.

15. Εἰς τίνα ἡμέραν ἥξουσιν αἱ νῆες εἰς τὸν λιμένα ; τί λέγεις ; τί ἔστιν ;

16 Νὴ τὸν Δία, ἰσχυρόν τι τἀληθές. ἰσχυρόν τί ἐστιν ἡ ἀλήθεια.

17. Τίνι τρόπῳ τοσούτων ἡμερῶν καὶ νυκτῶν ὁδὸν δυνατὸν ἡμῖν ἔσται πορεύεσθαι ;

18. Τίνα γνώμην ἔχεις περὶ τῶν νῦν ῥητόρων ;—Δεινότεροι μὲν ἔμοιγε δοκοῦσιν εἶναι τῶν πάλαι, ἀδικώτεροι δέ.

19. Τί ἔστι ; τί τὸ πρᾶγμα ; μῶν κακῶς ἔχει τὰ ἡμέτερα πράγματα ;

20. Διὰ τί ἔλαττον ἔχουσιν οἱ δίκαιοι τῶν ἀδίκων. ἄδικός τις ἄνθρωπος, εὐτυχὴς δέ.

1. On (εἰς *of the time looked forward to*) what day will you come to dinner ? I shall come to-morrow. All right ; but be sure to come in time.

2. What is your opinion of my illness, doctor ? I think (*use* δοκεῖ) it is not worth talking about.

3. What's the matter? Why have you come home so quickly? What's that to you?

4. Why are you dragging that boy home by force?

5. I shall bring some guests home to-morrow to dinner. There will be four or five.

6. Why do you say that, my boy? Tell me, for goodness' sake.

7. Give me a little (ὀλίγον τι c. gen.) bread and wine, please. The bread is on the table

8. Who is responsible for all our troubles? I am not responsible for them.

9. Why does not the man keep quiet? He wishes to say something in order that he may be famous.

10. In what way do the farmers produce so much corn and wine? The land is good and slaves are cheap.

## XXX —INDEFINITE RELATIVE PRONOUN.

**110.** The indefinite or generic relative is declined thus—

| | | MASC. | FEM. | NEUT. |
|---|---|---|---|---|
| SING. | N. | ὅστις | ἥτις | ὅ τι |
| | G. | οὗτινος (ὅτου) | ἧστινος | οὗτινος (ὅτου) |
| | D. | ᾧτινι (ὅτῳ) | ᾗτινι | ᾧτινι (ὅτῳ) |
| | A. | ὅντινα | ἥντινα | ὅ τι |
| DUAL | N. A. | ᾧτινε | ᾧτινε | ᾧτινε |
| | G. D. | οἷντινοιν | οἷντινοιν | οἷντινοιν |
| PLUR. | N. | οἵτινες | αἵτινες | ἅτινα (ἅττα) |
| | G. | ὧντινων | ὧντινων | ὧντινων |
| | D. | οἷστισι(ν) | αἷστισι(ν) | οἷστισι(ν) |
| | A. | οὕστινας | ἅστινας | ἅτινα (ἅττα) |

*Obs.*—The neuter singular is written ὅ τι to distinguish it from the conjunction ὅτι.

### DIRECT AND INDIRECT INTERROGATIVES.

**III.** The direct interrogatives are τίς (*quis*) and πότερος (*uter*); the indirect are ὅστις and ὁπότερος, *e.g.*—

Τίς εἶ;                  'Who are you?'

Εἰπέ μοι ὅστις εἶ;      'Tell me who you are.'

But the direct interrogatives can always be used for the indirect, *e.g.*—

Εἰπέ μοι τίς εἶ;        'Tell me who you are.'

*Obs.* 1.—When the person to whom the question is addressed repeats it in a tone of surprise, the indirect interrogative is used, *e.g.*—

Τίς εἶ; Ὅστις; 'Who are you?' 'Who am I?'

*Obs.* 2.—The phrase οὐδεὶς ὅστις οὐ, 'every one without exception' is declined throughout thus—

G.  οὐδενὸς ὅτου οὐ.

D.  οὐδενὶ ὅτῳ οὐ, etc.


## Exercise 30.

### IMPERATIVE SUBJUNCTIVE.

In the first person the subjunctive is used just as in Latin to take the place of the first person imperative, *e.g.*—

ὦμεν, *simus*, 'Let us be!'

Observe carefully that this use does not extend to the third person as in Latin   The word ᾖ can never mean 'Let him be!'   The imperative must be used.

### SUBJUNCTIVE MOOD OF εἶναι.

(ἵν') ὦμεν,    (that) we may be, let us be.

(ἵν') ἦτε,     (that) you may be.

(ἵν') ὦσι(ν),  (that) they may be.

PHRASE—οὐκ ἔσθ' ὅπως οὐ . . ., $\begin{cases}\text{'It is quite certain.'} \\ \text{'I am quite sure that . . .'}\end{cases}$

1. Τίς ποθ' ὅδε; εἰπέ μοι ταχέως ὅστις εἶ.  οὐκ ἔσθ' ὅπως οὐκ ἐκεῖνος εἶ.  νὴ τοὺς θεούς, οὗτος ἐκεῖνος.

2. Μῶρός ἐστιν ὅστις λέγει τὰ τοιαῦτα.  οὐχ οὕτως ἔχει τὰ πράγματα.

3. Ὅπως ἀνδρεῖοι ἐσόμεθα ἐν τῇ μάχῃ, ὦ ἄνδρες.  ἀνδρεῖοι ὦμεν ἅπαντες ἐν τῇ μάχῃ.

4. Εἰπέ μοι δι᾽ ἥντινα αἰτίαν ἡσυχίαν ἄγει ἐν τῷ νῦν χρόνῳ ὁ στρατηγός.

5. Τίς εἶ σύ, ὦ ξένε;—Ὅστις; πάτριός σοι φίλος εἰμί, ὦ νεανία.

6. Μισθὸν λαβὲ ὅντινα βούλει, ὦ σοφιστά· δεινὸς γὰρ εἶ τὴν τέχνην.

7. Εἰπέ μοι ὅτῳ δώσεις τἀργύριον.—Ὅτῳ; δώσω τἀργύριον τούτῳ τῷ παιδί.

8. Παρὰ τοῦ φέρεις τὸν μισθόν, ὦ στρατιῶτα;—Παρ᾽ ὅτου; παρὰ βασιλέως.

9. Εἰπέ μοι δι᾽ ἥντινα αἰτίαν τῆς ἑσπέρας τὰ ὄρη μακροτέρας ἔχει τὰς σκιάς.

10. Εἰπέ μοι, ὦ γεωργέ, εἰς ἥντινα ἡμέραν ἄξεις τὸν ἵππον εἰς τὴν ἀγοράν.

11. Εὐδαίμων ἐστὶν ὅστις τοσαύτην οὐσίαν ἔχει. μῶν πατρῷά σοι ἡ οὐσία;—Πάνυ γε.

12. Ἆρ᾽ οὐ θανάτου ἄξιος τῇ πόλει ὅστις ποιεῖ τὰ τοιαῦτα;—Πάνυ μὲν οὖν.

13. Εἰπέ μοι ἄττα ἔλεγεν ὁ ῥήτωρ ἐν τῇ ἐκκλησίᾳ. τίνες ἦσαν οἱ λόγοι;

14. Εἰπέ μοι δι᾽ ἥντινα αἰτίαν ἄκροις τοῖς ποσὶ πορεύονται αἱ γυναῖκες.

15. Εἰπέ μοι, ὦ ξένε, ὅτου ἕνεκα ἥκεις παρ᾽ ἡμᾶς.—Ἥκω ἐπὶ θέαν τῆς ὑμετέρας πόλεως.

16. Χρηστὸς ὅστις τἀληθῆ λέγει. ἀεὶ τἀληθῆ λέγει ὁ φίλος μου.

17. Οὐδεὶς ὅστις οὐ βούλεται πλούσιος εἶναι. τοῖς πολλοῖς πολλοῦ ἄξιος εἶναι δοκεῖ ὁ πλοῦτος.

18. Οὐδενὸς ὅτου οὐ σοφώτερος εἶναι δοκεῖ μοι ὁ Σωκράτης.

19. Οὐδενὶ ὅτῳ οὐ κάλλιστα εἶναι δοκεῖ τὰ Ὁμήρου ἔπη.

20. Οὐδένα ὅντιν᾽ οὐκ ἀμείνω ποιεῖ ἡ παιδεία. χείρους οἱ ἀμαθεῖς τῶν σοφῶν,

1. Tell me who that man is. I am quite sure (Οὐκ ἔσθ᾽ ὅπως οὐ) he is my friend.

2. Whoever does that kind of thing is a bad man.

3. Be sure (Ὅπως μή c. fut.) you do not give the book to that man.

4. Let us all be good citizens. Whoever speaks like that is unworthy of the city.

5. Tell me who you are, young man. Who? I am your friend's son.

6. Tell me for what reason you come so late at night. What is that to you?

7. Every one without exception thinks (*use* δοκεῖ) that the sophist is wise.

8. Tell me what your teacher said to-day, my boy

9. Every one without exception wishes to be thought (δοκεῖν) brave.

10. Whoever acts thus is of great value to our city.

## XXXI.—PRONOMINAL ADJECTIVES.

**112.** ἑκάτερος, 'either,' 'each of two' (*uterque*).

| Masc. | Fem. | Neut. |
|---|---|---|
| N. ἑκάτερος | ἑκατέρα | ἑκάτερον |
| etc. | etc. | etc. |

ἕκαστος, 'each' (*quisque*).

| | | |
|---|---|---|
| N ἕκαστος | ἑκάστη | ἕκαστον |
| etc. | etc. | etc. |

*Obs.* 1.—As an adjective ἑκάτερος regularly takes the article, and stands in predicative position, *e.g.* —

ἑκάτερος ὁ παῖς,  
ὁ παῖς ἑκάτερος, } ' each (either) boy,' ' both boys ' (*uterque puer*).

As an adjective ἕκαστος may take the article or not, *e.g.*—

ἕκαστος ὁ ἄνθρωπος,  
ὁ ἄνθρωπος ἕκαστος, } 'each man.'

ἕκαστος ἄνθρωπος,  
ἄνθρωπος ἕκαστος, } 'each man.'

*Obs.* 2.—The plurals of these pronouns signify respectively two or more *sets* or *groups*, and especially two or more *bodies of citizens* (cities), *e.g.*—

οἱ παρ' ἑκατέροις ἀνδρεῖοι.

' The brave men in each (either) city,' or ' both cities.'

οἱ παρ' ἑκάστοις ἀνδρεῖοι.

' The brave men in each (every) city.'

**113** ὁ ἕτερος, 'the other' of two (*alter*).

| MASC. | FEM. | NEUT. |
|-------|------|-------|
| N. ἕτερος | ἑτέρα | ἕτερον |
| etc. | etc | etc. |

*Obs.* 1.—The Greeks said τυφλὸς τὸν ἕτερον ὀφθαλμόν 'blind in one eye'

*Obs.* 2.—The following forms arise by crasis :—

ἅτερος for ὁ ἕτερος.
θατέρου for τοῦ ἑτέρου.
θάτερον for τὸ ἕτερον, etc.

ἄλλος, 'other' (*alius*).

| N. ἄλλος | ἄλλη | ἄλλο |
|----------|------|------|
| etc. | etc. | etc. |

*Obs.*—Without the article, ἄλλος means 'another,' 'other(s),' *e.g.*—

ἄλλος παῖς, 'another boy.'
ἄλλοι παῖδες, 'other boys.'

With the article, ἄλλος corresponds to Lat. *reliquus*, and means 'the rest of,' *e.g.*—

ὁ ἄλλος δῆμος, 'the rest of the people.'
ἡ ἄλλη ὁδός, 'the rest of the way.'

In the plural it corresponds to Lat. *ceteri, e g.*—

ἔνδον οἱ ἄλλοι, 'The rest of them are at home.'

**114.**—πότερος, 'which of two' (*uter*).

| N. πότερος | ποτέρα | πότερον |
|-----------|--------|---------|
| etc. | etc. | etc. |

οὐδέτερος, 'neither of two' (*neuter*).

| N. οὐδέτερος | οὐδετέρα | οὐδέτερον |
|-------------|----------|-----------|
| etc. | etc. | etc. |

## Exercise 31.

### FINAL OPTATIVE.

After past tenses the optative is used with ἵνα to express purpose, *e.g.*—

Παρὰ σὲ ἧκον ἵνα σοι φίλος εἴην.

'I came to you in order that I might be your friend.'

OPTATIVE MOOD OF εἶναι.

(ἵν') εἴην, (that) I might be.
(ἵν') εἴης, (that) you might be.
(ἵν') εἴη,  (that) he might be.

PHRASE—εἴ τις καὶ ἄλλος, 'I ('you,' 'he,' etc.) if any one,' 'above all.'

1. Τί πλέον ἔχουσι τῶν ἄλλων οἱ πλούσιοι ;

2. Ἑκατέροις μυρίων κακῶν αἴτιος ἦν ὁ πόλεμος.

3. Μῶν τὸν ἕτερον ὀφθαλμὸν τυφλὸς εἶ, ὦ γέρον ;—Ἑκάτερον μὲν οὖν τυφλός εἰμι.

4. Ἐπὶ θέαν ἥκω τοῦ ἀγῶνος ὥσπερ καὶ οἱ ἄλλοι πάντες.

5. Ἐλευθερώτερος παρ' ἡμῖν ὁ καθ' ἡμέραν βίος ἢ παρὰ τοῖς ἄλλοις ἅπασιν.

6. Πεντακοσίους ὁπλίτας ἔχει ὁ στρατηγὸς καὶ ἱππέας ἑτέρους τοσούτους.

7. Εἴ τις καὶ ἄλλος σὺ αἴτιος εἶ ἡμῖν τοῦ πολέμου, ὦ Περίκλεις.

8. Ἐγγὺς ἤδη ἐσμὲν τῆς κώμης, ὦ φίλοι.   ῥᾳδία καὶ βραχεῖα ἡ ἄλλη ὁδός.

9. Ἄδικα μὲν λέγουσιν οἱ ῥήτορες, ὁ δ' ἄλλος δῆμος βούλεται ἡσυχίαν ἄγειν.

10. Ἐν ἐκείνῳ τῷ πολέμῳ ἑκάτεροι αὐτοὶ αὐτῶν ἀμείνους ἦσαν.

11. Μὴ κακίους ὦμεν τῶν ἄλλων Ἑλλήνων, ὦ ἄνδρες Ἀθηναῖοι.

12. Οὐκ ἔστι δεινότερον οὐδὲν (App. § 24) τῆς στάσεως

13. Εἴ τις καὶ ἄλλος, ἔχεις πρὸς τὰ ἔτη μέλαιναν (App. § 12) τὴν τρίχα, ὦ βέλτιστε.

14. Δίκαιόν ἐστιν ἑκατέρους τὰ αὐτῶν ἔχειν.

15. Δυοῖν θάτερον ἀνάγκη σοι λέγειν, πότερον οὖν βούλει λέγειν ;

16. Ταῦτ' ἔλεγον ἵν' ἀμφοτέροις δίκαιος εἴην.

17. Ἆρ' ἥδεται μᾶλλον τούτοις ἐκείνων ;—Ἑκατέροις μὲν οὖν ἄχθεται.

18. Τῷ σοφιστῇ ἑκατέρῳ πολὺν τὸν μισθὸν δίδωσιν ὁ νεανίας.

19. Ἅπαξ τοῦ ἔτους τὸν φόρον φέρουσιν Ἀθήναζε ἐξ ἑκάστης πόλεως.

20. Τῷ ἑτέρῳ τῶν παιδίων θανάτου αἰτία ἦν ἡ νόσος.

1. He does not deserve to be better off than all the other citizens.

2. Both sides surpassed themselves in bravery to-day.

3. The boy is lame in one foot. No, he is lame in both.

4. One of my two sons likes town life, the other dislikes it.

5 I wrote a long letter to both of my two daughters.

6. Our guide is gone, and we have no other.

7. The sophists go into each city. They get high pay from each of them.

8. You above all are responsible for my poverty.

9. Is the rest of the country worth seeing? Not at all.

10. The general gives a drachma a day to each soldier. Upon my word, that is high pay!

## XXXII.—CORRELATIVES.

**115.** The following tables of correlatives should be carefully studied :—

### (A) PRONOUNS.

| INTERROG. | INDEF. | DEMONST | REL. | GENERIC. |
|---|---|---|---|---|
| 1. τίς ; | τις | ὅδε<br>οὗτος, ἐκεῖνος | ὅς | ὅστις |
| 2. πότερος ; | πότερος | ὁ ἕτερος | | ὁπότερος |
| 3. πόσος ; | ποσός | τοσόσδε<br>τοσοῦτος | ὅσος | ὁπόσος |
| 4. πόσοι ; | ποσοί | τοσοίδε<br>τοσοῦτοι | ὅσοι | ὁπόσοι |
| 5. πόστος ;<br>(quotus ?) | | | | ὁπόστος |
| 6. ποῖος ; | ποιός | τοιόσδε<br>τοιοῦτος | οἷος | ὁποῖος |
| 7. πηλίκος ;<br>(How old?) | πηλίκος | τηλικόσδε<br>τηλικοῦτος | ἡλίκος | ὁπηλίκος |
| 8. ποδαπός ;<br>(Of what country ?) | | | | ὁποδαπός |

### (B) ADVERBS.

| Interrog. | Indef. | Demonst. | Rel. | Generic. |
|-----------|--------|----------|------|----------|
| 1. ποῦ; | που | ἐνθάδε<br>ἐνταῦθα<br>ἐκεῖ | οὗ | ὅπου |
| 2. πόθεν; | ποθέν | ἐνθένδε<br>ἐντεῦθεν<br>ἐκεῖθεν | ὅθεν | ὁπόθεν |
| 3. ποῖ; | ποι | δεῦρο<br>ἐνταυθοῖ<br>ἐκεῖσε | οῖ | ὅποι |
| 4. πότε; | ποτέ | τότε | ὅτε | ὁπότε |
| 5. πηνίκα; | | τηνικάδε<br>τηνικαῦτα | ἡνίκα | ὁπηνίκα |
| 6. πῶς; | πως | ὧδε<br>οὕτω(ς) | ὡς | ὅπως |
| 7. πῇ; | πῃ | τῇδε<br>ταύτῃ | ῇ | ὅπῃ |

*Obs.*—The relative is used in exclamations, not the interrogative as in Latin.

## Exercise 32.

### Wish.

The optative is used to express a wish referring to the future, either alone or with εἰ (εἰ γάρ, εἴθε), *e.g.*—

εἰ γὰρ πλούσιος εἴην, ' May I be,' ' Would I were rich !'

A wish referring to the present or past is expressed by εἴθε with the imperfect or aorist indicative, *e.g.*—

εἴθε σὺ ταῦτ' ἔλεγες, ' Would you had said so.'

The negative is μή.

### Optative Mood of εἶναι

(ἵν') εἶμεν, (that) we might be.
(ἵν') εἶτε, (that) you might be.
(ἵν') εἶεν, (that) they might be.

Phrases—οἷός τε, with infinitive, ' able to,'
οἷόν τε, ' possible.'

1. Πόση τις ἡ ὁδός, ὦ ξένε ;—Ὁπόση ; πολλὴ ἡ ὁδός.

2. Πηνίκ' ἐστὶ τῆς ἡμέρας ;—Ὁπηνίκα ; σμικρόν τι μετὰ μεσημβρίαν.

3. Εἰ γὰρ οἷός τ' εἴην ἡσυχίαν ἄγειν, ἀλλ' οὐχ οἷόν τε.

4. Εἴθε μὴ πρὸς ὀργήν μοι ταῦτ' ἔλεγεν ὁ φίλος.

5. Ὅσων κακῶν ὁ πόλεμος αἴτιος. εἰ γὰρ οἷοί τ' ἦμεν εἰρήνην ἄγειν.

6. Πῇ πορεύεται ἡ τῶν ἱππέων πομπή ;—Ὅπῃ ; διὰ τῆς ἀγορᾶς πορεύεται ἡ πομπή.

7. Πηλίκος εἶ, ὦ νεανία ;—Ὁπηλίκος ; νέος ἔτι εἰμί, νὴ τοὺς θεούς.

8. Εἰ γὰρ ἀληθῆ εἴη ἃ σὺ λέγεις. εἴθε μὴ ψευδῆ ταῦτ' ἔλεγες.

9. Εἰπέ μοι ποδαποί εἰσι τὸ γένος οἱ σοφισταί. μῶν Ἀθηναῖοί εἰσιν ;

10. Ποῦ 'στι θοἰμάτιόν μου ;—Ἐνταῦθά πού ἐστι τὸ ἱμάτιον.

11. Ἥξει ποτὲ Ἀθήναζε ὁ πατὴρ ἐπὶ θέαν τῆς ἑορτῆς.

12. Πόσους τινὰς ὁπλίτας ἔχει ὁ στρατηγός ;

13. Εἰπέ μοι ποῖ' ἄττ' ἔλεγεν ὁ ῥήτωρ ἐν τῇ ἐκκλησίᾳ.

14. Τιμῆς ἄξιός εἰμι διὰ τὴν σοφίαν ;—Ποίας τιμῆς ; ζημίας μὲν οὖν ἄξιος εἶ.

15. Οἵων πραγμάτων αἰτία ἐστὶν ἡ νῦν στάσις.

16. Εἰπέ μοι ὁπόσας ἑορτὰς ἄγουσι τοῦ ἔτους οἱ Ἀθηναῖοι.

17. Ὅσα πράγματ' ἔχω διὰ τὴν τῶν υἱέων μωρίαν.

18. Ὅσους συμμάχους ἔχουσιν οἱ Ἀθηναῖοι. ὅσον φέρουσι τὸν φόρον.

19. Πόσος τις ὁ μισθός ;—Ὁπόσος ; μίαν δραχμὴν δώσω τῆς ἡμέρας.

20. Ποῖ' ἄττα λέγουσιν οἱ ποιηταί ;—Ψευδῆ πάντα λέγουσιν οἱ ποιηταί.


1. What is the road like?   The road is rough and difficult.

2. At what o'clock will dinner be?   I wish to come to dinner to-day.

3 Would it were possible for you to tell the truth!

4. What distress the war has caused to the farmers!

H

5. I wish I had been at Athens when they were holding the festival.

6. Tell me how many horsemen the generals have.

7. Where is the sophist's house? His house is somewhere in this street.

8. How many fingers have you, my boy? How many? I have five fingers on each hand.

9. How much better it is to keep quiet than to worry!

10. How much wiser Socrates is than all the rest of the Greeks!

# PART II.

## INTRODUCTORY.

**1. Conjugations**.—Greek verbs may be roughly divided into two conjugations—

        (1) Verbs in -ω.

        (2) Verbs in -μι.

Of these two classes the first is by far the larger; the second contains some of the commonest words in the language.

**2. Voices**.—Greek verbs have three voices, *active*, *middle*, and *passive*. There are special forms for the passive only in the future and aorist tenses.

The middle seems to have been originally reflexive in meaning, but in ordinary Greek it expresses—

        (1) That the act is closely bound up with the agent, *e.g.*—

           ὄψομαι, 'I shall see' (with my own eyes).

        (2) That the act closely affects the agent, *e.g.*—

           λοῦμαι τὴν κεφαλήν, 'I wash my head.'

           παρέχομαι ὅπλα,    'I provide arms' (for myself).

**3. Moods** —Greek verbs have one more mood than Latin, the *optative*.

The chief uses of the optative are—-

        (1) To express a wish (neg. μή).

        (2) With the particle ἄν to express a weak future statement or a probability (neg. οὐ).

        (3) To replace the subjunctive in "historical sequence" (neg. μή).

**4 Tenses.**—Greek verbs have one more tense than Latin, the *aorist.*

The aorist and the perfect between them represent the Latin perfect, thus—

$$feci, \begin{cases} \pi \epsilon \pi o \iota \eta \kappa a \ (perfect), \ \text{'I have done.'} \\ \dot{\epsilon} \pi o \iota \eta \sigma a \ \ (aorist), \ \text{'I did.'} \end{cases}$$

**5. Primary and Secondary Tenses.**—The tenses of the Greek verb are divided into primary ("principal") and the secondary ("historical") tenses, according to their terminations, thus—

| PRIMARY. | SECONDARY. |
|---|---|
| Present. | Imperfect. |
| Future. | Aorist. |
| Perfect. | Pluperfect |

**6. Accentuation of Verbs.**—As a general rule, the accent of verbs is regressive. Exceptions will be noted as they occur.

N.B.—For the purposes of this rule the terminations -οι and -αι are regarded as short, except in the optative.

### XXXIII.—THE VERB "TO BE."

**116.** As in most languages, the verb "to be" is very irregular.

#### PRESENT TENSE.
##### Indicative.

| | SING. | DUAL. | PLUR. |
|---|---|---|---|
| 1. | εἰμί | | ἐσμέν |
| 2. | εἶ | ἐστόν | ἐστέ |
| 3. | ἐστί(ν) | ἐστόν | εἰσί(ν) |

##### Subjunctive.

| | | | |
|---|---|---|---|
| 1. | ὦ | | ὦμεν |
| 2. | ᾖς | ἦτον | ἦτε |
| 3. | ᾖ | ἦτον | ὦσι(ν) |

### Optative.

| | SING. | DUAL. | PLUR. |
|---|---|---|---|
| 1. | εἴην | | εἶμεν |
| 2. | εἴης | εἶτον | εἶτε |
| 3. | εἴη | εἴτην | εἶεν |

### Imperative.

| | SING. | DUAL. | PLUR. |
|---|---|---|---|
| 2. | ἴσθι | ἔστον | ἔστε |
| 3. | ἔστω | ἔστων | ὄντων |

### Infinitive.

εἶναι

### Participle.

| | MASC. | FEM. | NEUT. |
|---|---|---|---|
| N. | ὤν | οὖσα | ὄν |
| G. | ὄντος | οὔσης | ὄντος |
| | etc. | etc. | etc. |

### IMPERFECT TENSE.

| | SING. | DUAL. | PLUR. |
|---|---|---|---|
| 1. | ἦ | | ἦμεν |
| 2. | ἦσθα | ἦστον | ἦτε |
| 3. | ἦν | ἤστην | ἦσαν |

### FUTURE TENSE.
#### Indicative.

| | SING. | DUAL. | PLUR. |
|---|---|---|---|
| 1. | ἔσομαι | | ἐσόμεθα |
| 2. | ἔσῃ (-ει) | ἔσεσθον | ἔσεσθε |
| 3. | ἔσται | ἔσεσθον | ἔσονται |

### Optative.

| | SING. | DUAL. | PLUR. |
|---|---|---|---|
| 1. | ἐσοίμην | | ἐσοίμεθα |
| 2. | ἔσοιο | ἔσοισθον | ἔσοισθε |
| 3. | ἔσοιτο | ἐσοίσθην | ἔσοιντο |

| Infinitive. | Participle. |
|---|---|
| ἔσεσθαι | ἐσόμενος, -η, -ον |

*Obs.* 1.—The present participle is thus declined—

| | | MASC. | FEM. | NEUT. |
|---|---|---|---|---|
| SING. | N. | ὤν | οὖσα | ὄν |
| | G. | ὄντος | οὔσης | ὄντος |
| | D. | ὄντι | οὔσῃ | ὄντι |
| | A. | ὄντα | οὖσαν | ὄν |
| DUAL | N. A. | ὄντε | (οὖσα) | ὄντε |
| | G. D. | ὄντοιν | (οὔσαιν) | ὄντοιν |
| PLUR. | N. | ὄντες | οὖσαι | ὄντα |
| | G. | ὄντων | οὐσῶν | ὄντων |
| | D. | οὖσι(ν) | οὔσαις | οὖσι(ν) |
| | A. | ὄντας | οὔσας | ὄντα |

*Obs.* 2.—All disyllabic forms of the present indicative are enclitic, *i.e.* they lose their accent to the preceding word when they can do so without causing two acutes to stand on successive syllables, *e.g.*—

> ἀγαθός εἰμι,    'I am good.'
> ἄνθρωπός εἰμι,   'I am a man.'
> ἀνδρεῖός εἰμι,   'I am brave.'
> but νεανίας εἰμί,   'I am a young man.'

But when they denote 'existence' these forms are all accented.

Further, ἐστί(ν) is accented ἔστι(ν)—

(1) When it means 'exists' or 'is possible.'
(2) At the beginning of a clause.
(3) After εἰ, καί, οὐκ, ὡς, ἀλλ', τοῦτ'.

## Exercise 33.

### GENITIVE ABSOLUTE.

To the ablative absolute in Latin corresponds a genitive absolute in Greek, *e.g.*—

> Κύρου βασιλέως ὄντος, *Cyro rege*
> 'Cyrus being king' ('In the reign of Cyrus').

Note that the participle of the verb "to be," which is wanting in Latin, must be expressed in Greek.

PHRASE—κατὰ νοῦν ἐμοί, 'satisfactorily to me.'

[*N. B.*—A knowledge of Appendix, §§ 4-14, is assumed in the following exercises.]

1. Ποῦ γῆς ἐσμέν, πρὸς πάντων θεῶν ;—Ὅπου ;  ἐγγὺς ἤδη ἐσμὲν τῆς κώμης.

2. Ἆρ' οὐ κατὰ νοῦν σοί εἰσιν οἱ τούτου λόγοι ;—Οὐ δῆτα.

3. Πολλοὶ ἡμῖν σύμμαχοι ἔσονται εἰς τὸν πρὸς τοὺς Πέρσας πόλεμον.

4. Μακρᾶς καὶ χαλεπῆς οὔσης τῆς ὁδοῦ, βραδέως πορεύονται οἱ Ἕλληνες.

5. Χειμῶνος ὄντος ἆρ' οὐ χαλεπὴ ἡ ἐνθάδε δίαιτα ;—Ἡδίστη μὲν οὖν δι' ἔτους ἐστίν.

6. Οὐκ ἐγὼ τούτων αἴτιος· ἔτι γὰρ παῖς ἦ ἐν ἐκείνῳ τῷ χρόνῳ.

7. Ὥρα ἦν πάλαι πρὸς ἄστυ πορεύεσθαι· πόρρω γάρ ἐστι τῶν νυκτῶν.

8. Εἰρήνης οὔσης πάντ' ἀγάθ' ἔχουσιν οἱ ἐν τῇ χώρᾳ γεωργοί.

9. Ὅπως ἄξιοι ἔσεσθε τῆς ἐλευθερίας, ὦ ἄνδρες.

10. Τί πλέον ἡμῖν ἔσται ; οὐδὲν πλέον ἡμῖν ἔσται.

11. Ἕωθεν εὐθὺς ἐκκλησία ἔσται περὶ τῶν πρὸς τοὺς Λακεδαιμονίους σπονδῶν.

12. Εἰ γὰρ πλουσιώτερος εἴην. εἴθε μὴ πένης ᾖ.

13. Τοιαῦτα λέγει ἵν' ἑκατέροις φίλος ᾖ.

14. Εἰ γὰρ ὅμοιοι ἦσαν οἱ νῦν ῥήτορες τοῖς πάλαι.

15. Παῖς ὢν κόσμιος ἴσθι. κόσμιοι ὦμεν, ὦ παῖδες.

16 Εἰ γὰρ πλείους ἦσαν οἱ δίκαιοι τῶν ἀδίκων.

17. Εἰ γὰρ οἷόν τ' εἴη ἡσυχίαν ἄγειν διὰ παντὸς τοῦ βίου.

18. Οὐ διὰ μακροῦ σοφὸς ἔσει, ὦ νεανία.

19. Ἆρ' ἀληθῆ ἐστὶ πάνθ' ὅσα λέγεις ;—Ἀληθέστατα μὲν οὖν

20. Εἰ γὰρ οἷός τ' ἦ παρὰ σὲ ἥκειν.

1. I wish I were able to come to dinner.
2. Let us be brave, for this struggle is serious.
3. I wish I were rich and eloquent like you

4. In the absence of my father I do everything I wish.

5. May you be more successful in the war than the other generals !

6. Take care that you are not (Ὅπως μή) unworthy of your country.

7. I wish you had been more successful, but your luck was terrible.

8. I wish the sophist had been able to come this evening to dinner.

9. I wish you had not been so foolish yesterday evening.


## XXXIV.—COMPOUNDS OF *EIMI.*

**117.** The commonest compounds of εἰμί are—

> ἄπειμι,     'I am absent.'
>
> πάρειμι,    'I am present.'
>
> ἔνειμι,     'I am in,' 'among.'
>
> περίειμι,   'I am over,' 'surpass,' 'survive.'

*Obs.*—These verbs do not draw back their accent except in the present indicative and imperative, *e.g.*—

> πάρεστι, πάρεισι, πάρισθε : but παρῆν, παρῇ, παρεῖναι, παρών, παρέσται.

Note also the impersonal verbs—

> ἔξεστί μοι,     'I am free to . . .' (*licet mihi*).
>
> πάρεστί μοι,   'I have a chance to . . .'
>
> μέτεστί μοι,   'I have a share in . . .' (*c. gen.*).


## Exercise 34.

### ACCUSATIVE ABSOLUTE.

Impersonal verbs have an accusative absolute instead of a genitive, *e.g.*—

> ἐξόν σοι παρεῖναι, 'when you might be (might have been) present.'
>
> παρόν μοι,         'when I get (got) a chance.'
>
> οὐδέν σοι μετὸν τῶν τοιούτων, 'though you had no part nor lot in such things.'

PHRASE—μετὰ τρεῖς ἡμέρας, 'in (lit. 'after') three days.'

1. Ἰδού, πάρεστιν ἄγγελός τις ἀπὸ τοῦ τείχους.

2. Τρεῖς ἡμέρας ἄπεστιν ὁ πατήρ. μετὰ τρεῖς ἡμέρας ἥξει ὁ πατήρ.

3. Φέρ' ἴδω, τί ἄρ' ἔνεστιν ἐν τῷ βιβλίῳ;—Οὐδενὸς ἄξιον τὸ βιβλίον.

4. Οὐ μέτεστί σοι τῆς πόλεως, ὦνθρωπε· ξένος γὰρ εἶ.—Ἴσον μὲν οὖν μοι μέτεστι σοί.

5. Μῶν ὕστερος πάρειμι τῆς ἑορτῆς; οἴμοι τῆς τύχης.

6. Τῶν νεῶν οὔπω παρουσῶν δεινὸς ὁ κίνδυνος. ὀλίγων ἡμερῶν παρέσονται αἱ νῆες.

7. Τοῖς πολλοῖς τῶν παρόντων καλλίων εἶναι δοκεῖ οὑμὸς λόγος τοῦ σοῦ.

8. Πολὺν χρόνον συνὼν τῷ ἀνθρώπῳ σφόδρ' ἥδομαι αὐτοῦ τῷ τρόπῳ.

9. Ἐν τοῖς πρὸς βίαν οὐκ ἔνεστιν οὐδεμία (App. § 24) ἡδονή.

10. Οὐδεὶς βούλεται πράγματ' ἔχειν ἐξὸν ἡσυχίαν ἄγειν.

11. Ὅπως εἰς ἕω ἐπ' ἄριστον παρέσει μοι, ὦ βέλτιστε.—Ἀλλ' οὐ σχολή μοι.

12. Παρῶμεν ἅπαντες εἰς ἕω εἰς τὴν ἐκκλησίαν· μέλλει γὰρ λέγειν περὶ τῆς πόλεως ὁ ῥήτωρ.

13. Οὐ πᾶσιν ἔξεστιν εὐδαίμοσιν εἶναι.

14. Εἰ γὰρ ἐξείη μοι λέγειν πάνθ' ὅσα βούλομαι, ἀλλ' οὐχ οἷόν τε.

15. Εἰ γὰρ παρῆσθα ὅθ' ἧκεν ἀδελφὸς ἐκ τῆς στρατιᾶς.

16. Πάρειμι ἵνα σοι χρήσιμος ὦ. παρῇ ἵνα σοι χρήσιμος εἴην.

17. Πάντων τῶν ἄλλων περίεστι τὴν τέχνην ὁ σοφιστὴς οὑτοσί.

18. Ὅπως παρέσει μοι ἕωθεν εὐθύς· σφόδρα γὰρ ἥδομαι σοῦ παρόντος.

19. Διὰ τί τοσοῦτον χρόνον ἀπῆσθα, ἐξὸν δυοῖν ἢ τριῶν ἡμερῶν πάλιν ἥκειν;

20. Ὡς ἄχθομαι ἐνθάδε παρών. οὐ καλὴ ἡ παρ' ὑμῖν δίαιτα.

1. I wish you had not been away when I sent the letter.

2. Though it was no business of his (*part. of* μέτεστι), he was present in the assembly.

3. May I be there when your father comes, for I like his talk.

4. Have I come too late for dinner？   What o'clock is it？

5. As the cavalry is not yet come, our danger is terrible.

6. Mind ("Οπως *c. fut.*) you are there in time for dinner to-morrow !

7. He is gone off in order that he may not be present when my father comes.

8. He is absent, though he might be present.

9. I wish you had been away when the sophist came.

10. There is no wine in the cup, boy.   Bring me a little wine.

## XXXV.—UNCONTRACTED VERBS IN -Ω.
### PRESENT AND FUTURE.

118. Verbs in -ω may be divided into two classes according as they have—

      (1) Vowel stems.   .       (2) Consonant stems.

### I.—Vowel Stems.

119 Verbs with vowel stems may be divided into—

    (1) Uncontracted verbs.      (2) Contracted verbs.

#### (*A*) UNCONTRACTED VERBS.

120. Stems in ι, υ, and diphthongs.

παύω, ' I stop.'

The active is transitive, the middle is intransitive.   Both take a participial complement, *e.g.*—

παύω σε λέγοντα, ' I stop you speaking.'<br>παύομαι λέγων,   ' I stop speaking.'

#### PRESENT TENSE.
##### Indicative.

| | | ACTIVE. | MIDDLE. |
|---|---|---|---|
| SING. | 1. | παύω | παύομαι |
| | 2. | παύεις | παύῃ ( -ει ) |
| | 3. | παύει | παύεται |

| | | ACTIVE. | MIDDLE. |
|---|---|---|---|
| DUAL | 2. | παύετον | παύεσθον |
| | 3. | παύετον | παύεσθον |
| PLUR. | 1. | παύομεν | παυόμεθα |
| | 2. | παύετε | παύεσθε |
| | 3. | παύουσι(ν) | παύονται |

### Subjunctive.

| | | | |
|---|---|---|---|
| SING. | 1. | παύω | παύωμαι |
| | 2. | παύῃς | παύῃ |
| | 3. | παύῃ | παύηται |
| DUAL | 2. | παύητον | παύησθον |
| | 3. | παύητον | παύησθον |
| PLUR. | 1. | παύωμεν | παυώμεθα |
| | 2. | παύητε | παύησθε |
| | 3. | παύωσι(ν) | παύωνται |

### Optative.

| | | | |
|---|---|---|---|
| SING. | 1. | παύοιμι | παυοίμην |
| | 2. | παύοις | παύοιο |
| | 3. | παύοι | παύοιτο |
| DUAL | 2. | παύοιτον | παύοισθον |
| | 3. | παυοίτην | παυοίσθην |
| PLUR. | 1. | παύοιμεν | παυοίμεθα |
| | 2. | παύοιτε | παύοισθε |
| | 3. | παύοιεν | παύοιντο |

### Imperative.

| | | ACTIVE. | MIDDLE. |
|---|---|---|---|
| SING. | 2. | παῦε | παύου |
| | 3. | παυέτω | παυέσθω |
| DUAL | 2. | παύετον | παύεσθον |
| | 3. | παυέτων | παυέσθων |
| PLUR. | 2. | παύετε | παύεσθε |
| | 3. | παυόντων | παυέσθων |

### Infinitive.

παύειν        παύεσθαι

### Participle.

παύων, -ουσα, -ον    παυόμενος, -η, -ον

### FUTURE TENSE.
### Indicative.

| | | | |
|---|---|---|---|
| SING. | 1. | παύσω | παύσομαι |
| | 2. | παύσεις | παύσῃ (-ει) |
| | 3. | παύσει | παύσεται |
| DUAL | 2. | παύσετον | παύσεσθον |
| | 3 | παύσετον | παύσεσθον |
| PLUR. | 1. | παύσομεν | παυσόμεθα |
| | 2. | παύσετε | παύσεσθε |
| | 3. | παύσουσι(ν) | παύσονται |

### Optative.

| | | | |
|---|---|---|---|
| SING. | 1. | παύσοιμι | παυσοίμην |
| | | etc. | etc. |

Infinitive.

ACTIVE.              MIDDLE.

παύσειν           παύσεσθαι

Participle.

παύσων, -ουσα, -ον     παυσόμενος, -η, -ον

*Obs.* 1.—The accent of the participles in -ων cannot go further back than in the nominative singular masculine, *e.g.*—

MASC.        FEM.        NEUT.
βουλεύων     βουλεύουσα     βουλεῦον

(The circumflex in the neuter is due to the rule of the final trochee.)

*Obs.* 2.—The verb λούω (trans.), λοῦμαι (intrans.), suppresses short ε and ο before the termination.

## Exercise 35.

### FINAL CLAUSES DEPENDENT ON WISHES.

The verb of a final clause dependent on a wish is put in the same mood as the principal verb, *e.g.*—

Εἰ γὰρ παρείης ἵνα μοι φίλος εἴης.

'Would you might be there to be my friend !'

Εἰ γὰρ παρῆσθα ἵνα μοι φίλος ἦσθα.

'Would you had been there, that you might have been my friend !

PHRASE—παῦε, παῦε, 'Stop, stop !'
(In this phrase the active is intransitive.)

1. Οἴμοι τῆς ὕβρεως. ἐγώ σε παίσω τῆς ὕβρεως.

2. Κρούωμεν τὴν θύραν. τίς ἔνδον; οὐδεὶς ἔνδον;—Ἰδού, τί βούλει; τοῦ ἔνεκα ἥκεις;

3. Καλὸν παρ' ἡμῖν ἐστιν ὑπὲρ τῆς πατρίδος κινδυνεύειν.

4. Λέγει ὁ ῥήτωρ ὅτι τὰς σπονδὰς λύουσιν οἱ πολέμιοι.

5. Εὖ ἔχει ὁ λόγος ὅτι ἄριστον βραδέως βουλεύεσθαι.

6. Συμβούλευε μὴ τὰ ἥδιστα ἀλλὰ τὰ βέλτιστα τοῖς φίλοις.

7. Πιστευσόμεθά σοι, ὦ ἡγεμών, ἔμπειρος γὰρ εἶ τῶν ὁδῶν.

8 Λέγει ὁ Μένανδρος ὅτι οὐδεὶς μετ' ὀργῆς ἀσφαλῶς βουλεύεται

9. Ὡς ἡδὺ τὸ ἀναπαύεσθαι μετὰ τὸ δεῖπνον. ἀναπανώμεθα ἐν τῇ ὕλῃ.

10. Ἐλευθέρως δούλευε, δοῦλος οὐκ ἔσει.

11. Θᾶττον πορεύου· δειπνεῖν γὰρ κωλύεις πάλαι.

12. Τοῖς ἄλλοις πᾶσι παρακελεύεται ἥκειν εἰς ἕω εἰς τὴν ἐκκλησίαν.

13. Ὡς ἡδὺ τὸ λοῦσθαι ἐν τῷ ποταμῷ.

14. Πάρειμι ἵνα σοι χρηστόν τι συμβουλεύω.

15. Ὅπως παρακελεύσει τὸν ἄνδρα ἄξιον εἶναι τῆς πόλεως.

16. Εἰ γὰρ παρείη ὁ φίλος ἵνα μοι χρηστόν τι συμβουλεύοι.

17. Πρὸ τῆς μάχης θύωμεν τοῖς πατρίοις θεοῖς.

18. Εἰ γὰρ παρῆ τότε ἵνα μή συ μόνος ἦσθα.

19. Οὐκ ἔσθ᾽ ὅπως οὐκ ἐπιβουλεύουσι τῷ δήμῳ οὑτοί.

20. Οὐ διὰ μακροῦ στρατεύσεται ἐπὶ τὴν Ἑλλάδα ὁ Ξέρξης.

1. Won't you stop talking like that? Why am I to stop, pray? (δῆτα, *second in clause*).

2. I shall stop the man talking; I dislike his talk.

3. I wish some one would give me good advice.

4. Before long the Athenians will make an expedition against the Persians.

5. I exhort you to be brave. Be sure (Ὅπως *c. fut.*) to be worthy of your ancestors.

6. I wish the enemy would break the truce, so that we might not be responsible for the war.

7. Be sure to take a bathe in the river to-morrow morning.

8. How pleasant the shade is! Let us rest in the shadow of the house.

9. No one will serve in the army if he gets a chance to keep quiet at home.

10. I am quite sure (Οὐκ ἔσθ᾽ ὅπως οὐ) the rich are plotting against the democracy.

## XXXVI.--UNCONTRACTED VERBS IN -Ω (continued).
### IMPERFECT AND AORIST.

121. The secondary ("historical") tenses (imperfect, aorist, pluperfect) prefix the *augment* ἐ- in the indicative.

## IMPERFECT TENSE.
### Indicative.

|  |  | Active. | Middle. |
|---|---|---|---|
| Sing. | 1. | ἔπαυον | ἐπαυόμην |
|  | 2. | ἔπαυες | ἐπαύου |
|  | 3. | ἔπαυε(ν) | ἐπαύετο |
| Dual | 2. | ἐπαύετον | ἐπαύεσθον |
|  | 3. | ἐπαυέτην | ἐπαυέσθην |
| Plur. | 1. | ἐπαύομεν | ἐπαυόμεθα |
|  | 2. | ἐπαύετε | ἐπαύεσθε |
|  | 3. | ἔπαυον | ἐπαύοντο |

*Obs.*—The imperfect tense has no moods distinct from those of the present.

The second singular middle termination -ου is for -ε(σ)ο. See App. § 2, 10.

## AORIST TENSE.
### Indicative.

| Sing. | 1. | ἔπαυσα | ἐπαυσάμην |
|---|---|---|---|
|  | 2. | ἔπαυσας | ἐπαύσω |
|  | 3. | ἔπαυσε(ν) | ἐπαύσατο |
| Dual | 2. | ἐπαύσατον | ἐπαύσασθον |
|  | 3. | ἐπαυσάτην | ἐπαυσάσθην |
| Plur. | 1. | ἐπαύσαμεν | ἐπαυσάμεθα |
|  | 2. | ἐπαύσατε | ἐπαύσασθε |
|  | 3. | ἔπαυσαν | ἐπαύσαντο |

*Obs.*—The 2nd singular middle termination -ω is for -α(σ)ο. See App. § 2, 10.

### Subjunctive.

|  | | ACTIVE. | MIDDLE. |
|---|---|---|---|
| SING. | 1. | παύσω | παύσωμαι |
|  | 2. | παύσῃς | παύσῃ |
|  | 3. | παύσῃ | παύσηται |
| DUAL | 2. | παύσητον · | παύσησθον |
|  | 3. | παύσητον | παύσησθον |
| PLUR. | 1. | παύσωμεν | παυσώμεθα |
|  | 2. | παύσητε | παύσησθε |
|  | 3. | παύσωσι(ν) | παύσωνται |

### Optative.

| SING. | 1. | παύσαιμι | παυσαίμην |
|---|---|---|---|
|  | 2. | παύσειας | παύσαιο |
|  | 3. | παύσειε(ν) | παύσαιτο |
| DUAL | 2. | παύσαιτον | παύσαισθον |
|  | 3. | παυσαίτην | παυσαίσθην |
| PLUR. | 1. | παύσαιμεν | παυσαίμεθα |
|  | 2. | παύσαιτε | παύσαισθε |
|  | 3. | παύσειαν | παύσαιντο |

### Imperative.

| SING. | 2. | παῦσον | παῦσαι |
|---|---|---|---|
|  | 3. | παυσάτω | παυσάσθω |
| DUAL | 2. | παύσατον | παύσασθον |
|  | 3. | παυσάτων | παυσάσθων |
| PLUR. | 2. | παύσατε | παύσασθε |
|  | 3. | παυσάντων | παυσάσθων |

**Infinitive.**

ACTIVE. MIDDLE.

$$\pi a \hat{v} \sigma a \iota \qquad \pi a v \sigma a \sigma \theta a \iota$$

**Participle.**

$$\pi a \acute{v} \sigma a s, \text{-}a \sigma a, \text{-}a \nu \qquad \pi a v \sigma \acute{a} \mu \epsilon \nu o s, \text{-}\eta, \text{-}o \nu$$

*Obs.*—The accent of the aorist participle cannot go further back than in the nominative singular masculine, *e.g.*—

| MASC. | FEM. | NEUT. |
|---|---|---|
| παιδεύσας | παιδεύσᾱσα | παιδεῦσαν |

**122. The Augment.**—Verbs which begin with a consonant prefix ἐ- in the indicative of the secondary tenses. This is called the *syllabic augment.*

Initial ρ is doubled after the syllabic augment, *e.g.* ῥίπτω, I throw'; imperfect, ἔρριπτον.

Verbs which begin with a vowel lengthen it in the same forms thus—

| a becomes η | ι becomes ῑ | ει becomes ῃ |
|---|---|---|
| ε „ η | υ „ ῡ | οι „ ῳ |
| ο „ ω | αι „ ῃ | αυ, ευ „ ηυ |

This is called the *temporal augment.*

**EXAMPLES.**

| PRES. | IMPERF. | PRES. | IMPERF. | PRES. | IMPERF. |
|---|---|---|---|---|---|
| ἄγω | ἦγον | ἱκετεύω | ἱκέτευον | εἰκάζω | ἤκαζον |
| ἐλπίζω | ἤλπιζον | ὑφαίνω | ὕφαινον | οἰκίζω | ᾤκιζον |
| ὄζω | ὦζον | αἴρω | ᾖρον | αὔξω | ηὔξον |
| | | | | εὕδω | ηὗδον |

**123.** Compound verbs insert the augment between the preposition and the verb, *e.g.*—

| | PRES. | IMPERF. |
|---|---|---|
| κατά + παύω ('I stop') | καταπαύω | κατ-έ-παυον |
| εἰς + βάλλω ('I throw') | εἰσβάλλω | εἰσέβαλλον |
| περί + βάλλω | περιβάλλω | περιέβαλλον |
| πρό + βάλλω | προβάλλω | προὔβαλλον |
| | | (for προ-έ-βαλλον) |

I

Note specially the following:—

|  |  | PRES. | IMPERF. |
|---|---|---|---|
| ἐν | + βάλλω | ἐμβάλλω | ἐνέβαλλον |
| σύν | + βάλλω | συμβάλλω | συνέβαλλον |
| ἐκ | + βάλλω | ἐκβάλλω | ἐξέβαλλον |

124. **Accentuation of Verbs.**—The accent can in no case go further back than the augment.

### Exercise 36.

#### MEANING OF THE IMPERFECT AND AORIST.

The augment is the sign of past time, and it is therefore only in the indicative that these tenses are, strictly speaking, past tenses  In most cases, however, the past meaning of the aorist extends also to the participle, and in some cases to the infinitive.

The imperfect *describes* a fact as occurring, the aorist simply *states* that it occurred.

Thus ἔπαυον may often be translated 'I was stopping,' while ἔπαυσα means 'I stopped.'  The impeifect is the proper tense for eye-witnesses describing what they have seen; the aorist is suitable to a simple statement of fact.

The aorist of verbs denoting a state or condition expresses the entrance into that state or condition ('ingressive aorist'), e g.—

ἐβασίλευσε, 'he became king.'

PHRASE—οὕτω δή, 'then, and not till then,' 'at last' (*tum demum*).

1. Χρηστόν τι συμβούλευσόν μοι, ὦ φίλτατε· δεινὴ γὰρ ἡ ἀπορία.

2. Ἀγαμέμνων τοὺς βαρβάρους ἔπαυσε τῆς ὕβρεως.

3. Οἱ πολῖται ἔπαυσαν τὸν τύραννον τῆς ἀρχῆς.

4. Τοσαῦτά μοι συμβουλεύσας οὕτω δὴ ἐπαύσατο λέγων.

5. Οὐκ ἐπαύσαντο δι’ ὅλης τῆς ἡμέρας ταῦτα λέγοντες.

6. Οὐκ ἐλούσατο πολλῶν ἡμερῶν οὗτος ὁ παῖς.

7. Εἰ γὰρ τότε παρῆσθα ἵνα μοι χρηστόν τι συνεβούλευσας.

8. Περὶ μέσας νύκτας ἔκρουσέ τις τὴν θύραν.

9. Τιμῆς ἄξιοι οἱ ἄνδρες· ἐκινδύνευσαν γὰρ ὑπὲρ τῆς πατρίδος.

10. Μετὰ ταῦτα τὰς πρὸς τοὺς Ἀθηναίους σπονδὰς ἔλυσαν οἱ Λακεδαιμόνιοι.

11. Πολὺν χρόνον βουλευσάμενοι οὕτω δὴ ἥκον παρ' ἡμᾶς.

12. Θέρους ὄντος δὶς τῆς ἡμέρας ἐν τῇ θαλάττῃ ἐλούμην.

13. Πάρειμι ἵνα χρηστόν τι συμβουλεύσω τῷ δήμῳ.

14. Ἀνεπαυόμην οἴκοι ἐν ᾧ ὑμεῖς ἐστρατεύεσθε.

15. Πρὸ τῶν μαχῶν θυσίας ἔθυον τοῖς πατρίοις θεοῖς οἱ Ἕλληνες.

16. Εἰ γὰρ τότε μοι συνεβουλεύσας· δεινὴ γὰρ ἦν ἡ ἀπορία.

17. Ἐν ἐκείνῳ τῷ χρόνῳ ἐπεβούλευον ἀεὶ τῷ δήμῳ οἱ πλούσιοι τῶν πολιτῶν.

18. Μετὰ τὴν τοῦ πατρὸς τελευτὴν ἐβασίλευσεν ὁ πρεσβύτατος τῶν υἱέων.

19. Ὅπως μὴ παύσεσθε τὰ ἄριστα συμβουλεύοντες τῇ πόλει.

20. Μετὰ τὴν τῶν Ἀθηναίων ἧτταν τὸν δῆμον κατέλυσαν οἱ τριάκοντα.

1. I stopped the man talking; for I dislike his talk.

2. After that, the man stopped talking in that way.

3. I wish some one had given me good advice at that time.

4. At that time I was serving against the Lacedaemonians.

5. The general exhorted the soldiers to be worthy of their country.

6. I wish the enemy had broken the truce, so that we might not have been responsible for the war.

7. I took a bathe in the river last night (ἑσπέρας). The water was very cold.

8. After dinner we rested a long time in the wood.

9. No one will go to town if he gets a chance to keep quiet at the sea-side.

10. I am quite sure (Οὐκ ἔσθ' ὅπως οὐ) it was the wealthier citizens who overthrew the democracy.

## XXXVII.—UNCONTRACTED VERBS IN -Ω (continued).
### PERFECT AND PLUPERFECT.

125. The perfect tense is *reduplicated* throughout, *e.g.* πέ-παυ-κα. The pluperfect tense has both the reduplication and the augment, *e.g.* ἐ-πε-παύ-κη.

## 126. PERFECT TENSE.

### Indicative.

| ACTIVE. | MIDDLE. |
|---|---|
| SING. 1. πέπαυκα | πέπαυμαι |
| 2 πέπαυκας | πέπαυσαι |
| 3. πέπαυκε(ν) | πέπαυται |
| DUAL 2. πεπαύκατον | πέπαυσθον |
| 3. πεπαύκατον | πέπαυσθον |
| PLUR. 1. πεπαύκαμεν | πεπαύμεθα |
| 2. πεπαύκατε | πέπαυσθε |
| 3. πεπαύκασι(ν) | πέπαυνται |

### Subjunctive.

| | |
|---|---|
| SING. 1. πεπαύκω | πεπαυμένος ὦ |
| (πεπαυκὼς ὦ) | etc. |
| etc. | |

### Optative.

| | |
|---|---|
| SING. 1. πεπαύκοιμι | πεπαυμένος εἴην |
| (πεπαυκὼς εἴην) | etc. |
| etc. | |

### Imperative.

| | | |
|---|---|---|
| SING. 2. πεπαυκὼς | ἴσθι | πέπαυσο |
| 3. | ,, ἔστω | πεπαύσθω |
| DUAL 2. πεπαυκότε | ἔστον | πέπαυσθον |
| 3. | ,, ἔστων | πεπαύσθων |
| PLUR. 2. πεπαυκότες | ἔστε | πέπαυσθε |
| 3. | ,, ὄντων | πεπαύσθων |

### Infinitive.

<table>
<tr><td align="center">ACTIVE.</td><td align="center">MIDDLE.</td></tr>
<tr><td align="center">πεπαυκέναι</td><td align="center">πεπαῦσθαι</td></tr>
</table>

### Participle.

πεπαυκώς, -υῖα, -ός    πεπαυμένος, -η, -ον

*Obs.*—All perfect infinitives and participles have stationary accent.

### PLUPERFECT TENSE.

### Indicative.

| | | | |
|---|---|---|---|
| SING. | 1. | ἐπεπαύκη | ἐπεπαύμην |
| | 2. | ἐπεπαύκης | ἐπέπαυσο |
| | 3. | ἐπεπαύκει(ν) | ἐπέπαυτο |
| DUAL | 2. | ἐπεπαύκετον | ἐπέπαυσθον |
| | 3. | ἐπεπαυκέτην | ἐπεπαύσθην |
| PLUR. | 1. | ἐπεπαύκεμεν | ἐπεπαύμεθα |
| | 2. | ἐπεπαύκετε | ἐπέπαυσθε |
| | 3. | ἐπεπαύκεσαν | ἐπέπαυντο |

*Obs.*—The perfect participle is declined thus—

| | | MASC. | FEM. | NEUT. |
|---|---|---|---|---|
| SING. | N. | πεπαυκώς | πεπαυκυῖα | πεπαυκός |
| | G. | πεπαυκότος | πεπαυκυίας | πεπαυκότος |
| | | etc. | etc. | etc. |

**127.** Some verbs take σ before the terminations of the perfect middle (and passive). The commonest is κελεύω, 'I bid.'

| | PRES. | FUT. | AOR. | PASS. |
|---|---|---|---|---|
| A. | κελεύω | κελεύσω | ἐκέλευσα | κεκέλευκα |
| M. | -κελεύομαι | -κελεύσομαι | -εκελευσάμην | -κεκέλευσμαι |

*Obs.*—The middle is found only in compounds, *e.g.*—

παρακελεύομαι, 'I exhort.'

**128. Reduplication.**—Unlike the augment, the reduplication extends to all moods.   The vowel is always ε.

Note the following rules :—

(1) Verbs beginning with an aspirate reduplicate with the corresponding voiceless mute (*dissimilation*, App. § 2, 1), *e.g.*—

| PRESENT | | PERFECT. |
|---|---|---|
| χορεύω, | ' I dance.' | κε-χόρευκα |
| φονεύω, | 'I murder.' | πε-φόνευκα |
| θύω, | ' I sacrifice.' | τέ-θυκα |

(2) Verbs beginning with ρ prefix ε and double the ρ, *e.g.*—

| ῥέω, | ' I flow.' | ἐρρύηκα (§ 201). |
|---|---|---|

(3) Verbs beginning with two consonants generally prefix ε, *e.g* —

| στρατεύω, | ' I make a military expedition.' | ἐστράτευκα |
|---|---|---|
| ψαύω, | ' I touch.' | ἔψαυκα |

(4) Verbs beginning with a mute and a liquid reduplicate the mute, *e.g.*—

| κλείω, | ' I shut.' | κέ-κλεικα |
|---|---|---|

But verbs beginning with γν prefix ε.

(5) Verbs beginning with a vowel lengthen it as in the case of the augment.

## Exercise 37.

### MEANING OF THE PERFECT.

The perfect is really a present tense, and expresses a present state which is the result of a past act, *e.g.*—

πέπαυκα, } 'I have stopped' (*i.e.* I have *already* stopped, and am *still*
πέπαυμαι, }                    stopping).

λέλυται, ' He is loosed' (*i.e.* He has *already* been loosed, and is *still* at large).

The adverbs *already* or *now* can always be supplied in thought with a perfect.

The perfect passive is usually followed by a dative of the agent, thus—

ἱκανῶς μοι βεβούλευται, 'I have considered sufficiently.'

PHRASE—πέπαυσο, 'Have done !'

1. Ἤδη λελύκασι τὰς πρὸς ἡμᾶς σπονδὰς οἱ πολέμιοι.

2. Τί βεβούλευται τήμερον ἐν τῇ βουλῇ ;

3. Λελουμένος ἥκω ἐπὶ δεῖπνον.   ποῦ 'στιν ὁ δεσπότης ;

4. Τοσαῦθ' ὑμῖν συμβουλεύσας, ὦ ἄνδρες, πέπαυμαι λέγων.

5. Πολλῶν ἡμερῶν οὐκ ἐλελούμην διὰ τὴν νόσον.

6. Εἰ γὰρ πεπαυμένος εἴη ὁ πόλεμος, ἵνα μηκέτι πράγματ' ἔχοιμεν.

7. Λέλυνται ἤδη αἱ πρὸς τοὶς Λακεδαιμονίους σπονδαί.

8. Τεθύκασιν ἤδη τοῖς πατρίοις θεοῖς οἱ Ἕλληνες.

9. Πέπαυσο· σφόδρα γὰρ ἄχθομαι ταῦτ' ἀκούων.

10. Καταλελυμένου ἤδη τοῦ δήμου, βίᾳ ἄρχουσιν οἱ τριάκοντα.

11. Εὖ πεπαίδευται ὁ νεανίας, οὐ καὶ σοὶ δοκεῖ ;—Ἔμοιγε.

12. Ἆρ' οὔπω πέπαυται ὁ τοῦ σοφιστοῦ λόγος ; οὐδέποτε παύσεται ;

13. Μῶν ἱκανῶς σοι βεβούλευται ;—Πολὺν χρόνον βεβούλευταί μοι.

14. Τοὺς πατρίους νόμους καταλελύκασιν οἱ τριάκοντα.

15. Οὐ βουλεύεσθαι ἔτι ὥρα, ἀλλὰ βεβουλεῦσθαι.

16. Ἄκων, οὐχ ἑκών, τὴν θυγατέρα ἔθυσεν Ἀγαμέμνων.

17. Εἰπέ μοι τί κεκέλευσται τήμερον ὑπὸ τῶν στρατηγῶν.

18. Τίς ὁ ἔνδον θόρυβος, πρὸς τῶν θεῶν ; διὰ τί κέκλεινται αἱ θύραι ;

19. Ἐκεκέλευστο τοῖς στρατιώταις εἰς ἔω παρεῖναι σιτί' ἔχοντες τριῶν ἡμερῶν.

20. Κεκελευσμένος ἥκω παρὰ σέ. εἰπέ μοι, τί τὸ πρᾶγμα ;

1. The orator says that Philip has broken the truce.

2. I have had my bath already. How cold the water is!

3. The war against the Persians is not yet over (finished).

4. The boy had not had a bath for four days.

5. The order had been given to march through the enemy's country.

6. The doors of the house had been shut because of the storm.

7. The Thirty have overthrown the democracy.

8. The citizens of Athens have overthrown their ancestral constitution.

9. I wish the orator had done speaking; for I don't like his speech.

10. Let the doors be shut all night.

## XXXVIII.—UNCONTRACTED VERBS IN -Ω (continued)
### AORIST AND FUTURE PASSIVE.

**129.** It is only in the aorist and future tenses that special forms exist for the passive.　They are as follows :—

|  |  | AORIST TENSE. | FUTURE TENSE. |
|---|---|---|---|
| | | **Indicative.** | |
| Sing. | 1. | ἐπαύθην | παυθήσομαι |
| | 2. | ἐπαύθης | παυθήσῃ (-ει) |
| | 3. | ἐπαύθη | παυθήσεται |
| Dual | 2. | ἐπαύθητον | παυθήσεσθον |
| | 3. | ἐπαυθήτην | παυθήσεσθον |
| Plur. | 1. | ἐπαύθημεν | παυθησόμεθα |
| | 2. | ἐπαύθητε | παυθήσεσθε |
| | 3. | ἐπαύθησαν | παυθήσονται |
| | | **Subjunctive.** | |
| Sing. | 1. | παυθῶ | |
| | 2. | παυθῇς | |
| | 3. | παυθῇ | |
| | | etc. | |
| | | **Optative.** | |
| Sing. | 1. | παυθείην | παυθησοίμην |
| | 2. | παυθείης | παυθήσοιο |
| | 3. | παυθείη | παυθήσοιτο |
| Dual | 2. | παυθεῖτον | παυθήσοισθον |
| | 3. | παυθείτην | παυθησοίσθην |

|  | AORIST TENSE. | FUTURE TENSE. |
|---|---|---|
| PLUR. 1. | παυθεῖμεν | παυθησοίμεθα |
| 2. | παυθεῖτε | παυθήσοισθε |
| 3. | παυθεῖεν | παυθήσοιντο |

### Imperative.

| SING. 2. | παύθητι |
|---|---|
| 3. | παυθήτω |
| DUAL 2. | παύθητον |
| 3. | παυθήτων |
| PLUR. 2. | παύθητε |
| 3. | παυθέντων |

### Infinitive.

παυθῆναι       παυθήσεσθαι

### Participle

N.  παυθείς,-εῖσα,-έν    παυθησόμενος,-η,-ον
G.  παυθέντος,-είσης,-έντος       etc.
etc.

*Obs.*—In several passive forms the accent does not go back as far as possible.  These are—

| Aorist subjunctive, | παυθῶ, etc. ; παυθῶμεν, etc. |
|---|---|
| Aorist optative, | παγθεῖμεν, etc. |
| Aorist infinitive, | παυθῆναι. |
| Aorist participle, | παυθείς, παυθεῖσα, παυθέν. |

**130.** Verbs which take σ in the perfect middle and passive (§ 127) also take it in the aorist and future passive, *e.g.* ἐκελεύσθην.

There are also some verbs which take σ in the aorist and future passive but not in the perfect, *e.g.*—

κλείω, ' I shut.'

|   | PRES. | FUT. | AOR. | PERF. |
|---|-------|------|------|-------|
| A. | κλείω | κλείσω | ἔκλεισα | κέκλεικα |
| P. | κλείομαι | κλεισθήσομαι | ἐκλείσθην | κέκλειμαι |

κρούω, ' I knock.'

|   | PRES. | FUT. | AOR. | PERF. |
|---|-------|------|------|-------|
| A. | κρούω | κρούσω | ἔκρουσα | κέκρουκα |
| P. | κρούομαι | κρουσθήσομαι | ἐκρούσθην | κέκρουμαι |

## Exercise 38.

### PASSIVE VOICE.

The want of a fully developed passive voice is one of the great weaknesses of Greek. It is often necessary to express the passive by a circumlocution so as to avoid ambiguity, *e.g.*—

ἔπαινον ἔχω, ' I am praised.'
αἰτίαν ἔχω, ' I am blamed.'

The verb πορεύομαι, ' I march,' ' go,' uses the passive aorist in a deponent sense, *e.g.*—

ἐπορεύθησαν, ' they marched.'

1. Οὐ διὰ μακροῦ παυθήσεται ὁ τύραννος τῆς ἀρχῆς.

2. Αἰτίαν ἔχει ἄνθρωπος πονηρὸς εἶναι τὴν τέχνην.

3. Κελευσθεὶς ὑπὸ σοῦ, εἰς ἕω παρῇ εἰς τὴν ἐκκλησίαν.

4. Αἰτίαν ἔχουσιν οἱ στρατιῶται οὐ ποιεῖν τὰ κελευόμενα.

5. Μετὰ τὴν ἧτταν κατελύθησαν οἱ πάτριοι νόμοι ὑπὸ τῶν τριάκοντα.

6. Ἐξ οὗ ἐλύθησαν αἱ σπονδαὶ οὐχ οἷόν τ' ἦν εἰρήνην ἄγειν.

7. Διὰ τί κέκλειται ἡ θύρα; μῶν θύρασιν ὁ δεσπότης;

8. Εἴθε μὴ ἐλύθησαν αἱ σπονδαὶ ἵνα μὴ ἐστρατευσάμεθα.

9. Εἰς ἕω κλεισθήσεται ἡ θύρα· ἐγγὺς γάρ εἰσιν οἱ πολέμιοι.

10. Ἔλεγεν ὁ ῥήτωρ ὅτι οὐ διὰ μακροῦ λυθήσονται αἱ σπονδαί.

11. Εἰ γὰρ παυθείη ἡ τῶν πλουσίων ὕβρις.

12. Τριῶν ἡμερῶν ὁδὸν πορευθεὶς οἴκαδ' ἥκει ὁ ἄγγελος.

13. Θᾶττον πορευώμεθα· αὔριον γὰρ λυθήσεται ἡ γέφυρα.

14. Παρακελευσθέντες ὑπὸ τοῦ στρατηγοῦ πεῖραν διδόασι τῆς ἀρετῆς οἱ πολῖται.

15. Λυθεισῶν τῶν σπονδῶν οὐδεμία ἔτι ἐλπίς ἐστι σωτηρίας.

16. Περὶ μέσας νύκτας ἐκρούσθη ἡ τῆς οἰκίας θύρα ὑπό τινος.

17. Εἰ μὴ λούσεται ὁ παῖς, ὑπ' ἐμοῦ λουθήσεται.

18. Ἐστρατεύσαντο οἱ Ἀθηναῖοι εἰς Ἑλλήσποντον ἵνα μη κλεισθείη τὰ ἐμπόρια.

19. Ἐκωλύθην ὑπὸ σοῦ εἰς καιρὸν παρεῖναι.

20. Ὑπὸ τούτῳ τῷ σοφιστῇ ἐπαιδεύθησαν οἱ υἱεῖς μου.

1. Before long the arrogance of the tyrant will be checked.

2. I am blamed by you for stopping.

3. They were prevented by me from going on the expedition.

4. This boy was educated under his mother's care.

5. By whom was the truce broken? Was it not by the enemy?

6. We marched four days' journey through the enemy's country.

7. I was ordered by him to come early in the morning.

8. Would that the arrogance of the rich had been checked!

9. By whom have the doors been shut? What is the matter?

10. As the bridge has been broken (*gen. abs.*), it is not possible to proceed.

## XXXIX.—CONTRACTED VERBS.

**131.** (*B*) CONTRACTED VERBS (STEMS IN α, ε, o).

(1) In the present and imperfect the stem-vowel is fused with the vowel of the termination.

(2) In the optative the terminations are those of εἰμί, not those of παύω.

(3) In the future, aorist, and perfect the stem-vowel is lengthened.

**132.** (*a*) Verbs in ὦ ( = έω).

ε + ε = ει : ε + ο = ου.

φιλῶ (φιλέω), 'I love.'

### PRESENT TENSE.
#### Indicative.

| | | Active. | | Middle. | |
|---|---|---|---|---|---|
| Sing | 1. | φιλῶ | (-έω) | φιλοῦμαι | (-έομαι) |
| | 2. | φιλεῖς | (-έεις) | φιλεῖ | (-έει) |
| | 3. | φιλεῖ | (-έει) | φιλεῖται | (-έεται) |
| Dual | 2. | φιλεῖτον | (-έετον) | φιλεῖσθον | (-έεσθον) |
| | 3. | φιλεῖτον | (-έετον) | φιλεῖσθον | (-έεσθον) |
| Plur. | 1. | φιλοῦμεν | (-έομεν) | φιλούμεθα | (-εόμεθα) |
| | 2. | φιλεῖτε | (-έετε) | φιλεῖσθε | (-έεσθε) |
| | 3. | φιλοῦσι(ν) | (-έουσι[ν]) | φιλοῦνται | (-έονται) |

#### Subjunctive.

| | | Active | Middle |
|---|---|---|---|
| Sing. | 1. | φιλῶ (-έω) | φιλῶμαι (-έωμαι) |
| | 2. | φιλῇς | φιλῇ |
| | 3. | φιλῇ | φιλῆται |
| Dual | 2. | φιλῆτον | φιλῆσθον |
| | 3. | φιλῆτον | φιλῆσθον |
| Plur. | 1. | φιλῶμεν | φιλώμεθα |
| | 2. | φιλῆτε | φιλῆσθε |
| | 3. | φιλῶσι(ν) | φιλῶνται |

## Optative.

| | ACTIVE. | MIDDLE. |
|---|---|---|
| Sing. 1. | φιλοίην | φιλοίμην |
| 2. | φιλοίης | φιλοῖο |
| 3 | φιλοίη | φιλοῖτο |
| Dual 2. | φιλοῖτον | φιλοῖσθον |
| 3. | φιλοίτην | φιλοίσθην |
| Plur. 1. | φιλοῖμεν | φιλοίμεθα |
| 2. | φιλοῖτε | φιλοῖσθε |
| 3. | φιλοῖεν | φιλοῖντο |

## Imperative.

| | | | | |
|---|---|---|---|---|
| Sing. 2. | φίλει | (-εε) | φιλοῦ | (-έου) |
| 3. | φιλείτω | (-εέτω) | φιλείσθω | (-εέσθω) |
| Dual 2. | φιλεῖτον | (-έετον) | φιλεῖσθον | (-έεσθον) |
| 3. | φιλείτων | (-εέτων) | φιλείσθων | (-εέσθων) |
| Plur. 2. | φιλεῖτε | (-έετε) | φιλεῖσθε | (-έεσθε) |
| 3. | φιλούντων | (-εόντων) | φιλείσθων | (-εέσθων) |

## Infinitive.

φιλεῖν            φιλεῖσθαι

## Participle.

φιλῶν, -οῦσα, -οῦν      φιλούμενος, -η, -ον

## IMPERFECT TENSE.
### Indicative.

| | ACTIVE. | | MIDDLE. | |
|---|---|---|---|---|
| SING. 1. | ἐφίλουν | (-εον) | ἐφιλούμην | (-εόμην) |
| 2. | ἐφίλεις | (-εες) | ἐφιλοῦ | (-έου) |
| 3. | ἐφίλει | (-εε) | ἐφιλεῖτο | (-έετο) |
| DUAL 2. | ἐφιλεῖτον | (-έετον) | ἐφιλεῖσθον | (-έεσθον) |
| 3. | ἐφιλείτην | (-εέτην) | ἐφιλείσθην | (-εέσθην) |
| PLUR. 1. | ἐφιλοῦμεν | (-έομεν) | ἐφιλούμεθα | (-εόμεθα) |
| 2. | ἐφιλεῖτε | (-έετε) | ἐφιλεῖσθε | (-έεσθε) |
| 3. | ἐφίλουν | (-εον) | ἐφιλοῦντο | (-έοντο) |

## FUTURE TENSE.

SING. 1   φιλήσω              φιλήσομαι
         etc.                     etc.

## PERFECT TENSE.

SING. 1.   πεφίληκα           πεφίλημαι
         etc.                     etc.

## AORIST TENSE.

| | ACTIVE. | MIDDLE. | PASSIVE |
|---|---|---|---|
| SING. 1. | ἐφίλησα | ἐφιλησάμην | ἐφιλήθην |
| | etc. | etc. | etc. |

## VERBAL ADJECTIVES.

φιλητός, -ή, -όν       φιλητέος, -α, -ον

*Obs* 1.—Disyllabic verbs in -εω contract εε into ει, but not εο into ου, *e.g.*—

πλέω, I sail.

| πλέομεν | | |
|---|---|---|
| πλεῖς | πλεῖτον | πλεῖτε |
| πλεῖ | πλεῖτον | πλέουσι(ν) |

*Exception.*—The verb δῶ (= δέω), 'I bind,' makes δοῦμεν, δοῦσι(ν), etc

*Obs.* 2.—'Επαινῶ, 'I praise,' and παραινῶ, 'I exhort,' do not lengthen their stem-vowels in the future, aorist, and perfect, *e.g.* ἐπήνεσα, 'I praised.'

o

## Exercise 39.

### COMMAND.

A command is expressed by the imperative (present or aorist) in the second and third persons, e.g.—

$$\tau o \hat{v} \tau o \begin{cases} \pi o \acute{\iota} \epsilon \iota, \\ \pi o \acute{\iota} \eta \sigma o \nu, \end{cases} \text{'Do this!'}$$

$$\tau o \hat{v} \tau o \begin{cases} \pi o \iota \epsilon \acute{\iota} \tau \omega, \\ \pi o \iota \eta \sigma \acute{a} \tau \omega, \end{cases} \text{'Let him do this!'}$$

In the first person plural a command is expressed by the subjunctive (present or aorist), as in Latin and French, e.g.—

$$\begin{cases} \pi o \iota \hat{\omega} \mu \epsilon \nu, \\ \pi o \iota \acute{\eta} \sigma \omega \mu \epsilon \nu, \end{cases} \text{'Let us do this!'}$$

*N.B.*—The subjunctive never expresses a command except in the first person. There is nothing like the Lat. *faciat*, 'let him do.'

PHRASES—ἐκκλησίαν ποιεῖν, 'to hold an assembly' (said of the magistrates).

ἐκκλησίαν ποιεῖσθαι, 'to hold an assembly' (said of the citizens).

μέγα φρονεῖν ἐπί, *c. dat.*, 'to be proud of.'

περὶ πολλοῦ ποιεῖσθαι, 'to think highly of,' 'to esteem,' 'to value.'

1. Εἰπέ μοι, τίς ἀδικεῖ σε;—Ὅστις; ἀδικοῦσί με πάντες οἱ πολῖται.

2. Φιλήμων λέγει ὅτι χαλεπὸν τὸ ποιεῖν, τὸ δὲ κελεῦσαι ῥᾴδιον.

3. Αἰσχρὸν παρ' ἡμῖν ἐστι τὸ κέρδος περὶ πολλοῦ ποιεῖσθαι.

4. Πολὺν τὸν μισθὸν αἰτοῦσιν οἱ σοφισταί. μέγα φρονοῦσιν ἐπὶ τῇ τέχνῃ οἱ σοφισταί.

5. Αἴσχιστόν ἐστι τὰ χρήματα περὶ πλέονος ποιεῖσθαι ἢ τοὺς φίλους.

6. Εἰπέ μοι πῶς ἐνόσησεν ὁ πατήρ.

7. Πολλὰ καὶ δεινὰ ἠδικήθην ὑπὸ τῶν ἐχθρῶν, ὦ ἄνδρες Ἀθηναῖοι.

8. Τί οὐκ ἐπῄνεσας τὸν τοσούτων ἀγαθῶν αἴτιον;

9. Ποῦ οἰκεῖ ὁ δεσπότης;—Ὅπου; ἐγγύτατα οἰκεῖ παρ' αὐτὴν τὴν ὁδόν.

10. Διὰ τί ἐκκλησίαν πεποιήκασι τήμερον οἱ στρατηγοί;

11. Αὔριον ἕωθεν ἐκκλησίαν ποιήσονται οἱ Ἀθηναῖοι περὶ σπονδῶν.

12. Τοῦτον δεῦρ' ἄγομεν ἵνα μὴ κακόν τι ἡμᾶς ποιήσῃ.

13. Οὐδὲν πλέον ποιεῖς τοσαῦτα λέγων, ὦ δαιμόνιε.

14. Καλὸν παρ' ἡμῖν ἐστι τὴν ἀρετὴν περὶ πλείονος ποιεῖσθαι τῶν χρημάτων.

15. Εὖ μοι δοκεῖ πεποιῆσθαι ταῦτα τὰ ἔπη. οὐ καὶ σοὶ δοκεῖ; —Ἔμοιγε.

16. Ταῦτα ποιῶμεν, ὦ φίλοι. ποιήσατε ταῦθ' ὡς τάχιστα, ὦ παῖδες. ταῦτα ποιούντων οἱ παῖδες.

17. Εἰ γὰρ εὖ ποιήσαιτε τοὺς ἄνδρας ἵν' ὑμᾶς φιλοῖεν.

18. Ἄδικος ὅστις ταῦτα ποιεῖ, ἐξὸν μὴ ποιεῖν.

19. Εἰ γὰρ εὖ ἐποίησά σε ἵνα μᾶλλόν μοι φίλος ἦσθα.

20. Διὰ τί οὕτω μέγα φρονοῦσιν ἐπὶ τῇ τέχνῃ οἱ παρ' ἡμῖν ἰατροί;

1. Let us value goodness more highly than wealth.

2. I wish the generals would hold a meeting of the Assembly about the peace.

3. I treated the man well in order that he might be more friendly to me.

4. I wish you had come to my help when I was in danger.

5. The soldiers ask for more pay because of the victory.

6. Let us go home; for it is late in the day. Well, if you think so, let us do so.

7. I suffered many grievous wrongs at the hands of my fellow-citizens.

8. Why is that woman so proud of her beauty ?

9. I think (*use* δοκεῖ) that poem is beautifully composed.

10. Tell me where Socrates lives, please. He lives in that street.

## XL.—CONTRACTED VERBS (continued).

### (b) Verbs in -ω ( = άω).

133.

| | |
|---|---|
| α + ε = ᾱ | α + ει = ᾳ |
| α + η = ᾱ | α + ῃ = ᾳ |
| α + ο = ω | α + οι = ῳ |
| α + ω = ω | α + ου = ῶ |

*ἐ τιμηθην.*

τιμῶ (-άω), 'I honour.'

### PRESENT TENSE.

#### Indicative.

| | Active. | | Middle. | |
|---|---|---|---|---|
| Sing. 1. | τιμῶ | (-άω) | τιμῶμαι | (-άομαι) |
| 2. | τιμᾷς | (-άεις) | τιμᾷ | (-άει) |
| 3. | τιμᾷ | (-άει) | τιμᾶται | (-άεται) |
| Dual 2. | τιμᾶτον | (-άετον) | τιμᾶσθον | (-άεσθον) |
| 3. | τιμᾶτον | (-άετον) | τιμᾶσθον | (-άεσθον) |
| Plur. 1. | τιμῶμεν | (-άομεν) | τιμώμεθα | (-αόμεθα) |
| 2. | τιμᾶτε | (-άετε) | τιμᾶσθε | (-άεσθε) |
| 3. | τιμῶσι(ν) | (-άουσι) | τιμῶνται | (-άονται) |

#### Subjunctive.

The contractions make the subjunctive of verbs in -άω identical with the indicative.

#### Optative.

| | | | |
|---|---|---|---|
| Sing. 1. | τιμῴην (-αοίην) | τιμῴμην | (-αοίμην) |
| 2. | τιμῴης | τιμῷο | |
| 3. | τιμῴη | τιμῷτο | |
| Dual 2. | τιμῷτον | τιμῷσθον | |
| 3. | τιμῴτην | τιμῴσθην | |
| Plur. 1. | τιμῷμεν | τιμώμεθα | |
| 2. | τιμῷτε | τιμῷσθε | |
| 3. | τιμῷεν | τιμῷντο | |

K

### Imperative.

|  | Active. | Middle. |
|---|---|---|
| Sing. 2. | τίμα (-αε) | τιμῶ (-άου) |
| 3. | τιμάτω | τιμάσθω |
| Dual 2. | τιμᾶτον | τιμᾶσθον |
| 3. | τιμάτων | τιμάσθων |
| Plur. 2. | τιμᾶτε | τιμᾶσθε |
| 3. | τιμώντων | τιμάσθων |

### Infinitive.

τιμᾶν (-άεν)          τιμᾶσθαι

### Participle.

τιμῶν, -ῶσα, -ῶν          τιμώμενος, -η, -ον

## IMPERFECT TENSE.

### Indicative.

| Sing. 1. | ἐτίμων (-αον) | ἐτιμώμην (-αόμην) |
|---|---|---|
| 2. | ἐτίμας | ἐτιμῶ (-άου) |
| 3. | ἐτίμα | ἐτιμᾶτο |
| Dual 2. | ἐτιμᾶτον | ἐτιμᾶσθον |
| 3. | ἐτιμάτην | ἐτιμάσθην |
| Plur. 1. | ἐτιμῶμεν | ἐτιμώμεθα |
| 2. | ἐτιμᾶτε | ἐτιμᾶσθε |
| 3. | ἐτίμων | ἐτιμῶντο |

## FUTURE TENSE.

| ACTIVE. | MIDDLE. |
|---|---|
| Sing. 1. τιμήσω | τιμήσομαι |
| etc. | etc. |

## PERFECT TENSE.

| | |
|---|---|
| Sing. 1. τετίμηκα | τετίμημαι |
| etc. | etc. |

## AORIST TENSE.

| ACTIVE. | MIDDLE. | PASSIVE. |
|---|---|---|
| Sing. 1. ἐτίμησα | ἐτιμησάμην | ἐτιμήθην |
| etc. | etc. | etc. |

## VERBAL ADJECTIVES.

$$\tau\iota\mu\eta\tau\acute{o}s,\ -\acute{\eta},\ -\acute{o}\nu \qquad \tau\iota\mu\eta\tau\acute{e}os,\ -a,\ -o\nu$$

## Exercise 40.

### PROHIBITION.

A prohibition is expressed by μή with the present imperative or aorist subjunctive in the second and third persons, *e.g.*—

τοῦτο { μὴ ποίει, / μὴ ποιήσῃς, } 'Do not do this!'

τοῦτο { μὴ ποιείτω, / μὴ ποιήσῃ, } 'Let him not do this!'

In the first person plural a prohibition is expressed by μή with the subjunctive (present or aorist), *e.g.*—

τοῦτο { μὴ ποιῶμεν, / μὴ ποιήσωμεν, } 'Let us not do this!'

PHRASE—οὐ μὴν ἀλλά . . ., 'Not but what . . .,' 'All the same.'

1. Οἱ Ἀθηναῖοι Μαραθῶνι ἐνίκησαν τοὺς Πέρσας.

2. Οὗτος, δεῦρ' ἐλθέ.—Τί τὸ πρᾶγμα; τίς ὁ βοῶν με, πρὸς τῶν θεῶν;

3. Οἱ Ἀθηναῖοι Σόλωνα διὰ τὴν ἀρετὴν καὶ τὴν σοφίαν πάνυ ἐτίμων.

4. Διὰ τί ἐπιτιμᾷς οὕτω σφόδρα τῷ ἀδελφῷ ;

5. Ἐκ παντὸς τρόπου κακῶς ποιεῖν με πειρᾶται οὑτοσί.

6. Μὴ λυπήσῃς τὸν πατέρα· τιμητέοι γὰρ οἱ γονῆς.

7. Πάντες σ᾽ αἰτιῶνται τῆς ἥττης, ὦ στρατηγέ. διὰ τὴν ἧτταν αἰτίαν ἔχεις.

8 Πειράσομαι καὶ ὑμῖν καὶ ἡμῖν τὰ βέλτιστα συμβουλεύειν.

9. Εἰ γὰρ νικῷεν τοὺς βαρβάρους οἱ Ἕλληνες.

10. Μή μ᾽ ἐρωτήσῃς ὅστις εἰμί, οὐ γὰρ ἔξεστί μοι λέγειν.

11. Εἰ γὰρ οἷόν τ᾽ εἴη τοὺς Ἀθηναίους νικᾶν, ἵνα μηκέτι πράγματ᾽ ἔχοιμεν.

12. Μὴ ἐμοὶ ἐπιτιμήσῃς, ὠγαθέ, οὐ γὰρ ἐγὼ αἴτιός εἰμι τῆς ἥττης.

13. Τελευτήσαντος τοῦ ἀδελφοῦ τὴν πατρῴαν οὐσίαν ἔχει ἡ παρθένος.

14. Εὐχαῖς τε καὶ θυσίαις τιμητέοι εἰσὶν οἱ πάτριοι θεοί.

15. Εὖ μεμελετήκασι τὴν τέχνην οἱ νῦν ῥήτορες.

16. Μαραθῶνι καὶ Σαλαμῖνι νικηθέντες οἴχονται οἱ Πέρσαι.

17. Οἴκαδ᾽ ἥκει ὁ ἀθλητὴς νενικηκὼς Ὀλυμπίασιν.

18. Οὐ ῥᾴδιον τοὔργον· οὐ μὴν ἀλλὰ πειράσομαί γε ταῦτα ποιεῖν.

19. Νικήσας τοὺς βαρβάρους Ἀγαμέμνων ἔπαυσε τῆς ὕβρεως.

20. Θεασάμενοι τὴν ἑορτὴν οἴκαδ᾽ ἐπορευόμεθα πρὸς ἄστυ.


1. Would that all men would honour the wise !

2. After seeing the games (*aor. partic.*) we came home to Athens from Olympia.

3. Would that the Athenians had conquered the Lacedaemonians in the war !

4. Do not harm me, for goodness' sake. I am not answerable for your troubles.

5. Why do you blame the generals so severely? They did not break the truce.

6. By the death of our father (*gen. abs.*) my brother has the property.

7. I like to be honoured by my fellow-citizens.

8. Do not be proud of your wealth, young man.

9. That man is to be honoured for his wisdom and goodness.

10. I practised a long time in order that I might be able to speak in the Assembly.

### XLI.—CONTRACTED VERBS (continued).

**134.** Several contracted verbs in ὦ ( = άω) contract in η instead of in α. The most common is χρῶμαι, ' I use.' The rest are given below, in § 219, *Obs.*

χρῶμαι, ' I use.'

PRESENT TENSE.

Indicative and Subjunctive.

| | SING. | DUAL. | PLUR. |
|---|---|---|---|
| 1. | χρῶμαι | | χρώμεθα |
| 2. | χρῇ | χρῆσθον | χρῆσθε |
| 3. | χρῆται | χρῆσθον | χρῶνται |

Optative.

| | | | |
|---|---|---|---|
| 1. | χρῴμην | | χρῴμεθα |
| 2. | χρῷο | χρῷσθον | χρῷσθε |
| 3. | χρῷτο | χρῴσθην | χρῷντο |

Imperative.

| | | | |
|---|---|---|---|
| 2. | χρῶ | χρῆσθον | χρῆσθε |
| 3. | χρήσθω | χρήσθων | χρήσθων |

Infinitive.

χρῆσθαι

Participle.

χρώμενος, -η, -ον

## IMPERFECT TENSE.

| Sing. | Dual. | Plur. |
|---|---|---|
| 1. ἐχρώμην | | ἐχρώμεθα |
| 2. ἐχρῶ | ἐχρῆσθον | ἐχρῆσθε |
| 3. ἐχρῆτο | ἐχρήσθην | ἐχρῶντο |

| FUTURE. | AORIST. | PERFECT. |
|---|---|---|
| χρήσομαι | ἐχρησάμην | κέχρημαι |

### VERBAL ADJECTIVE.

χρηστέος, -α, -ον

*Obs.*— This verb governs the dative, just as Lat. *utor* governs the ablative, *e.g.*—

χρήσομαι τῷ σῷ βιβλίῳ, 'I shall use your book.'

τί χρήσομαι τῷ βιβλίῳ; 'What am I to do with the book?'

## Exercise 41.

### POTENTIAL.

When the potential refers to the future, it is expressed by the optative with ἄν (neg. οὐ), *e.g.*—

λέγοιμι ἄν, 'I might, could, or should tell.' Lat. *dicam.*

βουλοίμην ἄν . . ., 'I should like . . .' Lat. *velim* . . .

ἡδέως ἄν λέγοιμι . . ., 'I should like to tell . . .' Lat. *libenter dicam.*

In the 2nd person the potential optative may express a polite request, *e g.*—

λέγοις ἄν, 'Tell me, please.'

With a negative (or interrogative) the potential optative expresses (or implies) a strong denial, *e.g.*—

οὐκ ἄν λέγοιμι, 'I won't tell.'

τίς λέγειν οἷός τ' ἄν εἴη; 'Who could (ever) tell?'

1. Τοῖς χρήμασι κακῶς χρῶνται οἱ πολλοί.
2. Οὐδὲν ἄν ἔχοιμι χρῆσθαι βιβλίοις τοσούτοις.
3. Οὐκ ἄν χρησαίμην τῷ τοιούτῳ φίλῳ.

4. Οἷς ἔχομεν χρήμασι χρηστέον εἰς τὸν πρὸς τοὺς Πέρσας πόλεμον.

5. Τί ποτε χρησόμεθα τούτῳ τῷ ἵππῳ; οὐδενὸς ἄξιος ὁ ἵππος.

6. Ἐρωτῶμεν ἐκεῖνον τί βούλεται ἡμῖν χρῆσθαι.

7. Ὅσων νῦν κεκτήμεθα ἀγαθῶν αἰτία ἡ εἰρήνη.

8. Διὰ τί οὐ χρῆται τῷ αὑτοῦ βιβλίῳ ὁ παῖς;

9. Χρήματα κτώμεθα ἵνα χρώμεθα, οὐχ ἵν' ἔχωμεν μόνον.

10. Εἰπέ μοι τί χρήσει τἀργυρίῳ.—Ὅ τι; δώσω τῷ πατρί.

11. Δυοῖν θάτερον ἀνάγκη σοι ποιεῖν· οὐ γὰρ ἂν ἐκατέροις ὡς φίλοις χρήσαιο.

12 Εἰ γὰρ ὡς φίλοις χρώμεθα τοῖς ἀνδράσι· οὐ γὰρ ἂν κακῶς ἡμᾶς ποιήσειαν.

13. Τούτων οὕτως ἐχόντων φίλῳ σοι χρῆσθαι βούλομαι.

14. Διὰ τί ἡμᾶς κακῶς ποιεῖς, ἐξὸν φίλοις χρῆσθαι;

15. Εἴθε παρῆν τότε ἵν' ἐχρησάμην αὐτῷ πρὸς τὸ ἔργον.

16. Χειμῶνι χρησάμεναι ὀψὲ τῆς ἡμέρας ἥκουσιν αἱ νῆες εἰς τὸν λιμένα.

17. Τοῖς πατρίοις νόμοις ἔτι καὶ νῦν χρῶνται οἱ Λακεδαιμόνιοι.

18. Αἰτίαν ἔχει ἄνθρωπος οὐ καλῶς χρῆσθαι τῇ οὐσίᾳ.

19. Οὐδὲν πλέον ποιεῖς, ὤνθρωπε, τοσαύτῃ ὀργῇ χρώμενος.

20. Μὴ ὡς ἐχθρῷ χρήσῃ μοι, ὦ βέλτιστε· οὐ γὰρ ἂν δίκαιον εἴη.

1. The rich often make a bad use of their money.

2. I wouldn't use a horse like this.

3. What do you want to do with us, sir?

4 I wish we had treated the man as a friend.

5. Why do you use a book like that when you might (*acc. abs.*) use mine?

6. The ships met with a storm on the voyage.

7. The Athenians used to follow the laws of Solon.

8. The sophists are blamed for making a bad use of their wisdom.

9. Do not indulge in anger; for you wouldn't gain anything by it.

10. I should like to treat the man as a friend, but it is impossible.

## XLII.—CONTRACTED VERBS (continued).

**135.** When ῶ ( = άω) is preceded by ρ, ε, or ι, the future, aorist, and perfect have ᾱ instead of η.

δρῶ (δράω), 'I do.'

|   | Pres. | Fut. | Aor. | Perf. |
|---|---|---|---|---|
| A. | δρῶ | δράσω | ἔδρασα | δέδρακα |
| P. | δρῶμαι | —— | ἐδράσθην | δέδραμαι |

*Obs.*—The verb χρῶμαι (§ 134) is an exception to this rule.

**136.** Some verbs keep a short *a* in the future, aorist, and perfect.

The commonest is γελῶ, 'I laugh.'

|   | Pres. | Fut. | Aor. | Perf. |
|---|---|---|---|---|
| A. | γελῶ | γελάσομαι | ἐγέλασα | ? |
| P. | γελῶμαι | γελασθήσομαι | ἐγελάσθην | γεγέλασμαι |

*Obs.* 1.—The future of this verb is deponent because it expresses a bodily action.

*Obs.* 2.—These verbs originally had sigma between the vowels. This reappears in the aorist and perfect.

## Exercise 42.

### POTENTIAL (*continued*).

When the potential refers to the present it is expressed by the imperfect indicative with ἄν (neg. οὐ).

In simple sentences, however, this idiom is almost confined to a single phrase, viz.—

ἐβουλόμην ἄν . . ., 'I should like . . .'  Lat. *vellem* . . .

Note also the idiom—

ἔλεγεν ἄν ταῦτα,  'He would say this' (*i.e.* 'He used to say this').

1. Εὐριπίδης λέγει ὅτι εἰ θεοί τι δρῶσιν αἰσχρόν, οὐκ εἰσὶν θεοί.
2. Τί μέλλεις δράσειν ;—Ὅ τι ; οὐκ ἂν λέγοιμί σοι.
3. Ὁ φιλόσοφος τῶν πολλῶν καταγελᾷ διὰ παντὸς τοῦ βίου.
4. Δεινὰ ἡμᾶς δέδρακεν ἄνθρωπος. δεινὸν τοὖργον, ὦ ἄνδρες Ἀθηναῖοι.
5. Οἴμοι, τί δρᾶσαι ἐν νῷ ἔχεις τήμερον ;
6. Ὡς ἡδὺ γελᾷ ἡ παρθένος. ἥδιστα ἐγέλασεν ἡ παρθένος.
7. Ἐβουλόμην ἂν ταῦτα δρᾶν, ἀλλ’ οὐχ οἷόν τε.
8. Λέγοντός μου ταῦτα ἡδὺ ἂν ἐγέλα ὁ Σωκράτης.
9. Εἰπέ μοι ὅτου ἕνεκα ταῦτα δρᾷς.—Οὐκ ἂν λέγοιμί σοι.
10. Ἔδρασα ταῦθ’ ἵνα γελῶεν οἱ παρόντες.
11. Δυοῖν θάτερον, ἔδρασας ἢ οὐκ ἔδρασας ;
12 Εἰ γὰρ ταῦτα δρῴης ἵνα χάριν ἔχοιμί σοι.
13. Ταῦτα δρῶν ὑπὸ πάντων καταγελασθήσεται.
14. Εἰ γὰρ ταῦτ’ ἔδρων ἵνα μὴ νῦν ὡς ἐχθρῷ μοι ἐχρήσω.
15. Τί γελᾷς, ὤνθρωπε ; μῶν γέλωτος ἄξια δοκῶ σοι δρᾶν ;
16. Μή μ’ ἐρωτήσῃς ὅτου ἕνεκα ταῦτα δρῶ· οὐ γὰρ ἂν λέγοιμι
17. Αἰτίαν ἔχει ἥττων εἶναι τοῦ γέλωτος οὗτος ὁ παῖς.
18. Πάντες καταγελάσονται τοῦ ταῦτα δρῶντος.
19. Οὐκ ἂν δρῴην οὐδὲν (App. § 24), ὧν σὺ κελεύεις· οὐ γὰρ ἂν δίκαιον εἴη.
20. Μηδέποτε δράσαιμι ταῦτα· οὐ γὰρ ἂν ἄξιον εἴη τῆς πόλεως.

1. What are you doing now ? . What am I doing ? I am laughing at the sophists.
2. Stop laughing ! Will you not stop laughing at us ?
3. What do you bid me do now ? Do nothing !
4. Don't do that, for goodness' sake ! I dislike it very much.
5. That man is blamed for laughing at goodness and wisdom.
6. He speaks to please the boys. He speaks that (ἵνα) the boys may laugh.
7. I wish I had not done that. Mind you don't (ὅπως μή c. fut.) do the same thing.
8. I should like to do that, but you will laugh at me.
9. Do this at once ; I order you to do it at once.
10. I am grateful to the man who did this (aor. partic.).

### XLIII.—CONTRACTED VERBS (continued).

**137.** (c) Verbs in ὧ ( = όω).

$$o\epsilon, \quad oo = ov$$

$$o\epsilon\iota, \quad o\eta = o\iota$$

All other contractions are in -ω.

μισθῶ (-όω), 'I let' (*loco*); μισθοῦμαι (-όομαι), 'I hire' (*conduco*).

### PRESENT TENSE.

#### Indicative.

| | | ACTIVE. | | MIDDLE. | |
|---|---|---|---|---|---|
| SING. | 1. | μισθῶ | (-όω) | μισθοῦμαι | (-όομαι) |
| | 2. | μισθοῖς | (-όεις) | μισθοῖ | (-όῃ) |
| | 3. | μισθοῖ | (-όει) | μισθοῦται | (-όεται) |
| DUAL | 2. | μισθοῦτον | (-όετον) | μισθοῦσθον | (-όεσθον) |
| | 3 | μισθοῦτον | (-όετον) | μισθοῦσθον | (-όεσθον) |
| PLUR. | 1. | μισθοῦμεν | (-όομεν) | μισθούμεθα | (-οόμεθα) |
| | 2. | μισθοῦτε | (-όετε) | μισθοῦσθε | (-όεσθε) |
| | 3 | μισθοῦσι(ν) | (-όουσι) | μισθοῦνται | (-όονται) |

#### Subjunctive.

| | | | | | |
|---|---|---|---|---|---|
| SING. | 1. | μισθῶ | (-όω) | μισθῶμαι | (-όωμαι) |
| | 2. | μισθοῖς | (-όῃς) | μισθοῖ | (-όῃ) |
| | 3. | μισθοῖ | (-όῃ) | μισθῶται | (-όηται) |
| DUAL | 2. | μισθῶτον | (-όητον) | μισθῶσθον | (-όησθον) |
| | 3. | μισθῶτον | (-όητον) | μισθῶσθον | (-όησθον) |
| PLUR. | 1. | μισθῶμεν | (-όωμεν) | μισθώμεθα | (-οώμεθα) |
| | 2. | μισθῶτε | (-όητε) | μισθῶσθε | (-όησθε) |
| | 3. | μισθῶσι(ν) | (-όωσι) | μισθῶνται | (-όωνται) |

## Optative.

|  | | ACTIVE. | MIDDLE. |
|---|---|---|---|
| SING. | 1. | μισθοίην | μισθοίμην |
|  | 2. | μισθοίης | μισθοῖο |
|  | 3. | μισθοίη | μισθοῖτο |
| DUAL | 2. | μισθοῖτον | μισθοῖσθον |
|  | 3. | μισθοίτην | μισθοίσθην |
| PLUR. | 1. | μισθοῖμεν | μισθοίμεθα |
|  | 2. | μισθοῖτε | μισθοῖσθε |
|  | 3. | μισθοῖεν | μισθοῖντο |

## Imperative.

| SING. | 2 | μίσθου | μισθοῦ |
|---|---|---|---|
|  | 3. | μισθούτω | μισθούσθω |
| DUAL | 2. | μισθοῦτον | μισθοῦσθον |
|  | 3. | μισθούτων | μισθούσθων |
| PLUR. | 2. | μισθοῦτε | μισθοῦσθε |
|  | 3. | μισθούντων | μισθούσθων |

## Infinitive.

μισθοῦν    μισθοῦσθαι

## Participle.

μισθῶν, -οῦσα, -οῦν    μισθούμενος, -η, -ον

Μισϛ.··-ϳ - - .· ουτες

## IMPERFECT TENSE.

|  | ACTIVE. | MIDDLE. |
|---|---|---|
| SING. 1. | ἐμίσθουν | ἐμισθούμην |
| 2. | ἐμίσθους | ἐμισθοῦ |
| 3. | ἐμίσθου | ἐμισθοῦτο |
| DUAL 2. | ἐμισθοῦτον | ἐμισθοῦσθον |
| 3. | ἐμισθούτην | ἐμισθούσθην |
| PLUR. 1. | ἐμισθοῦμεν | ἐμισθούμεθα |
| 2. | ἐμισθοῦτε | ἐμισθοῦσθε |
| 3. | ἐμίσθουν | ἐμισθοῦντο |

### FUTURE TENSE.

SING. 1. μισθώσω   μισθώσομαι
   etc.     etc.

### PERFECT TENSE.

SING. 1. μεμίσθωκα  μεμίσθωμαι
   etc.     etc.

### AORIST TENSE.

SING 1. ἐμίσθωσα   ἐμισθωσάμην
   etc.     etc.

### VERBAL ADJECTIVE.

μισθωτός, -ή, -όν  μισθωτέος, -α, -ον

## Exercise 43.

POTENTIAL (*continued*).

When the potential refers to the past it is expressed by the aorist (or imperfect) indicative with ἄν (neg. οὐ), *e.g.*—

   ἐποίησα ἂν ταῦτα. Lat. *haec fecissem.*
  'I might, could, or would have done so.'

   ἐβουλόμην ἄν. Lat. *voluissem* (*vellem*).
  'I should have liked.'

1. Οἱ βάρβαροι Θεμιστοκλέα τῶν μεγίστων δώρων ἠξίωσαν.

2. Εἰ μὴ Μαραθῶνι ἐνίκησαν οἱ Ἀθηναῖοι, κατεδουλώθησαν ἂν πάντες οἱ Ἕλληνες.

3. Δοκεῖ τῷ δήμῳ χρυσῷ (App. § 10) στεφάνῳ τοὺς στρατηγοὺς στεφανοῦν.

4. Ἐπὶ τῷ μέγα φρονεῖς καὶ πάντων ἡμῶν προτιμᾶσθαι ἀξιοῖς;

5. Διὰ τί ἐστεφάνωται ὁ ῥήτωρ;—Ὅτι ἀγαθός ἐστι περὶ τὴν πόλιν.

6. Τῆς μεγίστης τιμῆς ἠξιώθη ὁ ποιητὴς διὰ τὴν σοφίαν καὶ τὴν τέχνην.

7. Ὅσα ἔθνη κατεδουλώσαντο οἱ Πέρσαι καὶ ὑφ᾽ ἑαυτοῖς ἐποιήσαντο.

8. Οὐκ ἀξιοῦμεν ἀεὶ δουλεύειν τοῖς βαρβάροις, ὦ ἄνδρες Ἴωνες.

9. Διὰ τί πλέον ἔχειν τῶν ἄλλων ἀξιοῦσιν οὗτοι;

10. Τὴν οἰκίαν μεμίσθωμαι ἵνα παρὰ θάλατταν ἀναπαύωμαι.

11. Ἀξιῶ ἐμαυτῷ ἐξεῖναι λέγειν τὰ δοκοῦντα περὶ τῆς πόλεως.

12. Εἴθε μὴ ἐμισθωσάμην ταύτην τὴν οἰκίαν· οὐ γὰρ ἥδομαι τῇ ἐνθάδε διαίτῃ.

13. Μὴ ἀξιοῦτε τοιαῦτα δρᾶν· οὐ γὰρ ἂν δίκαιον εἴη, ὦ ἄνδρες.

14. Εἰ γὰρ ἀξιοίη ὁ φιλόσοφος σαφέστερον λέγειν.

15. Τῶν μεγίστων τιμῶν ἠξιώθη ὁ ποιητὴς διὰ τὴν σοφίαν.

16. Εἰ γὰρ ἠξίωσε δηλοῦν ὅ τι βούλεται, ἵνα ταῦτ᾽ ἐδρῶμεν.

17. Νικήσαντες Μαραθῶνι καὶ Σαλαμῖνι, οἱ Ἀθηναῖοι ἠλευθέρωσαν τὴν Ἑλλάδα.

18. Ἔμοιγε ἄξιος εἶναι δοκεῖ ὁ Σωκράτης τιμᾶσθαι μᾶλλον ἢ ζημιοῦσθαι.

19 Οἱ Ἀθηναῖοι ἐζημίωσάν ποτε χρήμασι τὸν Περικλέα.

20. Ἆρ᾽ οὐχ ἱκανῶς δεδήλωταί μοι ἃ βούλομαι λέγειν;

1. We hold poets worthy of honour for their skill.

2. I won't hire this house; for I don't like town life.

3 I could not stoop to do a thing like that.

4. I do not claim to be better off than all the rest of you.

5. Why do you not condescend to speak to me?

6. May we free the Greeks by this battle, citizens of Athens!

7. The general is blamed for the defeat. The citizens will punish him by death.

8. The athlete is crowned with a crown of wild olive.

9. The Persians have enslaved many Greek states and many barbarian nations.

10. I wish he had made it more clear what he wished, in order that we might have done it.

## XLIV.—IMPERSONAL VERBS.

138. The commonest impersonal verbs are—

| | |
|---|---|
| δεῖ, | 'It is fitting or right.' |
| προσήκει, | 'It is appropriate.' |
| πρέπει, | 'It is seemly.' |
| χρή, | 'It is needful.' |

*Obs.*—All these verbs may be translated by "must," but there is a difference between them.

δεῖ refers to the *circumstances* which make the action fitting or right.

προσήκει refers to the *character* of the agent which makes the action appropriate for him.

πρέπει refers to a *standard* of action or of what is proper.

χρή refers in the most general way to what is necessary, desirable, or expedient.

139. The parts of δεῖ and χρή are as follows :—

| | | |
|---|---|---|
| PRES. | INDIC. | δεῖ |
| | SUBJ. | δέῃ |
| | OPT. | δέοι |
| | INF. | δεῖν |
| | PARTIC. | δέον |
| IMPERF. | INDIC. | ἔδει |
| FUT. | INDIC. | δεήσει |
| AOR. | INDIC. | ἐδέησε |

*Obs.*—The Attic for "within a little," "all but" is ὀλίγου (or μικροῦ), with or without the addition of δεῖν. This word seems to be a participle, shortened from an older form δεῖον.[1]

| | | |
|---|---|---|
| PRES. | INDIC. | χρή |
| | SUBJ. | χρῇ |
| | OPT. | χρείη |
| | INF. | χρῆναι |
| | PARTIC. | χρεών (indeclinable) |
| IMPERF. | INDIC. | χρῆν or ἐχρῆν |

*Obs.*—This verb is really a combination of an old noun χρή with the verb εἰμί. χρῆν stands for χρὴ ἦν, and the augmented form ἐχρῆν is due to false analogy. The participle χρεών stands for χρὴ ὄν.

## Exercise 44.

### POTENTIAL (*continued*).

The imperfect tense of these verbs does not need ἄν to give it the sense expressed in English by a potential, *e.g.*—

> χρῆν ταῦτα ποιεῖν. Cf. Lat. *Hoc facere debebas.*
> ' You ought to have done' *or* ' to be doing that.'

> ἔδει σε ταῦτα λέγειν. Cf. Lat. *Oportuit haec dicere.*
> ' It would have been right for you to say so.'

1. Οἴκαδ' ἴωμεν, ὦ παῖδες.—'Αλλ', εἰ δοκεῖ, χρὴ ταῦτα δρᾶν.

2. Τί σιγᾷς, δέον λέγειν;—Τί χρὴ λέγειν ἐξὸν σιγᾶν;

3. 'Ολίγον μοι τούτων μέλει. μελήσει μοι ταῦτα.

4. Οὐχ ὥρα ἔτι βουλεύεσθαι, ἀλλ' ὡς τάχιστα δεῖ τι δρᾶν.

5. Διὰ τί τοσοῦτον χρόνον βουλεύονται ὃ τι χρὴ αὐτοὺς ποιῆσαι;

6. Πάνθ' ὕστερον τοῦ δέοντος ἔδρων οἱ 'Αθηναῖοι.

7. Εἰ δοκεῖ χρῆναι πρὸς ἄστυ πορεύεσθαι, οὕτω ποιῶμεν.

8. 'Αγαθοῖς εἶναι προσήκει τοῖς τῶν ἀγαθῶν υἱέσιν.

9. Τί οὖν μετὰ ταῦθ' ἡμᾶς λέγειν χρεών;

10. Μὴ ἀξιοῦτε τοιαῦτα ὁρᾶν· οὐ γὰρ ἂν πρέποι.

---

[1] Cf. πλεῖν for πλεῖον.

11. Χρῆν πρότερον παρεῖναι τὸν ξένον· ὥρα γὰρ ἦν πάλαι.

12. Τί τοῦτο; πρωιαίτερον ἥκεις τοῦ δέοντος;

13. Εἴθε μὴ ταῦτ' ἔδρασας.—Καὶ τί δῆτα χρῆν με δρᾶν;

14. Οὐδὲν ἄλλο ἔδει λέγειν εἰ μὴ ταῦτα.

15. Διὰ τί πράγματ' ἔχεις, δέον ἡσυχίαν ἄγειν;

16. Χρῆν δηλοῦν σαφέστερον ὅ τι βούλει ἵνα τὰ δέοντ' ἐδρῶμεν.

17. Διὰ τί ταῦτα ποιεῖς, οὐδέν σοι προσῆκον;

18. Εἰ γὰρ δέοι ποτε ὑπὲρ τῆς Ἑλλάδος κινδυνεύειν.

19. Δεήσει ἀγαθόν τι ποιεῖν τὸν ἄνδρα ἵν' ἡμῖν μᾶλλον ᾖ φίλος.

20. Λέγουσιν οἱ σοφοὶ ὅτι οὐ δεῖ τὰ χρήματα περὶ πλείονος ποιεῖσθαι τῆς δόξης.

1. You were silent when you ought to have spoken.

2. You ought to have told me all this yesterday.

3. You ought to have come to dinner earlier.

4. It is not right for a man like you to say such things.

5. I shall have to hire a house some time or other.

6. Would it were necessary for us to do you a service !

7. You ought to have been grateful to the gods for your wealth.

8. Why do you speak angrily to me, when you ought to be grateful ?

9. It is not seemly to say such things in the assembly.

10. Why do you take so much trouble, when it is no business of yours ?

## XLV.—REGULAR VERBS IN -Ω (continued).

### II.—Consonant Stems.

#### (A) Mute Stems.

**140.** The following examples will show how the final consonant of the stem is fused with the termination :—

πλέκω, 'I weave.'

|   | Pres. | Fut. | Aor. | Perf. |
|---|---|---|---|---|
| A. | πλέκω | πλέξω | ἔπλεξα | ——— |
| P. | πλέκομαι | πλεχθήσομαι | ἐπλέχθην | πέπλεγμαι |

γράφω, ‘I write.’

|     | PRES. | FUT. | AOR. | PERF. |
|-----|-------|------|------|-------|
| A.  | γράφω | γράψω | ἔγραψα | γέγραφα |
| M.  | γράφομαι | γράψομαι | ἐγραψάμην | γέγραμμαι |
| P.  |       | γραφήσομαι (§ 150) | ἐγράφην (§ 150) |       |

*Obs.*—Guttural and labial stems take -α, not -κα, in the perfect. They often aspirate the stem-consonant before this α, making χ, φ.

πείθω, ‘I persuade’; πείθομαι,’ ‘I believe, I obey.’

|     | PRES. | FUT. | AOR. | PERF. |
|-----|-------|------|------|-------|
| A.  | πείθω | πείσω | ἔπεισα | πέπεικα |
| P.  | πείθομαι | πεισθήσομαι | ἐπείσθην | πέπεισμαι |

*Obs.* 1.—Dental stems form the perfect regularly in -κα.
*Obs.* 2.—The strong forms of this verb will be learnt later on.

σπένδω, ‘I make libation’; σπένδομαι, ‘I make a truce.’

|     | PRES. | FUT. | AOR. | PERF. |
|-----|-------|------|------|-------|
| A.  | σπένδω | σπείσω | ἔσπεισα | —— |
| M.  | σπένδομαι | σπείσομαι | ἐσπεισάμην | ἔσπεισμαι |

*Obs.*—The δ falls out before σ by App. § 2, 7, and then -ενσ- becomes -εισ- by App. § 2, 8.

**141.** The fusion of the final mute with the terminations is best studied in the perfect middle.

L

### Indicative.

|  |  |  |  |
|---|---|---|---|
| SING. | 1. | πέπλεγμαι | πέπεισμαι |
|  | 2. | πέπλεξαι | πέπεισαι |
|  | 3. | πέπλεκται | πέπεισται |
| DUAL | 2. | πέπλεχθον | πέπεισθον |
|  | 3. | πέπλεχθον | πέπεισθον |
| PLUR. | 1. | πεπλέγμεθα | πεπείσμεθα |
|  | 2. | πέπλεχθε | πέπεισθε |
|  | 3. | πεπλεγμένοι | πεπεισμένοι |
|  |  | εἰσί(ν) | εἰσί(ν) |

### Imperative.

|  |  |  |  |
|---|---|---|---|
| SING. | 2. | πέπλεξο | πέπεισο |
|  | 3. | πεπλέχθω | πεπείσθω |
| DUAL | 2. | πέπλεχθον | πέπεισθον |
|  | 3. | πεπλέχθων | πεπείσθων |
| PLUR. | 2. | πέπλεχθε | πέπεισθε |
|  | 3 | πεπλέχθων | πεπείσθων |

### Subjunctive.

|  |  |  |  |
|---|---|---|---|
| SING. | 1. | πεπλεγμένος ὦ | πεπεισμένος ὦ |
|  |  | etc. | etc. |

### Pluperfect.

|  |  |  |  |
|---|---|---|---|
| SING. | 1. | ἐπεπλέγμην | ἐπεπείσμην |
|  | 2. | ἐπέπλεξο | ἐπέπεισο |
|  | 3. | ἐπέπλεκτο | ἐπέπειστο |

| | | |
|---|---|---|
| Dual 2. | ἐπέπλεχθον | ἐπέπεισθον |
| 3. | ἐπεπλέχθην | ἐπεπείσθην |
| Plur. 1. | ἐπεπλέγμεθα | ἐπεπείσμεθα |
| 2. | ἐπέπλεχθε | ἐπέπεισθε |
| 3. | πεπλεγμένοι ἦσαν | πεπεισμένοι ἦσαν |

### Future Perfect.

Sing. 1.  πεπλέξομαι          πεπείσομαι
            etc.                      etc.

### Indicative.

| | Sing. | Dual. | Plur. |
|---|---|---|---|
| 1. | γέγραμμαι | | γεγράμμεθα |
| 2. | γέγραψαι | γέγραφθον | γέγραφθε |
| 3. | γέγραπται | γέγραφθον | γεγραμμένοι εἰσί(ν) |

### Imperative.

| | | | |
|---|---|---|---|
| 2. | γέγραψο | γέγραφθον | γέγραφθε |
| 3. | γεγράφθω | γεγράφθων | γεγράφθων |

### Subjunctive.

γεγραμμένος ὦ
etc.

### Pluperfect.

| | | | |
|---|---|---|---|
| 1. | ἐγεγράμμην | | ἐγεγράμμεθα |
| 2. | ἐγέγραψο | ἐγέγραφθον | ἐγέγραφθε |
| 3. | ἐγέγραπτο | ἐγεγράφθην | γεγραμμένοι ἦσαν |

### Future Perfect.

γεγράψομαι
etc.

## Exercise 45.

### FUTURE PERFECT.

The Latin future perfect in dependent clauses is regularly represented in Attic by the aorist subjunctive.

When this is the case the particle ἄν is always added to the relative or conjunction which introduces the clause, and the negative is always μή, *e.g.*—

> ποιήσω ὅ τι ἂν κελεύσῃς.　　*Quicquid jusseris, faciam.*
> 'I shall do whatever you bid me'

> ἐάν με κελεύσῃς, ποιήσω.　　*Si jusseris faciam.*
> 'If you bid me, I shall do it.'

> ἐὰν μὴ κελεύσῃς, οὐ ποιήσω.　　*Nisi jusseris, non faciam.*
> 'If you do not bid me, I shall not do it.'

The Greek future perfect is chiefly used to express immediate likelihood or certainty, *e.g.*—

> ἐάν συ κελεύσῃς αὐτὸν παύσασθαι, πεπαύσεται.
> 'If you bid him stop, he will stop at once.'

> ἐάν με κελεύσῃς λῦσαι τὸν ἄνδρα, λελύσεται.
> 'If you bid me set the man free, he will be free at once.'

> πάνθ' ὅσ' ἂν συ κελεύσῃς, πεποιήσεται.
> 'Everything you command is as good as done.'

1. Τί σὺ λέγεις; οὐ πείθομαι. οὐκ ἔσθ' ὅπως οὐ ψευδῆ λέγεις. —'Αληθέστατα μὲν οὖν λέγω, νὴ τοὺς θεούς.

2. 'Εκέλευσα αὐτὸν ταῦτα δρᾶν, ἀλλ' οὐδὲν πείθεται τοῖς ἐμοῖς λόγοις.

3. Τοῦ πολέμου ἦρξαν οἱ Λακεδαιμόνιοι, λύοντες τὰς πρὸς τοὺς 'Αθηναίους σπονδάς.

4. Χρήμασιν ἔπεισαν οἱ πολέμιοι τοὺς τῶν 'Αθηναίων στρατηγούς.

5. Μεγάλην ἀρχὴν ἄρχει ἐν τῇ πόλει ὁ στρατηγός.

6. Πάλαι παρεῖναι χρῆν τοὺς ξένους. δειπνεῖν κωλύουσι τοὺς παρόντας.

7. Ὅ τι ἂν κελεύσῃς πεισθήσομαί σοι· σοφὸς γὰρ εἶ τὰ τοιαῦτα.

8. Μετὰ ταῦτα κήρυκας ἔπεμψε περὶ σπονδῶν ὁ βασιλεύς.

9. Μετὰ τὴν ἧτταν τοῖς πολεμίοις ἐσπείσατο ὁ στρατηγός.

10. Ὅπως πείσεις τὴν μητέρα ὡς φίλῳ μοι χρῆσθαι.

11. Εἰ γὰρ ἡμῖν σπείσαισθε ἵνα μηκέτι πολεμοῖμεν ἀλλήλοις.

12. Εἰ γὰρ ἐπείσθης ἡσυχίαν ἄγειν ἵνα μὴ ἐνόσησας.

13. Οὐ χρὴ πολεμεῖν, ἐξὸν σπεισαμένοις εἰρήνην ἄγειν.

14. Παρὸν σπείσασθαι τοῖς πολεμίοις, οὐκέτι δεήσει πολεμεῖν.

15. Οὐκ ἂν πεισθείην ταῦτα δρᾶν· οὐ γὰρ ἂν πρέποι.

16. Πέπεισμαι ἔγωγε τῆς στάσεως αἰτίαν εἶναι τὴν τῶν πενήτων ἀπορίαν.

17. Ἀρά σοι γέγραπται πάνθ' ὅσ' ἐκέλευσα;—Ἰδού, πάντ' ἤδη γέγραφα.

18. Γράψω ὅ τι ἂν κελεύσῃς· σὺ γὰρ γραμμάτων ἐμπείρως ἔχεις.

19. Ἐν τῇ στήλῃ γεγραμμέναι ἦσαν αἱ σπονδαί.

20. Ἐάν συ κελεύσῃς με ταῦτα γράφειν, γεγράψεται.

1. If you order (*aor. subj.*) me to write a letter, it is as good as written.

2. Be sure (Ὅπως) to persuade the enemy to make a truce with us.

3. I am convinced (*perf. mid.*) that the man is wrong.

4. Would I could persuade my father to keep horses!

5. Why are we going on an expedition, when we have a chance (*acc. abs.*) of making a truce?

6. The laws of our city are written (*perf.*) on pillars in the market-place.

7. I won't be persuaded (*potential*) to stoop to do such things.

8. You are doing no good by talking so much; for I won't be (*potential*) persuaded.

9. If you bid the woman weave wreaths, they will be woven at once (*fut. perf.*).

10. I shall write whatever my teacher bids (*aor. subj.*) me.

## XLVI.—THE VERB $EX\Omega$.

**142.** The verb ἔχειν, 'to have,' has some apparent irregularities.

|   | PRES. | FUT. | AOR. | PERF. |
|---|-------|------|------|-------|
| A. | ἔχω | $\begin{cases} ἕξω \\ σχήσω \end{cases}$ | ἔσχον | ἔσχηκα, |
| P. | ἔχομαι | ἕξομαι | ——— | ἔσχημαι |

The imperfect tense is—

SING. 1.   εἶχον

2.   εἶχες

3.   εἶχε(ν)

etc.

The moods of the aorist are as follows :—

SUBJ.   σχῶ

OPT.   σχοίην $\begin{cases} \text{(but in compounds} \\ \text{-σχοιμι, } e.g. \text{ παράσχοιμι).} \end{cases}$

IMPER.   σχές

INF.   σχεῖν

PARTIC.   σχών

*Obs.*—The root of this verb is really σεχ, and all irregularities are due to the fact that the σ is dropped at the beginning of the word except in the combination σχ.

The dropped σ is not represented by the rough breathing because of the aspirate in the next syllable. In the future, where that aspirate disappears, the rough breathing appears. Cf. the declension of θρίξ (§ 58), and App. § 2, 1.

**143.** Exactly like this is the conjugation of ἕπομαι, 'I follow.'

| | PRES. | FUT. | AOR. | PERF. |
|---|---|---|---|---|
| M. | ἕπομαι | ἕψομαι | ἑσπόμην | ——— |

The imperfect is—

SING. 1. εἱπόμην

2. εἵπου

3. εἵπετο

etc.

## Exercise 46.

### DELIBERATIVE CLAUSES.

The deliberative subjunctive is nothing but the interrogative form of the imperative subjunctive. Thus—

τοῦτο **ποιῶμεν,** *Hoc faciamus.* 'Let us do this.'

τί **ποιῶμεν;** *Quid faciamus.* 'What are we to do?'

Very commonly we have sentences like this—

λέγωμεν ἢ **σιγῶμεν;** *Loquamur an sileamus?*

'Are we to speak or keep silence?'

This subjunctive is often introduced by an interrogative βούλει or βούλεσθε, *e.g.*—

βούλει ταῦτα **ποιῶμεν;** *Vis haec faciamus?*

'Do you wish us to do this?'

1. Πεισιστράτου τελευτήσαντος, Ἱππίας ἔσχε (*ingressive aorist,* p. 130) τὴν ἀρχήν.

2. Πράγματά μοι παρέχει ἄνθρωπος. μή μοι πράγματα παράσχῃς, ὤνθρωπε.

3. Ἐν τῷ δείπνῳ πολὺν γέλωτα παρεῖχεν ἑσπέρας ὁ κόλαξ.

4. Παρέχομεν ἡμᾶς αὐτοὺς τῷ στρατηγῷ χρῆσθαι ὅ τι ἂν βούληται.

5. Εἰς καιρὸν ἥκεις, ὦ φίλτατε· ἐγὼ γὰρ ἐν νῷ εἶχον παρὰ σὲ πορεύεσθαι.

6. Πλούτῳ καὶ γένει προέχουσιν οὗτοι τῶν ἄλλων πολιτῶν.

7. Οὔπω παρουσῶν τῶν νεῶν, οὐκέτ' ἀντεῖχον τοῖς βαρβάροις οἱ Ἕλληνες.

8. Ταῦτα λέγοντος ἐκείνου, οὐχ οἷός τ' ἦ τὸν γέλωτα κατασχεῖν.

9. Ἀπὸ τῆς θαλάττης τριῶν ἡμερῶν ὁδὸν ἀπεῖχεν ἡ κώμη.

10. Ἕπου μετ' ἐμοῦ εἰς τὴν ἀγοράν· οὐ γὰρ μακρὰ ἡ ὁδός.

11. Πράγμαθ' ἡμῖν παρέξει τοῦτό γε, εἰ μὴ ποιήσομεν τὰ δέοντα.

12. Σίγα, ἵνα μὴ πᾶσι τοῖς παροῦσι γέλωτα παράσχῃς.

13. Τί ἐν νῷ ἔχετε ποιεῖν με ;—Θάρρει· ἀγαθόν τί σε ποιήσω. οὐδὲν κακόν σε ποιήσω.

14. Διὰ παντὸς τοῦ βίου δίκαιον ἑαυτὸν παρεῖχεν οὑμὸς πατήρ.

15. Εἰ γὰρ πλουσιώτερος εἴην, ἵνα μηκέτι πράγματ' ἔχοιμι.

16. Τὸν ἀγαθὸν ἄνδρα δεῖ τῶν αἰσχρῶν ἔργων ἀπέχεσθαι.

17. Βούλει κελεύσω τὸν ἄνδρα ἔπεσθαι μεθ' ἡμῶν εἰς τὴν ἀγοράν.;

18. Εἴθε μὴ παρῆσθα, ὤνθρωπε, οὐ γὰρ ἂν πράγματά μοι παρέσχες.

19. Ὀρφεῖ κιθαρίζοντι ἐφείπετο τὰ δένδρα.

20. Χρῆν ἀπέχεσθαι ὅσων ἐκέλευσεν ὁ ἰατρός, ἵνα μὴ ἐνόσησας.

1. I wish the enemy would not (Εἰ γὰρ μὴ) give such trouble to the farmers !

2. Do you wish me to put myself in the doctor's hands (βούλει *with subj.*) to do what he likes with me ?

3. Don't trouble your mother, my boy.

4. I wish I had shown myself a better friend to that man.

5. You ought to have told me before, so that we might not have had so much trouble.

6. Do not treat that man well ; for he will not be grateful to you.

7. I couldn't restrain my laughter. The thing really was laughable.

8. The general was blamed for the defeat.

9. I wish I had more money, that I might have less trouble.

10. Do you wish me to bid the sophists to accompany us to dinner ?

## XLVII.—THE VERB *ΓΙΓΝΟΜΑΙ.*

**144.** The irregular verb γίγνομαι may conveniently be given here—

γίγνομαι, 'I come to be,' 'become.'

|  | PRES. | FUT. | AOR. | PERF. |
|---|---|---|---|---|
| M. | γίγνομαι | γενήσομαι | ἐγενόμην | γεγένημαι, γέγονα. |

*Obs.*—The middle of the verb ποιεῖν is commonly used with nouns in a sense akin to that of their cognate verb, *e.g.*—

ἀπολογίαν ποιεῖσθαι = ἀπολογεῖσθαι, 'to make a defence.'
λόγους ποιεῖσθαι = λέγειν, 'to make a speech.'
ἐπιμέλειαν ποιεῖσθαι = ἐπιμελεῖσθαι, 'to take care of.'
δεῖπνον ποιεῖσθαι = δειπνεῖν, 'to take dinner.'
ὁδὸν ποιεῖσθαι = ἰέναι, 'to take a journey.'
πόλεμον ποιεῖσθαι = πολεμεῖν, 'to make war.'

In this use the passive is expressed by γίγνομαι, *e.g.*—

περὶ σοῦ τοὺς λόγους ἐποιούμεθα, 'We were having a talk about you.'
περὶ σοῦ ἐγένοντο οἱ λόγοι, 'Our talk turned on you.'

### Exercise 47.

#### INDIRECT QUESTION.

The verb in an indirect question does not change its mood after a primary tense as in Latin, *e.g.*—

ἐρωτᾷς τίς εἰμι, but Lat. *Rogas quis sim.*
'You ask who I am.'

Εἰπέ μοι ἥτις ἐστὶν ἡ χώρα, but Lat. *Dic mihi quae sit haec regio.*
'Tell me what country this is.'

In an indirect question 'if' is expressed by εἰ, *e.g.*—

ἐρωτῶ εἰ ἕτοιμός ἐστιν. *Rogo num paratus sit.*
'I ask if he is ready.'

In a double indirect question 'whether . . . or' is expressed by εἰ . . . ἤ . . ., *e.g.*—

ἐρωτῶ εἰ ἔνδον ἐστὶν ἢ οὔ.[1]
'I ask whether he is in or not.'

ἐρωτῶ εἰ φίλος ἢ ἐχθρὸς εἶ, *Rogo utrum amicus an inimicus sis.*
'I ask whether you are a friend or an enemy.'

---

[1] At the end of a sentence οὐ is accented.

1. Ὡς μακραὶ αἱ νύκτες. οὐδέποθ᾽ ἡμέρα γενήσεται; εἰ γὰρ φῶς γένοιτο.

2. Πόλλ᾽ ἀγαθά σοι γένοιτο, ὦ βέλτιστε· ἄξιος γὰρ εἶ τοῦ πατρός.

3. Πόσ᾽ ἔτη γέγονας; πηλίκος εἶ, ὦ νεανία;—Ὁπηλίκος; οὔπω εἴκοσιν ἔτη γέγονα.

4. Τῆς μεγίστης τιμῆς ἠξιώθησαν οἱ ἄνδρες· ἀγαθοὶ γὰρ ἐγένοντο περὶ τὴν πόλιν.

5. Νὴ Δία, κατὰ νοῦν ἐμοὶ πάντα ταῦτα γέγονεν. ὡς ἥδομαι τοῖς γενομένοις.

6 Βούλομαί σοι συγγενέσθαι, ὦ φίλτατε.—Περὶ τοῦ; τί τὸ πρᾶγμα; τοῦ δέει;

7. Οὐκ ἂν γένοιτο μεῖζον κακὸν τῆς στάσεως ἐν ταῖς πόλεσιν.

8. Κρίσιν ποιώμεθα ὁπότερος ὑμῶν δεινότερός ἐστι τὴν τέχνην.— Καὶ πῶς δὴ γένοιτ᾽ ἂν ἡ κρίσις;

9 Ἐρωτῶ σε ἥντινα γνώμην ἔχεις περὶ τῶν γεγενημένων.

10. Ἐπιστολὴν γράψω ὅταν σχολή μοι γένηται

11. Τῆς στρατιᾶς ἐξέτασιν ποιήσεται ὁ στρατηγός. πότε γενήσεται ἡ ἐξέτασις;

12. Εἰπέ μοι, πρὸς τῶν θεῶν, τί μοι πλέον γενήσεται τῶν ἡδονῶν ἀπεχομένῳ.

13. Εἰ γὰρ παρεγενόμην τότε, ὅτε οἱ λόγοι περὶ ἐμοῦ ἐγένοντο.

14. Μὴ γένοιτο ταῦτα· οὐ γὰρ ἂν δίκαιον εἴη ταῦτα γενέσθαι.

15. Εἴθε νέος ἐγενόμην ἐν ἐκείνῳ τῷ χρόνῳ ἵν᾽ ἐβοήθησα τῇ πόλει.

16. Τί γένωμαι; τί δρῶ; ποῦ ᾽στιν ὁ ἰατρός;

17. Οὐκ ἂν γένοιτο δεινότερον οὐδὲν τῆσδε τῆς νόσου.

18. Βούλεσθε συγγενώμεθα ἀλλήλοις διὰ χρόνου, ὦ ἑταῖροι;

19. Εἰ γὰρ πλούσιος γενοίμην ἵνα μηκέτι τοσαῦτα πράγματ᾽ ἔχοιμι.

20. Μῶν ὕστερος παρεγενόμην τῆς ἑορτῆς; ἐβουλόμην ἂν εἰς καιρὸν παραγενέσθαι.


1. It is getting dark; for it is already towards evening (πρὸς ἑσπέραν).

2. I shall ask the young man how old he is.

3. I ask you whether everything has turned out to your satisfaction.

4. There could not be a better speaker than Demosthenes.

5. He asks me what opinion I have about what has happened.

6. I shall ask whether this young man or his brother is older.

7. I wish I had been there when (ὅτε) this happened.

8. I wish you had been there, so that this might not have happened.

9. What good will it do me, if I do whatever you bid me?

10. The young men come to (παρά c. acc.) the sophists in order to become wise and eloquent.

## XLVIII.—MUTE VERBS (continued).

The three following verbs are apt to be confused :—

### 145. τρέπω, 'I turn.'

|     | PRES.    | FUT.      | AOR.                           | PERF.      |
|-----|----------|-----------|--------------------------------|------------|
| A.  | τρέπω    | τρέψω     | ἔτρεψα                         | τέτροφα    |
| M.  | τρέπομαι | τρέψομαι  | { ἐτρεψάμην<br>{ ἐτραπόμην     | τέτραμμαι  |
| P.  |          | τραπήσομαι | ἐτράπην                        |            |

*Obs.*—The first aorist middle means 'I put to flight,' the second means 'I fled.'

### PERFECT PASSIVE.

|     | SING.       | DUAL.       | PLUR.         |
|-----|-------------|-------------|---------------|
| 1.  | τέτραμμαι   |             | τετράμμεθα    |
| 2.  | τέτραψαι    | τέτραφθον   | τέτραφθε      |
| 3.  | τέτραπται   | τέτραφθον   | τετράφαται    |
|     |             |             | (τετραμμένοι εἰσίν) |

## 146. στρέφω, 'I turn.'

|    | PRES. | FUT. | AOR. | PERF. |
|----|-------|------|------|-------|
| A. | στρέφω | στρέψω | ἔστρεψα | ἔστροφα |
| P. | στρέφομαι | στραφήσομαι | ἐστράφην | ἔστραμμαι |

### PERFECT PASSIVE.

|    | SING. | DUAL. | PLUR. |
|----|-------|-------|-------|
| 1. | ἔστραμμαι | | ἐστράμμεθα |
| 2. | ἔστραψαι | ἔστραφθον | ἔστραφθε |
| 3. | ἔστραπται | ἔστραφθον | ἐστραμμένοι εἰσί(ν) |

## 147. τρέφω, 'I nourish.'

|    | PRES. | FUT. | AOR. | PERF. |
|----|-------|------|------|-------|
| A. | τρέφω | θρέψω | ἔθρεψα | τέτροφα |
| P. | τρέφομαι | θρέψομαι | ἐτράφην | τέθραμμαι |

*Obs.*—The root is really θρεφ. Where the φ disappears the θ re appears. Cf. the declension of θρίξ (§ 58), and App. § 2, 1.

### PERFECT PASSIVE.

|    | SING. | DUAL. | PLUR. |
|----|-------|-------|-------|
| 1. | τέθραμμαι | | τεθράμμεθα |
| 2. | τέθραψαι | τέτραφθον | τέτραφθε |
| 3. | τέθραπται | τέτραφθον | τεθραμμένοι εἰσί(ν) |

## Exercise 48.

### INDIRECT QUESTION (*continued*).

The verb in an indirect question does not change its tense after a secondary tense, *e.g.*—

ἤρου με ὅστις εἰμί.   *Rogabas quis essem.*
'You asked me who I was.'

But it may change its mood into the optative, e.g.—

ἤρου με ὅστις εἴην.

'You asked me who I was.'

Just in the same way we may say—

ἠρόμην εἰ ἕτοιμός ἐστι, or ἠρόμην εἰ ἕτοιμος εἴη.

'I asked if he was ready.'

ἠρόμην εἰ φίλος ἢ ἐχθρὸς εἶ, or ἠρόμην εἰ φίλος ἢ ἐχθρὸς εἴης.

'I asked whether you were friend or foe.'

1. Τί γένωμαι; ποῖ τράπωμαι; τί ποιητέον;

2. Κύνας ἔνδον τρέφει οὑμὸς ἀδελφός. ὄρνεις τρέφει ἡ ἀδελφή.

3. Ζημίας ἄξιος ὁ παῖς· τὴν γὰρ τράπεζαν ἀνέτρεψε.

4. Ἠρόμην αὐτὸν ἥντινα γνώμην ἔχοι περὶ τῶν γεγενημένων.

5. Τοὺς νεωτέρους ἐπ' ἀρετὴν προὔτρεψεν ὁ Σωκράτης.

6. Στρέψαντες οἱ Ἕλληνες ἐπὶ τὴν θάλατταν ὡς τάχιστα ἐπορεύοντο.

7. Ξενοφῶντι τὴν ἀρχὴν ἐπιτρέπουσιν οἱ στρατιῶται. Ξενοφῶν ἐπιτρέπεται τὴν ἀρχὴν ὑπὸ τῶν στρατιωτῶν.

8. Ἠρόμην εἰ τήνδε τὴν ὁδὸν δέοι τρέπεσθαι.

9. Ὁ Κῦρος, τὸν Κροῖσον νικήσας, κατεστρέψατο τοὺς Λυδούς.

10. Εἰ γὰρ ἐπ' ἀρετὴν τράποιντο οἱ ἄνθρωποι.

11 Ἔτι παῖς ὢν ἐπὶ ταῦτα τὰ μαθήματα ἐτραπόμην.

12. Εἴθε παρά σοι ἐτράφην ἵνα σοφὸς ἐγενόμην.

13. Χρώμεθα πάντες τοῖς νομοις ἐν οἷσπερ τεθράμμεθα.

14. Μεγάλην ἀρχὴν ἐπιτέτραπται ὁ στρατηγός.

15. Πάντας τοὺς βαρβάρους κατέστραπται ὁ τῶν Περσῶν βασιλεύς

16. Ἠρόμην ὅπου τεθραμμένος εἴη ὁ παῖς.

17. Οὐκ ἂν τραποίμην ταύτην τὴν ὁδόν. οὐκ ἂν πείσειάς με τοῦτο δρᾶν.

18. Δεινὸς οὗνδον θόρυβος. ἀνατέτραπται ἡ τράπεζα. ποῦ 'σθ' ὁ δεσπότης;

19. Εἴθε παῖς ὢν ἐπὶ ταῦτα τὰ μαθήματα ἐτραπόμην.

20. Ἠρόμην ὁποτέραν τοῖν ὁδοῖν νῷν τρεπτέον εἴη.

1. Why did you upset the table ? I wish (Εἰ γάρ) you were better behaved.

2. He asked me what opinion I had about what had happened.

3. I wish I had been brought up at Athens, that I might have associated with Socrates.

4. We entrust you with all the affairs of the state; for the danger is terrible.

5. Some time or other you will have to take to study. ✕

6. Solon was entrusted with all the affairs (*accusative*) of the state by the Athenians.

7. Philip has subdued most of the Greek states.

8. What is to become of me? The storm has over-turned my house.

9. You ought not to have kept horses; for you had not a large fortune.

10. What good will it do me if I take (*aor. subj.*) to study?

## XLIX.—REGULAR VERBS IN -Ω (continued).

### II.—Consonant Stems (*continued*).

#### (*B*) LIQUID STEMS.

**148.** Liquid verbs present some peculiarities in the formation of the future and aorist.

#### THE FUTURE OF LIQUID VERBS.

The terminations are -ῶ ( = έω), -οῦμαι ( = έομαι), inflected like φιλῶ, and added without σ.

#### THE AORIST OF LIQUID VERBS.

1. The terminations of the aorist are -α, -άμην, etc., added without σ.

2. The vowel of the future stem is lengthened in the following ways :—

|  |  |  |  |
|---|---|---|---|
| a becomes η. | | ι becomes ῑ. | |
| ε | ,, | ει. | υ | ,, | ῡ. |

*N.B.*—Most liquid verbs belong to the classes explained below in §§ 179 sqq.

### 149. δέρω, ' I flay.'

|  | PRES. | FUT. | AOR. | PERF. |
|---|---|---|---|---|
| A. | δέρω | δερῶ | ἔδειρα | ——— |
| P. | δέρομαι | δαρήσομαι | ἐδάρην | δέδαρμαι |

### μένω, ' I stay.'

|  | PRES. | FUT. | AOR. | PERF. |
|---|---|---|---|---|
| A. | μένω | μενῶ | ἔμεινα | μεμένηκα |

### νέμω, ' I allot.'

|  | PRES. | FUT. | AOR. | PERF. |
|---|---|---|---|---|
| A. | νέμω | νεμῶ | ἔνειμα | νενέμηκα |
| P. | νέμομαι | ——— | ἐνεμήθην | νενέμημαι |

**150. Strong Aorist and Future Passive.**—Many mute and liquid verbs form their aorist and future passive without θ, *e.g.*—

|  |  | PRES. | FUT. PASS. | AOR. PASS. |
|---|---|---|---|---|
| MUTE. | τρίβω, | 'I rub.' | τριβήσομαι | ἐτρίβην |
| LIQUID. | δέρω, | 'I flay.' | δαρήσομαι | ἐδάρην |

The inflexions are the same as in the weak aorist and future passive.

*Obs.*—The 2nd singular imperative is an apparent exception to this. We say πανθῆτι but δαρῆθι. In the first case the τ is due to dissimilation (App. § 2, 1).

### Exercise 49.

#### INDIRECT DELIBERATIVE.

No change is made in the mood or tense from the direct form (p. 167). Thus—

  οὐκ ἔχουσιν ὅ τι ποιῶσιν, ' They don't know what to do.'
  οὐκ εἶχον ὅ τι ποιοῖεν,  ' They didn't know what to do.'

1. Ταῖς σπονδαῖς οὐκ ἐμμένουσιν οἱ πολέμιοι.

2. Περίμεινόν με, πρὸς τῶν θεῶν.

3. Πάντων τῶν ἄλλων ἀπόντων, ἡμεῖς ἂν μόνοι μείναιμεν.

4. Οὐδένα κίνδυνον ὅντιν' οὐχ ὑπέμειναν οἱ πρόγονοι ὑπὲρ τῆς πόλεως.

5. Μένωμεν ἐνθάδε ἢ στρέψωμεν ἐπὶ τὴν θάλατταν.

6. Ἐπίσχες, οὗτος. οὐ περιμενεῖς; ἔχ' ἀτρέμας αὐτοῦ.—Οὐ δῆτα. οὐκ ἂν μείναιμι παρ' ὑμῖν.

7. Ἐνταῦθ' ἔμεινεν ἡμέρας τρεῖς ὁ στρατηγὸς ἵν' ἀναπαύοιντο οἱ στρατιῶται.

8. Οὐκ ἔσθ' ὅπως οὐ περιμενεῖ ἡμᾶς ἄνθρωπος.

9. Εἰ γὰρ περιμείνειας ἵνα σοι συγγενοίμην διὰ χρόνου.

10. Οὐχ οἷοί τ' ἦσαν οἱ στρατιῶται τοὺς πολεμίους ὑπομεῖναι.

11. Βούλει αὐτοῦ μένωμεν ἵνα τὴν ἑορτὴν θεασώμεθα.

12. Τελευτήσαντος τοῦ πατρός, τὴν οὐσίαν πρὸς ἀλλήλους νεμοῦνται οἱ υἱεῖς.

13. Εἴθε παρέμεινας ἵν' ἐμοὶ ἐβοήθησας.

14. Εὖ μοι δοκεῖ λέγειν ὁ Μένανδρος ὅτι ὁ μὴ δαρεὶς ἄνθρωπος οὐ παιδεύεται.

15. Ὅπως ἀνδρείως ὑπομενεῖτε τοὺς τῶν πολεμίων ἱππέας.

16. Ἠρόμην εἰ ἐμμένειαν ἔτι ταῖς σπονδαῖς οἱ Λακεδαιμόνιοι.

17. Οὐ μενοῦμεν παρ' ὑμῖν, ἐξὸν οἴκαδε πορεύεσθαι.

18. Συμβουλεύω ταῦτα τὰ χρήματα τοῖς πένησι τῶν πολιτῶν διανεῖμαι.

19. Διενείμαντο τὴν ἀρχὴν ὁ Ζεὺς καὶ ὁ Ποσειδῶν καὶ ὁ Πλούτων.

20. Ἤρετό με εἰ τῇ αὐτῇ γνώμῃ ἔτι ἐμμείναιμι ἢ οὔ.

1. We should not have made a truce; for the enemies will not abide by the truce.

2. Won't you wait for me? I am not able to walk faster.

3. Why do you not divide your property with your brothers?

4. You ought to abide by the laws in which you were brought up.

5. He asked me why I had stayed so long.

6. Do you wish me to stay beside you? I do.

7. Would that it had been possible for you to divide the money justly !

8. Why do you do that ?  Don't bother me, my good fellow.

9. In the games the judges are left to distribute the prizes.

10. I am ready to face danger for my country.

## L.—VERBS IN -*MI*.

**151.** Verbs in -μι may be divided into three classes—

    (1) Verbs with reduplicated present stem, *e.g.* δί-δω-μι, 'I give.'

    (2) Verbs which add -νν to the present stem, *e.g.* δείκ-νῡ-μι, 'I show.'

    (3) Verbs with unamplified present stem, *e.g.* φη-μί, 'I say.'

The most striking feature of all these verbs is that they have a long and a short form of the present stem, the former of which is *confined to the singular of the indicative active.*

**152.** (1) There are four verbs with reduplicated present stem.   The vowel of the reduplication is ι.

**153.** I.—δίδωμι, 'I give.'
PRESENT TENSE.
Indicative.

|  |  | ACTIVE. | MIDDLE. |
|---|---|---|---|
| SING. | 1. | δίδωμι | δίδομαι |
|  | 2. | δίδως | δίδοσαι |
|  | 3. | δίδωσι(ν) | δίδοται |
| DUAL | 2. | δίδοτον | δίδοσθον |
|  | 3 | δίδοτον | δίδοσθον |
| PLUR | 1. | δίδομεν | διδόμεθα |
|  | 2. | δίδοτε | δίδοσθε |
|  | 3. | διδόασι(ν) | δίδονται |

M

## Subjunctive.

| | | ACTIVE. | MIDDLE. |
|---|---|---|---|
| SING. | 1. | διδῶ | διδῶμαι |
| | 2. | διδῷς | διδῷ |
| | 3. | διδῷ | διδῶται |
| DUAL | 2. | διδῶτον | διδῶσθον |
| | 3. | διδῶτον | διδῶσθον |
| PLUR. | 1. | διδῶμεν | διδώμεθα |
| | 2. | διδῶτε | διδῶσθε |
| | 3. | διδῶσι(ν) | διδῶνται |

## Optative.

| | | | |
|---|---|---|---|
| SING. | 1. | διδοίην | διδοίμην |
| | 2. | διδοίης | διδοῖο |
| | 3. | διδοίη | διδοῖτο |
| DUAL | 2. | διδοῖτον | διδοῖσθον |
| | 3. | διδοίτην | διδοίσθην |
| PLUR. | 1. | διδοῖμεν | διδοίμεθα |
| | 2. | διδοῖτε | διδοῖσθε |
| | 3. | διδοῖεν | διδοῖντο |

## Imperative.

| | | | |
|---|---|---|---|
| SING. | 2. | δίδου | δίδοσο |
| | 3. | διδότω | διδόσθω |

|  | ACTIVE. | MIDDLE. |
|---|---|---|
| DUAL 2. | δίδοτον | δίδοσθον |
| 3. | διδότων | διδόσθων |
| PLUR. 2. | δίδοτε | δίδοσθε |
| 3. | διδόντων | διδόσθων |

### Infinitive.

| διδόναι | δίδοσθαι |
|---|---|

### Participle.

| διδούς, -οῦσα, -όν | διδόμενος, -η, -ον |
|---|---|

### IMPERFECT TENSE.

| SING. 1. | ἐδίδουν | ἐδιδόμην |
|---|---|---|
| 2. | ἐδίδους | ἐδίδοσο |
| 3. | ἐδίδου | ἐδίδοτο |
| DUAL 2. | ἐδίδοτον | ἐδίδοσθον |
| 3. | ἐδιδότην | ἐδιδόσθην |
| PLUR. 1. | ἐδίδομεν | ἐδιδόμεθα |
| 2. | ἐδίδοτε | ἐδίδοσθε |
| 3. | ἐδίδοσαν | ἐδίδοντο |

### FUTURE TENSE.

| SING. 1. | δώσω | δώσομαι |
|---|---|---|
|  | etc. | etc. |

### PERFECT TENSE.

| SING. 1. | δέδωκα | δέδομαι |
|---|---|---|
|  | etc. | etc. |

## AORIST TENSE.
### Indicative.

|  | ACTIVE. | MIDDLE. |
|---|---|---|
| SING. 1. | ἔδωκα | ἐδόμην |
| 2. | ἔδωκας | ἔδου |
| 3. | ἔδωκε(ν) | ἔδοτο |
| DUAL 2. | ἔδοτον | ἔδοσθον |
| 3. | ἐδότην | ἐδόσθην |
| PLUR. 1. | ἔδομεν | ἐδόμεθα |
| 2. | ἔδοτε | ἔδοσθε |
| 3. | ἔδοσαν | ἔδοντο |

### Subjunctive.

|  | | |
|---|---|---|
| SING. 1. | δῶ | δῶμαι |
| 2. | δῷς | δῷ |
|  | etc. | etc. |

### Optative.

|  | | |
|---|---|---|
| SING. 1. | δοίην | δοίμην |
|  | etc. | etc. |

### Imperative.

|  | | |
|---|---|---|
| SING. 2. | δός | δοῦ |
| 3. | δότω | δόσθω |
| DUAL 2. | δότον | δόσθον |
| 3. | δότων | δόσθων |
| PLUR. 2. | δότε | δόσθε |
| 3. | δόντων | δόσθων |

Infinitive.

ACTIVE.                    MIDDLE.

δοῦναι                    δόσθαι

Participle.

δούς, δοῦσα, δόν        δόμενος, -η, -ον

## PASSIVE VOICE.

### FUTURE TENSE.

SING. 1.   δοθήσομαι
etc.

### AORIST TENSE.

SING. 1.   ἐδόθην
etc.

### VERBAL ADJECTIVE.

δοτός, -ή, -όν          δοτέος, -α, -ον

*Obs.*—Note the phrase δίκην διδόναι, 'to be punished.' Lat. *poenas dare*.

## Exercise 50.

CAUSAL CLAUSES.

The chief causal conjunctions are—

ὅτι, διότι,   ' because.'
ἐπεί, ἐπειδή, 'since.'

These all take the indicative.   Thus—

ἐπεὶ σὺ βούλει, ταῦτα δράσω, 'Since you wish it, I shall do so.'
δίκην δώσεις ὅτι ἀδικεῖς, 'You shall be punished because you are guilty.'

1. Φέρ' ἴδω, τί σοι δῶ τῶν κρεῶν ;—Δός μοι τῶν βοείων, ὠγαθέ.

2. Πᾶν ποιοῦσιν ἄνθρωποι ἵνα μὴ δίκην δῶσιν ὦν ἀδικοῦσιν.

3. Βούλει μοι δοῦναι τοῦτο τὸ βιβλίον, ὦ παῖ ;—Ἰδού, λαβὲ τὸ βιβλίον.

4. Εἴ τί σ' ἠδίκηκα, ἕτοιμός εἰμι δίκην δοῦναι.

5. Οἱ σοφισταὶ τοῖς μὴ ἔχουσι χρήματα διδόναι οὐ διαλέγονται.

6. Τῶν ἀγαθῶν καὶ καλῶν οὐδὲν ἄνευ πόνου οἱ θεοὶ διδόασιν ἀνθρώποις.

7. Ἐν τῇ μάχῃ πεῖραν ἔδωκε τῆς ἀνδρείας ἀνήρ.

8. Οὐκ ἂν δοίην οὐδ' ἂν ὀβολὸν οὐδενί (App. § 24)

9. Νῦν δεῖ σε λόγον δοῦναι ὧν διὰ παντὸς τοῦ βίου ἠδίκησας.

10. Ἐπειδὴ ταῦθ' οὕτως ἔχει οὐκ ἂν δοίην σοι τἀργύριον.

11 Εἰ γὰρ πλείω τὸν μισθὸν ἡμῖν δοίη ὁ βασιλεύς.

12. Τῆς μεγίστης τιμῆς ἀξιοῦται ἀνὴρ ὅτι ἀγαθὸς περὶ την πόλιν ἐγένετο.

13. Εἰ γὰρ παρῆσθα ἵνα δίκην ἔδωκας ὧν ἠδίκηκας.

14. Μὴ δῷς τὸ βιβλίον τούτῳ τῷ παιδί· οὐ γὰρ ἂν ἔχοι ὅ τι χρήσαιτο αὐτῷ.

15. Ὅπως πεῖραν δώσεις τῆς σοφίας, ὦ ποιητά· ἥδομαι γὰρ τοῖς εὖ πεποιημένοις ἔπεσιν.

16. Δώσω τἀργύριον ὅτῳ ἂν σὺ κελεύσῃς, ὦ ἑταῖρε.

17. Ἠρόμην αὐτὸν ὅτῳ δεδωκὼς εἴη τὸ βιβλίον.

18. Διὰ τί σιγᾷς, δέον λόγον δοῦναι ὧν γέγραφας ;

19. Δίκην δώσουσιν ὁπότεροι ἂν μὴ ἐμμείνωσι ταῖς σπονδαῖς.

20. Αἰτίαν ἔχει ὁ στρατηγὸς μὴ δοῦναι τὸν μισθὸν τοῖς στρατιώταις ἀλλ' αὐτὸς ἔχειν.

1. Would you like (Βούλει c. *subj.*) me to give you a little wine ?

2. Whoever has done (*aor. subj.*) this will be punished.

3. Now is the time to prove your courage.

4. We bid him give an account of the money, but he did not know what to say.

5. You must be punished, because you have done us a great wrong.

6. I wouldn't give a single farthing to a man like you.

7. I wish I had given the book to you, but I did not know what to do.

8. I gave the wreath to the orator, because he had shown (*use* παρέχειν) himself a good citizen.

9. Do not give the money to that man; for he will not be grateful to you.

10. Mind (Ὅπως *c. fut.*) you give the ball to your sister; if not (εἰ δὲ μὴ) you will be punished.

## LI.—VERBS IN -*MI* (continued).

154. The commonest compounds of δίδωμι are—

| | | |
|---|---|---|
| ἀποδίδωμι | {'I give back'<br>'I give up' } | (*reddo*). |
| προδίδωμι | 'I betray' | (*prodo*). |
| μεταδίδωμι | 'I give a share of.' | |
| παραδίδωμι | {'I hand over'<br>'I hand down'} | (*trado*). |

## Exercise 51.

### CONCESSIVE CLAUSES.

Concessive clauses are introduced by εἰ καί. Thus—

εἰ καὶ χρήματα ἔχω, οὐ δώσω.

'Even if (although) I have money, I will not give it.'

But 'although' is much oftener expressed by καίπερ, which always takes a participle, thus —

καίπερ χρήματ' ἔχοντες οὐ βούλονται μεταδοῦναι τοῖς πένησιν.

'Though they have money, they will not share it with the poor.

1. Παραδίδομέν σοι τὸν ἄνθρωπον χρῆσθαι ὅ τι ἂν βούλῃ.

2. Τί ποτε χρήσει τἀργυρίῳ ;—Ὅ τι ;  ἀποδώσω τῷ σοφιστῇ.

3. Προδεδόμεθα, ὦ πολῖται, ὑπὸ τῶν στρατηγῶν. χρήματ' ἔχουσι παρὰ τῶν πολεμίων οἱ στρατηγοί.

4. Ἀπόδος μοι τἀργύριον ταχέως, πρὸς τῶν θεῶν.—Ἀλλ' ἀποδώσω εἰς ἔω.

5. Μὴ προδῷς με, πρὸς πάντων θεῶν· ἐν σοὶ γὰρ πάντα τἀμὰ πράγματα.

6. Δίκαιον τὰ προσήκονθ' ἑκάστῳ ἀποδοῦναι.

7. Τῇ στρατιᾷ ἀπέδωκεν ὁ βασιλεὺς μισθὸν τεττάρων μηνῶν.

8. Τοὺς πολεμίους ἐκέλευσε τὰ ὅπλα παραδοῦναι ὁ στρατηγός.

9. Οὐκ ἂν προδοίην τοὺς φίλους καίπερ πένητας ὄντας.

10. Ὅπως ἀποδώσεις τὴν ἐπιστολὴν ὡς τάχιστα τῷ δεσπότῃ.

11. Αἰτίαν ἔχει αὐτὸς ἔχειν τὰ χρήματα ὁ στρατηγὸς δέον τοῖς στρατιώταις ἀποδοῦναι.

12. Εἰ γὰρ ἡμῖν μεταδοῖεν ὧν ἔχουσιν ἀγαθῶν οἱ πλούσιοι.

13. Θανάτῳ ἐζημίωσαν τὸν ἄνθρωπον ὅτι τὴν πόλιν προδέδωκε.

14. Εἴθε παρῆσαν οἱ τὴν πόλιν προδόντες ἵνα δίκην ἔδοσαν.

15. Ἡδέως ἂν μεταδοίην οἵῳ σοι ἀνδρὶ πάντων τῶν ἐμῶν.

16. Ἡμῖν παραδέδοται ἡ πόλις ἐν ᾗ τεθράμμεθα ἵνα μείζω αὐτὴν ποιῶμεν.

17. Οὐκ ἂν παραδοῖμεν τὰ ὅπλα ἀπαιτοῦντι τῷ βασιλεῖ.

18. Δίκην δώσει ὅστις ἂν ἡμᾶς προδῷ· θανάτου γὰρ ἄξιοι οἱ τοιοῦτοι.

19 Οὐκ εἶχον ὅτῳ ἀποδοίην τὴν ἐπιστολήν· ξένος γὰρ ἦ.

20. Τί γένωμαι; προὔδωκέ με ὁ φίλος ᾧ μάλιστ᾽ ἐπιστευόμην.

1. It is just that those who have betrayed (*partic.*) the city should be punished.

2. I gave you the money that you might pay it to the sophist.

3. You ought to have told me long ago that you were poor. I would have shared my wealth with you.

4. We shall hand the men over to the enemy to do with them (χρῆσθαι) what they please.

5. After the battle the king ordered us to surrender our arms.

6. Although I am poor, I will share all I have with you.

7. Although they have betrayed their country, they aspire to be crowned.

8. Although I am an old man, I will not (*pot.*) betray you to the enemy.

9. Don't let us surrender our arms to the king !

10. Do not betray your friends, even if they are poor.

## LII.—VERBS IN -$MI$ (continued)

155. II.—τίθημι, 'I put, place.'

### PRESENT TENSE.
#### Indicative.

| | | ACTIVE. | MIDDLE. |
|---|---|---|---|
| Sing. | 1. | τίθημι | τίθεμαι |
| | 2. | τίθης | τίθεσαι |
| | 3. | τίθησι(ν) | τίθεται |
| Dual | 2. | τίθετον | τίθεσθον |
| | 3. | τίθετον | τίθεσθον |
| Plur. | 1. | τίθεμεν | τιθέμεθα |
| | 2. | τίθετε | τίθεσθε |
| | 3. | τιθέασι(ν) | τίθενται |

#### Subjunctive.

| | | | |
|---|---|---|---|
| Sing. | 1. | τιθῶ | τιθῶμαι |
| | 2. | τιθῇς | τιθῇ |
| | | etc. | etc. |

#### Optative.

| | | | |
|---|---|---|---|
| Sing. | 1. | τιθείην | τιθείμην |
| | 2 | τιθείης | τιθεῖο |
| | 3. | τιθείη | τιθεῖτο |
| Dual | 2. | τιθεῖτον | τιθεῖσθον |
| | 3. | τιθείτην | τιθείσθην |
| Plur. | 1. | τιθεῖμεν | τιθείμεθα |
| | 2. | τιθεῖτε | τιθεῖσθε |
| | 3. | τιθεῖεν | τιθεῖντο |

**Imperative.**

|  | ACTIVE. | MIDDLE. |
|---|---|---|
| SING. 2. | τίθει | τίθεσο |
| 3 | τιθέτω | τιθέσθω |
| DUAL 2. | τίθετον | τίθεσθον |
| 3. | τιθέτων | τιθέσθων |
| PLUR. 2. | τίθετε | τίθεσθε |
| 3. | τιθέντων | τιθέσθων |

**Infinitive.**

τιθέναι        τίθεσθαι

**Participle.**

τιθείς, -εῖσα, -έν        τιθέμενος, -η, -ον

### IMPERFECT TENSE.

| SING. 1. | ἐτίθην | ἐτιθέμην |
|---|---|---|
| 2. | ἐτίθεις | ἐτίθεσο |
| 3. | ἐτίθει | ἐτίθετο |
| DUAL 2. | ἐτίθετον | ἐτίθεσθον |
| 3. | ἐτιθέτην | ἐτιθέσθην |
| PLUR. 1. | ἐτίθεμεν | ἐτιθέμεθα |
| 2. | ἐτίθετε | ἐτίθεσθε |
| 3. | ἐτίθεσαν | ἐτίθεντο |

### FUTURE TENSE.

| SING. 1. | θήσω | θήσομαι |
|---|---|---|
|  | etc. | etc. |

## PERFECT TENSE.

|  | ACTIVE. | MIDDLE. |
|---|---|---|
| SING. 1. | τέθηκα | τέθειμαι |
|  | etc. | etc. |

## AORIST TENSE.
### Indicative.

| SING. 1. | ἔθηκα | ἐθέμην |
|---|---|---|
| 2. | ἔθηκας | ἔθου |
| 3. | ἔθηκε(ν) | ἔθετο |
| DUAL 2. | ἔθετον | ἔθεσθον |
| 3. | ἐθέτην | ἐθέσθην |
| PLUR. 1. | ἔθεμεν | ἐθέμεθα |
| 2. | ἔθετε | ἔθεσθε |
| 3. | ἔθεσαν | ἔθεντο |

### Subjunctive.

| SING. 1. | θῶ | θῶμαι |
|---|---|---|
| 2. | θῇς | θῇ |
|  | etc. | etc. |

### Optative.

| SING. 1. | θείην | θείμην |
|---|---|---|
|  | etc. | etc. |

### Imperative.

| SING. 2. | θές | θοῦ |
|---|---|---|
| 3. | θέτω | θέσθω |
| DUAL 2. | θέτον | θέσθον |
| 3. | θέτων | θέσθων |
| PLUR. 2. | θέτε | θέσθε |
| 3 | θέντων | θέσθων |

#### Infinitive.

| ACTIVE. | MIDDLE. |
|---|---|
| θεῖναι | θέσθαι |

#### Participle.

| | |
|---|---|
| θείς, θεῖσα, θέν | θέμενος, -η, -ον |

### PASSIVE VOICE.

| FUTURE TENSE. | AORIST TENSE. |
|---|---|
| SING. 1.  τεθήσομαι | ἐτέθην |
| etc. | etc. |

### VERBAL ADJECTIVES.

| | |
|---|---|
| θετός, -ή, -όν | θετέος, -α, -ον |

*Obs.*—The passive forms are dissimilated from ἐ-θέ-θη-ν, θε-θή-σο-μαι (App. § 2, 1).

156. In the perfect and pluperfect tenses, the verb κεῖμαι, 'I lie,' is used as the passive of τίθημι and its compounds. It is inflected thus—

#### PRESENT (PERFECT).

| | SING. | DUAL. | PLUR. |
|---|---|---|---|
| 1. | κεῖμαι | | κείμεθα |
| 2. | κεῖσαι | κεῖσθον | κεῖσθε |
| 3. | κεῖται | κεῖσθον | κεῖνται |

#### IMPERFECT (PLUPERFECT).

| | SING. | DUAL. | PLUR. |
|---|---|---|---|
| 1. | ἐκείμην | | ἐκείμεθα |
| 2. | ἔκεισο | ἔκεισθον | ἔκεισθε |
| 3. | ἔκειτο | ἐκείσθην | ἔκειντο |

#### Imperative.

| | SING. | DUAL. | PLUR. |
|---|---|---|---|
| 2. | κεῖσο | κεῖσθον | κεῖσθε |
| 3. | κείσθω | κείσθων | κείσθων |

Infinitive.

## κεῖσθαι

Participle.

## κείμενος, -η, -ον

*Obs.*—Note the phrases—

(1) νόμους τιθέναι, 'to give laws' (of the legislator).

(2) νόμους τίθεσθαι, 'to adopt laws' (of the citizens).

## Exercise 52.

### TEMPORAL CLAUSES.

The commonest temporal conjunctions are—

| | |
|---|---|
| ὡς, ὅτε, ἡνίκα, | 'when.' |
| ὁπότε, εἰ, | 'whenever.' |
| ἐπεί, ἐπειδή, | 'after.' |
| ἐπεὶ τάχιστα, | 'as soon as.' |
| ἐξ οὗ, ἀφ' οὗ, | 'since.' |
| ἐν ᾧ, | 'whilst.' |
| ἕως, | 'so long as.' |
| ἕως, ἔστε, μέχρι, μέχρι οὗ, | 'till.' |

All these take the indicative when they refer to the present or the past. Thus—

| | |
|---|---|
| ἐπεὶ τάχιστα οἴκαδ' ἥκομεν, | 'As soon as we got home.' |
| ὡς ἥκομεν Ἀθήναζε, | 'When we came to Athens' |
| ἐν ᾧ ἐπιστολὴν ἔγραφον, | 'Whilst I was writing a letter.' |
| ἕως σκότος ἐγένετο, | 'Till it got dark.' |

1. Ἕως ἔτι φῶς ἔστι, δεῖ τὰ ὅπλα τίθεσθαι.

2. Σόλων τοὺς νόμους ἔθηκε τοῖς Ἀθηναίοις.

3. Ἐν τῇ ἡμετέρᾳ πόλει χρώμεθα τοῖς νόμοις τοῖς κειμένοις.

4. Δίκην διδόασιν οἱ μὴ πειθόμενοι τοῖς ὑπὸ τῶν θεῶν νόμοις κειμένοις.

5. Ἕως πόλεμος ἦν τοῖς Λακεδαιμονίοις πρὸς τοὺς Ἀθηναίους, ἀπεδήμουν.

6. Τῆς ἑσπέρας οἱ στρατιῶται τὰ ὅπλα θέμενοι ἀναπαύονται.

7. Ἐξ οὗ ἐγένετο ὁ πόλεμος οὐκ ἔξεστιν ἡσυχίαν ἄγειν.

8. Διὰ τί δῆτα ἡμῶν καταφρονεῖς καὶ παρ' οὐδὲν τίθεσαι ;

9. Μὴ θῆσθε τὰ ὅπλα, ὦ ἄνδρες· οὐ γὰρ ἀσφαλὲς τὸ χωρίον.

10. Οὐκ ἂν θείμην ἔγωγε τὰ τοιαῦτα ὀνόματα τοῖς υἱέσιν.

11. Ἐπειδὴ τούτους τοὺς νόμους ἔθεντο, αὐτοὶ αὐτῶν ἀμείνους ἐγένοντο οἱ πολῖται.

12. Οὐκ ἂν ἔθεσαν νόμους οἱ παλαιοὶ εἰ πάντες ἐγένοντο δίκαιοι.

13. Διὰ τί ἀδικεῖς με, δέον τοῖς κειμένοις νόμοις πείθεσθαι ;

14. Χρηστέον οἷστισιν ἂν νόμοις θῶνται οἱ πολῖται.

15. Τί ποιῶμεν ; θώμεθα τὰ ὅπλα ἢ πορευώμεθα ;

16. Ἠρόμην αὐτὸν ὅτου ἕνεκα οὐ χρήσαιτο τοῖς νόμοις τοῖς κειμένοις.

17. Οὐ σοὶ δοκοῦσιν ὀρθῶς κεῖσθαι οἱ νόμοι ;—Πάνυ μὲν οὖν.

18. Ἐπειδὴ τοῦτον τὸν νόμον ἔθεντο οἱ πολῖται, χρηστέον αὐτῷ.

19. Παρὰ τοῖς Ἀθηναίοις οὕτως ἔκειτο ὁ νόμος.

20. Εἴθε μὴ οὕτως ὁ νόμος ἔκειτο, ἵν' ἐξῆν μοι μὴ στρατεύεσθαι.


1. We must not set at naught the established laws.

2. Our laws are far better framed than yours.

3. Solon was entrusted with the framing (*inf.*) of laws for the Athenians.

4. Before the battle the soldiers halted in the middle of the plain.

5. Solon's laws are considered by all to be well framed.

6. Whoever disobeys (*aor. subj.*) the established laws will be punished.

7. Let us halt so long as it is still daylight.

8. It was the law among the Athenians to give every one his due.

9. I asked him if he thought (*use* δοκεῖ) the laws well framed, but he did not know what to say.

10. Let us give the name of Timon to the boy.

## LIII.—VERBS IN -*MI* (continued.)

**157.** The commonest compounds of τίθημι are—

| | | |
|---|---|---|
| ἀνατίθημι, | | 'I set up,' 'dedicate.' |
| συντίθημι, | (*act.*) | 'I put together,' 'compose.' |
| | (*mid.*) | 'I make a contract.' |
| διατίθημι, | (*act.*) | 'I dispose,' 'put in a certain frame of mind.' |
| | (*mid.*) | 'I make a will.' |
| κατατίθημι, | | 'I put down.' |
| παρατίθημι, | | 'I put beside,' 'I serve' (at table). |
| ἐπιτίθημι, | (*act.*) | 'I put upon.' |
| | (*mid.*) | 'I attack.' |
| προστίθημι, | (*act.*) | 'I put to,' 'add.' |
| | (*mid.*) | 'I join myself to,' 'take the side of.' |
| περιτίθημι, | | 'I put round' (*circumdo*). |
| προτίθημι, | | 'I offer' (a prize), 'lay down a subject for debate' (*propono*). |
| μετατίθημι, | | 'I change,' 'alter the position of.' |

### Exercise 53.

TEMPORAL CLAUSES (*continued*).

When temporal conjunctions refer to the future they add ἄν and take the subjunctive. Thus—

ὅτε    becomes ὅταν.
ἐπειδή    becomes ἐπειδάν.
εἰ    becomes ἐάν.
etc.

Here, as in other cases, the aorist subjunctive represents the Latin future perfect. Thus—

Δώσω σοι τἀργύριον ἐπειδὰν τοῦτο ποιήσῃς.
'I shall give you the money when you have done this.'

Γράψω σοι ἐπιστολὴν ἐπειδὰν τάχιστα σχολή μοι γένηται.
'I shall write to you as soon as I have time.'

1. Βούλει προσθεῖναί τι τοῖς γεγραμμένοις;—Οὐ δῆτα, πάντα γὰρ ἤδη γέγραπταί μοι.

2. Τοῦτον τὸν στέφανον περίθου.—Ἰδού, περίκειται.

3. Ἀναπαυώμεθα ἕως ἂν φῶς γένηται· δεινὸς γὰρ ὁ σκότος.

4. Κελεύει ὁ στρατηγὸς περὶ μέσας νύκτας τοῖς πολεμίοις ἐπιθέσθαι.

5. Ἐν τοῖς ἀγῶσιν οἱ Ἕλληνες στεφάνους ἆθλα προὐτίθεσαν. ἆθλον πρόκειται ἐλάας στέφανος.

6. Ἐπειδὰν πλούσιος γένωμαι, ἄγαλμα ἀναθήσω τῷ θεῷ.

7. Τῆς νυκτὸς τοῖς τελευταίοις ἐπέθεντο οἱ πολέμιοι.

8. Ἐν τοῖς νεῲς πολλὰ καὶ καλὰ ἀναθήματα ἀνάκειται τοῖς θεοῖς.

9. Εἰ γὰρ εὐνούστερόν (App. § 15) μοι διέκειτο ἄνθρωπος.

10. Παράθες μοι τὸ δεῖπνον, ὦ παῖ.—Ἰδού, παράκειται, ὦ δέσποτα.

11. Νὴ τοὺς θεούς, καλῶς συντέθηκας τὸν λόγον.  καλῶς σύγκειται ὁ λόγος.

12. Κακῶς διατίθησι τἀμὰ πράγματα ὁ νῦν πόλεμος.

13. Συνθώμεθα ἀλλήλοις εἰς ἔω παρεῖναι.

14. Τὴν πατρῴαν οὐσίαν ἔχει ἀδελφὸς κατὰ τὴν διαθήκην ἣν ὁ πατὴρ διέθετο.

15. Ἐξ ἐλευθέρων καὶ δούλων σύγκειται ἡ πόλις.

16. Εἰ γὰρ εὐνούστερόν μοι διέκεισο, ἵνα μὴ τοσαῦτά μοι πράγματα παρέσχες.

17. Προσέχετε τὸν νοῦν· βούλομαι γὰρ τέλος ἐπιθεῖναι τοῖς λόγοις.

18. Μετὰ τὸν πλοῦν τὴν ναῦν ἀνέθηκε τῷ Ποσειδῶνι ὁ ἔμπορος.

19. Ἐπειδὰν ἀδικεῖν κρίνωμεν τὸν ἄνδρα δίκην ἐπιθῶμεν ἤδη.

20. Τοῖς ἀγαθοῖς ἀνδράσιν ἆθλον πρόκειται τῆς ἀνδρείας ἡ ἐλευθερία.


1. We shall attack the enemy early to-morrow morning.

2. The general has offered a prize for bravery.

3. The general dedicated his horse to Poseidon for the victory.

4. Why is the young man so ill disposed to you ?

5. When will the servants serve dinner ?  It was time long ago.

6. The orator has composed a very fine speech about the peace.

7. Honour and glory is the prize set before the brave.

8. This offering is dedicated (*perf.*) to Zeus.

9. Wine and meat are served up to us whenever we wish.

10. I think the poems of Homer are admirably composed (*perf.*).

## LIV.—VERBS IN *-MI* (continued).

### 158. III.—ἵστημι, 'I stand.'

#### PRESENT TENSE.

##### Indicative.

| | | ACTIVE (*transitive*). | MIDDLE (*intransitive*). |
|---|---|---|---|
| SING. | 1. | ἵστημι | ἵσταμαι |
| | 2. | ἵστης | ἵστασαι |
| | 3. | ἵστησι | ἵσταται |
| DUAL | 2. | ἵστατον | ἵστασθον |
| | 3. | ἵστατον | ἵστασθον |
| PLUR. | 1. | ἵσταμεν | ἱστάμεθα |
| | 2. | ἵστατε | ἵστασθε |
| | 3. | ἱστᾶσι | ἵστανται |

##### Subjunctive.

| | | | |
|---|---|---|---|
| SING. | 1. | ἱστῶ | ἱστῶμαι |
| | 2. | ἱστῇς | ἱστῇ |
| | | etc. | etc. |

##### Optative.

| | | | |
|---|---|---|---|
| SING. | 1. | ἱσταίην | ἱσταίμην |
| | | etc. | etc. |

N

### Imperative.

|  | ACTIVE (*transitive*). | MIDDLE (*intransitive*). |
|---|---|---|
| SING. 2. | ἵστη | ἵστασο |
| 3. | ἱστάτω | ἱστάσθω |
| DUAL 2. | ἵστατον | ἵστασθον |
| 3. | ἱστάτων | ἱστάσθων |
| PLUR. 2. | ἵστατε | ἵστασθε |
| 3. | ἱστάντων | ἱστάσθων |

### Infinitive.

|  |  |
|---|---|
| ἱστάναι | ἵστασθαι |

### Participle

|  |  |
|---|---|
| ἱστάς, -ᾶσα, -άν | ἱστάμενος, -η, -ον |

### IMPERFECT TENSE.

| SING 1. | ἵστην | ἱστάμην |
|---|---|---|
| 2. | ἵστης | ἵστασο |
| 3. | ἵστη | ἵστατο |
| DUAL 2. | ἵστατον | ἵστασθον |
| 3. | ἱστάτην | ἱστάσθην |
| PLUR. 1. | ἵσταμεν | ἱστάμεθα |
| 2. | ἵστατε | ἵστασθε |
| 3. | ἵστασαν | ἵσταντο |

### FUTURE TENSE.

| SING. 1. | στήσω | στήσομαι |
|---|---|---|
|  | etc. | etc. |

PERFECT TENSE (*intransitive*).

ACTIVE.

SING. 1.  ἕστηκα

etc.

In Attic the intransitive perfect often has the following forms :—

| SING. | DUAL. | PLUR. |
|---|---|---|
| 1. ἕστηκα | | ἕσταμεν |
| 2. ἕστηκας | ἕστατον | ἕστατε |
| 3. ἕστηκε(ν) | ἕστατον | ἑστᾶσι(ν) |

Subjunctive.

| | | |
|---|---|---|
| 1. ἑστήκω | | ἑστῶμεν |
| 2. ἑστήκῃς | | ἑστήκητε |
| 3. ἑστήκῃ | | ἑστῶσι(ν) |

Optative.

SING. 1.  ἑσταίην

etc.

Imperative.

SING. 2.  ἕσταθι

3.  ἑστάτω

etc.

Infinitive.

ἑστάναι

Participle.

ἑστώς, ἑστῶσα, ἑστώς

## Exercise 54.

### INDEFINITE FREQUENCY.

Indefinite frequency in the present or future is expressed by ὅταν, ἐπειδάν, etc., with the subjunctive. Thus—

ὅταν διαλέγηται, προσέχω τὸν νοῦν, 'Whenever he talks, I attend.'

Indefinite frequency in the past is expressed by ὅτε, ἐπειδή, etc., with the optative. Thus—

ὅτε διαλέγοιτο, προσεῖχον τὸν νοῦν, 'Whenever he talked, I attended.'

1. Τί ἕστηκας ἔτι ἀλλ' οὐ πορεύει πρὸς ἄστυ;

2. Ἐν ἐκείνῳ τῷ χρόνῳ οἱ Ἀθηναῖοι τὰ μακρὰ τείχη ἵστασαν.

3. Μή νυν ἔσταθι, ἀλλὰ ταχέως πορεύου· ὥρα γὰρ ἦν πάλαι.

4. Εἴ τις ὑμῖν ἐνῆν νοῦς, οὐκ ἂν οὕτως εἰστήκετε οὐδὲν δρῶντες.

5. Οὐκέτι, μὰ τοὺς θεούς, ὥρα ἐστὶν ἑστάναι, ἀλλὰ δεῖ πορεύεσθαι.

6. Ἐν τῇ μάχῃ ὀρθὸν ἵστησι τὸ οὖς ὁ γενναῖος ἵππος.

7. Ἐπὶ ταῖς τῶν πλουσίων θύραις ἑστήκασιν οἱ σοφισταί.

8. Μόνος τῶν ζῴων ὀρθὸς ἕστηκεν ἄνθρωπος χεῖρας ἔχων.

9. Ὁπόταν διαλέγηται, ἑκάστοτε ἕστηκα ἀκροώμενος.

10. Ὑπὸ φόβου ὀρθαὶ ἵστανται αἱ τοῦ παιδίου τρίχες.

11. Οὐ στήσεται ὁ Φίλιππος εἰ μή τις αὐτὸν κωλύσει.

12. Οὐκέτι ἵστανται οἱ μετὰ τοῦ βασιλέως, ἀλλὰ φεύγουσιν.

13. Διὰ τί Φίλιππον χαλκοῦν (App. § 10) ἱστᾶσι καὶ στεφανοῦσιν οἱ Ἕλληνες;

14. Τί ἔτι ἐνθάδ' ἕστηκας; οἴχονται οἱ ἄλλοι.

15. Ἐν ταῖς ἑορταῖς χοροὺς ἱστᾶσιν οἱ πολῖται κατὰ τὰ πάτρια.

16. Ἐν τῇ ἀγορᾷ χαλκοῦς ἕστηκεν ὁ στρατηγός.

17. Τροπαῖα ἵστασαν οἱ πρόγονοι ἵνα μιμώμεθα τὰς τῶν ἀναθέντων ἀρετάς.

18. Ἐπὶ ταῖς θύραις ἑστῶτες ὀλίγον χρόνον διελεγόμεθα.

19. Μετὰ τὴν μάχην ἑκάτεροι τροπαῖα ἵστασιν· ἀδήλου ὄντος ὁπότεροι νικῷεν.

20. Οὐκέθ' ὥρα ἑστάναι· πάλαι γὰρ ἔδει πορεύεσθαι.

1. Why is the boy standing there? He ought to have gone home long ago.

2. The Athenians are erecting the long walls that they may be secure.

3. The citizens will put up a bronze statue of the general in the market-place.

4. After the victory we shall hold dances in the city.

5. There is a bronze statue of the orator at Athens.

6. If I had any sense, I would not stand here doing nothing.

7. We can no longer hold our ground; for the enemy will attack us.

8. Whenever I talk to Socrates I am delighted with what he says (*use* λόγοι).

9. We shall erect a trophy; for we claim to be the victors.

10. The Athenians erect a trophy at Marathon because they have defeated the Persians.

## LV.—VERBS IN -*MI* (continued).

**159.** The verb ἵστημι has three aorists—

(1) A weak aorist active.

(2) A weak aorist middle.

(3) A strong aorist active.

Of these (1) is transitive, (3) is intransitive, and (2) is used in the ordinary sense of the middle.

### WEAK AORIST TENSE.
#### Indicative.

| | | ACTIVE. | MIDDLE. |
|---|---|---|---|
| SING. | 1. | ἔστησα | ἐστησάμην |
| | 2. | ἔστησας | ἐστήσω |
| | 3. | ἔστησε(ν) | ἐστήσατο |
| DUAL | 2. | ἐστήσατον | ἐστήσασθον |
| | 3. | ἐστησάτην | ἐστησάσθην |
| PLUR. | 1. | ἐστήσαμεν | ἐστησάμεθα |
| | 2. | ἐστήσατε | ἐστήσασθε |
| | 3. | ἔστησαν | ἐστήσαντο |

Subjunctive.

ACTIVE.                    MIDDLE.

SING. 1.  στήσω              στήσωμαι
          etc.               etc.

Optative.

SING. 1.  στήσαιμι            στησαίμην
      2.  στήσειας            στήσαιο
      3.  στήσειε(ν)          στήσαιτο

DUAL 2.  στήσαιτον            στήσαισθον
      3.  στησαίτην           στησαίσθην

PLUR 1.  στήσαιμεν            στησαίμεθα
      2.  στήσαιτε            στήσαισθε
      3.  στήσειαν            στήσαιντο

Imperative.

SING. 2.  στῆσον              στῆσαι
      3.  στησάτω             στησάσθω

DUAL 2.  στήσατον             στήσασθον
      3.  στησάτων            στησάσθων

PLUR. 2.  στήσατε             στήσασθε
      3.  στησάντων           στησάσθων

Infinitive.

στῆσαι              στήσασθαι

Participle.

στήσας, -ασα, -αν    στησάμενος, -η, -ον

## STRONG AORIST TENSE (Active).
### Indicative.

| Sing. | Dual. | Plur. |
|---|---|---|
| 1. ἔστην | | ἔστημεν |
| 2. ἔστης | ἔστητον | ἔστητε |
| 3. ἔστη | ἐστήτην | ἔστησαν |

### Subjunctive.

Sing. 1. στῶ

etc.

### Optative.

| | | |
|---|---|---|
| 1. σταίην | | σταῖμεν |
| 2. σταίης | σταῖτον | σταῖτε |
| 3. σταίη | σταίτην | σταῖεν |

### Imperative.

| | | |
|---|---|---|
| 2. στῆθι | στῆτον | στῆτε |
| 3. στήτω | στήτων | στάντων |

### Infinitive.

στῆναι

### Participle.

στάς, στᾶσα, στάν

## PASSIVE VOICE.

| FUTURE TENSE. | AORIST TENSE |
|---|---|
| Sing. 1. σταθήσομαι | ἐστάθην |
| etc. | etc. |

**160.** The same relation exists between the strong and weak aorists of the following verbs :—

δύω, 'I cause to enter.'

|   | PRES. | FUT. | AOR. | PERF. |
|---|---|---|---|---|
| A. | δύω | δύσω | ⌠ἔδυσα | δέδυκα |
| M. | δύομαι | δύσομαι | ⌡ἔδυν | δέδυμαι |
| P. |  | δυθήσομαι | ἐδύθην |  |

*Obs.*—In Attic the simple verb is not found in the active. The commonest compounds are ἐνδύω and ἀποδύω, 'I put on' and 'take off' clothes, *e.g.*—

      ἐνέδυσά σε τὸν χιτῶνα, 'I put the tunic on you.'
      ἐνέδυν τὸν χιτῶνα,      'I put on the tunic.'

The strong aorist imperative is ἀπόδῦθι, etc.

φύω, 'I grow.'

|   | PRES. | FUT. | AOR. | PERF. |
|---|---|---|---|---|
| A. | φύω | φύσω | ⌠ἔφυσα | ——— |
| M. | φύομαι | φύσομαι | ⌡ἔφυν | πέφυκα |

*Obs.*—The perfect of this verb is intransitive, and means 'I am born,' 'I am by nature,' *e.g.*—

      ἀμαθὴς πέφυκα, 'I am naturally stupid.'

## Exercise 55.

### CONDITIONAL SENTENCES.

These may best be classed according to the form of the apodosis. If the apodosis is potential, the sentences take the following forms :—

(1) Future potential (p. 150)—

      Apodosis : optative + ἄν.
      Protasis : εἰ with optative.

    εἰ ἔχοιμι, δοίην ἄν. *Si habeam, dem.*
    'If I should have (in the future), I would give.'

(2) Present potential (p. 152)—
      Apodosis : imperfect indicative + ἄν.
      Protasis : εἰ with imperfect indicative.
    εἰ εἶχον, **ἐδίδουν ἄν.** *Si haberem, darem.*
    'If I had (now), I would give.'

(3) Past potential (p. 156)—
      Apodosis : aorist indicative + ἄν.
      Protasis : εἰ with aorist indicative.
    εἰ ἔσχον, **ἔδωκα ἄν.** *Si habuissem, dedissem.*
    ' If I had had (in the past), I would have given.'

1. Τροπαῖον στησάμενοι οἴκαδ' ἐπορεύθησαν οἱ στρατιῶται.

2. Ἀπόδυθι ταχέως θοἰμάτιον· ὥρα γὰρ ἤδη λούσασθαι.

3. Εἰ σὺ ἀληθῆ ἔλεγες, ἐγὼ ψευδῆ ἂν ἔλεγον.

4. Βούλει ἐνδύσω σε τὸν χιτῶνα ;—Κάλλιστ', ἐπαινῶ, αὐτὸς ἐνδύσομαι.

5. Ἐν ᾧ οἱ στρατιῶται τὰ ὅπλα ἐτίθεντο, ὁ βασιλεὺς ἔστησε τὸν ἵππον.

6. Πολλὰ καὶ καλὰ τροπαῖα ἔστησαν οἱ πάλαι τοὺς βαρβάρους νικήσαντες.

7. Οὐκέτ' ἔστησαν οἱ μετὰ τοῦ βασιλέως, ἀλλ' ἔφευγον.

8. Σοφὸς μὲν πέφυκεν ὁ Ἀθηναῖος, ὁ δὲ Βοιωτὸς παχύς.

9. Οἱ Ἀθηναῖοι τὰ μακρὰ τείχη ἔστησαν ἵνα ἀσφαλεῖς εἶεν.

10. Εἰ καὶ μέγας καὶ ἰσχυρὸς πέφυκας, μὴ φρόνει μέγα.

11. Χαλκοῦν ἔστησαν τὸν στρατηγὸν οἱ πολῖται διὰ τὴν νίκην.

12. Ἐκποδών μοι στῆθι, ὤνθρωπε· ἔρχομαι γὰρ ὡς τὸν βασιλέα.

13. Φύντες τε καὶ τραφέντες ἄριστα μέγα φρονοῦσιν ἐπὶ τῷ γένει.

14. Χρὴ χαλκοῦς στῆσαι τοὺς τὰ ἄριστα τῇ πόλει συμβουλεύσαντας.

15. Εἰ μὴ ἐκποδών μοι ἔστης, δίκην ἂν ἔδωκας.

16. Εἰ μὴ τὰ τείχη ἔστησαν οἱ Ἀθηναῖοι, οὐκ ἂν ἀσφαλεῖς ἦσαν.

17. Ἐν τῇ αὐτῇ χώρᾳ ἔφῦτε καὶ ἐτράφητε ἐμοί, ὦ ἑταῖροι.

18. Εἰ τροπαῖον στῆσαι βούλοιντο, οὐκ ἂν ἐπιτρέποιμεν ἡμεῖς.

19. Ἐπειδὴ ταῦτ' ἐκεκέλευστο, εὐθέως τὸν θώρακα ἐνέδυ ὁ στρατηγός.

20. Παρακελεύομαι χαλκοῦς στῆσαι τοὺς πεῖραν τῆς ἀνδρείας δεδωκότας, ἵνα καὶ οἱ ἄλλοι τὰ αὐτὰ δρῶσιν.

1. Would that we had set up a trophy, that the victory might have been evident !

2. If you won't take off (*fut. ind.*) your cloak, I will **strip** you of it.

3. Let us put up bronze statues of those who have been of service to the state (*use ἀγαθὸς γίγνεσθαι περί*).

4. If the man does not (*fut. ind.*) get out of my way, I will murder him.

5. If I were not naturally brave, I would not stay here.

6. Would we had put up long walls that we might have been safe !

7. He was born and bred in the same house as you.

8. Would that the Athenians might hold their ground! The enemy have attacked them already.

9. Though you are naturally clever, you are not skilled in your trade.

10. The boy took off his tunic in order to bathe in the water.

## LVI.—*ΔΥΝΑΜΑΙ, ΕΠΙΣΤΑΜΑΙ*, etc.

**161.** The present and imperfect of δύναμαι, 'I am able,' and ἐπίσταμαι, 'I know,' are inflected like those of ἵσταμαι.

δύναμαι, 'I am able.'

|     | PRES. | FUT. | AOR. | PERF. |
|-----|-------|------|------|-------|
| M.  | δύναμαι | δυνήσομαι | ἐδυνήθην | δεδύνημαι |

*Obs.*—The 2nd singular imperfect is ἐδύνω, not ἐδύνασο.

The present subjunctive and optative have regressive accent, *e.g.* δύνωμαι, δύναιτο.

ἐπίσταμαι, 'I know.'

|     | PRES. | FUT. | AOR. | PERF. |
|-----|-------|------|------|-------|
| M.  | ἐπίσταμαι | ἐπιστήσομαι | ἠπιστήθην | —— |

*Obs.*—The 2nd singular imperfect indicative is ἠπίστω, and the 2nd singular imperative is ἐπίστασο or ἐπίστω.

The subjunctive and optative have regressive accent, *e.g.* ἐπίστωμαι, ἐπίσταιτο.

**162.** The verbs πίμπλημι, 'I fill,' and πίμπρημι, 'I burn,' form their present and imperfect like ἵστημι.

(ἐμ)-πίμπλημι, 'I fill.'

|   | PRES. | FUT. | AOR. | PERF. |
|---|-------|------|------|-------|
| A. | πίμπλημι | πλήσω | ἔπλησα | πέπληκα |
| M. | πίμπλαμαι | πλήσομαι | ἐπλησάμην | πέπλημαι |
| P. |  | πλησθήσομαι | ἐπλήσθην |  |

*Obs.*—This verb also forms a strong aorist (ἐν)-επλήμην.

Optative, (ἐμ)-πλήμην, -πλῆο, -πλῆτο, etc.

Imperative, (ἔμ)-πλησο, -πλήσθω, etc.

(ἐμ)-πίμπρημι, 'I burn.'

|   | PRES. | FUT. | AOR. | PERF. |
|---|-------|------|------|-------|
| A. | πίμπρημι | πρήσω | ἔπρησα | —— |
| P. | πίμπραμαι | —— | ἐπρήσθην | πέπρημαι |

## Exercise 56.

CONDITIONAL SENTENCES (*continued*).

If the apodosis is indicative, the sentences take the following forms:—

(1) Future indicative—

Apodosis : future indicative.

Protasis : { ἐάν with subjunctive.
{ εἰ with future indicative.

(a) ἐάν τι ἔχω, δώσω.  *Si quid habebo, dabo.*

'If I have anything, I will give it.'

(b) εἰ ἡμᾶς ἀδικήσεις, δίκην δώσεις.

'If you are going to do us wrong, you will be punished.'

*Note.*—This latter type generally conveys a warning or a threat.

(2) Present indicative—

> Apodosis : present indicative.
>
> Protasis : εἰ with present indicative.
>
> εἰ τὸ Α ἴσον ἐστὶ τῷ Β, τὸ Γ ἴσον ἐστὶ τῷ Δ.
>
> 'If A = B, C = D.'

(3) Past indicative—

> Apodosis : past indicative.
>
> Protasis : εἰ with past indicative.
>
> εἰ καὶ ταῦτ' ἀληθῆ ἦν, οὐκ ἠπιστάμην.
>
> 'Even if it was true, I did not know it.'

1. Ἐπίστασαι ἑλληνίζειν ;—Ἔγωγε, νὴ Δία. βούλει πεῖράν σοι δῶ τῆς ἐπιστήμης ;

2. Οὐκ ἂν δυναίμην πλείω χρόνον παρ' ὑμῖν μένειν.

3. Οἴμοι, ἐνέπρησαν τὴν οἰκίαν οἱ πολέμιοι. ἐμπέπρηται ἤδη ἡ οἰκία.

4. Οἴκαδ' ἔρχεται ἡ κόρη τὴν χύτραν ἐμπλησαμένη ἀπὸ τῆς κρήνης.

5. Ἐὰν δύνωμαι ταῦτα ποιήσω.—Χάριν σοι ἕξω ἐὰν ταῦτα ποιήσῃς.

6. Εἰ γὰρ ἐδυνήθης παρ' ἐμὲ ἥκειν, ἵν' ἀλλήλοις διελεγόμεθα διὰ χρόνου.

7. Ἐὰν μὲν δοκῶ ἀληθῆ λέγειν, οὕτω ποιεῖτε· εἰ δὲ μή, οὐδέν μοι μέλει.

8. Φίλος ἐβούλετο εἶναι τοῖς μέγιστα δυναμένοις ἵν' ἀδικῶν μὴ διδοίη δίκην.

9. Εἰ μὴ σὺ παρῆσθα, οὐκ ἂν ἐδυνήθην ταῦτα ποιεῖν.

10. Ἀπόντων τῶν Ἀθηναίων οἱ Πέρσαι ἐνέπρησαν τὴν πόλιν.

11. Οὐκ ἂν δυναίμην διαλέγεσθαι οἵῳ σοι ἀνδρί.

12. Καίπερ οὐδὲν ἐπιστάμενος ὧν σὺ λέγεις, ἡδέως ἂν ἀκροῴμην

13. Ἡδέως ἂν ταῦτα δράσαιμι εἰ δυναίμην.

14. Εἰ μὴ ταῦτ' ἠπιστάμην, οὐδέποτ' ἂν ἔλεγον.

15. Κωλύσομέν σε δρᾶν ταῦτα, ἐὰν δυνώμεθα.

16. Βούλομαί σοι λέγειν πάνθ' ὅσ' ἐπίσταμαι περὶ τῶν τοιούτων.

17. Μηδέποτε δύναιντο οἱ πολέμιοι τὴν πόλιν ἐμπιμπράναι.

18. Εἰ καὶ ἑκατὸν ἔτη μελετῴης, οὐδέποτ' ἂν ἑλληνίζειν ἐπίσταιο.

19. Οὐδέποτ' ἂν ἐδυνήθην τὴν νόσον φέρειν, εἰ μὴ σὺ δεῦρ' ἧκες.

20. Αὐτοῖς δοκοῦσι σοφώτατοι εἶναι οὐδὲν ἐπιστάμενοι.

1. Do you know how to make verses (ἔπη)? I do.

2. I couldn't possibly (*potential*) say how much money he has.

3. If you set the house on fire (*fut. ind.*) you will be punished.

4. I ordered the boy to fill the pitcher from the spring.

5. I would have done this if I had been able.

6. We do not know whether these things are true or false.

7. I could not have done this if my brother had not been there.

8. The Persians could not have set the city on fire if the Athenians had not been away.

9. Would I had known what you tell me, that I might not have done this!

10. Do not set the wood on fire; for the danger would be terrible.

## LVII.—VERBS IN -*MI* (continued).

163. The commonest compounds of ἵστημι are—

παρίστημι, }
παρίσταμαι, }  'I stand beside.'

ἀνίστημι,  'I raise up.'
ἀνίσταμαι,  'I rise up.'

ἀφίστημι,  'I cause to revolt.'
ἀφίσταμαι,  'I revolt.'

προΐστημι,  'I set over' (*praeficio*).
προΐσταμαι,  'I am set over.'

καθίστημι,  'I set up, appoint.'
καθίσταμαι,  'I am set up, appointed.'

μεθίστημι,  'I change' (trans.).
μεθίσταμαι,  'I change' (intrans.).

Note specially the uses of καθίστημι—

καθίστημι αὐτὸν ἄρχοντα,　　'I appoint him ruler.'
ἄρχων καθίσταται,　　　　　'He is appointed ruler.'
εἰς ἀπορίαν αὐτὸν κατέστησα, 'I put him in a difficulty.'
εἰς ἀπορίαν κατέστη,　　　 'He was put in a difficulty.'

## Exercise 57.

### CONDITIONAL PARTICIPLES.

The participle with ἄν may stand for the apodosis of a conditional sentence. The present participle with ἄν corresponds—

　　　(1) To the present optative with ἄν.
　　　(2) To the imperfect indicative with ἄν.

The aorist participle with ἄν corresponds—

　　　(1) To the aorist optative with ἄν.
　　　(2) To the aorist indicative with ἄν.

Thus—

　　οἱ διδόντες ἄν τι εἰ δύναιντο.

'Those who would give something if they could.'

　　οἱ δόντες ἄν τι εἰ ἐδυνήθησαν.

'Those who would have given something if they could.'

1. Φύλακας καθίστησι τοῦ τείχους ὁ στρατηγός.

2. Μυρίων μοι κακῶν αἴτιος κατέστη ὁ πόλεμος.

3. Εἰς ἕω ἀναστήσομαι. ἐξ ἑωθινοῦ ἀνέστην ἵν' εἰς καιρὸν παρείην.

4. Μόνον τῶν ζῴων τὸν ἄνθρωπον ὀρθὸν ἀνέστησαν οἱ θεοί.

5. Εὐθὺς ἀναστὰς ἥκω πρῷ παρὰ τὸν διδάσκαλον.

6. Εἰς μέγιστον κίνδυνον κατέστησε τοὺς ἐν ἄστει ἡ τοῦ ὕδατος ἀπορία.

7. Μετὰ τὴν ἧτταν πάντες οἱ σύμμαχοι ἀπὸ τῶν Ἀθηναίων ἀπέστησαν.

8. Ἕωθεν ἀναστάντες τοῖς πολεμίοις ἐπιθώμεθα.

9. Τοὺς τῶν Ἀθηναίων συμμάχους οἱ Κορίνθιοι ἀπέστησαν.

10. Ὑπὸ Λυσάνδρου κατέστησαν οἱ τριάκοντα.

11. Τὸ Μιλτιάδου τροπαῖον Θεμιστοκλέα ἐκ τῶν ὕπνων ἀνίστησιν.

12. Οἱ ᾿Αθηναῖοι τοῖς Ναξίοις ἀποστᾶσιν ἐπολέμησαν.

13. ᾿Επειδὴ ἐτελεύτησεν ὁ πατήρ, βασιλεὺς κατέστη ὁ πρεσβύτερος τοῖν υἱέοιν.

14. ῾Ο μὲν τοιαῦτ᾿ ἔλεγεν, μετὰ δὲ τοῦτον ἄλλος τις ἀναστὰς ἔλεγε τοιάδε.

15. Οὐ δύναται ἀναστῆναι οὑμὸς πατήρ· δεινὴ γὰρ αὐτοῦ ἡ νόσος.

16. Τοὺς τῶν ᾿Αθηναίων συμμάχους ἀφίστησιν ὁ βασιλεύς.

17. ᾿Αποστάντων τῶν συμμάχων πολὺ ἐλάττων γίγνεται ὁ φόρος.

18. Πολὺ μεθέστηκεν ὁ παῖς ὧν πρότερον εἶχε τρόπων.

19. Οὐκέτ᾿ ἐδυνήθησαν τοῖς πολεμίοις ἀντιστῆναι οἱ ᾿Αθηναῖοι.

20. ῾Οπότ᾿ ἀντισταῖεν οἱ πολέμιοι ἐνίκων· πλείους γὰρ ἦσαν ἡμῶν.

1. Sentries are posted on the wall by the general.

2. Yesterday I got up early so as to be there in time.

3. As soon as I got up, I came to you; for I have got into a terrible difficulty.

4. The people in town were reduced to the greatest straits by the want of water.

5. If we are conquered (*aor. subj.*), all our allies will revolt.

6. After the allies had revolted (*gen. abs.*), the Thirty were appointed.

7. The noise in the camp awoke me from my sleep. Whatever can the matter be ?

8. When the king fell ill (*gen. abs.*), the eldest of his three sons was appointed instead of him.

9. I wasn't able to get up yesterday, for I was very ill.

10. Why have you changed so much from your former character ?

## LVIII.—VERBS IN –*MI* (continued).

164. ἵημι, 'I throw, send.'

### PRESENT TENSE.
#### Indicative.

| | | ACTIVE. | MIDDLE. |
|---|---|---|---|
| SING. | 1. | ἵημι | ἵεμαι |
| | 2. | ἵης | ἵεσαι |
| | 3. | ἵησι(ν) | ἵεται |
| DUAL | 2. | ἵετον | ἵεσθον |
| | 3. | ἵετον | ἵεσθον |
| PLUR. | 1. | ἵεμεν | ἱέμεθα |
| | 2. | ἵετε | ἵεσθε |
| | 3. | ἱᾶσι(ν) | ἵενται |

#### Subjunctive.

| | | | |
|---|---|---|---|
| SING. | 1. | ἱῶ | ἱῶμαι |
| | | ، etc. | etc. |

#### Optative.

| | | | |
|---|---|---|---|
| SING. | 1. | ἱείην | ἱείμην |
| | | etc. | etc. |

#### Imperative.

| | | | |
|---|---|---|---|
| SING. | 2. | ἵει | ἵεσο |
| | 3. | ἱέτω | ἱέσθω |
| DUAL | 2. | ἵετον | ἵεσθον |
| | 3. | ἱέτων | ἱέσθων |
| PLUR | 2. | ἵετε | ἵεσθε |
| | 3. | ἱέντων | ἱέσθων |

ℓ

### Infinitive.

| ACTIVE. | MIDDLE. |
|---|---|
| ἰέναι | ἵεσθαι |

### Participle.

ἰείς, ἰεῖσα, ἰέν    ἰέμενος, -η, -ον

#### IMPERFECT TENSE.

| | | ACTIVE | MIDDLE |
|---|---|---|---|
| Sing. | 1. | ἵην | ἱέμην |
| | 2. | ἵεις | ἵεσο |
| | 3. | ἵει | ἵετο |
| Dual | 2. | ἵετον | ἵεσθον |
| | 3. | ἱέτην | ἱέσθην |
| Plur. | 1. | ἵεμεν | ἱέμεθα |
| | 2. | ἵετε | ἵεσθε |
| | 3. | ἵεσαν | ἵεντο |

#### FUTURE TENSE.

| | | | |
|---|---|---|---|
| Sing. | 1. | ἥσω | ἥσομαι |
| | | etc. | etc. |

#### PERFECT TENSE.

| | | | |
|---|---|---|---|
| Sing. | 1. | εἷκα | εἷμαι |
| | | etc. | etc. |

#### AORIST TENSE.
##### Indicative.

| | | | |
|---|---|---|---|
| Sing. | 1. | ἧκα | εἵμην |
| | 2. | ἧκας | εἷσο |
| | 3. | ἧκε(ν) | εἷτο |

o

| Active. | Middle. |
|---------|---------|

| Dual. | 2. | εἶτον | εἶσθον |
| | 3. | εἴτην | εἴσθην |
| Plur. | 1. | εἶμεν | εἴμεθα |
| | 2. | εἶτε | εἶσθε |
| | 3. | εἶσαν | εἶντο |

### Subjunctive.

| Sing. | 1. | ὦ | ὦμαι |
| | | etc. | etc. |

### Optative.

| Sing. | 1. | εἴην | εἴμην |
| | | etc. | etc. |

### Imperative.

| Sing. | 2. | ἔς | οὗ |
| | 3. | ἔτω | ἔσθω |
| Dual. | 2. | ἔτον | ἔσθον |
| | 3. | ἔτων | ἔσθων |
| Plur. | 2. | ἔτε | ἔσθε |
| | 3. | ἔντων | ἔσθων |

### Infinitive.

εἶναι      ἔσθαι

### Participle.

εἴς, εἶσα, ἔν      ἔμενος, -η, -ον

## PASSIVE VOICE.

| FUTURE. | AORIST. |
|---------|---------|
| Sing. 1. ἐθήσομαι | εἴθην |

*Obs.*—This verb is mostly found in Attic compounded. The commonest compounds are—

| | |
|---|---|
| ἀνίημι, | { 'I loosen' (*c. acc.*). { 'I give up' (*c. gen.*). |
| συνίημι, | 'I understand.' |
| ἀφίημι, μεθίημι, } | 'I let go.' |
| προίεμαι, | { 'I abandon.' { 'I neglect.' |
| παρίημι, | 'I pass over.' |
| παρίεμαι, | 'I crave indulgence.' |
| ἐφίεμαι, | 'I aim at.' |
| προσίεμαι, | 'I bring over to my side.' |

## Exercise 58.

### INDIRECT SPEECH.

Indirect speech may be introduced by ὅτι or ὡς. After a primary tense no change is made in the mood or tense of the verb.

*N.B.*—In Greek, indirect speech never makes a verb subjunctive—

λέγει ὅτι βούλεται,  'He says that he wishes.'
λέγει ὅτι ἕτοιμός ἐστιν, 'He says that he is ready.'

1. Οὐ δεῖ τοὺς τοσούτων κακῶν αἰτίους ἐλευθέρους ἀφεῖναι.

2. Ἐβουλόμην ἂν παρὰ σὲ ἥκειν, ἀλλ' οὐκ ἀφήσει με οὑτοσί.

3. Τῶν δούλων τινὰς ελευθέρους ἀφῆκεν ὁ δεσπότης.

4. Ἤδη ἐγγὺς ὄντων τῶν πολεμίων τὰ βέλη ἀφίεμεν.

5. Ἐπίσχες. μὴ μεθῇς τὸν λίθον ἐκ τῆς χειρός.

6. Μὰ Δί', οὐκ ἂν προείμην τοὺς φίλους ὅταν ἐν τοῖς δεινοῖς ὦσιν.

7. Μεθοῦ τῆς χειρός μου καὶ ἄφες με ἐλεύθερον.

8. Αἰσχρόν ἐστι τὴν πατρίδα κέρδους ἕνεκα προέσθαι.

9. Τῇ μάχῃ ἡττηθέντες οἱ πολέμιοι τὴν νῆσον προείντο.

10. Εἰ μὴ ἀνήσετε τῆς βοῆς, καλήν μοι δώσετε τὴν δίκην.

11. Μὴ ἀφῆτε τοὺς ἄνδρας, ὦ Ἀθηναῖοι, οὐ γὰρ ἂν δίκαιον εἴη.

12. Τιμῆς καὶ δόξης ἐφίενται οἱ πολλοὶ μᾶλλον ἢ ἀρετῆς.

13. Διὰ τί τοὺς καιροὺς παρίετε, δέον τοῖς συμμάχοις βοηθεῖν;

14. Ἐν ἐκείνῳ τῷ χρόνῳ οἱ Ἀθηναῖοι ἐφίεντο τῆς Σικελίας ἄρχειν.

15　Τὰ τῆς πόλεως προεῖντο οἱ ἡμέτεροι στρατηγοί.

16. Εἰ γὰρ μὴ παρῆκα τὸν καιρόν, ἵνα μὴ νῦν πράγματ᾽ εἶχον.

17. Ὅταν τὰς χορδὰς ἀνιῶμεν, βαρύτερος γίγνεται ὁ φθόγγος.

18. Τρεῖς ἡμέρας παρίει ὁ στρατηγὸς οὐκ ἔχων ὅποι τράποιτο.

19. Ὡς καλὴν ἀφίησι τὴν φωνὴν ἡ παρθένος.

20. Πάσας φωνὰς ἀφῆκεν ἄνθρωπος ἵνα δίκην μὴ δοίη.

1. We ought not to have let off those who are answerable for all our present troubles.

2. I wish we had freed our slaves, that they might have been more faithful to us.

3. When they were already near the wall, the enemy discharged their missiles.

4. Upon my word, I could never let slip such an opportunity.

5. Let go my cloak, and do not prevent me going to dinner.

6. Is it not disgraceful to abandon one's friends for the sake of money?

7. The Spartans abandoned the Ionians to the king.

8. Do not let off the authors of so many troubles, for it would not be proper.

9. The man strives more than is right for honour and riches.

10. If you slacken the strings the sound will become lower.

## LIX.—VERBS IN -*MI* (continued).

**165.** Some verbs in -μι add -νῡ (-νν) to the present stem.

*N.B.*—In the indicative singular the ν is long, elsewhere short. Cf. §151.

δείκνῡμι, ' I show.'
PRESENT TENSE.
Indicative.

|  | | ACTIVE. | MIDDLE. |
|---|---|---|---|
| SING. | 1. | δείκνυμι | δείκνυμαι |
|  | 2. | δείκνυς | δείκνυσαι |
|  | 3. | δείκνυσι(ν) | δείκνυται |

|  | | ACTIVE. | MIDDLE. |
|---|---|---|---|
| DUAL | 2. | δείκνυτον | δείκνυσθον |
| | 3. | δείκνυτον | δείκνυσθον |
| PLUR. | 1. | δείκνυμεν | δεικνύμεθα |
| | 2. | δείκνυτε | δείκνυσθε |
| | 3. | δεικνύασι(ν) | δείκνυνται |

### IMPERFECT TENSE.

| | | | |
|---|---|---|---|
| SING. | 1. | ἐδείκνυν | ἐδεικνύμην |
| | 2. | ἐδείκνυς | ἐδείκνυσο |
| | 3. | ἐδείκνυ | ἐδείκνυτο |
| DUAL | 2. | ἐδείκνυτον | ἐδείκνυσθον |
| | 3. | ἐδεικνύτην | ἐδεικνύσθην |
| PLUR. | 1. | ἐδείκνυμεν | ἐδεικνύμεθα |
| | 2. | ἐδείκνυτε | ἐδείκνυσθε |
| | 3. | ἐδείκνυσαν | ἐδείκνυντο |

### Imperative.

| | | | |
|---|---|---|---|
| SING. | 2. | δείκνυ | δείκνυσο |
| | | etc. | etc. |

**166.** The other parts are inflected like verbs in -ω.

| | PRES. | FUT. | AOR. | PERF. |
|---|---|---|---|---|
| A. | δείκνυμι | δείξω | ἔδειξα | δέδειχα |
| M. | δείκνυμαι | δείξομαι | ἐδειξάμην | δέδειγμαι |
| P. | | δειχθήσομαι | ἐδείχθην | |

*Obs.*—The accent is on the syllable -νυ- in the present infinitive and participle.

## Exercise 59.

### Indirect Speech (continued).

After a secondary tense the tense remains unchanged, but the mood may become optative, thus—

ἔλεγεν ὅτι βούλοιτο,  'He said that he wished.'

ἔλεγεν ὅτι ἕτοιμος εἴη, 'He said that he was ready.'

1. Τὴν τῶν ἀνθρώπων πονηρίαν δείκνυσιν ὁ χρόνος.

2. Βούλει μοι δεῖξαι ὅπου οἰκεῖ ὁ Σωκράτης;

3. Βούλει σοι ἐπιδείξωμαι τὴν τέχνην;—Μή μοί γε, πρὸς τῶν θεῶν.

4. Ἔλεγεν ὁ σοφιστὴς ὅτι τὴν αὑτοῦ τέχνην ἐπιδείξασθαι ἕτοιμος εἴη.

5. Δεῖξόν μοι τὸν στρατηγόν, πρὸς τῶν θεῶν. ἆρ' οὐκ ἐνθάδε ὁ στρατηγός;

6. Εἴθε σαφέστερον ἔδειξάς μοι τὴν ὁδόν· οὐ γὰρ ἐμπείρως ἔχω τῆς χώρας.

7. Διὰ τί ἥκει ὁ σοφιστής;—Ἥκει τὴν αὑτοῦ τέχνην ἐπιδειξόμενος.

8. Τίς ἂν δείξειέ μοι ὅπου ἕστηκε τὸ τροπαῖον;

9. Ἀπόντος τοῦ πατρὸς τὴν ἐπιστολὴν ἔδειξεν ἡ θυγατὴρ τῇ μητρί.

10. Μὴ ἐπιδείξησθε τὴν σοφίαν μοι· ἄχθομαι γὰρ τοῖς δοκοῦσι σοφοῖς εἶναι.

11. Ἡ ὁδὸς ἣν ἔδειξεν ἡμῖν ὁ ξένος μακροτέρα ἐστὶ καὶ χαλεπωτέρα τῆς ἑτέρας.

12. Ἐν τῇ μάχῃ ἑκάτεροι τὴν ἀρετὴν ἔδειξαν.

13. Μὴ δείξῃς τὴν ἐπιστολὴν ταύτην μηδενὶ τῶν φίλων.

14. Ὅπως δείξετε οἷοι πεφύκατε καὶ ὅπως τέθραφθε.

15. Τὴν φιλίαν δεικνύασιν ἄνθρωποι ἐν τοῖς λόγοις μᾶλλον ἢ ἐν τοῖς ἔργοις.

16. Ὁ βασιλεὺς τὸν πρεσβύτερον τοῖν υἱέοιν στρατηγὸν ἀπέδειξε.

17. Δείξας μοι τὴν ἐπιστολὴν ἔλεγεν ὅτι αὔριον ἐπὶ δεῖπνον παρέσοιτο.

18. Ἤδη δέδεικται ὅτι οὐκ ἀεὶ πλέον ἔχουσιν οἱ ἄδικοι τῶν δικαίων.

19. Ὡς ἥδεται ὁ σοφιστὴς τὴν αὐτοῦ σοφίαν ἐπιδεικνύμενος.

20. Ἀποδείξω σε πάντων τῶν νῦν πραγμάτων αἴτιον ὄντα.

1. Time alone shows a just man.

2. Who can show me where Pericles lives, for I am a stranger?

3. Will you be good enough (βούλει;) to give us a display of your skill, for I am very fond of music.

4. I wish you would show me more clearly what you want, that I might do it.

5. The girl said that she had shown the letter to her mother.

6. I dislike people who are always showing off their cleverness.

7. Let us all show our bravery in battle, for the struggle is really serious.

8. They showed that they were naturally brave and had been well trained.

9. We ought to obey whomsoever the people appoints (*aor. subj.*) general.

10. It has already been shown that these two angles are equal to one right angle.

## LX.—VERBS IN -*MI* (continued).

**167.** The two following verbs in -μι have unamplified present stems.

φημί, 'I say.'

**PRESENT TENSE.**

**Indicative.**

| | SING. | DUAL. | PLUR. |
|---|---|---|---|
| 1. | φημί | | φαμέν |
| 2. | φῇς | φατόν | φατέ |
| 3. | φησί(ν) | φατόν | φασί(ν) |

|  | Subjunctive. | | Optative. |
|---|---|---|---|
| SING. 1. | φῶ | | φαίην |
| | etc. | | etc. |

Imperative.

| SING. | DUAL. | PLUR. |
|---|---|---|
| 2. φαθί | φάτον | φάτε |
| 3. φάτω | φάτον | φάντων |

Infinitive.

φάναι

Participle.

φάσκων, φάσκουσα, φάσκον

IMPERFECT TENSE.

| 1. ἔφην | | ἔφαμεν |
|---|---|---|
| 2. ἔφησθα | ἔφατον | ἔφατε |
| 3. ἔφη | ἐφάτην | ἔφασαν |

168. εἶμι, 'I shall go.'

PRESENT TENSE.

Indicative.

| SING. | DUAL. | PLUR. |
|---|---|---|
| 1. εἶμι | | ἴμεν |
| 2. εἶ | ἴτον | ἴτε |
| 3. εἶσι(ν) | ἴτον | ἴασι(ν) |

|  | Subjunctive. | Optative. |
|---|---|---|
| SING. 1. | ἴω | ἴοιμι |
| | etc. | etc. |

Imperative.

| | Sing. | Dual. | Plur. |
|---|---|---|---|
| 2. | ἴθι | ἴτον | ἴτε |
| 3. | ἴτω | ἴτων | ἰόντων |

Infinitive.

ἰέναι

Participle.

ἰών, ἰοῦσα, ἰόν

### IMPERFECT TENSE.

| | | | |
|---|---|---|---|
| 1. | ᾖα | | ᾖμεν |
| 2. | ᾔεισθα | ᾖτον | ᾖτε |
| 3. | ᾔει(ν) | ᾔτην | ᾖσαν |

*Obs.*—The indicative of this verb is always used in a future sense, but this does not apply to the other moods, which really belong to ἔρχομαι.

### Exercise 60.

#### Indirect Speech (*continued*).

Indirect speech may also be expressed as in Latin by the accusative with the infinitive. Some verbs, such as φημί, admit of no other construction, thus—

φημὶ αὐτὸν ἔτοιμον εἶναι, ‘I say that he is ready.’

But when the subject of the infinitive is the same as that of the principal verb, it is omitted and the predicate stands in the nominative. Thus—

φησὶν ἔτοιμος εἶναι, ‘He says he is ready.’
φησὶ βούλεσθαι, ‘He says he wishes.’

If the dependent verb had ἄν in direct speech, ἄν is retained with the infinitive, *e.g.*—

φησὶν ἔτοιμος ἂν εἶναι
‘He says he would be ready’ (ἔτοιμος ἂν εἴην).
‘He says he would have been ready’ (ἔτοιμος ἂν ἦ).

Οὔ φημι, I deny (*nego*), is treated as a single word.

1. Ἔφη τις τῶν παρόντων θανάτου ἄξιον εἶναι τὸν ἄνθρωπον.

2. Κρείττων εἶναί φημι τὴν τέχνην τουτουί.

3. Τί φῶ; τί δρῶ; ποῖ τράπωμαι;

4. Φησὶν αὐτοὺς ἐλευθέρους ἂν εἶναι εἰ τοῦτ' ἔδρασαν.

5. Τὸν καλὸν κἀγαθὸν ἄνδρα εὐδαίμονα εἶναί φημι.

6. Φησὶν αὐτοὺς ἐλευθέρους ἂν εἶναι εἰ τοῦτο δρῷεν.

7. Ἔφασαν αὐτοὶ σπείσασθαι ἐθέλειν, τοὺς δὲ πολεμίους οὐκ ἐθέλειν.

8. Οὔ φασι τὴν ἐπιστολὴν δεῖξαι οὐδενὶ τῶν φίλων.

9. Οὐκ ἔφασαν οἱ ξένοι ἔχειν ὅποι τράποιντο.

10. Ὁ σοφιστής φησι σοφώτερος εἶναι τὴν τέχνην τῶν ἄλλων ἁπάντων.

11. Διὰ τί οὐκ ἔφησθα ἕτοιμος εἶναι τὴν σαυτοῦ τέχνην ἐπιδείξασθαι;

12. Οὔ φασιν οἱ σοφοὶ δεῖν κέρδους ἕνεκα τοὺς φίλους προέσθαι.

13. Μὴ φῶμεν πλέον ἔχειν τοὺς ἀδίκους τῶν δικαίων.

14. Γέλωτος ἄξιά ἐστι πάνθ' ὅσα φησὶν ἄνθρωπος.

15. Οὐδεὶς ἂν φαίη πλέονος ἄξιον εἶναι τῇ πόλει τοῦτον ἐκείνου.

16. Τίς φησιν ἐλευθέρους δεῖν ἀφεῖναι τοὺς τοσούτων πραγμάτων αἰτίους;

17. Οὐκ ἂν φαίην ἔγωγε σοφώτερος εἶναί σου τὴν τέχνην.

18. Ἔφη ἄνθρωπος οὐκ ἂν προδοῦναί ποτε τὴν πόλιν.

19. Ἐπὶ δεῖπνον ἥξειν ἔφησθα. τί οὖν ἕστηκας ἔτι;

20. Οὔ φημι δεῖν τοὺς Ἴωνας τῷ βασιλεῖ προέσθαι.


1. One of the company said that he wished to show off his skill, but the others prevented him.

2. The boy says that he is better than his teacher in the art of reading and writing.

3. What shall we say about this young man? He seems to have a natural gift for music.

4. We say that we are ready to make peace if you wish it.

5. The boy said he had not shown the letter to any one.

6. No one would say you are more skilful in your art than I

7. Let us not say that the false is true.

8. Everything that the man says is worthy of attention.

9. Who would say that it is better to worry than to keep quiet?

10. I would not say that I can walk quicker than you, for it would be absurd.

## LXI.—THE VERB $OI\Delta A$.

169. This verb is really a perfect used as a present (cf. Lat. *novi*).

### PRESENT TENSE.
#### Indicative.

| | Sing. | Dual. | Plur. |
|---|---|---|---|
| 1. | οἶδα | | ἴσμεν |
| 2. | οἶσθα | ἴστον | ἴστε |
| 3. | οἶδε(ν) | ἴστον | ἴσασι(ν) |

#### Subjunctive.

| | | | |
|---|---|---|---|
| 1. | εἰδῶ | | εἰδῶμεν |
| 2. | εἰδῇς | εἰδῆτον | εἰδῆτε |
| 3. | εἰδῇ | εἰδῆτον | εἰδῶσι(ν) |

#### Optative.

| | | | |
|---|---|---|---|
| 1. | εἰδείην | | εἰδεῖμεν |
| 2. | εἰδείης | εἰδεῖτον | εἰδεῖτε |
| 3. | εἰδείη | εἰδείτην | εἰδεῖεν |

#### Imperative.

| | | | |
|---|---|---|---|
| 2. | ἴσθι | ἴστον | ἴστε |
| 3. | ἴστω | ἴστων | ἴστων |

#### Infinitive.
εἰδέναι

#### Participle.
εἰδώς, εἰδυῖα, εἰδός

## IMPERFECT TENSE.
### Indicative.

1. ἤδη ἦσμεν
2. ἤδησθα ἦστον ἦστε
3. ἤδει(ν) ἤστην ἦσαν (ἤδεσαν)

## FUTURE TENSE.
### Indicative.

1. εἴσομαι εἰσόμεθα
2. εἴσῃ (ει) εἴσεσθον εἴσεσθε
3. εἴσεται εἴσεσθον εἴσονται

### Optative.

SING. 1. εἰσοίμην
etc.

### Infinitive.
εἴσεσθαι

### Participle.
εἰσόμενος, -η, -ον

*Obs.*—Note that δ before another dental becomes σ (App. § 2, 5), and is dropped before σ (App. § 2, 7).

## Exercise 61.
### VERBS OF KNOWING AND SHOWING.

After verbs of *knowing* and *showing*, the English *that*-clause may be expressed—

(1) By a ὅτι-clause, e.g.—

οἶδ' ὅτι τἀργύριον ἔχεις.

'I know that you have the money.'

(2) By a participial complement, e.g.—

οἶδά σ' ἔχοντα τἀργύριον.

'I know that you have the money.'

δείξω σε τἀργύριον ἔχοντα.

'I shall show that you have the money.'

When the subject of the *that*-clause is the same as that of the principal verb, the participial complement is put in the nominative, *e.g.*—

>οἶδα ἄνθρωπος ὤν.
>'I know that I am a man.'
>
>δεῖξον εὖ πεποιηκώς.     ς
>'Show that you have done right.'

Note the idiom—

>οἶδά σε ὅστις εἶ.
>'I know thee who thou art,' 'I know who you are.'
>
>οὐκ ἔφασαν εἰδέναι τὸν ἄνθρωπον ὅστις εἴη.
>'They said they didn't know who the man was.'

1. Ἆρ' οἶσθα ἥτις ἐστὶν ἥδε ἡ χώρα ;—Μὰ Δί', οὐκέτ' οἶδα ποῦ γῆς ἐσμεν.

2. Ἐρωτῶμεν τοῦτον τὸν ἄνθρωπον ἵνα σαφέστερον εἰδῶμεν ὅποι δεῖ τραπέσθαι.

3. Δρᾶσον τοῦτο, πρὸς τῶν θεῶν. χάριν εἴσομαί σοι ἐὰν τοῦτο δράσῃς.

4. Ποῖ ποτ' οἴχεται ἄνθρωπος ;—Οὐκ ἔφασαν εἰδέναι οἱ παρόντες ὅπου εἴη ἄνθρωπος.

5. Εἰσόμεθα αὐτίκα μάλα εἰ ἔνδον ἄνθρωπος ἢ οὔ. οὗτος, ἆρ' ἔνδον ὁ δεσπότης ;

6. Τίνες οὗτοι ; τίς ὁ βοῶν τὸν δεσπότην ; οὐκ ἴστε νοσοῦντα πολλὰς ἤδη ἡμέρας τὸν δεσπότην;

7. Οὐδὲν λέγεις, ὤνθρωπε. οὐκ οἶσθ' ὅ τι λέγεις οὐκ ἴσθ' ἡμᾶς οἵτινές ἐσμεν ;

8. Τὸ δίκαιον περὶ πλείστου ποιητέον καὶ εἰ μηδεὶς μέλλει εἴσεσθαι.

9. Οὐκ ἴσασί πω οἱ Ἀθηναῖοι τὴν ἧτταν γεγενημένην.

10. Σύνοιδα ἐμαυτῷ οὐδὲν ἀδικοῦντι.

11. Ἡδέως ἂν εἰδείην εἰ ἀληθῆ λέγει ἄνθρωπος ἢ οὔ.

12. Εἰ γὰρ ἤδη σε νοσοῦντα ἵνα παρὰ σὲ ἦκον.

13. Οἶδα αὐτοὺς ἐλευθέρους ἂν ὄντας εἰ τοῦτ' ἐποίησαν.

14. Οὐ συνῄδη ἐμαυτῷ οὐδένα κακῶς ποιήσαντι.

15. Καίπερ εὖ εἰδὼς ὅπως ταῦτ' ἐγένετο οὐκ ἂν ὑμῖν λέγοιμι.

16. Ἐπειδὰν τάχιστα τὴν μάχην εἰδῶσι γεγενημένην, ἐπιθήσονται.

17. Οἶδα αὐτοὺς ἐλευθέρους ἂν ὄντας εἰ ταῦτα δράσειαν.

18. Εἰ ταῦτ' ᾔδησθα οὕτως ἔχοντα, οὐκ ἔδει ἡμῖν λέγειν;

19. Εἰ ταῦτ' ᾖσμεν, ἡδέως ἂν ὑμῖν ἐλέγομεν.

20. Οἶδά σε ὅστις εἶ;—Οὐκ ᾔδησθά με ὅστις εἴην.—Οὔ φησιν ἐκεῖνος εἰδέναι μ' ὅστις εἰμί.

1. I don't know what time of day it is. It is late in the day.

2. I came to you, for I knew that you were skilful in your profession.

3. I shall feel grateful to you if you show me where Socrates lives.

4. I am not conscious of saying what is false. My words are all true.

5. We did not know exactly how many soldiers the king had.

6. I am well aware that I alone am responsible for all your present troubles.

7. We know that we are (but) men, and that death is common to all.

8. I wish I knew how long the messenger will be away! Here he comes!

9. It is impossible for us to know the truth about such things exactly.

10. We did not know that you were so brave. We shall know soon if you are wise.

## LXII.—IRREGULAR VERBS.

170. Many Greek verbs form their parts from more than one stem. These are called the irregular verbs, and are classified according to the form of the present stem.

### I.—Verbs with Vowel-gradation in Present and Aorist Stems.

**171.** Many verbs contain an *e* in the present stem which disappears in the aorist stem.

There is often a third stem containing *o*, which appears in the perfect, thus—

| Pres. Stem. | Aor. Stem. | Perf. Stem. |
|---|---|---|
| φευγ | φυγ | φευγ |
| λειπ | λιπ | λοιπ |
| πειθ | πιθ | ποιθ |

**172.** Most "irregular" verbs form a strong aorist (second aorist) which has the same terminations as the imperfect. It is distinguished from the imperfect only by the form of the stem, *e.g.*—

| Pres. | Imperf. | Aor. |
|---|---|---|
| φεύγω | ἔφευγον | ἔφυγον |
| βάλλω | ἔβαλλον | ἔβαλον |

*Obs.*—The infinitive and participle of the strong aorist always have the accent on the termination, *e.g.*—

| Infinitive. | Participle. |
|---|---|
| βαλεῖν | βαλών, βαλοῦσα, βαλόν |
| λιπεῖν | λιπών, λιποῦσα, λιπόν |
| φυγεῖν | φυγών, φυγοῦσα, φυγόν |

**173.** The following examples will show the formation of this class.

πείθω, 'I persuade.'

| | Pres. | Fut. | Aor. | Perf. |
|---|---|---|---|---|
| A. | πείθω | πείσω | ἔπεισα | ⎧ πέπεικα |
| M. | πείθομαι | πείσομαι | ἐπείσθην | ⎩ πέποιθα |
| P. | | πεισθήσομαι | ἐπιθόμην | πέπεισμαι |

*Obs.*—In the active this verb governs the accusative.

In the passive it means—(1) 'I believe,' (2) 'I obey,' and governs the dative.

The strong perfect πέποιθα means 'I believe in,' 'trust in,' and governs the dative.

For the treatment of the θ, see App. § 2, 5.

λείπω, 'I leave.'

|   | PRES. | FUT. | AOR. | PERF. |
|---|-------|------|------|-------|
| A. | λείπω | λείψω | ἔλιπον | λέλοιπα |
| P. | λείπομαι | λειφθήσομαι | ἐλείφθην | λέλειμμαι |

φεύγω, 'I flee.'

|   | PRES. | FUT. | AOR. | PERF. |
|---|-------|------|------|-------|
| A. | φεύγω | φεύξομαι | ἔφυγον | πέφευγα |

*Obs.*—The future of this verb is deponent because it expresses a bodily action.

## Exercise 62.

### VERBS OF THINKING.

Verbs of *thinking* and *believing* take the accusative and infinitive, not ὅτι. Thus—

> νομίζω αὐτὸν ἕτοιμον εἶναι, 'I think he is ready.'
> νομίζει ἕτοιμος εἶναι,     'He thinks he is ready.'

But πείθομαι, which means literally 'I am persuaded,' takes ὅτι.

1. Φεύγωμεν ἀμφοῖν τοῖν ποδοῖν, ὦ φίλοι, δεινὸς γὰρ ὡς ἀληθῶς ὁ κίνδυνος.

2. Ὅσ' ἀγάθ' ὑμῖν γένοιτ' ἂν εἰ πίθοισθέ μοι.—Καὶ τί σοι πιθώμεθα;—Ὅ τι; αὐτίκα μάλ' εἴσεσθε.

3. Ποῖ φύγω; ποῖ τράπωμαι; οὐκ ἔχω ὅποι τράπωμαι. εἰς δεινήν τινα ἀπορίαν κατέστην.

4. Ἐὰν μὴ πίθησθέ μοι, καλὴν δώσετ' ἐμοὶ δίκην.

5. Εὖ μοι δοκεῖς λέγειν καὶ πείσομαι τοῦτό σοι.—Νοῦν ἄρ' ἕξεις, νὴ Δία;

6. Πιθοῦ μοι, πρὸς πάντων θεῶν.—Διὰ τί δῆτά σοι πίθωμαι;

7. Πᾶν ποιοῦσιν ἄνθρωποι ἵνα διαφύγωσι τὴν νόσον.

8. Ἧκέ τις ἀγγελῶν ὡς ὁ βασιλεὺς πέφευγεν ἐπὶ τὰ ὄρη.

9. Ἀσεβείας ἔφυγεν ὁ Σωκράτης ὑπ᾽ Ἀνύτου καὶ Μελήτου.

10. Νομίζω πόλλ᾽ ἀγαθά σοι γενήσεσθαι ἐάν μοι πίθῃ.

11. Εἴθ᾽ ἐπιθόμην σοι ἵνα μὴ τοσαῦτ᾽ εἶχον πράγματα.

12. Εἰ γὰρ διαφύγοι τὴν νόσον ὁ πατήρ.

13. Ὅπως πείσεσθε τῷ Δημοσθένει, ὦ ἄνδρες, τἄριστα γὰρ συμβουλεύει.

14. Αἰσχρὸν παρ᾽ ἡμῖν ἐστι τὴν τάξιν λιπεῖν.

15. Τί ταῦτ᾽ ἔδρασας δέον τοῖς ἀμεινόν σου εἰδόσι πιθέσθαι;

16. Ἐὰν μὴ ὀρθῶς κρίνητε, ἀποφεύξεται ὁ τοσαῦθ᾽ ἡμᾶς ἠδικηκώς.

17. Χρὴ πιθέσθαι τῷ πατρὶ ὅ τι ἄν σε κελεύσῃ.

18. Ἐὰν τοὺς πολεμίους ἅπαξ διαφύγῃς, ἀσφαλὴς ἔσει.

19. Μή με καταλίπῃς, πρὸς τῶν θεῶν· οὐ γὰρ ἂν μόνος μείναιμι

20. Ὅταν φεύγωσιν οἱ πολέμιοι τότε ἐπιθέσθαι χρεών.

1. Whither shall we flee? We don't know where to turn.

2. If he does not obey (*aor. subj.*) me, he will assuredly (εὖ ἴσθ᾽ ὅτι) be punished.

3. We did everything in order to escape the enemy.

4. Where is the general fled to? They say he has deserted his post.

5. Would I were once acquitted, that I might have no more trouble!

6. I think the man will obey me in whatever I bid (*aor. subj.*) him.

7. Would my friend had not left me alone, that I might have escaped!

8. Everything will be all right if only you do (*aor. subj.*) as I tell you.

9. Mind you run away as quick as you can; for the danger is terrible.

10. If Socrates had been acquitted the Athenians would not have been blamed so much.

P

## LXIII.—IRREGULAR VERBS (continued).

**174. II.—MUTE STEMS WITH THE SUFFIX -yω (-ιω)**
**IN THE PRESENT.**

The obsolete spirant $y$ is fused with the mute of the stem
in different ways.  Thus—

(a) LABIAL     π   β   φ + -yω = -πτω
(b) GUTTURAL κ   γ   χ + -yω = -ττω (-σσω)
(c) DENTAL     τ   δ   θ + -yω = -ζω

**175. II. a.—LABIAL STEMS WITH SUFFIX -yω IN THE
PRESENT (VERBS IN -πτω).**

βλάπτω, 'I hurt' ( = βλάβ-yω).

| | PRES. | FUT. | AOR. | PERF. |
|---|---|---|---|---|
| A. | βλάπτω | βλάψω | ἔβλαψα | βέβλαφα |
| P. | βλάπτομαι | βλάψομαι<br>βλαβήσομαι | ἐβλάβην | βέβλαμμαι |

*Obs.*—For the strong aorist passive in this and the following verbs,
see § 150.

θάπτω, 'I bury' ( = θάφ-yω).

| | PRES. | FUT. | AOR. | PERF. |
|---|---|---|---|---|
| A. | θάπτω | θάψω | ἔθαψα | ——— |
| P. | θάπτομαι | ταφήσομαι | ἐτάφην | τέθαμμαι |

*Obs.*—The root is θαφ.  Whenever the φ of the stem appears, the
θ becomes τ.  This is to avoid two successive aspirates.  Cf. the
declension of θρίξ (§ 58), and App. § 2, 1.

κλέπτω, 'I steal' ( = κλέπ-yω).

| | PRES. | FUT. | AOR. | PERF. |
|---|---|---|---|---|
| A. | κλέπτω | κλέψω | ἔκλεψα | κέκλοφα |
| P. | κλέπτομαι | ——— | ἐκλάπην | κέκλεμμαι |

## Exercise 63.

### Indirect Conditionals.

After verbs of *saying* and *thinking*, the potential becomes infinitive (present or aorist) with ἄν.

ἔφη διδόναι ἄν εἰ δύναιτο.

'He says he would give if he could.'

ἔφη δοῦναι ἄν εἰ ἐδύνατο.

'He said he would have given if he could.'

1. Ὥρα ἦν πάλαι οἴκαδ' ἰέναι. ἅπτε, παῖ, λύχνον· σκότος γὰρ γίγνεται.

2. Μὴ κρύψῃς ὅ τι ἐν νῷ ἔχεις δρᾶν. εἰπέ μοι, πρὸς τῶν θεῶν, τί ἐννοεῖ.

3. Τούτους τοὺς ἄνδρας φησὶ κλέψαι τὰ χρήματα.

4. Νομίζω πόλλ' ἀγάθ' ἂν ὑμῖν γενέσθαι εἴ μοι ἐπίθεσθε.

5. Νομίζω μεγάλ' ἂν βλάψαι τὴν πόλιν τουτονὶ εἰ δύναιτο.

6. Ἐξεκόπη μὲν τὠφθαλμὼ λίθῳ ἄνθρωπος, τὸν δ' ἕτερον πόδα χωλὸς ἐγένετο.

7. Τίς οὕτω σφόδρ' ἔκοψε τὴν θύραν; μή μοι παράσχῃς πράγματ', ὤνθρωπε.

8. Ὅπως μὴ κρύψεις ὅ τι ἐν νῷ ἔχεις δρᾶν.

9. Οὐκ ἂν βλάψειεν οὐδένα ἑκὼν εἶναι ἄνθρωπος.

10. Οὐκ ἂν ἔκλεψε τἀργύριον ἄνθρωπος εἰ μὴ σὺ ἔπεισας.

11. Ἐξὸν κλέψαι τἀργύριον, οὐκ ἀξιοῖ· οὐ γὰρ ἂν πρέποι.

12. Οὐ βλάψει με ὅ τι ἂν οὗτός με ποιήσῃ.

13. Τί δρῶμεν; λέγωμεν ἤδη ἢ σιγῇ κρύψωμεν τὸ πρᾶγμα;

14. Ἠρόμην τὸν ἄνθρωπον εἰ τεθαμμένοι εἶεν οἱ νεκροί.

15. Παρακεκέλευσμαι τοὺς πολίτας ὡς τάχιστα θάψαι τοὺς νεκρούς.

16. Κἀίπερ ἀμαθὴς ὢν μεγάλ' ἂν βλάψειε τὴν πόλιν ὁ τοιοῦτος.

17. Ἐπειδὰν τάχιστα ταφῶσιν οἱ νεκροί, οἴκαδ' ἴωμεν.

18. Ἐὰν οὗτος ἀποφύγῃ εὖ οἶδ' ὅτι μεγάλα βλάψει τὴν πόλιν.

19. Εἰ γὰρ εἰς καιρὸν παρῆσθα ἵνα τὸν πατέρα ἔθαψας.

20 Ἔφην τὸν ἄνθρωπον μεγάλ' ἂν βλάψαι τὴν πόλιν εἰ ἀποφύγοι.

1. Order the boy to light the lamp; for it is getting dark.

2. Do not conceal the letter, but show it to your mother at once.

3. I say that these men would have stolen the money if they could.

4. I think a man like that would do a great deal of harm if we were to let him off.

5. Don't knock at the door; for there is no one in the house.

6. The man said he wouldn't hurt anybody if he could help it.

7. I would not have knocked at the door if I had known you were ill.

8. Though he had a chance of injuring his enemy, he did not stoop to do it.

9. I shall not conceal from you whatever I intend to do.

10. When we got home the man was already buried.

## LXIV.—IRREGULAR VERBS (continued.)

**176. II. *b.*—Guttural Stems with Suffix -*yω* in the Present (Verbs in -ττω).**

τắττω (τάσσω), 'I set, post, order' ( = τάγ·yω).

|   | Pres. | Fut. | Aor. | Perf. |
|---|-------|------|------|-------|
| A. | τάττω | τάξω | ἔταξα | τέταχα |
| P. | τάττομαι | ταχθήσομαι | ἐτάχθην | τέταγμαι |

πρắττω (πράσσω), 'I act, do' ( = πρắγ-yω).

|   | Pres. | Fut. | Aor. | Perf. |
|---|-------|------|------|-------|
| A. | πράττω | πράξω | ἔπραξα | { πέπραχα<br>{ πέπραγα |
| P. | πράττομαι | πραχθήσομαι | ἐπράχθην | πέπραγμαι |

*Obs.*—This verb is also used intransitively with adverbs in the sense 'I fare.' It then takes the strong perfect, πέπρᾱγα.

(ἀπ)-αλλάττω (-άσσω), 'I rid of' ( = ἀπ-αλλάγ-yω).

| | PRES. | FUT. | AOR. | PERF. |
|---|---|---|---|---|
| A. | -αλλάττω | -αλλάξω | -ήλλαξα | -ήλλαχα |
| P. | -αλλάττομαι | {-αλλάξομαι<br>-αλλαγήσομαι | -ηλλάγην | -ήλλαγμαι |

*Obs.*—The passive means 'I get rid of.' The weak aorist and future forms, ἀπηλλάχθην, ἀπαλλαχθήσομαι, are also found in our texts.

κηρύττω (-ύσσω), 'I proclaim' ( = κηρύκ-yω).

| | PRES. | FUT. | AOR. | PERF. |
|---|---|---|---|---|
| A. | κηρύττω | κηρύξω | ἐκήρυξα | κεκήρυχα |
| P. | κηρύττομαι | κηρυχθήσομαι | ἐκηρύχθην | κεκήρυγμαι |

## Exercise 64.

### CONSECUTIVE CLAUSES.

The consecutive conjunction is ὥστε, which takes the indicative or the infinitive.

With the indicative it is more affirmative than with the infinitive, and can be used only when the result is spoken of as actual. The negative is οὐ. Thus—

οὕτως εὐτυχής ἐστιν ὥστ' ἀεὶ εὖ πράττει.

'He is so lucky that he always gets on well.'

οὕτως ἀτυχής ἐστιν ὥστ' οὐδέποτε εὖ πράττει.

'He is so unlucky that he never gets on well.'

1. Πράγματ' ἔχουσι διὰ παντὸς τοῦ βίου οἱ τὰ τῆς πόλεως πράγματα πράττοντες.

2. Ὡς ἡδὺ οἰκεῖν παρὰ θάλατταν. ἡδέως ἂν ἀπαλλαγείην τῶν κατ' ἄστυ πραγμάτων.

3. Τίς μ' ἀπαλλάξει τῆς νόσου;—Ὅστις; ὁ ἰατρὸς δήπου.—Ἀλλ' οὐ πάνυ τι πέποιθα τῷ ἰατρῷ.

4. Προστέτακται τοῖς φύλαξι τὰ τείχη φυλάττειν· ἐγγὺς γὰρ ἤδη οἱ πολέμιοι.

5. Ἆρ' οἶσθ' ὅ τι κεκήρυκται τήμερον ἐν τῷ στρατοπέδῳ;—Πῶς γὰρ οὔ;

6. Ἕωθεν εὐθὺς παρατεταγμένοι ἦσαν ἑκάτεροι εἰς τὴν μάχην.

7. Εὐτυχὴς οὕτως ἐγενόμην ὥστε πάντων πραγμάτων ἀπηλλάγην.

8. Εἰ γὰρ πραγμάτων ἀπαλλαγείην ἵν' ἡσυχίαν ἄγοιμι.

9. Ὅπως πείσεσθε πάντες τοῖς κεκηρυγμένοις, ὦ ἄνδρες στρατιῶται.

10. Τί πράττει ὁ πατήρ σου;—Ἄμεινον πράττει ἢ χθές

11. Εἰ γὰρ ἐπέπρακτο ταῦτα πρότερον ἵνα μὴ ἔδει νῦν πράττειν.

12. Παρὸν πραγμάτων ἀπαλλαγῆναι, τί οὐ πέφευγας;

13. Ἐν ᾧ παρετάττοντο ἑκάτεροι, σκότος ἐγένετο.

14. Πάντα μοι πέπρακται ὅσα προσετάχθην.

15. Αἰτίαν ἔχω τὴν τάξιν ἣν ὑπὸ τοῦ στρατηγοῦ ἐτάχθην λιπεῖν.

16. Μὴ ταῦτα πράξῃς ὧν ὕστερόν σοι μεταμελήσει.

17. Τοῦ πολέμου ἤδη ἀπηλλάγμεθα ὥστ' ἐξέσται διὰ χρόνου ἡσυχίαν ἄγειν.

18. Τί πράττωμεν; ποῖ τραπώμεθα; οὐχ ἔχομεν ὅ τι πράττωμεν.

19. Διὰ τί ἄμεινον ἀξιοῦσιν ἐκεῖνοι πεπραγέναι τῶν ἄλλων;

20. Ἐπειδὰν πάντα ταῦτα διαπράξωμαι, ἥξω παρ' ὑμᾶς.


1. If we were to entrust the affairs of the state to that man, he would manage them well.

2. Would I could get rid of all my present troubles!

3. The order had been given to the sentries to guard the walls.

4. We shall draw up in battle array early to-morrow morning.

5. The soldiers have obeyed all the orders that were given them.

6. I wish we had concluded a truce, that we might have got rid of our troubles.

7. When he had accomplished what he intended, he came back home.

8. I have fared far better than you; for I had greater political influence.

9. It is disgraceful to desert the post where one has been posted.

10. A proclamation had been issued that the citizens were to come with three days' rations.

## LXV.—IRREGULAR VERBS (continued).

**177. II. c.—Dental Stems with Suffix *-yω* in the Present (Verbs in *-ζω*).**

(παρα)-σκευάζω, 'I prepare' ( = σκευάδ-*yω*).

|     | Pres. | Fut. | Aor. | Perf. |
|-----|-------|------|------|-------|
| A.  | σκευάζω | σκευάσω | ἐσκεύασα | ἐσκεύακα |
| M.  | σκευάζομαι | σκευάσομαι | ἐσκευασάμην | ἐσκεύασμαι |
| P.  |  | σκευασθήσομαι | ἐσκευάσθην |  |

φράζω, 'I show, explain' ( = φράδ-*yω*).

|     | Pres. | Fut. | Aor. | Perf. |
|-----|-------|------|------|-------|
| A.  | φράζω | φράσω | ἔφρασα | πέφρακα |
| P.  | φράζομαι | ——— | ——— | πέφρασμαι |

σῴζω, 'I save.'

|     | Pres. | Fut. | Aor. | Perf. |
|-----|-------|------|------|-------|
| A.  | σῴζω | σώσω | ἔσωσα | σέσωκα |
| P.  | σῴζομαι | σωθήσομαι | ἐσώθην | σέσωμαι |

## Exercise 65.

### Consecutive Clauses (*continued*).

With the infinitive, ὥστε is much less affirmative than with the indicative. The negative is μή. Thus—

οὕτως ἄγριός ἐστιν ὥστε φόνου με διώκειν.

'He is so cruel as to prosecute me for murder.'

οὕτω μῶρός ἐστιν ὥστε μὴ ἔχειν ὅ τι ποιῇ.
'He is so foolish as not to know what to do.'

ταῦτ' ἔδρασεν ὥστε μὴ μῶρος εἶναι δοκεῖν.
'He did this so as not to be thought a fool.'

The infinitive *may* always be used to express result actual or in prospect

It *must* be used when the result is spoken of as still in prospect.

1. Λέγει που ὁ Πλάτων ὅτι ἀρχὴ τῆς σοφίας τὸ θαυμάζειν.

2. Τὴν στρατιὰν ἐξετάζει ἐν τῷ πεδίῳ ὁ στρατηγός. ἐν τῷ πεδίῳ τὴν ἐξέτασιν ποιεῖται.

3. Πάντα παρεσκεύασται εἰς τὴν μάχην.

4. Ἐὰν ἡττώμεθα, τίς ἡμῶν σωθήσεται;

5. Μὴ κολάσῃς τοῦτον τὸν παῖδα· οὐ γὰρ ζημίας ἄξιός ἐστιν.

6. Εἰ σωθεῖμεν ὑπὸ σοῦ, σοὶ χάριν ἂν ἔχοιμεν δικαίως

7. Ἐπειδὰν τάχιστα πάντα παρεσκευασμένα ᾖ, ἐπιθώμεθα τοῖς πολεμίοις.

8. Χάριν ἴσμεν σοι ὅτι ἐκ τῶν δεινῶν ἡμᾶς ἔσωσας.

9. Ἐνταῦθ' ἔμεινεν ὁ στρατηγὸς ἡμέρας τρεῖς ἕως παρεσκεύαστο ἅπαντα.

10. Καίπερ ὑφ' ἡμῶν σωθέντες οὐδεμίαν χάριν ἀξιοῦσιν ἔχειν.

11. Συμμαχεῖν τούτοις ἐθέλουσιν ἅπαντες, οὓς ἂν εἰδῶσι παρεσκευασμένους.

12. Ὅπως κολάσετε τοὺς τὴν πόλιν προδόντας.

13. Πᾶν ποιοῦσιν ἄνθρωποι ὥστε σωθῆναι καὶ δίκην μὴ δοῦναι.

14. Οὐκ ἔχομεν ἀργύριον ὥστε ἀγοράζειν τὰ ἐπιτήδεια.

15. Σωθέντες ἐκ τοῦ χειμῶνος τὴν ναῦν ἀνέθεμεν τῷ Ποσειδῶνι.

16. Τίς οὐκ ἂν θαυμάσειεν τὴν τοῦ Σωκράτους σοφίαν;

17. Ἐὰν ἐξ Αἰγίνης σώσῃς ἡμᾶς εἰς Ἀθήνας, πέντε δραχμάς σοι δώσομεν.

18. Εἰς τὴν ἐκκλησίαν ἥκω παρεσκευασμένος βοᾶν καὶ θορυβεῖν.

19. Εἰ νικῷεν οἱ πολέμιοι, οὐδ' ἂν εἷς ἡμῶν σωθείη.

20. Θαυμάσαιμι ἂν εἰ μὴ εἰδείης ὅπου οἰκεῖ ὁ Σωκράτης, Ἀθηναῖός γ' ὤν.

1. They say that the general will review his troops early to-morrow morning.

2. We should long ago have punished those who betrayed us to the enemy.

3. Would they had been saved from the storm, that they might have been here!

4. If they had been saved by you they would justly have been grateful.

5. The general will stay here till everything is prepared.

6. The man will do anything so as to be saved.

7. He came to the games prepared to shout and interrupt.

8. If we conquer (*aor. subj.*) the enemy, not one of them will be saved.

9. You would be surprised if we did not know where you live.

10. We ought to have waited till everything was prepared.

## LXVI.—IRREGULAR VERBS (continued).

**178.** Disyllabic and polysyllabic stems in -ίζω take in the future -ιῶ, -ιοῦμαι, inflected like φιλῶ, φιλοῦμαι.

νομίζω, 'I think.'

|   | PRES. | FUT. | AOR. | PERF. |
|---|---|---|---|---|
| A. | νομίζω | νομιῶ | ἐνόμισα | νενόμικα |
| P. | νομίζομαι | νομιοῦμαι | ἐνομίσθην | νενόμισμαι |

### FUTURE TENSE.

|  |  | ACTIVE. | MIDDLE. |
|---|---|---|---|
| SING. | 1. | νομιῶ | νομιοῦμαι |
|  | 2. | νομιεῖς | νομιεῖ |
|  | 3. | νομιεῖ | νομιεῖται |
| DUAL | 2. | νομιεῖτον | νομιεῖσθον |
|  | 3. | νομιεῖτον | νομιεῖσθον |

|            | ACTIVE.        | MIDDLE.        |
|------------|----------------|----------------|
| PLUR. 1.   | νομιοῦμεν      | νομιούμεθα     |
| 2.         | νομιεῖτε       | νομιεῖσθε      |
| 3.         | νομιοῦσι(ν)    | νομιοῦνται     |

βαδίζω, ' I walk.'

|     | PRES.    | FUT.       | AOR.      | PERF.      |
|-----|----------|------------|-----------|------------|
| A.  | βαδίζω   | βαδιοῦμαι  | ἐβάδισα   | βεβάδικα   |

*Obs.*—The future is deponent, because the verb expresses a bodily action.

## Exercise 66.

### INTERNAL ACCUSATIVE.

An intransitive verb may take a neuter pronoun as its object, *e.g.*—

> τοῦτό σοι χαρίζομαι, 'I do you this favour.'
> ταῦτα λυπούμεθα, 'These are the sorrows we feel.'

1. Τῆς ἑσπέρας ἐν τῇ ἀγορᾷ βαδίζω· ἡδεῖα γὰρ ἡ σκιά.

2. Ἡδέως ἂν χαρισαίμην οἵῳ σοι ἀνδρί.

3. Ἰδού, μέλλει θύραζε βαδιεῖσθαι ἄνθρωπος. τί ποτε βούλεται δρᾶν ;

4. Ὅταν θύραζε βαδίζω, κέκλειται ἡ τῆς οἰκίας θύρα.

5. Ἐπὶ δεῖπνον ἐγὼ βαδιοῦμαι.—Πῶς φῄς; οὔπω δεδείπνηκας;— Μὰ Δί', οὐκ ἔγωγε.

6. Ἐτετείχιστο ἡ πόλις ὑπὸ τῶν Ἀθηναίων.

7. Οὐ δεῦρο βαδιεῖ παρ' ἐμέ; ἐγγύτατα οἰκῶ παρ' αὐτὴν τὴν ὁδόν.

8. Οὐ χαίρων ἀπαλλάξει εἰ ἡμᾶς ὑβριεῖς.

9. Ἐὰν ταῦτα δράσῃς, πάντες σ' ἀμαθέστατον εἶναι νομιοῦσι.

10. Ἐὰν κελεύσῃ ὁ στρατηγός, εὐθὺς βαδιούμεθα ἐπὶ τὴν οἰκίαν σου.

11. Τί πλέον μοι γενήσεται ἐὰν ταῦτά σοι χαρίσωμαι;

12. Ὅπως μὴ νομιεῖσθε ἡδέως ἂν ὑμῖν σπείσασθαι τοὺς πολεμίους.

13. Χαριοῦμαι τοῦτό σοι ἐὰν δύνωμαι.

14. Νομίζω ἔγωγε κρείττων εἶναι τὴν τέχνην σου.

15. Ἔφη χαρίσασθαι ἂν ταῦθ' ἡμῖν εἰ ἐδύνατο.

16. Οὐ νομίζω ταῦθ' ἡμῖν χαριεῖσθαι τὸν βασιλέα· τί γὰρ ἂν πλέον ἔχοι;

17. Ὅπως θᾶττον ἐπὶ δεῖπνον βαδιεῖσθε· ὥρα γὰρ ἦν πάλαι.

18. Πρὸς πάντων θεῶν, χάρισαι βραχύ τί μοι.—Τί σοι χαρίσωμαι;

19. Παρ' ἡμῖν αἰσχρὸν νομίζεται τὴν τάξιν λιπεῖν.

20. Βούλει παρὰ θάλατταν βαδίζωμεν ;—Ἔγωγε.

1. We should gladly do you this favour, but we are unable.

2. Won't you walk quicker? We ought to have been there long ago.

3. If you don't do this, every one will think you a born (*use* πέφυκα) fool.

4. We will go wherever the general orders (*aor. subj.*) us.

5. I shall never do you a favour if you are not grateful.

6. It is considered disgraceful to abandon one's friends for money.

7. He asked what good it would do him, if he did us this favour.

8. I don't think I am a better walker ('*better at walking*') than you.

9. Do you wish me to do you a favour? I do.

10. I didn't think he would do us this favour.

## LXVII.—IRREGULAR VERBS (continued).

**179. III.—Liquid and Nasal Stems with the Suffix
-*yω* (-*ιω*) in the Present.**

The final liquid or nasal is fused with the spirant, thus—

$$\lambda \;+\; y\omega \;=\; -\lambda\lambda\omega$$
$$-a\rho, \; -\epsilon\rho \;+\; y\omega \;=\; -a\acute{\iota}\rho\omega, \; -\epsilon\acute{\iota}\rho\omega$$
$$\left.\begin{array}{c} -a\mu \;+\; y\omega \\ -a\nu, \; -\epsilon\nu \;+\; y\omega \end{array}\right\} \;=\; -a\acute{\iota}\nu\omega, \; -\epsilon\acute{\iota}\nu\omega$$
$$-\iota\nu \;+\; y\omega \;=\; -\bar{\iota}\nu\omega$$
$$-\nu\nu \;+\; y\omega \;=\; -\bar{\upsilon}\nu\omega$$

*Obs.*—Except with λ, the obsolete spirant *y* produces *epenthesis*, *i.e.* it disappears after the nasal or liquid, but an *i*-sound is introduced into the preceding syllable, *e.g.* σπέρ-*yω* becomes σπέ'ρ-ω, σπείρω: κτέν-*yω* becomes κτέ'ν-ω, κτείνω.

### III. (*a*)—Liquid Stems with the Suffix -*yω* in the Present (Verbs in -λλω).

These verbs present the same peculiarities in the future and weak aorist as the regular liquid verbs (see § 148).

στέλλω, 'I fit out, dispatch' ( = στέλ-*yω*).

|   | PRES. | FUT. | AOR. | PERF. |
|---|-------|------|------|-------|
| A. | στέλλω | στελῶ | ἔστειλα | ἔσταλκα |
| M. | στέλλομαι | στελοῦμαι | ἐστειλάμην | ἔσταλμαι |
| P. | | σταλήσομαι | ἐστάλην | |

ἀγγέλλω, 'I announce' ( = ἀγγέλ-*yω*).

|   | PRES. | FUT. | AOR. | PERF. |
|---|-------|------|------|-------|
| A. | ἀγγέλλω | ἀγγελῶ | ἤγγειλα | ἤγγελκα |
| M. | ἀγγέλλομαι | ἀγγελοῦμαι | ἠγγειλάμην | ἤγγελμαι |
| P. | | ἀγγελθήσομαι | ἠγγέλθην | |

## Exercise 67.

### INTERNAL ACCUSATIVE (*continued*).

An intransitive verb may take an accusative of cognate sense, *e.g.*—

ἥδομαι τὰς μεγίστας ἡδονάς.

'I enjoy the greatest pleasures.'

In this construction the noun must always be qualified by an adjective, unless it is of narrower meaning than the verb already.

1. Τίς ποθ' ὅδε ; ὥσπερ δεινόν τι ἀγγελῶν ἥκει.

2. Πάλιν ἐξ ἀρχῆς ἄγγειλον ἡμῖν ὅπως ἐγένετο ἡ μάχη.

3. Ἐπειδὴ ταῦτ' ἤγγελτο, μίαν ναῦν εὐθὺς ἀπέστειλαν οἱ Ἀθηναῖοι.

4. Γενομένης τῆς μάχης, κήρυκα πέμπει ὁ βασιλεὺς ἀγγελοῦντα τὴν νίκην.

5. Ἐκκλησίαν ποιήσαντες ἀπήγγειλαν οἱ στρατηγοὶ τὴν νίκην.

6. Εἶθ' ἀπεστάλησαν πρότερον αἱ νῆες ἵνα μὴ ἀπέστησαν οἱ σύμμαχοι

7 Δημοσθένης ἀναστὰς ἔδειξε τὸν Αἰσχίνην οὐδὲν ἀληθὲς ἀπηγγελκότα

8. Ἐπέστειλέ μοι φράσαι χαίρειν σοι ὁ πατήρ.

9. Τοιαῦτα μὲν οἱ ἄλλοι ἀπαγγελοῦσι, ἐγὼ δὲ τοιάδε ἀπαγγέλλω.

10. Ἐνετειλάμην αὐτῷ τὴν ἐπιστολὴν ἀποδοῦναί σοι ὡς τάχιστα.

11. Ἀπέφυγον οἱ κήρυκες ἀπαγγείλαντες τὰ ἐντεταλμένα.

12. Νομίζουσιν οἱ Ἀθηναῖοι μίαν ναῦν ἀποστείλαντες σωθήσεσθαι.

13. Ὡς δεινὰ ἤγγελκεν ὁ κῆρυξ. φησὶ δεινὴν γεγονέναι τὴν ἧτταν.

14. Ὅπως πλείους ἀποστελεῖτε τὰς ναῦς ἵνα μὴ ἡττηθῆτε ὥσπερ καὶ πρότερον.

15. Ἑσπέρας ἐπηγγείλατο ὁ σοφιστὴς τὴν αὑτοῦ τέχνην ἐπιδείξασθαι.

16. Ἀπέσταλκά σοι τήνδε τὴν ἐπιστολὴν ἵν' εἰδῇς μ' εὖ πράττοντα.

17. Ἐπαγγέλλεται ὁ Πρωταγόρας πρὸς ἅπαντα ἀποκρινεῖσθαι.

18. Ἆρ' οὐκ ἐπηγγείλω σοφοὺς ποιεῖν τοὺς συνόντας ;—Οὐκ ἔγωγε.

19. Παραγγέλλω ὑμῖν πεῖραν δοῦναι τῆς ἀρετῆς.

20. Οὔ φασι περιμενεῖν οἱ στρατηγοὶ ἕως ἂν ἀποσταλῶσιν αἱ νῆες

1. News was brought last night that the victory had been glorious.

2. The sophists professed to make young men wise and eloquent.

3. The herald denies that he has brought false news.

4. As soon as this news was brought, twenty ships were dispatched.

5. Be sure you do not bring false news.

6. We ought to have dispatched more ships to help our allies.

7. I urge you to put up bronze statues to the men who saved their country.

8. Socrates did not profess to make his associates (οἱ συνόντες) wise.

9. Would that Aeschines had not brought false reports.

10. He said he would show that the report was false.


## LXVIII.—THE VERB ΒΑΛΛΩ.

180.   The verb βάλλω, 'I throw,' is thus inflected—

|     | PRES. | FUT. | AOR. | PERF. |
| --- | --- | --- | --- | --- |
| A. | βάλλω | βαλῶ | ἔβαλον | βέβληκα |
| P. | βάλλομαι | βληθήσομαι | ἐβλήθην | βέβλημαι |

*Obs.*—This verb takes an accusative of the person when it means 'to pelt' or 'to hit' with a missile.

## Exercise 68.

### ACCUSATIVE OF DISTANCE.

Verbs expressing distance take an accusative of the distance. Thus—

ἀπέχει ἑβδομήκοντα στάδια τῶν Ἀθηνῶν ἡ κώμη.

'The village is seventy furlongs from Athens.'

1. Λίθοις ἔβαλλον τοὺς ῥήτορας οἱ πολῖται· ἐδόκουν γὰρ τὴν πόλιν προδεδωκέναι.

2. Χρῆν πάλαι τὸν τύραννον ἐκ τῆς πόλεως ἐκβαλεῖν.

3. Ἔμβαλέ μοι τὴν δεξιάν, ὦγαθέ.—Ἰδού, τί σοι χαρίσωμαι;

4. Ὅπως θύραζ' ἐκβαλεῖτε τοὺς θεοῖς ἐχθροὺς ἐκείνους.

5. Εἰς τὴν ἐρυθρὰν θάλατταν ἐμβάλλει οὗτος ὁ ποταμός.

6. Σωκράτης ὑπὸ τῶν κατηγόρων διεβλήθη, ἀναίτιος ὤν.

7. Ἐκ τῆς χώρας ἐκβαλοῦμεν ὅστις ἂν τὰ τοιαῦτα δράσῃ.

8. Μὴ διαβάλῃς ἐμὲ καὶ τὸν ἀδελφὸν ἄρτι φίλους γεγονότας.

9. Διαβέβληται ἀδελφὸς τῷ πατρὶ ὑπὸ τῶν ἐχθρῶν.

10. Εἰ γὰρ οἷός τ' εἴην κολάσαι τοὺς διαβεβληκότας σε.

11. Ὑπὸ δέους τὠφθαλμὼ παραβάλλει ὁ ἵππος.

12. Λίθῳ βληθεὶς ὑπό τινος οὐχ οἷός τ' ἐγένετο βαδίζειν.

13. Αἰσχρὸν παρ' ἡμῖν νομίζεται τὰ ὅπλα ἀποβαλεῖν.

14. Ἀνάστησόν με, πρὸς τῶν θεῶν.—Ἰδού, ἀλλ' εἰπέ μοι τίς σε κατέβαλεν.

15. Χειμῶνι χρησάμενοι τὸν σῖτον ἐκ τῆς νεὼς ἀπέβαλον οἱ ἔμποροι.

16. Ἐπίσχες, οὗτος. εἰ τόνδε καταβαλεῖς καλὴν δώσεις ἐμοὶ δίκην.

17. Εἴθε μὴ ἵππους ἔθρεψα, ἵνα μὴ τὴν οὐσίαν ἀπέβαλον.

18. Εἰς τὴν αὔριον ἀναβαλώμεθα τὸ δεῖπνον.

19. Οὐκ ἂν ἀποβάλοιμι ἑκὼν εἶναι τὴν ἀσπίδα.

20. Οὐκ ἔδει εἰς ἑσπέραν ἀναβάλλεσθαι· ὥρα γὰρ ἦν πάλαι ταῦτα δρᾶν.

1. Let us pelt with stones the men who have betrayed us.

2. If we had expelled the tyrant from the city, we should have been at peace.

3. If you bother (*aor. subj.*) me, I shall turn you out of doors.

4. It is considered disgraceful among us to misrepresent any one to his friends.

5. I will not abandon you, though you have lost all your fortune.

6. He threw away (*part.*) his shield in the battle and took to flight.

7. If we meet (*aor. subj.*) with a storm we shall throw the corn overboard.

8. Don't let us put off till to-morrow what we ought to have done to-day.

9. I will not lose my fortune by keeping horses if I can help it.

10. Would we had not expelled our best general from the city !


## LXIX.—IRREGULAR VERBS (continued).

III. (*b*)—Nasal and Liquid Stems with the Suffix -$y\omega$ in the Present.

**181.** In these verbs the $y$ disappears, but is represented by an *Iota* which appears before the final *Ny* or *Rho*. Thus—

$$\phi\theta\acute{\epsilon}\rho\text{-}y\omega \text{ becomes } \phi\theta\acute{\epsilon}\rho\text{-}y\omega, \phi\theta\epsilon\acute{\iota}\rho\omega.$$
$$\tau\acute{\epsilon}\nu\text{-}y\omega \qquad ,, \qquad \tau\acute{\epsilon}\nu\text{-}y\omega, \tau\epsilon\acute{\iota}\nu\omega.$$

The future and the weak aorist are formed like those of regular liquid verbs. (See § 148).

**182.** ($\delta\iota a$)-$\phi\theta\epsilon\acute{\iota}\rho\omega$, 'I destroy.'

|      | Pres. | Fut. | Aor. | Perf. |
| ---- | ----- | ---- | ---- | ----- |
| A.   | $\phi\theta\epsilon\acute{\iota}\rho\omega$ | $\phi\theta\epsilon\rho\hat{\omega}$ | $\acute{\epsilon}\phi\theta\epsilon\iota\rho a$ | $\acute{\epsilon}\phi\theta a\rho\kappa a$ |
| P.   | $\phi\theta\epsilon\acute{\iota}\rho o\mu a\iota$ | $\begin{cases} \phi\theta\epsilon\rho o\hat{\upsilon}\mu a\iota \\ \phi\theta a\rho\acute{\eta}\sigma o\mu a\iota \end{cases}$ | $\acute{\epsilon}\phi\theta\acute{a}\rho\eta\nu$ | $\acute{\epsilon}\phi\theta a\rho\mu a\iota$ |

τείνω, 'I stretch.'

|     | PRES.    | FUT.      | AOR.    | PERF.   |
|-----|----------|-----------|---------|---------|
| A.  | τείνω    | τενῶ      | ἔτεινα  | τέτακα  |
| P.  | τείνομαι | ταθήσομαι | ἐτάθην  | τέταμαι |

*Obs.*—Both these verbs have vowel gradation, thus—

φθαρ ( = φθρ)     φθερ.     (φθορ) subst. φθόρος.
τα ( = τν)        τεν.      (τον) subst. τόνος.

φαίνω ( = φάν-yω), 'I show.'

|     | PRES.    | FUT.       | AOR.                    | PERF.               |
|-----|----------|------------|-------------------------|---------------------|
| A.  | φαίνω    | φανῶ       | ἔφηνα                   | { πέφαγκα           |
| M.  | φαίνομαι | φανοῦμαι   | ἐφηνάμην                | { πέφηνα            |
| P.  |          | φανήσομαι  | { ἐφάνην<br>{ ἐφάνθην   | πέφασμαι            |

*Obs.* 1.—The passive of φαίνω means both 'to be shown' and 'to show oneself,' 'to appear.' The strong aorist passive (ἐφάνην) and the strong perfect (πέφηνα) have only the latter meaning.

*Obs.* 2.—With a participial complement the verb φαίνομαι means 'it is evident that I am,' *e.g.*—

φαίνεται ἀδικῶν, 'It is evident that he is guilty.'

But with an infinitival complement it means 'I appear to be,' *e.g.*—

φαίνεται ἀδικεῖν, 'He appears to be guilty.'

κρίνω ( = κρίν-yω), 'I judge.'

|     | PRES.    | FUT.       | AOR.    | PERF.    |
|-----|----------|------------|---------|----------|
| A.  | κρίνω    | κρινῶ      | ἔκρινα  | κέκρικα  |
| P.  | κρίνομαι | κριθήσομαι | ἐκρίθην | κέκριμαι |

Q

ἀμύνω ( = ἀμύν-yω), 'I ward off.'

|     | PRES. | FUT. | AOR. | PERF. |
|-----|-------|------|------|-------|
| A.  | ἀμύνω | ἀμυνῶ | ἤμυνα | ——— |
| M.  | ἀμύνομαι | ἀμυνοῦμαι | ἠμυνάμην | ——— |

*Obs.*—In the middle this verb means 'I defend myself against.'

## Exercise 69.

### VERBA JUDICIALIA.

Verbs denoting judicial proceedings of any kind take a genitive of the charge. Thus—

> διώξομαί σε **φόνου**,   'I shall prosecute you for murder.'
> φεύγω **κλοπῆς**,     'I am prosecuted for embezzlement.'

1. Γοργίας ὁ σοφιστὴς πρὸς ἅπαντα ἔφη ἀποκρινεῖσθαι.

2. Νόσῳ διεφθάρησαν πάντες οἱ ἐν ἄστει.

3. Ὡς μακραὶ αἱ νύκτες. ἆρά ποτε φανήσεται ὁ ἥλιος; εἰ γὰρ φῶς γένοιτο.

4. Ὅτῳ δοκεῖ ταῦτα ἀνατεινάτω τὴν χεῖρα.

5. Σὺ πρῶτος ἀπόφηναι ἥντινα γνώμην ἔχεις περὶ τούτων.

6. Διεφθάρη ἂν πᾶσα ἡ πόλις εἰ ἄνεμος ἐγένετο· ἐνεπέπρητο γὰρ ὑπὸ τῶν πολεμίων.

7. Ἐάν τί σε φανῶ κακὸν πεποιηκώς, ἕτοιμός εἰμι δίκην δοῦναι.

8. Χειμῶνι χρησάμενοι διεφθάρησαν πάντες οἱ ἐν τῇ νηΐ.

9. Ἐὰν ἐπιτείνωμεν τὰς χορδὰς ὀξύτερος γενήσεται ὁ φθόγγος

10. Πρῶτος γνώμην ἀπεφήνατο οὑτοσί, μετὰ δὲ ταῦτα ἄλλοι ἄλλα ἔλεγον.

11. Ὅσιον παρ' ἡμῖν νομίζεται τοὺς πολεμίους ἀμύνασθαι.

12. Εἰ γὰρ φανείη ἐλπίς τις σωτηρίας· δεινὸς γὰρ ὁ κίνδυνος.

13. Πέπεισμαι ἔγωγε τοὺς νεανίας ὑπὸ τῶν σοφιστῶν διεφθάρθαι.

14. Σοφὸς ἐφάνη παρ' ὁντινοῦν ἄλλον ὁ Σωκράτης.

15. Ἐὰν φανῶσιν οἱ πολέμιοι τὰς σπονδὰς λελυκότες, ἐπιθώμεθα.

16. Τί οὐκ ἀπεκρίνω ;—Τί δῆτ' ἀποκρίνωμαι ; οὐκ ἔχω ὅ τι ἀποκρίνωμαι.

17. Ἆρ' οὐ πέφηνέ τις ἡμῖν βοηθεία ;—Οὐδεμία.

18. Ἐπιτρέπομέν σοι κρῖναι ὁπότερος ἡμῶν ἄξιός ἐστι τοῦ στεφάνου.

19. Ὅπως μὴ διαφθαρήσεσθε, ὦ νεανίαι, τοῖς σοφισταῖς συνόντες.

20. Μή μ' ἐρωτήσῃς ὅστις εἰμί· οὐ γὰρ ἂν ἀποκριναίμην.

1. All the ships which we dispatched were destroyed by a storm.

2. On the following day the messengers from the army appeared.

3. Would that the young men had not been corrupted by the sophists !

4. Would that some help might appear; for the danger is terrible !

5. Be sure to show yourselves worthy of your ancestors.

6. If it appears that you are guilty, you will be punished.

7. Are we to tighten the strings or to loosen them ?

8. The man appears to have lost all his fortune.

9. The darkness is terrible in this wood !  Will the moon never appear !

10. As soon as the moon has appeared, we shall attack the enemy.

## LXX.—IRREGULAR VERBS (continued).

183. The verb βαίνω, 'I step,' has some peculiarities.

|   | PRES. | FUT. | AOR. | PERF. |
|---|-------|------|------|-------|
| A. | βαίνω | βήσομαι | ἔβην | βέβηκα |

*Question.*—Why is the future of this verb deponent ?

The aorist is inflected thus—

### Indicative.

| | SING. | DUAL. | PLUR. |
|---|---|---|---|
| 1. | ἔβην | | ἔβημεν |
| 2. | ἔβης | ἔβητον | ἔβητε |
| 3. | ἔβη | ἐβήτην | ἔβησαν |

### Subjunctive.

| | | | |
|---|---|---|---|
| 1. | βῶ | | βῶμεν |
| 2. | βῇς | βῆτον | βῆτε |
| 3. | βῇ | βῆτον | βῶσι(ν) |

### Optative.

| | | | |
|---|---|---|---|
| 1. | βαίην | | βαῖμεν |
| 2. | βαίης | βαῖτον | βαῖτε |
| 3. | βαίη | βαίτην | βαῖεν |

### Imperative.

| | | | |
|---|---|---|---|
| 2. | βῆθι | βῆτον | βῆτε |
| 3. | βήτω | βήτων | βάντων |

### Infinitive.
βῆναι

### Participle.
βάς, βᾶσα, βάν

## Exercise 70.

### VERBS OF ADMIRING.

Verbs of admiring and envying take a genitive of the source of the feeling. Thus—

θαυμάζω σε τῆς σοφίας, 'I admire you for your wisdom.'

ζηλῶ σε τῆς εὐτυχίας, 'I envy you for your good fortune.'

1. Κατέβην χθὲς εἰς Πειραιᾶ μετὰ τοῦ ἀδελφοῦ.

2. Διαβάντες τὸν ποταμὸν ἀνέβησαν ἐπὶ τὸ ὄρος οἱ στρατιῶται.

3. Δίκην δώσει ὅστις ἂν παραβῇ τοῦτον τὸν νόμον.

4. Λέγει που Ἡράκλειτος ὅτι δὶς εἰς τὸν αὐτὸν ποταμὸν οὐκ ἂν ἐμβαίης.

5. Τὴν γέφυραν λύουσιν οἱ πολέμιοι ἵνα μὴ διαβῶμεν τὸν ποταμόν.

6. Μεῖζόν τι κακὸν συμβέβηκε τῇ πόλει ἢ ὥστε φέρειν δύνασθαι.

7. Ἄκροις τοῖς ποσὶ βέβηκεν ἡ γυνή.

8. Τὴν γέφυραν ἐλελύκεσαν οἱ πολέμιοι ἵνα μὴ διαβαῖμεν τὸν ποταμόν.

9. Πεῖραν ἐδίδοσαν τῆς ἀρετῆς οἱ μετὰ Κύρου ἀναβάντες.

10. Οὐδεὶς οἶδεν ὅποι ταῦτ' ἐκβήσεται.

11. Διαβῶμεν ἤδη τὸν ποταμόν· οὐ γὰρ βαθύς ἐστιν.

12. Ἐάν τις τοὺς κειμένους νόμους παραβῇ, ζημίαν ἐπιθήσομεν.

13. Οὐχ οἷόν τ' ἔτι προβαίνειν· οὐ γὰρ ἡγεμόνα ἔχομεν τῆς ὁδοῦ.

14. Ἐμβάντες εἰς τὰς ναῦς τὴν πόλιν προεῖντο οἱ Ἀθηναῖοι

15. Παρὰ βασιλέα ἀναβεβήκασιν οἱ τῶν Ἀθηναίων πρέσβεις.

16. Ἐπὶ τὸν ἵππον ἐπιβὰς πέφευγεν ὁ βασιλεύς.

17. Σφόδρ' ἄχθονται ἄνθρωποι ὅταν τοιοῦτόν τι αὐτοῖς συμβαίνῃ.

18. Εἰ γάρ μοι συμβαίη τοῦτο, ἵνα μηκέτι πράγματ' ἔχοιμι.

19. Φημὶ δεῖν γενναίως φέρειν τὸ συμβεβηκός.

20. Κατ' ἐκείνους τοὺς χρόνους συνέβη δεινοτάτην νόσον γενέσθαι.

1. Do not let us transgress the laws ordained by the state.

2. If we had crossed the river yesterday, the bridge would not have been broken.

3. Let us climb the hill to see the country.

4. Ambassadors have gone up to the king about the peace.

5. May such fortune never happen to me !

6. If we bear bravely what has befallen us, we shall be saved.

7. At that time it befel that there was great scarcity of water.

8. We shall punish with death whoever transgresses (*aor. subj.*) this law.

9. Let us mount our horses and flee as quick as we can.

10. The man denied that he had broken the law.

### LXXI.—IRREGULAR VERBS (continued).

#### IV.—VERBS TAKING A NASAL IN THE PRESENT STEM.

184. Many verbs have their present stem nasalised in one or other of the following ways :—

(*a*) by the addition of -νω.

(*b*)      ,,      ,,    -άνω.

(*c*)      ,,      ,,    -νῶ ( = -νέω)

(*d*)      ,,      ,,    -νῡω (-νῡμι).

#### IV. (*a*).—VERBS WHICH ADD -νω IN THE PRESENT STEM.

185. τίνω, 'I pay.'

|    | PRES. | FUT. | AOR. | PERF. |
|----|-------|------|------|-------|
| A. | τίνω  | τείσω | ἔτεισα | τέτεικα |
| P. | τίνομαι | ? | ἐτείσθην | τέτεισμαι |

*Obs.*—The forms with -ει- are often less correctly written with -ῑ- in our texts.

δάκνω, 'I bite.'

|    | PRES. | FUT. | AOR. | PERF. |
|----|-------|------|------|-------|
| A. | δάκνω | δήξομαι | ἔδακον | ———— |
| P. | δάκνομαι | δηχθήσομαι | ἐδήχθην | δέδηγμαι |

κάμνω, 'I toil, weary.'

|    | PRES. | FUT. | AOR. | PERF. |
|----|-------|------|------|-------|
| A. | κάμνω | καμοῦμαι | ἔκαμον | κέκμηκα |

*Question.*—Why is the future of these verbs deponent?

τέμνω, ' I cut, lay waste.'

|   | PRES. | FUT. | AOR. | PERF. |
|---|-------|------|------|-------|
| A. | τέμνω | τεμῶ | ἔτεμον | τέτμηκα |
| P. | τέμνομαι | τμηθήσομαι | ἐτμήθην | τέτμημαι |

φθάνω, ' I am beforehand.'

|   | PRES. | FUT. | AOR. | PERF. |
|---|-------|------|------|-------|
| A. | φθάνω | φθήσομαι | { ἔφθασα / ἔφθην | ἔφθακα |

*Obs.* 1.—The strong aorist has subjunctive φθῶ, optative φθαίην, infinitive φθάναι, participle φθάς, φθᾶσα, φθάν.

*Obs.* 2.—This verb takes a participial complement, *e.g.*—

φθάνω ταῦτα δρῶν.

' I do this before' something else, ' in good time.'

οὐκ ἂν φθάνοις ταῦτα δρῶν.

' You can't be too quick in doing so,' ' Do so before it is too late.'

## Exercise 71.

### VERBS OF HEARING.

Verbs of hearing and perceiving take an accusative of the sound and a genitive of its source. Thus—

ἀκούω τοῦτό σου, ' I hear this from you.'

φωνὴν ἀκούω, ' I hear a sound.'

Σωκράτους ἀκούω, ' I listen to Socrates.'

They may also take a participial complement. Thus—

ἤκουσά σου ταῦτα λέγοντος, ' I heard you say so.'

ἀκούω τινὸς λέγοντος, ' I hear some one speaking.'

ᾐσθόμην προσιόντος τοῦ ἀνθρώπου, ' I noticed the man coming up.'

1. Τὴν ἡμίσειαν τῆς γῆς ἔτεμον οἱ πολέμιοι.

2. Οὐκ ἔφη τὴν ζημίαν ἀποτείσειν ἣν ἐπέθηκαν οἱ δικασταί.

3. Οἴμοι τῆς λύπης. ὑπὸ τοῦ κυνὸς δέδηγμαι.

4. Οὐκ ἂν φθάνοις ἀποφυγών· ἐγγὺς γὰρ οἱ πολέμιοί εἰσιν.

5. Ἀπότεισόν μοι τἀργύριον, πρὸς τῶν θεῶν.—Οὐκ ἂν ἀποτείσαιμί σοι οὐδέν.

6. Τὴν χώραν τεμόντες οἴκαδ' ἐπορεύθησαν οἱ Λακεδαιμόνιοι.

7. Ὅπως μὴ δήξεταί σ' ὁ κύων· ἄγριος γάρ ἐστι.

8. Ἔφθη μ' ἄνθρωπος ποιήσας ἃ ἐν νῷ εἶχον δρᾶν.

9. Μὴ κάμῃς φίλον ἄνδρα εὐεργετῶν.

10. Ἔφθασαν ἡμᾶς οἱ πολέμιοι ἐπιθέμενοι.

11. Οὐκ ἔφθη ('No sooner had he') κρούσας τὴν θύραν ἄνθρωπος καὶ εὐθὺς ᾤχετο φυγών.

12. Θᾶττον ἴωμεν ἵνα μὴ φθάσωσιν ἡμᾶς οἱ ἄλλοι τὴν νίκην ἀπαγγείλαντες.

13. Ὡς ἡδέως ἀκούω σου ταῦτα λέγοντος.

14. Πλείστου δοκεῖ ἀνὴρ ἐπαίνου ἄξιος εἶναι, ὃς ἂν φθάνῃ τοὺς μὲν πολεμίους κακῶς ποιῶν, τοὺς δὲ φίλους εὐεργετῶν.

15. Μαχαίρᾳ ἀποτέτμηνται αἱ τῶν αἰχμαλώτων χεῖρες.

16. Ὡς κέκμηκα ὁδὸν τοσαύτην βαδίσας.

17. Οὐκ ἂν φθάνοιμεν οἴκαδ' ἰόντες ἕως ἔτι φῶς ἐστίν.

18. Ὅταν τὰ σώματα κάμωμεν παρέχομεν ἡμᾶς αὐτοὺς τῷ ἰατρῷ τέμνειν.

19. Οὐκ ἔφθην ταῦτ' ἀκούσας καὶ εὐθὺς παρὰ σὲ ᾖα.

20. Εἴθε μὴ ἀπέτεισα τὴν ζημίαν ἵν' εἶχόν σοι τἀργύριον ἀποδοῦναι.

1. I used to like hearing him say that.

2. The enemy say that they will lay waste our country.

3. Lose no time in going home; for it is already dark.

4. Why are you so tired? I am tired from walking so quick.

5. If you fall ill (aor. subj.), you will put yourself in the doctor's hands to do with you (χρῆσθαι) as he pleases.

6. You have just asked the very question I intended to ask.

7. Those who have transgressed the law must pay a fine.

8. No sooner did he hear that than he ran away.

9. If you have been bitten by that dog you will fall ill.

10. We will not make a truce with the enemy if they lay waste (aor. subj.) our country.

## LXXII. –IRREGULAR VERBS (continued).

**186. IV.** (*b*)—VERBS ADDING -άνω TO THE PRESENT STEM.

αἰσθάνομαι, 'I perceive, am aware of.'

|  | PRES. | FUT. | AOR. | PERF. |
|---|---|---|---|---|
| M. | αἰσθάνομαι | αἰσθήσομαι | ᾐσθόμην | ᾔσθημαι |

ἁμαρτάνω, 'I miss, mistake.'

|  | PRES. | FUT. | AOR. | PERF. |
|---|---|---|---|---|
| A. | ἁμαρτάνω | ἁμαρτήσομαι | ἥμαρτον | ἡμάρτηκα |
| P. | ἁμαρτάνομαι | | ἡμαρτήθην | ἡμάρτημαι |

*Obs.*—The root-vowel of these verbs is always long by nature or position. When it would be short, a nasal is inserted as in the following four examples.

λαμβάνω, 'I take.'

|  | PRES. | FUT. | AOR. | PERF. |
|---|---|---|---|---|
| A. | λαμβάνω | λήψομαι | ἔλαβον | εἴληφα |
| M. | λαμβάνομαι | .. | ἐλαβόμην | εἴλημμαι |
| P. | | ληφθήσομαι | ἐλήφθην | |

λανθάνω, 'I escape notice.'

|  | PRES. | FUT. | AOR. | PERF. |
|---|---|---|---|---|
| A. | λανθάνω | λήσω | ἔλαθον | λέληθα |

*Obs.*—This verb governs the accusative and takes a participial complement, *e.g.*—

ἔλαθόν σε ταῦτα δρῶν, 'I did this without your knowing.'

μανθάνω, 'I learn.'

|   | Pres. | Fut. | Aor. | Perf. |
|---|-------|------|------|-------|
| **A.** | μανθάνω | μαθήσομαι | ἔμαθον | μεμάθηκα |

*Obs.*—The future is deponent because the verb expresses a mental act.

τυγχάνω, 'I hit, chance upon.'

|   | Pres. | Fut. | Aor. | Perf. |
|---|-------|------|------|-------|
| **A.** | τυγχάνω | τεύξομαι | ἔτυχον | τετύχηκα |

*Obs.*—This verb means literally 'I hit' as opposed to 'I miss,' *e.g.*—
     τυγχάνω τοῦ σκοποῦ,  'I hit the mark.'

Its secondary sense is 'I obtain,' *e.g.*—
     ἐλέου τυγχάνω,         'I obtain compassion,' 'I am pitied.'
     λόγου τυγχάνω,         'I get a hearing.'

It also takes a participial complement, *e.g.*—
     τυγχάνω ὤν,          'I happen to be.'

In this construction the verb always refers to a coincidence (τύχη) whether (*a*) in time, or (*b*) of thought with reality, *e.g.*—
     ἔτυχε βουλεύων,     'He was councillor at the time.'
     τυγχάνει ἀληθὲς ὄν,  'It really is true.'

With a perfect participle it corresponds to the English idiom 'I have just' done so and so, *e.g.*—
     τυγχάνω δεδειπνηκώς,  'I have just finished dinner.'
     ἔτυχε τεθυκώς,         'He had just sacrificed.'

## Exercise 72.

### Participial Complements.

Besides τυγχάνω, λανθάνω, etc., several other verbs take a participial complement. Thus—
     διατελῶ ταὐτὰ λέγων,  'I am continually saying the same thing.'
                          ('I never stop saying the same thing.')
     ἔφθασά σε δεῦρ' ἐλθών,  'I managed to arrive here before you.'

1. Οἱ Ἕλληνες τὰ γράμματα παρὰ τῶν Φοινίκων παρέλαβον.
2. Οὐκ ἂν λάβοις παρὰ τοῦ μὴ ἔχοντος.

3. Εἰ γὰρ εὐνοίας τύχοιμι παρ' ὑμῶν.

4. Οὐ λήσεις με ταῦτα δρῶν. δίκην λήψομαι παρὰ σοῦ ἐὰν ταῦτα δράσῃς.

5. Ὀλίγου δεῖν ἐπελαθόμην τοῦ ὀνόματός σου.

6. Ὅπως ταῦτα μηδεὶς ἀνθρώπων πεύσεται.

7. Πλείω σὺ εἴληφας ἢ δέδωκας. ἀεὶ πράττεις ὅπως πλέον ἕξεις τῶν ἄλλων.

8. Βούλομαι πυθέσθαι παρά σου διὰ τί ἐχθρῶς ἔχεις ἐμοί.

9. Ἡδέως ἂν μάθοιμι εἰ ταῦθ' οὕτως ἔχει ἢ οὔ.

10. Ἥκέν τις ἑσπέρας ἀγγέλλων ὡς ἡ πόλις κατείληπται.

11. Ἆρ' ἔνδον κατέλαβες τὸν ἄνθρωπον ;—Οὐ δῆτ', ἔτυχε γὰρ ἐν ἄστει ὤν.

12. Οὐ δύναμαί πω μαθεῖν ὁπότερος ὑμῶν πρεσβύτερός ἐστιν.

13. Ἐὰν ἄρχεσθαι μάθωσι, πολλῶν ἄρχειν δυνήσονται.

14. Δείξω τὸν στρατηγὸν χρήματ' εἰληφότα παρὰ τῶν πολεμίων.

15. Ἐάν τις ἠδικηκώς τι τυγχάνῃ τὴν πόλιν, δίκην παρ' αὐτοῦ ληψόμεθα.

16. Δῆλος εἶ οὐδὲν παρὰ τοῦ σοφιστοῦ τοῦδε ἀντὶ πολλῶν χρημάτων μαθών.

17. Ἔλαθε τοὺς Λακεδαιμονίους ὁ Θεμιστοκλῆς τὰ μακρὰ τείχη οἰκοδομήσας.

18. Πόσα μοι χρήματα δοῦναι ἐθέλεις ὥστε τὸν παῖδα ἀπολαβεῖν ;

19. Λίθον βαλὼν τοῦ μὲν σκοποῦ ἥμαρτεν, ἔτυχε δὲ παιδός τινος ἐγγὺς ἑστῶτος.

20. Εἴθε μὴ ἀποδημήσας ἔτυχον ὅτε παρ' ἐμὲ ἧκεν ἄνθρωπος.


1. Would I had not missed the mark !

2. I found my friend in, but he was tired from having gone a long journey.

3. Would I had not forgotten to come to dinner yesterday !

4. The general had just sacrificed to the gods before the battle.

5. If the enemy have taken the city and laid waste the country, we must conclude peace.

6. When you have learnt reading and writing, I shall give you a knife.

7. We shall punish the men who have betrayed us to the enemy.

8. You cannot do this without every one knowing it (*use* λανθάνω).

9. I should like to inquire which is the elder of the two brothers.

10. You always get more than you give.


### LXXIII.—IRREGULAR VERBS (continued).

#### IV. (c).—Verbs taking -νεο in the Present Stem.

### 187. ἀφικνοῦμαι, 'I arrive.'

|      | Pres.        | Fut.       | Aor.       | Perf.     |
| ---- | ------------ | ---------- | ---------- | --------- |
| M.   | ἀφικνοῦμαι   | ἀφίξομαι   | ἀφικόμην   | ἀφῖγμαι   |

ὑπισχνοῦμαι, 'I promise.'

|      | Pres.        | Fut.          | Aor.        | Perf.        |
| ---- | ------------ | ------------- | ----------- | ------------ |
| A.   | ὑπισχνοῦμαι  | ὑποσχήσομαι   | ὑπεσχόμην   | ὑπέσχημαι    |

The moods of the aorist are—

| Subj.   | ὑπόσχωμαι         |
| ------- | ----------------- |
| Opt.    | ὑποσχοίμην        |
| Imper.  | ὑπόσχου           |
| Inf.    | ὑποσχέσθαι        |
| Partic. | ὑποσχόμενος, -η, -ον |

## Exercise 73.

### VERBS OF PROMISING.

Verbs of promising take the future infinitive (or the aorist infinitive with ἄν), *e.g.* —

ὑπεσχόμην περιμενεῖν,     'I promised that I would wait.'
ὑπέσχετο ταῦτ' ἂν ποιῆσαι, 'He promised to do so.'

1. Φράσον μοι τὴν ὁδόν, ὦγαθέ· ξένος γάρ εἰμι ἀρτίως ἀφιγμένος.

2. Ὁ βασιλεὺς πολὺν τὸν μισθὸν ὑπέσχετο τοῖς στρατιώταις

3. Εἰπέ μοι ὅστις νῦν μέγα δύναται ἐν τῇ πόλει· διὰ χρόνου γὰρ ἀφῖγμαι Ἀθήναζε.

4. Μῶν ἔφθης με δεῦρ' ἀφικόμενος ;—Καὶ μάλα· σὺ γὰρ ὀψὲ τῆς ἡμέρας ἀνέστης.

5. Βούλει ἡμῖν φράσαι ὅπῃ τάχιστ' ἀφιξόμεθα εἰς Ἀθήνας. οὐκ ἂν βαδίσαιμι ταύτην τὴν ὁδόν.

6. Εἰς ἕω ὑπέσχετό μοι ἀποδώσειν τἀργύριον.

7. Ἐνταῦθ' ἔμειναν οἱ στρατιῶται ἕως ἀφίκοντο οἱ στρατηγοί.

8. Πρῶτον μὲν ὁ τύραννος πολλὰ ὑπέσχετο, ἔπειτα δὲ ἐπελάθετο.

9. Χειμῶνι χρησάμενος ὑπέσχετο ὁ ἔμπορος τὴν ναῦν ἀναθήσειν· ἔπειτα δὲ ἐπελάθετο.

10. Αἰτίαν ἔχουσιν οἱ Λακεδαιμόνιοι ὕστερον ἀφικέσθαι τῆς Μαραθῶνι μάχης.

11. Οὐχ ὑπεσχόμην οὐδὲν τοιοῦτον, οὗτος δέ φησί μ' ὑποσχέσθαι.

12. Ὅταν ἐπὶ θέαν τοῦ ἀγῶνος ἀφίκωνται οἱ ξένοι, δεινὸν ἔσται τὸ πλῆθος.

13. Ὑπέσχετο ὁ σοφιστὴς εἰς ἑσπέραν τὴν αὑτοῦ τέχνην ἐπιδείξεσθαι.

14. Διὰ τί τηνικάδε πάρει, δέον εἰς ἕω ἀφῖχθαι ;

15. Πόλλ' ὑποσχόμενος οὐδὲν ποιεῖς ὧν ὑπέσχου.

16. Ἤδη τὸν ἄνθρωπον ἑσπέρας δεῦρ' ἀφιγμένον.

17. Ὅταν σου ταῦθ' ὑπισχνουμένου ἀκούω, πείθομαι.

18. Εἰ γὰρ εἰς καιρὸν ἀφικοίμεθα ἵνα μὴ δίκην δοῖμεν.

19. Παρ' ἐμὲ ἀφικόμενος ὑπέσχετο ἄνθρωπος μηδενὶ ταῦτα λέγειν.

20. Ἡδέως ἂν μάθοιμι εἰ ἀφῖκται ὁ ξένος ἢ οὔ.

1. Did you not know that I had arrived last night ?

2. The boy promised to write me a letter twice a month.

3. I wish I had come in time, that I might have seen the festival.

4. You have forgotten everything you promised us.

5. You ought not to have come too late for dinner.

6. If you should be in danger, I promise to help you.

7. If you don't come early to-morrow morning, we won't wait for you.

8. You promised to pay me before long, and then you forgot.

9. Whenever I come to Athens, I admire the beauty of the temples.

10. The guide has promised to show us the road through the wood.

## LXXIV.—IRREGULAR VERBS (continued).

### IV. (*d*).—Verbs adding -*ννο* (-*νν*) in the Present Stem.

**188.** With the exception of the first, these are all verbs in -*μι*, like δείκνῡμι.

ἐλαύνω, ' I drive ' ( = ἐλα-νῡ-ω).

|     | Pres.        | Fut.         | Aor.     | Perf.      |
|-----|--------------|--------------|----------|------------|
| A.  | ἐλαύνω       | ἐλῶ          | ἤλασα    | ἐλήλακα    |
| P.  | ἐλαύνομαι    | ἐλαθήσομαι   | ἠλάθην   | ἐλήλαμαι   |

The future is inflected thus—

| | Sing. | Dual. | Plur. |
|---|---|---|---|
| 1. | ἐλῶ | | ἐλῶμεν |
| 2. | ἐλᾷς | ἐλᾶτον | ἐλᾶτε |
| 3. | ἐλᾷ | ἐλᾶτον | ἐλῶσι(ν) |

*Obs.*—The perfect has " Attic reduplication." (See §§ 234 *sqq.*)

The active is used both transitively and intransitively. It may mean 'I ride,' 'I drive,' or 'I march,' with or without such object accusatives as ἵππον, ἅρμα, στρατιάν.

### 189. ἀμφιέννῡμι, 'I clothe.'

|   | PRES. | FUT. | AOR. | PERF. |
|---|-------|------|------|-------|
| A. | ἀμφιέννυμι | ἀμφιῶ | ἠμφίεσα | ——— |
| M. | ἀμφιέννυμαι | ἀμφιοῦμαι | ἠμφιεσάμην | ἠμφίεσμαι |

*Obs.*—This verb also takes the "Attic future."

The augment and reduplication are irregular, the word not being felt as a compound.

### ἀνοίγνῡμι, 'I open.'

|   | PRES. | FUT. | AOR. | PERF. |
|---|-------|------|------|-------|
| A. | ἀνοίγνυμι | ἀνοίξω | ἀνέῳξα | ἀνέῳγα |
| P. | ἀνοίγομαι | ἀνοίξομαι | ἀνεῴχθην | ἀνέῳγμαι |

*Obs.*—This verb has both temporal and syllabic augment. The imperfect is ἀνέῳγον : the aorist imperative, ἄνοιξον.

In the present ἀνοίγω is commonly found.

## Exercise 74.

### DOUBLE ACCUSATIVE.

Verbs of putting on and putting off clothes take an accusative of the person and an accusative of the garment, *e.g.*—

ἱμάτιον ἀμφιέννυμι τὸν νεανίαν, 'I put a cloak on the young man.'

With the passive the accusative of the garment remains, *e.g.*—

ὁ νεανίας ἱμάτιον ἠμφίεσται, 'The young man has on a cloak.'

1. Οἱ τριάκοντα πολλοὺς τῶν πολιτῶν εἰς τοὺς πολεμίους ἐξήλασαν.

2. Σωκράτης τὸ αὐτὸ ἱμάτιον ἠμφίεστο θέρους τε καὶ χειμῶνος.

3. Ἐὰν ταῦτα δράσῃς, οὐκ ἔσθ' ὅπως οὐκ ἐξελῶ σ' ἐκ τῆς οἰκίας.

4. Εἰ μὴ ἑκόντες ἀνοίξετε τὴν θύραν, βίᾳ ὑμᾶς ἐξελῶμεν ἐκ τῆς οἰκίας.

5. Παῖς μέγας, παῖδα μικρὸν ἐκδύσας τὸν χιτῶνα, τὸν ἑαυτοῦ ἐκεῖνον ἠμφίεσεν.

6. Βούλει περιμενῶμεν ἕως ἂν ἀνοιχθῇ ἡ θύρα ;

7. Ἐν ταῖς ἑορταῖς λευκὸν ἠμφιεσμένοι εἰσὶν οἱ πολῖται.

8. Οὐκ ἔφθη κρούσας τὴν θύραν καὶ εὐθὺς ἀνέῳξεν ὁ οἰκέτης.

9. Οὐ θᾶττον ἐλᾷς τὸν ἵππον; σκότος γὰρ γίγνεται.

10. Ταῦτ' ἀκούσας ἀπέφυγον· ἀνεῳγμένη γὰρ ἔτυχεν ἡ θύρα.

11. Οὐκ ἂν φθάνοις θοἰμάτιον ἀμφιεσάμενος δεῖ γὰρ εἰς καιρὸν ἀφικέσθαι.

12. Ὅπως τοὺς πολεμίους ἐξελῶμεν ἐκ τῆς γῆς, ὦ ἄνδρες Ἀθηναῖοι.

13. Διὰ τί λευκὸν ἠμφίεσαι, δέον ὑπὲρ τῆς πόλεως λυπεῖσθαι;

14. Ἡδέως ἂν πυθοίμην εἰ κέκλειται ἡ θύρα ἢ ἀνέῳκται.

15. Μὴ ἀνοίξῃς τὴν θύραν ἕως ἂν φῶς γένηται.

16 Ἐπὶ δεῖπνον βαδιοῦμαι καινὸν ἱμάτιον ἠμφιεσμένος.

17. Βοῦς καὶ ἵππους εἰς ἄστυ ἐλαύνουσιν οἱ γεωργοί.

18. Ἐὰν μὴ τὴν θύραν ἀνοίξῃς, δίκην δώσεις.

19. Ἐπὶ τῆς ἁμάξης ἐλαύνει ὁ ἀθλητὴς ἐστεφανωμένος καὶ λευκὸν ἠμφιεσμένος.

20. Ἄνοιξον ἤδη τὴν θύραν· ὥρα γὰρ ἦν πάλαι.


1. We ought to have driven out of the city those who broke the law.

2. Why have you got on an old cloak ?

3. Why did you shut the door, when you ought to have opened it ?

4. To-morrow the knights will ride through the town.

5. I am going to dinner after taking a bath and putting on a new cloak.

6. If the door had been open, I should not have knocked.

7. Lose no time in driving the ox to town.

8. No sooner had I put on my cloak than he opened the door.

9. If we had not driven out these men, they would have done great harm to the city.

10. We wear the same cloaks summer and winter.

## LXXV.—IRREGULAR VERBS (continued).

V.—Verbs adding -σκω to the Present Stem.

**190.** These verbs are often inceptive in sense, *e.g.*—

γηράσκω, 'I grow old.'

|   | Pres. | Fut. | Aor. | Perf. |
|---|---|---|---|---|
| A. | γηράσκω | γηράσομαι | ἐγήρασα | γεγήρακα |

**191.** Some verbs belonging to this class reduplicate the present stem. The reduplication disappears in the moods.

γιγνώσκω, 'I know, recognise.'

|   | Pres. | Fut. | Aor. | Perf. |
|---|---|---|---|---|
| A. | γιγνώσκω | γνώσομαι | ἔγνων | ἔγνωκα |
| P. | γιγνώσκομαι | γνωσθήσομαι | ἐγνώσθην | ἔγνωσμαι |

The moods of the aorist are as follows:—

Subj.    γνῶ

Opt.    γνοίην

Imper.    γνῶθι

Inf.    γνῶναι

Partic.    γνούς, γνοῦσα, γνόν

*Obs.*—When this verb means 'I come to know,' 'I learn,' it takes either—

    (*a*) a ὅτι-clause, or

    (*b*) a participial complement in the accusative.

Thus—     ἔγνων ὅτι ἀφίκετο.

or         ἔγνων αὐτὸν ἀφικόμενον.

        'I noticed that he had come.'

When it means 'I resolve,' this verb takes the infinitive. The aorist ἔγνων may often be rendered, 'I came to the conclusion,' 'I was convinced,' 'I made up my mind.' The perfect ἔγνωκα may often be rendered 'I am convinced' (*novi*), 'My mind is made up.'

**192.** Some verbs take *-ίσκω, e.g.—*

μιμνήσκω, 'I remind.'

|     | PRES.        | FUT.          | AOR.      | PERF.      |
|-----|--------------|---------------|-----------|------------|
| A.  | μιμνήσκω     | μνήσω         | ἔμνησα    | ———        |
| P.  | μιμνήσκομαι  | μνησθήσομαι   | ἐμνήσθην  | μέμνημαι   |

*Obs.*—In Attic only the compounds with ἀνα- and ὑπο- are commonly found in the active.

They take an accusative of the person and either an accusative or a genitive of the thing.

The perfect passive means 'I remember,' and has for its future μεμνήσομαι. Its moods are as follows :—

SUBJ.   μεμνῶμαι     INF.   μεμνῆσθαι

OPT.   μεμνῄμην     PARTIC. μεμνημένος

IMPER.   μέμνησο

The aorist and future passive are used in the sense 'make mention of.'

στερίσκω, 'I deprive.'

|     | PRES.                  | FUT.          | AOR.        | PERF.       |
|-----|------------------------|---------------|-------------|-------------|
| A.  | στερίσκω<br>(-στερῶ)   | στερήσω       | ἐστέρησα    | ἐστέρηκα    |
| P.  | στέρομαι               | στερήσομαι    | ἐστερήθην   | ἐστέρημαι   |

*Obs.*—The form στερῶ is used in the compound ἀποστερῶ, 'I deprive, defraud, rob.'

εὑρίσκω, 'I find.'

|     | PRES.        | FUT.          | AOR.      | PERF.     |
|-----|--------------|---------------|-----------|-----------|
| A.  | εὑρίσκω      | εὑρήσω        | ηὗρον     | ηὗρηκα    |
| M.  | εὑρίσκομαι   | εὑρήσομαι     | ηὑρόμην   | ηὗρημαι   |
| P.  |              | εὑρεθήσομαι   | ηὑρέθην   |           |

*Obs.*—The middle means 'I obtain for myself, win.'

This verb takes the same construction as verbs of knowing and showing (p 220).

The aorist imperative, like some others in very common use, has progressive accent, εὑρέ.

## Exercise 75.

### Double Accusative (*continued*).

Verbs of *teaching, concealing*, and *asking for* take an external accusative of the person and an internal accusative of the thing, e.g.—

διδάσκω τοὺς παῖδας γράμματα.

'I teach the boys reading and writing.'

ἔκρυψα ταῦτα τὸν πατέρα.

'I concealed this from my father.'

τὸν μισθὸν αἰτοῦσι τὸν στρατηγὸν οἱ στρατιῶται.

'The soldiers are asking the general for their pay.'

1. Ἐν Δελφοῖς ἐπιγέγραπται τὸ ΓΝΩΘΙ ΣΑΥΤΟΝ.

2. Σύγγνωθί μοι, ὦ βέλτιστε· ἄκων γὰρ ἥμαρτον.

3. Χαῖρε πολλὰ καὶ μέμνησό μου.

4. Φέρε δεῦρό μοι τὸ βιβλίον, ὦ παῖ, ἵν' ἀναγνῶ.

5. Διὰ τί τηνικάδε ἀφίκου ;—Οὐχ οἷός τ' ἦ πρότερον ἀφικέσθαι· μόλις γὰρ ηὗρον θοἰμάτιον ἐν τῷ σκότῳ.

6. Μέμνησο ὧν σοι ἔλεγον.—Μὴ φροντίσῃς· οὐ γὰρ ἐπιλήσομαι.

7. Ὁ σοφιστὴς τὸν μισθὸν ἀπεστέρηται ὑπὸ τούτου τοῦ νεανίου.

8. Ἄνθρωπος ὢν μέμνησο τῆς κοινῆς τύχης.

9. Νὴ τὸν Δία, εὖ γ' ἐποίησας ἀναμνήσας με· ὀλίγου γὰρ ἐπελαθόμην.

10. Θεμιστοκλῆς ἱκανώτατος ἦν καὶ γνῶναι καὶ πρᾶξαι τὰ δέοντα.

11. Χαλεπὸν ἦν ἐξευρεῖν τὸ τῆς Σφιγγὸς αἴνιγμα

12. Εἰ μὴ καταγνώσεσθε θάνατον τοῦ φονέως αὐτοὶ τοὺς νόμους παραβήσεσθε.

13. Οὐκ ἂν ἑκὼν εἶναι ἀποστεροίην σε τὸν μισθόν.

14. Εἰ γὰρ ἐμέμνητο ὧν ὑπέσχετο ἵνα μὴ ἀπεστέρησεν ὑμᾶς τῆς ἐλπίδος.

15. Οὐκ ἂν εὕροις οὐδαμοῦ οὐδένα βελτίω ἐκείνου.

16 Ἐὰν τὰς μαρτυρίας ὑμῖν ἀναγνῶ, εὖ οἶδ᾽ ὅτι ἀποψηφιεῖσθε.

17. Οὐ μέμνημαι τοῦ ὀνόματός σου· διὰ χρόνου γὰρ δεῦρ᾽ ἀφῖγμαι.

18. Δίκαιόν ἐστι συγγνώμης τυχεῖν τοὺς ἄκοντας ἡμαρτηκότας.

19. Κρεῖττόν ἐστι τοῖς τοιούτοις συγγνῶναι ἢ ὀργίζεσθαι.

20. Χαλεπόν ἐστι διαγνῶναι τοὺς κόλακας καὶ τοὺς φίλους.

1. Pardon me, judges; for my offence was involuntary.

2. Remember all that you promised me last night.

3. If you learn your letters, you will be able to read the books of the ancients.

4. I wish I could find the cloak I was wearing yesterday.

5. Do not defraud the merchants of their money.

6. It is very kind of you to remind me of what I promised; for I had almost forgotten.

7. If you do not find your book at once, you will be punished.

8. He said that he would never pardon those who were answerable for his troubles.

9. If you read the letter, I am sure you will forgive him.

10. It was not easy to distinguish the enemy in the dark.


## LXXVI.—IRREGULAR VERBS (continued).

193. Some verbs add -ε- either—

　　　　　　(*a*) to the present stem,
　　　　　　(*b*) to the tense stem.

### VI. (*a*)—Verbs adding -ε- to the Present Stem.

194. δοκῶ (-έω), 'I seem,' 'I am thought.'

|   | Pres. | Fut. | Aor. | Perf. |
|---|---|---|---|---|
| A. | δοκῶ | δόξω | ἔδοξα | ——— |
| P. |  |  |  | δέδογμαι |

*Obs.*—When used impersonally this verb means 'it seems good,' 'it is decided.' The perfect has this sense only.

### 195. καλῶ (-έω), 'I call.'

|   | PRES. | FUT. | AOR. | PERF. |
|---|-------|------|------|-------|
| A. | καλῶ | καλῶ | ἐκάλεσα | κέκληκα |
| M. | καλοῦμαι | καλοῦμαι | ἐκαλεσάμην | κέκλημαι |
| P. |  | κληθήσομαι | ἐκλήθην |  |

*Obs.*—The future is inflected like φιλῶ.

The perfect passive means 'I am called,' or 'named,' and has for its future κεκλήσομαι.

### 196. γαμῶ (-έω), 'I marry.'

|   | PRES. | FUT. | AOR. | PERF. |
|---|-------|------|------|-------|
| A. | γαμῶ | γαμῶ | ἔγημα | γεγάμηκα |
| M. | γαμοῦμαι | γαμοῦμαι | ἐγημάμην | γεγάμημαι |

*Obs.*—The active is used of the man (*duco*), the middle of the woman (*nubo*).

### (b) VERBS ADDING -ε- TO THE TENSE STEM.

### 197. βούλομαι, 'I will, wish.'

|   | PRES. | FUT. | AOR. | PERF. |
|---|-------|------|------|-------|
| M. | βούλομαι | βουλήσομαι | ἐβουλήθην | βεβούλημαι |

### 198. ἐθέλω, 'I am willing.'

|   | PRES. | FUT. | AOR. | PERF. |
|---|-------|------|------|-------|
| A. | ἐθέλω | ἐθελήσω | ἠθέλησα | ἠθέληκα |

*Obs.*—The first of these verbs means 'I have a (positive) desire,' the second only 'I have no objection' (negative).

On the other hand, οὐ βούλομαι means 'I don't desire,' 'I don't care to,' while οὐκ ἐθέλω means 'I refuse.'

199. οἴομαι (οἶμαι), ' I think, imagine.'

|     | PRES. | FUT. | AOR. | PERF. |
|-----|-------|------|------|-------|
| M. | {οἴομαι<br>οἶμαι | οἰήσομαι | ᾠήθην | —— |

*Obs.*—With a future infinitive this verb means 'I expect.' The imperfect is ᾠόμην or ᾤμην.

200. δέω, ' I am in want of.'

|     | PRES. | FUT. | AOR. | PERF. |
|-----|-------|------|------|-------|
| A. | δέω | δεήσω | ἐδέησα | δεδέηκα |
| M. | δέομαι | δεήσομαι | ἐδεήθην | δεδέημαι |

*Obs.*—The active is also used impersonally. See § 139.

The middle also means ' I beg,' *e.g.*—

δέομαι τοῦτό σου, 'I beg this of you' (lit. 'I want this from you ').

Note the phrase πολλοῦ δέω, with the infinitive, ' I am far from.'

## Exercise 76.

### THE PARTICLE ἄν.

The particle ἄν is liable to be attracted by negatives and interrogatives. Thus in the sentences—

οὐκ ἂν οἶμαί σε ταῦτα ποιεῖν,

τίς ἂν ᾤετό σε ταῦτα ποιεῖν ;

the ἄν belongs to ποιεῖν and not to οἶμαι or ᾤετο.

In a long sentence, the ἄν may be repeated with its own verb.

1. Τί μ' ἐκάλεσας, ὦ βέλτιστε ;—Ἵνα σοι διαλέγωμαι.

2. Καλῶ τὸν ἄνθρωπον ἐπὶ δεῖπνον· κἂν γὰρ μὴ καλέσω, ἄκλητος ἥξει.

3. Τελῶ σοι ὅντιν' ἂν βούλῃ μισθόν, ὦ σοφιστά.

4. Πολὺ ἄμεινον ἡμῖν ἔδοξεν οἴκαδ' ἰέναι· πόρρω γὰρ ἦν τῶν νυκτῶν.

5. Οἱ 'Αθηναῖοι Μαραθῶνι μαχεσάμενοι ἐνίκησαν τοὺς βαρβάρους.

6. Οὐ μαχεῖσθαί φασιν οἱ στρατιῶται εἰ μὴ πλείω μισθὸν δώσει ὁ βασιλεύς.

7. Τοῦ δέει; ἆρ' ἔχεις ὧν δέει;—Πάντα μοι πάρεστιν ὅσων δέομαι.

8. Πόσον τὸν μισθὸν τελεῖς; δύο δραχμὰς τελεῖς;—Μὰ Δί', ἀλλ' ἔλαττον.—Εἰ μὴ δύο δραχμὰς καταθήσεις, μὴ διαλέγου.

9. Εἰ ἅμα ἐλεύθερος εἴης καὶ πλούσιος, τίνος ἂν ἔτι δέοιο;

10. Ὅπως παρακαλεῖς τοὺς ἄνδρας τὰ ὅπλα παραδοῦναι.

11. Οὐ μόνον οἱ στρατιῶται, ἀλλὰ καὶ ὁ στρατηγὸς ἐμαχέσατο.

12. Δέομαι ὑμῶν συγγνώμην μοι ἔχειν· ἄκων γὰρ ἥμαρτον.

13. Πολλοὶ οἴονταί τι εἰδέναι, οὐκ εἰδότες.

14. Ἐδεήθησαν ἡμῶν οἱ φίλοι εἰς καιρὸν παραγενέσθαι ἐπὶ δεῖπνον.

15. Σωκράτης οὐκ ἔφη οἴεσθαι εἰδέναι ἃ μὴ εἰδείη.

16. Οὐκ ἂν ᾠήθην σ' ἀποστερῆσαι ἑκὼν εἶναι τοὺς στρατιώτας τὸν μισθόν.

17. Σόλων, ὁ τῶν Ἀθηναίων νομοθέτης, τῶν ἑπτὰ σοφῶν ἐκλήθη.

18. Οὐκ ἂν ᾤμην σε ταχέως οὕτω δεῦρ' ἀφικέσθαι.

19. Οὐκ ἠθέλησαν οἱ στρατιῶται μάχεσθαι· ἐλάττους γὰρ ἦσαν τῶν πολεμίων.

20. Οὐκ ἂν οἶμαι αὐτὸν ἑκὼν εἶναι οὐδένα ἀδικῆσαι.

1. Who called me? I did. What do you want? I want money.

2. I don't think (οὐκ ἂν οἶμαι) he would ever betray his country.

3. The soldiers say they will fight if they get higher pay.

4. I beg you not to believe what that man says.

5. I was invited to dinner yesterday, but I could not go.

6. That man has married my friend's sister.

7. Would I had paid the money, that I might not have been thought dishonest!

8. I asked him to whom his sister was married.

9. Will you be willing to read the letter if I give it to you?

10. I do not think he would do a thing like that.

## LXXVII.—IRREGULAR VERBS (continued).
### VII.—Verbs with Stems in *F*.

**201.** The following verbs originally had a digamma, which is dropped before vowels and appears as -υ- before consonants.

πλέω, 'I sail' ( = πλέϜ-ω).

|   | Pres. | Fut. | Aor. | Perf. |
|---|-------|------|------|-------|
| A. | πλέω | πλεύσομαι | ἔπλευσα | πέπλευκα |

πνέω, 'I breathe' ( = πνέϜ-ω).

|   | Pres. | Fut. | Aor. | Perf. |
|---|-------|------|------|-------|
| A. | πνέω | πνεύσομαι | ἔπνευσα | πέπνευκα |

ῥέω, 'I flow' ( = σρέϜ-ω).

|   | Pres. | Fut. | Aor. | Perf. |
|---|-------|------|------|-------|
| A. | ῥέω | ῥεύσομαι | ἐρρύην | ἐρρύηκα |

χέω, 'I pour' ( = χέϜ-ω).

|   | Pres. | Fut. | Aor. | Perf. |
|---|-------|------|------|-------|
| A. | χέω | χέω | ἔχεα | κέχυκα |
| M. | χέομαι | χέομαι | ἐχεάμην | κέχυμαι |
| P. |  | χυθήσομαι | ἐχύθην |  |

**202.** The following are similar, but originally had *y* as well as the digamma.

κάω (καίω), 'I burn' ( = κάϜ-ιω).

|   | Pres. | Fut. | Aor. | Perf. |
|---|-------|------|------|-------|
| A. | κάω | καύσω | ἔκαυσα | κέκαυκα |
| P. | κάομαι | καυθήσομαι | ἐκαύθην | κέκαυμαι |

κλάω (κλαίω), ' I weep ' ( = κλάϝ-ιω).

| | PRES. | FUT. | AOR. | PERF. |
|---|---|---|---|---|
| A. | κλάω | { κλαήσω <br> κλαύσομαι | ἔκλαυσα | κέκλαυκα (?) |
| P. | κλάομαι | —— | —— | κέκλαυμαι |

*Obs.*—This verb often means ' I am beaten ' (*vapulo*).

## Exercise 77.

### ACCUSATIVE OF THE PART AFFECTED.

The part affected by the action of the verb is put in the accusative. Thus—

ἀλγεῖ τὸν δάκτυλον, ' He has a pain in his finger.'

1. Μέγας πνεῖ ὁ ἄνεμος.  πολὺς ῥεῖ ὁ ποταμός.  ταχέως πλέοισιν αἱ νῆες.

2. Ἐὰν μὴ πίθησθέ μοι, μακρὰ κλαύσεσθε.  κλάειν σε μακρὰ κελεύω.

3. Τῇ ὑστεραίᾳ διέπλευσαν εἰς Αἴγιναν οἱ ξένοι ἐπὶ θέαν τῆς ἐκεῖ ἑορτῆς.

4. Τί δῆτα κλάεις, ὦ παῖ; τίς σ' ἀδικεῖ; μακρὰ κλαύσεται ὅστις ἂν κακόν τί σε ποιήσῃ.

5. Πάνυ ἄκρατος ἔσται ὁ οἶνος, ἐὰν μή τις ὕδωρ ἐπιχέῃ.

6. Ἐμαυτὸν παρέχω τῷ ἰατρῷ τέμνειν καὶ κάειν· ἀλγῶ γὰρ τούς τε πόδας καὶ τὰς χεῖρας.

7. Οὐχ οἷόν τ' ἐκπλεῦσαι τήμερον· ἐναντίος γὰρ πνεῖ ὁ ἄνεμος.

8. Ἐπειδὴ παρεσκεύασαν τὰς ναῦς παρέπλευσαν οἱ Ἀθηναῖοι εἰς Συρακούσας.

9. Ἐκ τοῦ μεγάλου λιμένος ἐκπλέουσιν οἱ Συρακόσιοι.

10. Τὰ πλοῖα κατέκαυσαν οἱ πολέμιοι ἵνα μὴ διαβαῖμεν τὸν ποταμόν.

11. Εἴθε μὴ ἀπέπλευσαν οἱ Ἀθηναῖοι ἵν' ἡμῖν ἐβοήθησαν.

12. Διὰ μέσης τῆς πόλεως ῥεῖ ὁ ποταμός.

13. Βούλει ἐγχέω σοι τὸν οἶνον ;—Πάνυ μὲν οὖν, ὦ παῖ.

14. Ἀν'τρεψε τὴν τράπεζαν ὁ ξένος καὶ τὸν οἶνον ἐξέχεε.

15. Παῖ, παῖ.—Τί ἔστιν;—Ἔγχεόν μοι τὸν οἶνον.—Ταῦτ', ὦ δέσποτα.

16. Εἰ μὴ χειμὼν ἐγένετο, ἐξέπλευσαν ἂν τήμερον οἱ ἔμποροι.

17. Οὐκ ἔφθασαν καταπλεύσαντες οἱ ἔμποροι καὶ εὐθὺς χειμὼν ἐγένετο.

18. Μέγα ῥέοντος τοῦ ποταμοῦ, οὐχ οἷόν τ' ἦν διαβῆναι.

19. Οὐκ ἂν οἶμαι ἐκπλεῦσαι τὸν ἔμπορον εἰ ἐναντίος ἔπνευσεν ὁ ἄνεμος.

20. Ἐμπρήσαντες τὰς οἰκίας τὴν πόλιν ὅλην κατέκαυσαν.

1. Take care not to spill the wine; for it is valuable.

2. He says that the river flows through the middle of the country.

3. In winter the wind blows very strong from the sea.

4. They waited three days till the wind stopped blowing.

5. Let us sail along the coast till the storm is over.

6. I wish I had sailed over to Aegina to see the festival.

7. Whoever spilt this water will be well thrashed.

8. If the enemy have burned the boats, we shall not be able to cross.

9. The ships sailed into port late in the day; for they had met with a storm.

10. How high the wind blows! How the rivers are swollen!

### LXXVIII.—MIXED VERBS.

# ΛΕΓΩ.

203. Many common verbs form their parts from more than one root, just like Lat. *fero, tuli, latum, ferre.*

λέγω, 'I say, tell.'

| | PRES. | FUT. | AOR. | PERF. |
|---|---|---|---|---|
| A. | λέγω | ἐρῶ | εἶπον | εἴρηκα |
| P. | λέγομαι | ῥηθήσομαι | ἐρρήθην | εἴρημαι |

The future and aorist λέξω, ἔλεξα are also in use.

The future perfect passive is εἰρήσομαι.

204. The aorist is inflected thus—

### Indicative.

| | SING. | DUAL | PLUR. |
|---|---|---|---|
| 1. | εἶπον | | εἴπομεν |
| 2. | εἶπας | εἴπατον | εἴπατε |
| 3. | εἶπε(ν) | εἰπάτην | εἶπον |

### Imperative.

| | | | |
|---|---|---|---|
| 2. | εἰπέ (accent!) | εἴπατον | εἴπατε |
| 3. | εἰπάτω | εἰπάτων | εἰπόντων |

*Obs* —This verb may take either a ὅτι-clause or the accusative and infinitive.

But the aorist εἶπον can only take a ὅτι-clause.

The verb φημί can only take the accusative and infinitive.

## Exercise 78.

### ACCUSATIVE CASE.

The expressions εὖ, καλῶς, κακῶς λέγειν, 'to speak well of,' 'to speak ill of,' govern the accusative (cf. *bene, male dicere*).

1. Εὖ μοι ταῦτα δοκεῖ εἰπεῖν ὁ ῥήτωρ. οὐ καὶ σοὶ δοκεῖ,— Ἔμοιγε.

2. Φέρ' ἴδω, τί πρῶτον εἴπω ; μὰ Δί', οὐκ οἶδα τί λεκτέον.

3. Ἀληθές, ὡς ἔπος εἰπεῖν, οὐδὲν εἰρήκασιν ἄνθρωποι.

4. Ἐπίσχες. αὐτὸ οὐκ εἴρηται ὃ μάλιστα ἔδει ῥηθῆναι.

5. Εἴ με κακῶς ἐρεῖς, ὤνθρωπε, μακρὰ κλαύσει, εὖ ἴσθ' ὅτι.

6. Εἴπωμεν ἢ σιγῶμεν, ἢ τί δράσομεν ;

7. Οὗτος, τίς εἶ ; λέγε ταχύ. τί σιγᾷς ; οὐκ ἐρεῖς ;

8. Ὅπως μὴ ἐρεῖς μηδενὶ ὅστις εἰμί.—Μὴ φροντίσῃς. οὐκ ἂν εἴποιμι.

9. Εἴθε μὴ εἶπας τῷ πατρὶ ὅστις εἴην· ἐχθρῶς γὰρ ἐμοὶ διάκειται.

10. Εἰ μὴ ἐρεῖς μοι τἀληθές, δίκην δώσεις.

11. Ταῦτ᾽ εἰπών, ἐν νῷ εἶχον οἴκαδ᾽ ἰέναι, ἀλλ᾽ οὐκ ἔφασαν οἱ παρόντες μ᾽ ἀφήσειν.

12 Οὐκ ἤθελον εἰπεῖν ἄνθρωποι ὅτῳ δεδωκότες εἶεν τἀργύριον.

13. Οὐκ ἂν ᾤμην σε κέρδους ἕνεκα ψευδῆ λέγειν.

14. Εὖ ἴσθι ἀληθῆ ὄντα πάνθ᾽ ὅσ᾽ ἂν οὗτοι εἴπωσιν.

15. Εἴποις ἄν, ὦ βέλτιστε, πόσα ἔτη γέγονεν ὁ παῖς.

16. Φημὶ ψευδῆ εἶναι πάνθ᾽ ὅσ᾽ εἶπεν ὁ θεοῖς ἐχθρὸς οὑτοσί.

17. Οὐκ ἔφθη ταῦτ᾽ εἰπὼν ἄνθρωπος καὶ εὐθὺς λίθῳ ἐβλήθη.

18. Ἐπειδὰν τάχιστα ταῦτ᾽ εἴπητε, ἐλευθέρους ὑμᾶς ἀφήσομεν.

19. Μὴ εἴπῃς μηδενὶ ὅ τι ἐν νῷ ἔχεις δρᾶν.

20. Πάντα ταῦτα πρὸς χάριν ὑμῖν ἐρρήθη, ὦ ἄνδρες Ἀθηναῖοι.

1. Let the eldest of you tell me how old he is.

2. Every one will speak ill of you if you don't obey me.

3. I knew that you had told the truth.

4. If you speak ill of the tyrant, you will be punished.

5. Whoever said that I was responsible for the war, told a lie.

6. If you won't tell me what you want, I will turn you out of doors.

7. I didn't think you would ever speak to please the majority.

8. I knew that all you said was true.

9. As soon as I had said that, they all pelted me with stones.

10. Be sure you don't tell any one what I have said.

## LXXIX.—MIXED VERBS (continued).

### COMPOUNDS OF *ΛΕΓΩ*.

205. In all compounds of λέγω except those with ἐπι- and ἀντι- the old verb ἀγορεύω takes the place of λέγω in the present.

The other tenses are the same (*e.g.* ἀναγορεύω, ἀνερῶ, ἀνεῖπον, ἀνείρηκα, etc.).

The following are the commonest compounds:—

| | |
|---|---|
| ἀναγορεύω, | 'I proclaim.' |
| ἀπαγορεύω, | ⎰ 'I forbid.' <br> ⎱ 'I am tired.' |
| προσαγορεύω, | 'I address.' |
| ⎰ προλέγω, | 'I foretell.' |
| ⎱ προαγορεύω, | 'I give notice.' |
| ἀντιλέγω, | 'I contradict.' |

*Obs.*—The simple verb ἀγορεύω is only found in certain old formulas, *e.g.*—

τίς ἀγορεύειν βούλεται ; 'Who wishes to speak ? '

These were the words with which the herald opened the Ekklesia at Athens.

## Exercise 79.

### VERBS OF FORBIDDING.

Verbs of forbidding usually take μή with the infinitive, *e.g.*—

ἀπαγορεύω σε μὴ ταῦτα δρᾶν, 'I forbid you to do this.'

But when the principal verb is negative, μὴ οὐ takes the place of μή, *e.g.*—

οὐκ ἀπαγορεύεις μὴ οὐ ταῦτα δρᾶν, 'You don't forbid me to do this.'

1. Τί ποτ' ἐρεῖς πρὸς τουτονί ;—Πρὸς τὸν οὕτω λέγοντα οὐδὲν ἀντειπεῖν ἔχω.

2. Εὖ μοι δοκεῖ εἰρῆσθαι τὸ τοῦ Μενάνδρου· Μέλλων τι πράττειν μὴ προείπῃς μηδενί.

3. Παῦε, παῦε. παῦσαι τοῦ μέλους, πρὸς τῶν θεῶν· ἀπείρηκα γάρ σου ἀκούων.

4. Ὡς τραχεῖα ἡ ὁδός. ἀναπαυώμεθα, πρὸς τῶν θεῶν.—Μή νυν ἀπείπωμεν· ἐγγὺς γὰρ ἤδη ἐσμὲν τῆς κώμης

5. Εἴ τινα φεύγοντα λήψοιτο προηγόρευεν ὅτι ὡς πολεμίῳ χρήσοιτο.

6. Ἀπαγορεύω σοι μὴ εἰπεῖν ταῦτα.—Διὰ τί δῆτα οὐκ ἐρῶ ;

7. 'Ανεῖπεν ὁ κῆρυξ ὅτι ἀρετῆς ἕνεκα ἐστεφάνωται ὁ ῥήτωρ.

8 Προείρηται ὅστις ἂν μὴ πίθηται θανάτῳ ζημιώσεσθαι.

9. Εἴθε μὴ προσεῖπόν σε, ἵνα μὴ ᾔδησθά μ' ὅστις εἴην.

10. Οὔ φημι δεῖν ἐν τῷ θεάτρῳ ἀναρρηθῆναι τὸν στέφανον.

11. Διὰ τί ἀπείρηκας ἤδη οὕτω βραχεῖαν ὁδὸν πορευθείς ; _

12. 'Εὰν ἀντείπῃ τις τοῖς εἰρημένοις, μῶρος εἶναι δόξει.

13. Μὴ ἀπείπῃς ἕως ἔτι φῶς ἐστί· χρῆν γὰρ πάλαι ἀφι-
κέσθαι.

14. Εἰ γὰρ ἀπεῖπόν σε μὴ ταῦτ' εἰπεῖν, ἵνα μηδεὶς προῄδει.

15. 'Ανεῖπεν ὁ κῆρυξ ἥκειν τοὺς στρατιώτας ἔχοντας σιτία
ἡμερῶν τριῶν.

16. Προεῖπεν ὁ στρατηγὸς ὅτι τοὺς στρατιώτας εἰς ἕω
ἐξετάσοι.

17. Οὐκ ἔφθη ταῦτ' ἀνειπὼν ὁ κῆρυξ καὶ πάντες αὐτὸν λίθοις
ἔβαλλον

18. 'Απαγορεύουσιν οἱ ἄρχοντες μὴ ἐκπλεῖν ἕως ἂν φῶς
γένηται

19. 'Ικανῶς ἤδη ἀντείρηται τοῖς τὰ τοιαῦτα συμβουλεύουσιν.

20. Οὐκ ἤδη ἀπειρημένον τῆσδε τῆς χώρας ἐπιβαίνειν.

1. When I said that last night, no one contradicted me.

2. Why did you forbid me to tell any one who you
were ?

3. I would not have got tired, if you had been there.

4. If you do that, I give notice that I will impose a fine on
you.

5. I should like to know what the herald proclaimed in the
assembly.

6. Don't contradict those who know better than you.

7. I am tired of hearing you always say the same thing.

8. Be sure not to tell any one beforehand what I am going
to say.

9. Let the herald proclaim the crown in the assembly.

10. My father has forbidden me to go to Athens.

## LXXX.—MIXED VERBS (continued).

# *EPXOMAI.*

206. ἔρχομαι, 'I go, come.'

|     | PRES.    | FUT.  | AOR.   | PERF.    |
| --- | -------- | ----- | ------ | -------- |
| A.  | ἔρχομαι  | εἶμι  | ἦλθον  | ἐλήλυθα  |

For the inflexion of εἶμι, see § 168.

207. The moods of the present and future are as follows :—

| | PRESENT TENSE. | FUTURE TENSE. |
| --- | --- | --- |
| INDIC. | ἔρχομαι | εἶμι |
| SUBJ. | ἴω | ———— |
| OPT. | ἴοιμι | ἐλευσοίμην |
| IMPER. | ἴθι | |
| INF. | ἰέναι | ἐλεύσεσθαι |
| PARTIC. | ἰών, ἰοῦσα, ἰόν | ἐλευσόμενος, -η, -ον |

208. The imperfect is ᾖα, see § 168.

209. The moods of the aorist are as follows :—

| | | | |
| --- | --- | --- | --- |
| INDIC. | ἦλθον | IMPER. | ἐλθέ (accent!) |
| SUBJ. | ἔλθω | INF. | ἐλθεῖν |
| OPT. | ἔλθοιμι | PARTIC. | ἐλθών, -οῦσα, -όν |

*Obs.*—The place of the perfect ἐλήλυθα is often taken by the verb ἥκω and that of the pluperfect by ἧκον.

## Exercise 80.

### MOODS AND TENSES.

Observe that εἶμι is always future in the indicative, while its moods belong to the present tense.

The form ἐλεύσομαι never occurs in Attic; but when a future optative or infinitive is required (in indirect speech), the forms ἐλευσοίμην and ἐλεύσεσθαι are used.

1. Πρὸς ἑσπέραν οἴκαδ' ᾖμεν ἐκ Πειραιῶς εἰς ἄστυ μετὰ· τῶν ἀδελφῶν καὶ τῶν ἑταίρων.

2. Εὖ γ' ἐποίησας δεῦρ' ἐλθών, ὦ φίλτατε. χρῆν μέντοι πρότερον ἐλθεῖν· ἤδη γὰρ δεδειπνήκαμεν.

3. Εἰς Ἀθήνας οὔπω ἐλήλυθα· μακρὰ γὰρ καὶ χαλεπὴ ἡ ὁδός.— Βραχεῖα μὲν οὖν καὶ ῥᾳδία ἡ ὁδός, ὦ βέλτιστε.

4. Βούλεταί σοι εἰς λόγους ἐλθεῖν ὁ ξένος, ὦ δέσποτα.—Ἐμοί ; περὶ τοῦ ; τοῦ δεῖται ; τί τὸ πρᾶγμα ;

5. Τί ἔστιν, ὦ ἑταῖρε ;—Ὅ τι ; ἀλγῶ τὰ σκέλη μακρὰν ὁδὸν ἐληλυθώς.

6. Βούλει μοι φράσαι ποῦ 'στιν ἡ ἀγορά, ὦ ξένε ;—Ἴθι τὴν ὁδὸν ταυτηνὶ καὶ εὐθὺς ἐπὶ τὴν ἀγορὰν ἥξεις.

7. Ἴτε δεῦρο παρ' ἐμὲ τὴν ταχίστην, ὦ ἄνδρες· βούλομαι γὰρ ὑμῖν δεῖξαι τὴν ἐμαυτοῦ οἰκίαν.

8. Χαιρεφῶν εἰς Δελφοὺς ἰὼν ἤρετο εἴ τις εἴη Σωκράτους σοφώτερος.

9. Οὗτος, πόθεν ἐλήλυθας ;—Ὁπόθεν ; ἥκω παρὰ τοῦ ἰατροῦ.— Καὶ τί φησιν ὁ ἰατρός ;—Οὔ φησι λόγου ἀξίαν εἶναι τὴν νόσον.

10. Εἴ μ' ἐπὶ δεῖπνον καλέσειας, ὦ φίλε, ἴσως ἂν ἔλθοιμι.—Οὐκ ἂν θαυμάσαιμι, ἀλλ' οὐδέν σου δέομαι.

11. Τίς ποθ' ὅδε ; οὐκ ἔσθ' ὅπως οὐ Τίμων ἐστί. αὐτὸς ἐκεῖνός ἐστι, νὴ Δία. οὐκ εἶ θύραζε, ὦ πάντων μιαρώτατε ;

12. Εἰς δέον ἦλθες, ὦ φίλ' ἄνερ· κακῶς γὰρ ἔχει τἀμὰ πράγματα ἐν τῷ νῦν χρόνῳ.

13. Οὐκ ἂν ἔλθοιμι παρὰ σέ· δεινοὺς γὰρ ἔχει τοὺς ὀδόντας ὁ κύων.—Θαρρῶν ἴθι τούτου γ' ἕνεκα· οὐδὲν γάρ σε ποιήσει κακόν.

14. Τὴν αὐτὴν ὁδὸν ἐρχόμεθα ἐγὼ καὶ σύ. βούλει κοινῇ ποιώμεθα τὴν ὁδόν ;—Μάλιστά γε.

15. Ἦλθέ τις ἑσπέρας ἀγγέλλων ὡς τὸ χωρίον κατείληπται. ἐν τῇ πόλει δεινὴ ἦν ἡ βοή.

16. Ἐπειδὰν δεῦρ' ἔλθωσιν οἱ ξένοι προσάξομεν αὐτοὺς τῇ βουλῇ καὶ τῷ δήμῳ.

17. Ἑσπέρας εἰς περίπατον ᾖα παρὰ τὴν θάλατταν. ὡς ἡδὺ ἔπνεον αἱ αὖραι.

18. Οὐκ ἂν δυναίμην εἰς ταὐτὸν ἰέναι σοι, οὐ γὰρ οἰκείως ἔχειν δοκεῖς μοι τῇ ἡμετέρᾳ πόλει.

19. Οὔ φησιν ἐλεύσεσθαι παρὰ τὸν ἰατρὸν οὑμὸς υἱός, οὐ μὴν ἀλλά φησι νοσεῖν.

20. Ἔλεγεν ὁ σοφιστὴς ὅτι ἐλεύσοιτο παρ᾽ ἐμέ, ἀλλ᾽ οὐ πείθομαι αὐτῷ.

1. Will you come for a walk with me ? The moon is bright and the night is fine.

2. If that man comes back again, tell him I am not in. Do you understand what I say ? Very good, sir.

3 It is late in the day. It is high time to go home. We are keeping dinner waiting

4. Last year I went to Olympia to see the games. Upon my word, it is a very fine sight !

5. When I come home, I shall be glad to meet you.

6. Good-bye. You and I are going just the opposite way.

7. Summer and winter we go twice a month to market.

8. Go as quick as you can to the doctor's. Give him this letter from me.

9. The young men are going (*future*) a long and difficult journey through a hostile country.

10. Why do you never come to my house ? Come to dinner to-morrow.

## LXXXI.—MIXED VERBS (continued).

## COMPOUNDS OF *EPXOMAI*.

**210.** The compounds of ἔρχομαι in most common use are—

ἀπέρχομαι, 'I go away.'
προσέρχομαι, 'I go up, approach.'
εἰσέρχομαι, 'I go in, enter.'
ἐξέρχομαι, 'I go out.'

s

ἐπέρχομαι, 'I come on, attack.'

ἐπανέρχομαι, 'I come back, return.'

προέρχομαι, 'I go forward, advance.'

παρέρχομαι, 'I go by, pass.'

διέρχομαι, 'I go through, pass through.'

διεξέρχομαι, 'I go right through, describe in detail.'

## Exercise 81.

### VIRTUAL PASSIVES.

The compounds of ἔρχομαι are used as passives to the compounds of ἄγω  The cognate noun to these compounds is formed from ὁδός, *e.g.*—

εἰσάγει τὸν ἄνθρωπον εἰς τὸ δικαστήριον.

'He brings the man into court.'

εἰσέρχεται ἄνθρωπος ὑπ' αὐτοῦ.

'The man is brought in by him.'

κατάγουσι τοὺς φυγάδας.

'They restore the exiles.'

κατέρχονται οἱ φυγάδες ὑπ' αὐτῶν.

'The exiles are restored by them.'

1. Ἀνάγκη μοι ἀπιέναι· πόρρω γάρ ἐστι τῶν νυκτῶν.  βούλει μοι δοῦναι τὸν λύχνον;

2. Μῶν ἐν νῷ ἔχεις ἀπιέναι;  οὐκ ἐάσομεν, ὦ βέλτιστε.—Ἄφετέ με, πρὸς τῶν θεῶν.—Οὐ δῆτα.

3. Οὐκ ᾖσθοντο οἱ φύλακες προσιόντων τῶν πολεμίων.

4. Ἐπειδὰν τάχιστ' ἐπανέλθῃς καλῶ σ' ἐπὶ δεῖπνον.

5. Οὐ θύραζ' ἔξεισιν ἄνθρωπος ἐὰν μὴ βίᾳ ἄγῃ τις.

6. Οὐ χρὴ τὸν ἀδικήσαντα οὕτως ἀπελθεῖν.  δίκην λάβωμεν παρ' αὐτοῦ τῶν ἀδικημάτων.

7. Προσιών μοι ἔλεγεν ἄνθρωπος ὅτι ἕτοιμος εἴη πᾶν ποιεῖν ὥστε δίκην μὴ δοῦναι.

8. Εἰσελθὼν εἰς τὴν οἰκίαν κατέλαβον τὸν ἄνθρωπον ἀναστάντα ἤδη ἐκ τῶν στρωμάτων.

9. Ὅσιον παρ' ἡμῖν νομίζεται τὸν ἐπιόντα πολέμιον ἀμύνασθαι.

10. Εἰς τοσοῦτον ὕβρεως προῆλθεν ἄνθρωπος ὥστε τὴν τράπεζαν ἀνέτρεψε καὶ τὸν οἶνον ἐξέχεε

11. Ὑπὸ τίνων εἰσέρχεται ὁ Σωκράτης,—Εἰσάγουσιν αὐτὸν Ἄνυτος καὶ Μέλητος.

12. Μεγάλας προσόδους ἔχει ὁ δῆμος. προσέρχεται αὐτῷ πλεῖν ἢ μύρια τάλαντα τοῦ ἔτους.

13. Τὰς σπονδὰς λύουσιν οἱ πρότερον ἐπιόντες· οὗτοι γὰρ ἄρχουσι τοῦ πολέμου.

14. Μετὰ τὴν ἧτταν κατῆσαν ὑπὸ τοῦ δήμου οἱ φεύγοντες.

15. Εἰ οὗτοι ἀπίασιν, ἡμεῖς οἱ κακοδαίμονες μόνοι μενοῦμεν.

16. Τῆς παρελθούσης νυκτὸς ταυτησὶ οὐχ οἷός τ' ἐγενόμην ὕπνοι τυχεῖν.

17. Διεξῆλθεν ἡμῖν ὁ ῥήτωρ ὅσων κακῶν αἴτιος εἴη ὁ πόλεμος

18 Περιεμένομεν ἕως ἀνοιχθείη ἡ θύρα, ἐπειδὴ δ' ἀνοιχθείη, εἰσῆμεν παρὰ τὸν Σωκράτη.

19. Τίνες ποθ' οὗτοι; αὐληταί, νὴ Δία. οὐκ ἄπιτ' ἀπὸ τῶι θυρῶν; οὐκ ἐκποδών;

20. Οὐκ ἤθελον ἀπιέναι ἄνθρωποι, ἀλλὰ πρόγματά μοι ὅλην τὴν νύκτα παρεῖχον.

1. If this is so, it will be better for us to go away.

2. Why are the Athenians restoring the exiles? I am annoyed at the exiles being restored.

3 Go up to that man, and ask him if he will show us the way.

4. The enemy attacked us a little before midnight.

5. I wish to return home before noon. I don't wish to keep dinner waiting.

6. He reached such a height of madness that he said he was the son of Zeus.

7 I did not notice the cavalry passing by. At what o'clock did they pass?

8. I don't want to go out of doors to-day. The wind is blowing high.

9. These abominable pipers refuse to go away. We must give them some money.

10. I have never yet been brought to trial by any one; but now this wretch is bringing me before you, O judges.

## LXXXII.—MIXED VERBS (continued).

# 'ΟΡΩ, ΣΚΟΠΩ.

### 211. ὁρῶ (-άω), 'I see.'

|   | PRES. | FUT. | AOR. | PERF. |
|---|---|---|---|---|
| A. | ὁρῶ | ὄψομαι | εἶδον | ἑόρακα |
| P. | ὁρῶμαι | ὀφθήσομαι | ὤφθην | $\begin{cases} ἑόραμαι \\ ὦμμαι \end{cases}$ |

The present is inflected like τιμῶ, § 132.
The imperfect is irregular—

|   | SING. | DUAL. | PLUR. |
|---|---|---|---|
| 1. | ἑώρων |  | ἑωρῶμεν |
| 2. | ἑώρας | ἑωρᾶτον | ἑωρᾶτε |
| 3. | ἑώρα | ἑωράτην | ἑώρων |

The moods of the aorist are as follows:—

| INDIC. | εἶδον | IMPER. | ἰδέ |
|---|---|---|---|
| SUBJ. | ἴδω | INF. | ἰδεῖν |
| OPT. | ἴδοιμι | PARTIC. | ἰδών, -οῦσα, -όν |

*Obs.*—These forms must be carefully distinguished from the moods of
οἶδα (see § 169).

### 212. σκοπῶ (-έω), 'I look at, consider.'

|   | PRES. | FUT. | AOR. | PERF. |
|---|---|---|---|---|
| A.<br>M. | σκοπῶ<br>σκοποῦμαι | σκέψομαι | ἐσκεψάμην | ἔσκεμμαι |

*Obs.* 1.—The middle voice is usually employed to mark the *inward*
act of *considering*, the active often means the *outward* act of *looking at*.

*Obs.* 2.—Verbs of seeing take a participial complement, *e.g.* εἶδον τὸν
ἄνδρα προσιόντα.

## Exercise 82.

### Verbs of Striving and Considering.

Verbs of striving and considering take ὅπως with the future indicative (neg μή), e.g.—

Σκόπει ὅπως ταῦτα γενήσεται, 'Consider how this can be done.'

1. Ἄκουε, σίγα, πρόσεχε τὸν νοῦν, δεῦρ' ὅρα.—Τί ἔστι, τί τὸ πρᾶγμα;

2. Ἐάν που ἴδω τὸν ἄνδρα, οὐ προσερῶ, εὖ ἴσθ' ὅτι.

3. Ἐμέ γε μεθύοντα οὐδείς πω ἑόρακεν ἀνθρώπων. Μὴ 'μοί γε

4. Εἴ που ἴδοιεν προσιόντας τοὺς πολεμίους ἀνεχώρουν οἱ ἡμέτεροι.

5. Τί δεῖ λέγειν σοι ὡς καλαὶ αἱ Ἀθῆναι; ὄψει γὰρ αὐτὸς ὅταν ἔλθῃς.

6. Τοῖς Ῥωμαίοις τοιάδ' ἔγραψεν ὁ Ἰούλιος· ΗΛΘΟΝ ΕΙΔΟΝ ΕΝΙΚΗΣΑ

7. Σκέψαι δεῦρο, ὦ νεανία.—Διὰ τί δῆτα σκέψομαι;

8. Ὅταν ὁρᾷς τὸν ἄνθρωπον, φεύγεις. διὰ τί ταῦτα ποιεῖς, ὦ βέλτιστε;

9. Ἔλαθον ἂν τοὺς φύλακας εἰ μὴ ἐκεῖνος εἶδέ μ' ἀπιόντα.

10. Ὁρῶ τὸν πόλεμον πολλῶν κακῶν ὑμῖν αἴτιον γεγενημένον, ὦ ἄνδρες.

11. Ἤσθην συνὼν τῷ ἀνδρί· διὰ χρόνου γὰρ ἑοράκη αὐτόν.

12. Ὡς ἥδομαί σ' ἰδών, ὦ βέλτιστε. ποῦ ποτ' ἦσθα τὸν πολὺν τοῦτον χρόνον;

13. Σκεπτέον ἤδη ὅπως ἀσφαλέστατα ἄπιμεν οἴκαδε. μὴ περιΐδωμεν ταῦτα γιγνόμενα.

14. Οὐ περιόψομαί σε πάντων ἐνδεᾶ ὄντα, ἀλλ' ὧν ἔχω σοι μεταδώσω.

15. Μὰ Δί', οὐδεπώποτ' εἶδον πρᾶγμα γελοιότερον.—Ἐπὶ τῷ γελᾷς; μῶν σοι γέλωτος ἄξιος εἶναι δοκῶ;—Καὶ μάλα.

16. Μὴ περιΐδῃς με κακῶς οὕτω διακείμενον. μὴ προδῷς με, πρὸς τῶν θεῶν.

17. Οἴμοι, ὅπως μή μ' ὄψει ὁ πατήρ.—Ἀλλ' οὐκ ἂν λάθοις τὸν πατέρα, ὦ δαιμόνιε.

18. Μή ποτ' ἐγὼ ἐπίδοιμι τὴν πόλιν ἐμπεπρημένην καὶ τοὺς πολίτας βίᾳ ἀγομένους ὑπὸ τῶν πολεμίων.

19. Μακρὸν χρόνον σκοπουμένῳ ταῦτα μοι βέλτιστ' εἶναι ἔδοξεν. πίθεσθε οὖν μοι καὶ μὴ ἄλλως ποιήσητε.

20. Δι' ὅλης τῆς νυκτὸς ἔσκεμμαι ὅπως ἄριστα ταῦτα γενήσεται.

1. If I see him coming up, I shall tell you at once.

2. You surely (δῆτα) won't let me be ill-treated like this?

3. I want to see Athens very much, but it is a long journey.

4. Don't let me be insulted by those wretches.

5. It is a long time since I have seen you, my friend. You ought to come here oftener.

6. Mind your mother does not see you. I am sure she would be displeased.

7. May I not live to see a man like that taking part in public affairs!

8. I have considered for a long time what will be best for you and for me.

9. Consider well whether you are ready to face dangers for your country.

10. It is impossible to see the sea from my house, but it is visible from the hill.

## LXXXIII.—MIXED VERBS (continued).

# ΠΑΣΧΩ.

213. πάσχω, 'I suffer, am treated.'

|   | Pres. | Fut. | Aor. | Perf. |
|---|-------|------|------|-------|
| A. | πάσχω | πείσομαι | ἔπαθον | πέπονθα |

### Exercise 83.

#### Virtual Passives (continued).

The verb πάσχω is used as the passive of ποιῶ, especially in the construction εὖ, κακῶς ποιῶ, e.g.—

εὖ ποιοῦμεν τὸν ἄνθρωπον,　　'We treat the man well.'

εὖ πάσχει ἄνθρωπος ὑφ' ἡμῶν, 'The man is well treated by us.'

Note the phrase τί παθών ... ; 'What has been done to you that . ?'

(Tr. 'Whatever makes you?')

1. Ἆρ' οὐ χάριν ἔχεις ὧν εὖ ἔπαθες ὑφ' ἡμῶν;

2 Πολλὰ ὑπὸ τῶν ἐχθρῶν καὶ ἄδικα παθὼν οὐδένα ἀδικῶ.

3. Τι πέπονθας, ὦ βέλτιστε;—Ὅ τι; ἀλγῶ τὴν κεφαλήν. οἴμοι τῆς λύπης.

4. Τί ἀξιοῖς παθεῖν, ὦ πάντων μιαρώτατε; ἆρ' οὐ θανάτου ἄξιος εἶ;

5. Ὑπὲρ δόξης πάντα ποιεῖ καὶ πάσχει ὁ τῶν Μακεδόνων βασιλεύς.

6. Δεινότατ' ἔπαθεν ἄνθρωπος.—Δίκαια μὲν οὖν πέπονθεν οὑτοσὶ ἄδικος ὤν.

7. Τῆς μωρίας. τί παθὼν ταῦτ' ἔδρασας; δίκαια πείσει, ἐὰν δίκην λάβῃ τις παρὰ σοῦ.

8. Οὐ πάσχοντες εὖ ἀλλὰ δρῶντες κτώμεθα τοὺς φίλους

9. Ἀμελεῖ ἡμῶν οὑτοσὶ τοιαῦτα πεπονθότων καὶ παρ' οὐδὲν τίθεται.

10. Εἴ τι κακὸν ὑπὸ τῶν ἐχθρῶν πέπονθας, ἀναίτιος ἐγώ σοι.

11. Τί παθὼν πράγματά μοι παρέχει ἄνθρωπος; ἀλλ' οὔ τι χαίρων ἄπεισι.

12. Μῶν περιόψει με τοιαῦτα παθόντα, καὶ ταῦτ' οὐδένα πώποτ' ἀδικήσαντα;

13. Ὡς δεινὸς εἶ λέγειν. οὐκ οἶδ' ὅ τι πέπονθα ὑπὸ τῶν σῶν λόγων.

14. Ἀγανακτοῦσιν ὥσπερ δεινόν τι πεπονθυῖαι αἱ γυναῖκες εἴ τις αὐταῖς τἀληθῆ λέγει.

15. Οἷα πέπονθα ὁ κακοδαίμων. οἴμοι τοῦ πάθους. ἀνάξια ἔπαθον.

16. Τὸν εὖ παθόντα δεῖ χάριν εἰδέναι τῷ ποιήσαντι.

17. Οἱ Ἀθηναῖοι ἐν Σικελίᾳ μείζω ἢ κατὰ δάκρυα ἐπεπόνθεσαν.

18. Χθὲς γελοῖόν τι ἔπαθον, νὴ τὸν Δία· ἐπελαθόμην γὰρ τοῦ ἐμαυτοῦ ὀνόματος.

19. Πρὸς τῶν θεῶν, ἀπίωμεν ἤδη ἵνα μὴ πάθωμεν ὅπερ καὶ πρότερον.

20. Ἀρ' οὐ πείσει τοῖς ἐμοῖς λόγοις; δεινόν τι πείσεται ὁ μὴ πιθόμενος.

1. If you have been ill treated by your friends, it serves you right.

2. Tell me what is the matter with you. There is nothing the matter.

3. He is naturally indignant at being treated so badly by his fellow-citizens.

4. Whatever makes you speak so badly of me?

5. I have been far worse treated than you.

6. I have been very well treated by all my friends.

7. It is not my fault if you have been ill treated by my father.

8. He is ready to put up with anything, so as to have peace.

9. You have been well treated by me, but you neglect me.

10. If he is punished, it will serve him right.

## LXXXIV.—MIXED VERBS (continued).

# ΑΠΟΚΤΕΙΝΩ, ΑΠΟΘΝΗΙΣΚΩ.

### 214. ἀποκτείνω, 'I kill, slay.'

|  | PRES. | FUT. | AOR. | PERF. |
|---|---|---|---|---|
| Ἀ. | ἀποκτείνω | ἀποκτενῶ | ἀπέκτεινα | ἀπέκτονα |

*Obs.*—The simple verb κτείνω is not used in Attic prose.

### 215. ἀποθνῄσκω, 'I die.'

|  | PRES. | FUT. | AOR. | PERF. |
|---|---|---|---|---|
| A. | ἀποθνῄσκω | ἀποθανοῦμαι | ἀπέθανον | τέθνηκα |

*Obs.*—The simple verb θνῄσκω is not used in Attic except in the perfect, and that is *never* compounded.

216. Besides the common perfect inflexion, an older method of inflexion is often found in Attic writers.

**Indicative.**

|  | SING. | DUAL. | PLUR. |
|---|---|---|---|
| 1. | τέθνηκα |  | τέθναμεν |
| 2. | τέθνηκας | τέθνατον | τέθνατε |
| 3. | τέθνηκε(ν) | τέθνατον | τεθνᾶσι(ν) |

**Optative.**

| 1. | τεθναίην |  | τεθναῖμεν |
|---|---|---|---|
| 2. | τεθναίης | τεθναῖτον | τεθναῖτε |
| 3. | τεθναίη | τεθναίτην | τεθναῖεν |

**Imperative.**

SING. 2. τέθναθι

3. τεθνάτω

| Infinitive. | Participle. |
|---|---|
| τεθνάναι | τεθνεώς, -ῶσα, -ός |

## Exercise 84.

VIRTUAL PASSIVES (continued).

The verb ἀποθνήσκω is regularly used as the passive of ἀποκτείνω, e.g.—

> ἀπέθανεν ὁ βασιλεὺς ὑπὸ τῶν πολιτῶν.
> 'The king was killed by the citizens.'

1. Μηδαμῶς τοῦτο ποιήσῃς, πρὸς τῶν θεῶν· ὀλίγου γάρ μ' ἀπέκτεινας δέει.

2. Οἱ τριάκοντα πολλοὺς μὲν ἔχθρας ἕνεκα ἀπέκτειναν, πολλοὺς δὲ χρημάτων.

3. Πῶς δὴ τέθνηκεν ἄνθρωπος ;—Ὑπὸ τῶν πληγῶν ἀπέθανε.

4. Ἔστιν οἷς βέλτιον τεθνάναι ἢ ζῆν.

5 Ὁ ἐπιεικὴς ἀνὴρ τὸ τεθνάναι οὐ δεινὸν ἡγήσεται

6. Αἱ πόλεις τιμῶσι τὸν ἀποκτείναντα τὸν τύραννον.

7. Ὁ τύραννος τοὺς μὲν ἀπέκτεινε τῶν πολιτῶν, τοὺς δ' ἐξέβαλε.

8. Οὐκ ἀποκτενεῖτε τὸν μιαρὸν τοῦτον ἄνθρωπον, ὦ ἄνδρες Ἀθηναῖοι;

9. Κατέλαβον τὸν ἄνθρωπον ὀλίγου δεῖν τεθνεῶτα ὑπὸ τοῦ δέους.

10. Τίνες ποθ' οὗτοί; — Οὗτοί εἰσιν οἱ ἀπεκτονότες τὸν τύραννον.

11. Θαρρεῖτε, ὦ φίλοι· οὐ γὰρ περιοψόμεθα ὑμᾶς ἀδίκως οὕτως ἀποθανόντας.

12. Ὅρκος ἦν Ἀθηναίοις μηδένα μήτε ἐξελᾶν μήτε δήσειν μήτε ἀποκτενεῖν ἄκριτον.

13. Πῶς δὴ τέθνηκεν ἄνθρωπος; — Χθὲς νόσῳ ἀπέθανεν ἑβδομήκοντα ἔτη γεγονώς.

14. Εἰ μὴ τουτονὶ ἀποκτενεῖτε, μεγάλα βλάψει τὴν πόλιν.

15. Τεθναίην εἰ μὴ τουτονὶ εἶδον παρὰ σοῦ ἐξιόντα ἑσπέρας.

16. Ὅπως ἀποκτενεῖτε τοὺς κέρδους ἕνεκα προδόντας τὴν πόλιν, ὦ ἄνδρες.

17. Ἀποθανεῖται ὅστις ἂν τὰ τοιαῦτα πράττῃ· θάνατος γὰρ ἡ ζημία.

18. Οὐχ ὅσιον παρ' ἡμῖν νομίζεται κακῶς εἰπεῖν τοὺς τεθνεῶτας.

19. Ἀνδρείως μαχούμεθα ὑπὲρ τῶν δικαίων, κἂν ἀποθανεῖν ἡμᾶς δέῃ.

20. Δίκαια ἂν πάθοι ἄνθρωπος εἰ εὐθὺς ὑφ' ὑμῶν ἀποθάνοι.


1. The tyrant will put to death whoever speaks (*aor. subj.*) the truth to him.

2. One of the tyrants is in exile, the other was put to death by the citizens.

3. I should like to know who killed my brother.

4. The brother of Lysias was put to death by the Thirty.

5. If he had done all this, he would have been justly put to death.

6. The man deserves to die; for he has betrayed us to the enemy.

7. The man denies that he killed my brother, but I don't believe him.

8. If he killed him, I am sure he did it unintentionally.

9. I should be glad to die for my country, if it were necessary.

10. The soldiers refused to kill the king; for they had been well treated by him.

## LXXXV.—MIXED VERBS (continued).

# ΤΥΠΤΩ.

217. τύπτω, 'I strike, wound.'

|   | PRES. | FUT. | AOR. | PERF. |
|---|---|---|---|---|
| A. | τύπτω | πατάξω | ἐπάταξα | πέπληγα |
| P. | τύπτομαι | πληγήσομαι | ἐπλήγην | πέπληγμαι |

*Obs.*—In compounds the aorist passive is ἐπλάγην, *e.g.*—
ἐξεπλάγην, 'I was struck dumb.'

218. But when the verb means 'I beat,' its forms are—

|   | PRES. | FUT. | AOR. | PERF. |
|---|---|---|---|---|
| A. | τύπτω | τυπτήσω | πληγὰς ἐνέβαλον | πέπληγα |
| P. | τύπτομαι | τυπτήσομαι | πληγὰς ἔλαβον | πληγὰς εἴληφα |

## Exercise 85.

### DOUBLE ACCUSATIVE.

The verb τύπτω can take either the internal or the external accusative, *e.g.*—

τύπτω τὸν ἄνδρα,  'I strike the man.'
τύπτω πληγήν,  'I strike a blow.'

Or it may take both at once, *e.g.*—

τύπτω τὸν ἄνδρα πληγήν,  'I strike the man a blow.'

1. Πολλάκις μοι πληγὰς οὐδὲν ἀδικοῦντι ἐνέβαλες καὶ ἐπὶ κόρρης ἐπάταξας.

2. Εἰπέ μοι πῶς τέθνηκεν ὁ στρατηγός ;—Ξίφει πληγεὶς εὐθὺς ἀπέθανε.

3 Τοσαύτας ἐνέβαλον πληγὰς τῷ δούλῳ ὥστ' ὀλίγου δεῖν ἀπέκτεινα.

4. Δεινότατά φησιν οὑτοσὶ παθεῖν πληγὰς λαβὼν παρὰ σοῦ οὐδὲν ἠδικηκώς.

5. Αἰσθόμενος προσιόντων τῶν πολεμίων ἐξεπλάγη ἄνθρωπος.

6. Διὰ τί πληγὰς εἴληφας, ὦ παῖ ;—Οὐκ οἶδα, ὦ πάτερ. ἄδικα πέπονθα.

7. Εἴ με τυπτήσεις, ὤνθρωπε, ἐπὶ κόρρης σε πατάξω.

8. Οἴμοι τῆς λύπης. ξίφει πέπληγμαι. οὐκέτ' οὐδέν εἰμ' ἐγώ.

9. Ταῦτ' ἰδὼν ἐξεπλάγην· καὶ γὰρ δεινὸν ἦν τὸ ἔργον, ὦ ἄνδρες.

10. Διὰ τί τύπτεις τὸν κύνα, ὦ παῖ ;—Ὅτι τὸ κρέα ἔκλεψεν, ὦ δέσποτα

11. Ἐάν τις πρεσβυτέρῳ ἀνδρὶ πληγὰς ἐμβάλῃ, δίκην δώσει.

12 Τί ποιεῖς, ὦ νεανία ;—Ὅ τι ; τῇ μητρὶ τυπτομένῃ ἀμύνω.

13. Τίς ἐσθ' ὁ πατάξας σε, ὠγαθέ ,—Οὐχ οἷός τ' ἦ ἰδεῖν· σκότος γὰρ ἦν πολύς.

14. Οὐ περιόψομαί σε τυπτόμενον, ὦ παῖ· οὐ γὰρ ἄξιος εἶ πληγὰς λαβεῖν.

15. Πῶς δὴ τέθνηκεν ἄνθρωπος ;—Ὅπως ; κεραυνῷ πληγεὶς ἀπέθανε.

16. Χρή, ὅταν μὲν τιθῆσθε τοὺς νόμους ὁποῖοί τινές εἰσι σκοπεῖν, ἐπειδὰν δὲ θῆσθε, φυλάττειν καὶ χρῆσθαι.

17. Εἰ γὰρ μὴ ἐμεθύσθην, ἵνα μὴ πληγὰς τῷ ξένῳ ἐνέβαλον.

18. Οὐκ ἂν οἶμαι αὐτὸν ἐμὲ πατάξαι εἰ ᾔδειν ὅστις εἴην.

19. Μακρὰ κλαύσεται ὁ ἐμὲ πατάξας.—Ἀλλ' οὐκ ἔσθ' ὅπως οὐκ ἄκων ἐπάταξέ σε.

20. Θανάτου ἄξιος ἔμοιγε δοκεῖ ὃς ἂν πεπλήγῃ τὸν πατέρα.


1. Forgive me.　I struck you unintentionally.

2. The general was wounded by a missile and died.

3. Why did you not thrash the stranger? It would have served him right.

4. I don't think you would have thrashed him, if you had known who he was.

5. I wish I had known who you were, that I might not have struck you.

6. If you don't do what I bid you, I shall whip you.

7. I don't think I deserve to be whipped. No, you deserve to be killed.

8. I gave the man such a beating that I all but killed him.

9. I won't let that boy be flogged. He doesn't deserve a flogging.

10. I shall give you a box on the ear if you won't stop talking.

## LXXXVI.—MIXED VERBS (continued).

# ZΩ.

### 219. ζῶ (-άω), 'I live.'

| | Pres. | Fut. | Aor. | Perf. |
|---|---|---|---|---|
| A. | ζῶ | βιώσομαι | ἐβίων | βεβίωκα |

The present of this verb contracts irregularly, thus—

**Indicative.**

| Sing. | Dual. | Plur. |
|---|---|---|
| 1. ζῶ | | ζῶμεν |
| 2. ζῇς | ζῆτον | ζῆτε |
| 3. ζῇ | ζῆτον | ζῶσι(ν) |

**Subjunctive.**

(Same as Indicative.)

| Optative. | Imperative. |
|---|---|
| 1. ζῴην | |
| 2. ζῴης | ζῆθι |
| 3. ζῴη | ζήτω |
| etc. | etc. |

| Infinitive. | Participle. |
|---|---|
| ζῆν | ζῶν, ζῶσα, ζῶν |

### IMPERFECT TENSE.

| Sing. | Dual. | Plur. |
|---|---|---|
| 1. ἔζων | | ἐζῶμεν |
| 2. ἔζης | ἐζῆτον | ἐζῆτε |
| 3. ἔζη | ἐζήτην | ἔζων |

*Obs.*—A few other verbs contract in the same way. The commonest are—

| Present. | | Infinitive. |
|---|---|---|
| πεινῶ, | 'I hunger.' | πεινῆν. |
| διψῶ, | 'I thirst.' | διψῆν. |
| χρῶ, | 'I answer' (of an oracle). | χρῆν. |
| χρῶμαι, | 'I use.' | χρῆσθαι. |

## Exercise 86.

### So long as, Until.

After an unaugmented tense *so long as, until*, is expressed by ἕως ἄν with the subjunctive.

After an augmented tense ἕως with the optative is used, *e.g.*—

> περιμενῶ ἕως ἂν σκότος γένηται.
> 'I shall wait till it gets dark.'

> ἔφη περιμενεῖν ἕως σκότος γένοιτο.
> 'He said he would wait till it got dark.'

1. Κἂν ἑκατὸν ἔτη βιῷς, ἑλληνίζειν οὐκ ἐπιστήσει.
2. Μὴ ζῴην βίον τοιοῦτον· κρεῖττον γάρ ἐστι τεθνάναι.

3. Οὐ τὸ ζῆν περὶ πλείστου ποιητέον, ἀλλὰ τὸ εὖ ζῆν.

4. Ἐν πᾶσιν ἀγαθοῖς ζῶσιν οἱ πλούσιοι τῶν πολιτῶν.

5. Τοὺς τεθνεῶτας οὐχ οἷόν τε ἀναβιῶναι.

6. Οὐκ ἄξιόν μοι ζῆν. βέλτιόν μοι τεθνάναι ἢ ζῆν. μηκέτι ζώην βίον τοιοῦτον.

7. Εἴθε ἔζη οὑμὸς πατὴρ ἵνα μὴ πληγὰς ἔλαβον οὐδὲν ἠδικηκώς.

8. Οὐ περιόψομαί σ' ὑβριζόμενον ἕως ἂν ζῶ.

9. Οὐκ ἂν οἶμαι ταῦτα δρᾶσαι τὸν πατέρα εἰ ἔζη.

10. Ἑβδομήκοντα ἔτη βιοὺς ἀδίκως ἀπέθανεν ὁ Σωκράτης.

11. Οὐκ ἀξιοῦσι ζῆν βίον τοιοῦτον οἱ καλοὶ κἀγαθοί.

12. Οὐδ' ἂν ἔζων εἰ μή σύ μοι ὧν εἶχες μετέδωκας.

13. Ἆρ' οὐκ ἐναντίον τὸ ζῆν τῷ τεθνάναι ;—Πῶς γὰρ οὔ.

14. Σκέψασθαι χρὴ ὅντινα βίον βεβίωκεν ἑκάτερος.

15. Ἐπιμελοῦνται πάντες ὅπως ὡς πλεῖστον χρόνον βιώσονται.

16. Εἰ ἐπεβίω ὁ πατὴρ τὴν οἰκίαν ἂν εἶδεν ἐμπεπρημένην.

17. Πόθεν ζῇ ἄνθρωπος ;—Ὁπόθεν ; μισθὸν φέρει παρὰ βασιλέως.

18. Σκέψασθε ὡς αἰσχρὰ τὰ βεβιωμένα αὐτῷ.

19. Ἐκ τοῦ βίου ὃν ζῇ ἑκάτερος δεῖ κρίνειν τοὺς τρόπους

20. Οὐκ ἂν ἐδίψων εἰ μὴ πᾶν τὸ ὕδωρ ἐξέχεα.


1. Even if he were to live a century, he would never know Greek.

2. Would I had not lived so long, that I might have got rid of my troubles !

3. Most people think life better than death.

4. We must not set life above honour.

5. For a man like you it is better to die than to live. ¸

6. So long as I live, I shall never stop talking.

7. After living so many years, I shall be put to death unjustly.

8. Life will not be worth living if you die.

9. Such is the life he has led.   Does it seem to you worthy of honour ?

10. It is better to die free than to live a slave's life.

## LXXXVII.—MIXED VERBS (continued).
# *ΕΣΘΙΩ, ΠΙΝΩ.*

### 220. ἐσθίω, ' I eat.'

|   | Pres. | Fut. | Aor. | Perf. |
|---|-------|------|------|-------|
| A. | ἐσθίω | ἔδομαι | ἔφαγον | $\begin{cases} ἐδήδοκα \\ βέβρωκα \end{cases}$ |
| P. | ἐσθίομαι |  | ἠδέσθην | $\begin{cases} ἐδήδεσμαι \\ βέβρωμαι \end{cases}$ |

### 221. πίνω, 'I drink.'

|   | Pres. | Fut. | Aor. | Perf. |
|---|-------|------|------|-------|
| A. | πίνω | πίομαι | ἔπιον | πέπωκα |
| P. | πίνομαι | ποθήσομαι | ἐπόθην | πέπομαι |

*Question.*—Why is the future of these verbs deponent?

*Obs.*—Verbs of eating and drinking often take the genitive, *e.g.*—

ἐσθίω τὸν ἄρτον, 'I eat the loaf.'

ἐσθίω τοῦ ἄρτου, 'I eat some bread.'

πίνω τὸν οἶνον, 'I drink the wine.'

πίνω τοῦ οἴνου, 'I drink some wine.'

## Exercise 87.
### Before.

The conjunction πρίν is construed—

(1) With the infinitive after affirmatives.

(2) Like other conjunctions of time after negatives and interrogatives,
*e.g.*—

   (1)  'Απῄει πρὶν ἐμὲ ἐλθεῖν,   'He went away before I came.'

   (2) (*a*) Οὐκ ἄπειμι πρὶν ἂν ἔλθῃς, 'I shall not go away before you come.'

     (*b*) Οὐκ ἀπῇα πρὶν ἦλθες,   'I did not go away before you came.'

1. Πιεῖν τις ἡμῖν ἐγχεάτω. ποῦ 'στιν ὁ παῖς; οὗτος, δεῦρο πρὸς ἡμᾶς.

2. Δὸς κἀμοὶ πιεῖν, πρὸς τῶν θεῶν.—'Ιδού σοι πιεῖν, ὦ βέλτιστε.

3. Ἡδέως πίνω τὸν οἶνον τουτονί. ὡς ἡδύς ἐστι. γλυκύτατον ὄζει, νὴ τοὺς θεούς.

4. Καὶ τί σοι δῶ φαγεῖν ;—Δός μοι τῶν ὀρνιθείων· ταῦτα γὰρ ἥδιστ' ἐσθίω.

5. Χθὲς ἔφαγον τῶν βοείων, ἀλλ' οὐδαμῶς μοι συμφέρει τὰ τοιαῦτα.

6. Τῶν ἰχθύων ἡδέως φάγοις ἄν ;—Ἥδιστα μὲν οὖν.

7. Οὐκ ἂν δυναίμην ἔτι φαγεῖν τοῦ ἄρτου τουτουί.

8. Οὐ πρότερόν φασι πίεσθαι τοῦ οἴνου πρὶν ἂν διψῶσι.

9. Ζῶσιν οἱ πολλοὶ ἵνα ἐσθίωσιν. ἐσθίουσιν οἱ σοφοὶ ἵνα ζῶσι.

10. Βούλει ἐγχέω σοι πιεῖν ;—Πάνυ γε. ἔγχεόν μοι ὀλίγον τι οἴνου.

11. Εἴθε μὴ ἔπιον τοῦ οἴνου ἑσπέρας ἵνα μὴ ἤλγησα τὴν κεφαλήν.

12. Μὴ φάγῃς τούτων τῶν κρεῶν· οὐ γὰρ ἂν συμφέροι σοι.

13. Μετρίως ὑποπεπωκότες διαλεγώμεθα πρὸς τὸ πῦρ.

14. Ὅπως μὴ ἔδεσθε τῶν βοείων· ὕπνου γὰρ αἴτια τὰ τοιαῦτα.

15. Ἑσπέρας ὑπέπινον ἐν ἄστει· ἐκεκλήμην γὰρ ἐπὶ δεῖπνον.

16. Οὐκ ἂν οἶμαι ἡδέως ἐσθίειν τούτων τὸν δεσπότην.

17. Ἐν ᾧ σὺ ἤσθιες καὶ ἔπινες, ἐπείνων καὶ ἐδίψων ἐγώ.

18. Ὅταν διψῇς παραθήσω σοι ὀλίγον τι οἴνου.

19. Ὅτε πεινῴην ἤσθιον τῶν ἰχθύων καὶ τῶν ὀρνιθείων.

20. Πλείω τοῦ δέοντος φαγὼν καὶ πιὼν ἐνόσησεν ἄνθρωπος.

1. Do not eat more than is proper.

2. I wish I had not eaten beef last night

3. If you drink that wine, you will have a headache in the morning.

4. Give me something to eat, please. I should like to eat some bread and meat.

5. If I had eaten that meat, I should have fallen ill.

6. Whoever drinks this wine has a headache.

7. Whenever I was thirsty, they gave me a little water.

8. Whenever you are hungry, they 'will serve up some poultry for you.

9. Do not drink before you are thirsty.

10. He says he never eats before he is hungry.

T

## LXXXVIII.—MIXED VERBS (continued).

# *'ΑΙΡΩ, 'ΑΛΙΣΚΟΜΑΙ.*

**222.** αἱρῶ (-έω), 'I take.'

|   | PRES. | FUT. | AOR. | PERF. |
|---|-------|------|------|-------|
| A. | αἱρῶ | αἱρήσω | εἷλον | ᾕρηκα |
| M. | αἱροῦμαι | αἱρήσομαι | εἱλόμην | ᾕρημαι |

The middle voice means 'I choose.'

The passive meaning is usually expressed by another verb—

**223.** ἁλίσκομαι, 'I am taken.'

|   | PRES. | FUT. | AOR. | PERF. |
|---|-------|------|------|-------|
| P. | { ἁλίσκομαι<br>{ αἱροῦμαι | { ἁλώσομαι<br>{ αἱρεθήσομαι | { ἑάλων<br>{ ᾑρέθην | { ἑάλωκα<br>{ ᾕρημαι |

The forms ἁλώσομαι, etc., always mean 'I shall be taken,' etc.
The forms αἱρεθήσομαι, etc., usually mean 'I shall be chosen, etc.

*Obs.*—The α of ἑάλων is long.

**224.** The aorist of ἁλίσκομαι requires special notice—

Indicative.

|   | SING. | DUAL. | PLUR. |
|---|-------|-------|-------|
| 1. | ἑάλων |  | ἑάλωμεν |
| 2. | ἑάλως | ἑάλωτον | ἑάλωτε |
| 3. | ἑάλω | ἑαλώτην | ἑάλωσαν |

Subjunctive.

|   | SING. | DUAL. | PLUR. |
|---|-------|-------|-------|
| 1. | ἁλῶ |  | ἁλῶμεν |
| 2. | ἁλῷς | ἁλῶτον | ἁλῶτε |
| 3. | ἁλῷ | ἁλῶτον | ἁλῶσι(ν) |

Optative.

| Sing. | Dual. | Plur. |
|---|---|---|
| 1. ἀλοίην | | ἀλοῖμεν |
| 2. ἀλοίης | ἀλοῖτον | ἀλοῖτε |
| 3. ἀλοίη | ἀλοίτην | ἀλοῖεν |

Infinitive.

ἀλῶναι

Participle.

ἀλούς, ἀλοῦσα

## Exercise 88.

### DOUBLE ACCUSATIVE.

The compound ἀφαιροῦμαι, ʻI deprive of,ʼ may take an accusative of the person as well as of the thing.

ἀφαιρεῖταί με τὸ ξίφος, ʻ He takes the sword from me.ʼ

The passive construction accordingly is—

ἀφαιροῦμαι τὸ ξίφος,   ʻI am deprived of my sword.ʼ

1. Ἐάν ποτέ μ' ἕλῃς ἀδικοῦντα, ἀπόκτεινον.

2. Τὴν πόλιν ἑλόντες εὐθὺς οἴκαδ' ἀπῇσαν οἱ πολέμιοι.

3. Δέκα στρατηγοὺς ᾑροῦντο ἔτους ἑκάστου οἱ Ἀθηναῖοι.

4. Ζημίαν αἱροῦ μᾶλλον ἢ κέρδος αἰσχρόν.

5. Σωκράτης ἀσεβείας ἑάλω ἔτη γεγονὼς ἑβδομήκοντα.

6. Οἱ τριάκοντα ᾑρέθησαν ἐπεὶ τάχιστα τὰ τείχη καθῃρέθη.

7. Σωκράτης προείλετο μᾶλλον τοῖς νόμοις ἐμμένων ἀποθανεῖν ἢ παρανομῶν ζῆν.

8. Τὴν ἐλευθερίαν ἑλοίμην ἂν ἔγωγε ἀνθ' ὧν ἔχω πάντων.

9. Βασιλεὺς αἱρεῖται ἵνα οἱ ἑλόμενοι διὰ τοῦτον εὖ πράττωσιν.

10. Ἐὰν ἁλῷς ἔτι τοῦτο πράττων ἀποθανεῖ.—Παρ' ὀλίγον ἦλθες ἁλῶναι.

11. Ἐπειδὴ τὸ χωρίον ἑάλω οὐδεμία ἔτι ἐλπὶς ἦν τοῖς ἐν ἄστει.

12. Τέως μὲν ἔλαθον τοὺς φύλακας, μετὰ δὲ ταῦτα παρ' ὀλίγον ἦλθον ἁλῶναι.

13. Διώξομαί σε φόνου. φόνου ἁλώσεται ἄνθρωπος. οὐκ ἔσθ' ὅπως ἀποφεύξεται.

14. Χθὲς ἔδοξε τῷ δήμῳ πρέσβεις ἑλέσθαι περὶ τῶν πρὸς τοὺς Λακεδαιμονίους σπονδῶν.

15. Οὐδέποτ' ἐρεῖ τις ὡς ἐγὼ προδοὺς τοὺς Ἕλληνας τὴν τῶν βαρβάρων φιλίαν προειλόμην.

16. Οὐδείς, ἐξὸν εἰρήνην ἄγειν, πόλεμον αἱρήσεται.

17. Τίς σ' ἀφείλετο τὸ βιβλίον;—Ἀφήρημαι τὸ βιβλίον ὑπὸ τοῦ ἀδελφοῦ.

18. Εἰ γὰρ ἑάλω ὁ κλέψας τἀργύριον ἵνα δίκην ἔδωκε

19. Οὐκ ἂν ἑάλω ὁ ἀποκτείνας τὸν ἀδελφόν, εἰ μὴ παρῆσαν ἐκεῖνοι.

20. Οὐκ ἂν οἶμαι ἁλῶναί ποτε τὸν προδόντα τὴν πόλιν, εἰ ἔλαθεν τοὺς φύλακας.

1. If I catch you stealing my books, you will be punished.

2. In the tenth year of the war the Greeks took the city.

3. The Athenians elected Pericles general many times.

4. I prefer to keep quiet rather than to trouble you.

5. The big boy took away the coat from the small boy by force.

6. We have been deprived of all our property by our enemies.

7. After the city had been taken, all the houses were set on fire.

8. The thief would not have been caught unless you had been there.

9. The Athenians elected nine archons every year.

10. I don't think the murderer of my father would have been convicted unless you had accused him.

## LXXXIX.—MIXED VERBS (continued).

# ΦΕΡΩ.

225. φέρω, 'I bear, bring, carry.'

|   | Pres. | Fut. | Aor. | Perf. |
|---|---|---|---|---|
| A. | φέρω | οἴσω | ἤνεγκον | ἐνήνοχα |
| M. | φέρομαι | οἴσομαι | ἠνεγκάμην | ἐνήνεγμαι |
| P. |  | ἐνεχθήσομαι | ἠνέχθην |  |

226. The aorist is thus inflected—

**Indicative.**

| | Sing. | Dual. | Plur. |
|---|---|---|---|
| 1. | ἤνεγκον | | ἠνέγκαμεν |
| 2. | ἤνεγκας | ἠνέγκατον | ἠνέγκατε |
| 3. | ἤνεγκε(ν) | ἠνεγκάτην | ἤνεγκον(-αν) |

**Subjunctive.**

1. ἐνέγκω        ἐνέγκωμεν
    etc.             etc.

**Optative.**

1. ἐνέγκοιμι       ἐνέγκοιμεν
    etc.             etc.

**Imperative.**

2. ἔνεγκε          ἐνέγκατε
3. ἐνεγκάτω       ἐνεγκόντων

**Infinitive.**          **Participle.**

ἐνεγκεῖν      ἐνεγκών, -οῦσα, -όν

## Exercise 89.

### ACTIVE AND MIDDLE.

The middle voice of φέρειν means 'to carry off for oneself,' and so 'to win' (of prizes, etc.), e g —

τᾶθλα **οἴσεται** ὁ παῖς, 'The boy will win the prizes.'

But to 'get' or 'draw pay' is always **μισθὸν φέρειν** in the active.

1. Ἀπενεγκάτω τις ταχέως τὴν τράπεζαν· δεδειπνήκαμεν γὰρ ἤδη.

2. Οἴκοθεν φέρουσιν οἱ στρατιῶται σιτί' ἡμερῶν τριῶν.

3. Μῶν ἥκεις ἀπὸ τοῦ ἀγῶνος ;—Ἔγωγε.—Καὶ τίς ἠνέγκατο τὸ ἆθλον ;

4. Μισθὸν ἤνεγκον οἱ πρέσβεις δύο δραχμὰς τῆς ἡμέρας.

5. Οὐχ οἷός τ' ἐγενόμην ἄχθος τοσοῦτον ἐνεγκεῖν.

6. Ὅπως οἴκαδε οἴσετε πάντα ταῦτα ὡς τάχιστα.

7. Δεῖ φέρειν γενναίως ὅ τι ἂν διδῷ ὁ θεός

8. Εἰ γὰρ οἴκαδ' ἤνεγκον τὸ βιβλίον ἵνα σοι ἀνέγνων.

9. Εἰ σὺ παρῆσθα, ῥᾷον ἂν ἤνεγκον τὰς συμφοράς.

10. Ἆρ' οὐκ Ἀθήναζε φέρει ἡ ὁδὸς ἐκείνη ;

11. Ἥκει ὁ παῖς ἐπιστολὴν φέρων παρὰ τοῦ δεσπότου.

12. Μή μοι ἃ βούλομαι, ἀλλ' ἃ συμφέρει, γένοιτο.

13. Οὐ χρὴ τὸν ἀδικήσαντα ἀπελθεῖν πρὶν ἂν δῷ δίκην.

14. Ἐὰν μὴ ταῦτα μάθῃς, οὐδὲν τῶν πολλῶν διοίσεις.

15. Μηδένα φίλον ποιοῦ, πρὶν ἂν ἐξετάσῃς πῶς κέχρηται τοῖς πρότερον φίλοις.

16. Μέγα φρονοῦσιν οἱ πλούτῳ καὶ γένει διαφέροντες τῶν ἄλλων.

17. Οὐ ῥάδιόν ἐστιν ἐνεγκεῖν τὰς τοιαύτας συμφοράς.

18. Πόθεν ἤνεγκας ταῦτα τὰ βιβλία ; καὶ τί ποτε χρήσει αὐτοῖς ;

19. Οὐκ ἂν ᾠμην σε ῥᾳδίως οὕτως ἐνεγκεῖν τὰς τύχας.

20. Ἔνεγκέ μοι τὴν ἐπιστολὴν ἵν' ἀναγνῶ.

1. Don't bring me the book; I shall use my own.

2. My brother surpassed most people in his profession.

3. He said it would make no difference to him if you came.

4. I wish I had brought the letter, that you might have read it!

5. This boy has carried off many fine prizes.

6. Why did the ambassadors draw such high pay?

7. Be sure to bring your book to-morrow.   I shan't forget.

8. I shouldn't have thought my father would bear his misfortunes so easily.

9. In what do the rich surpass the poor?

10. I told you it would not be good for you, if you got what you wanted.

## XC.—MIXED VERBS (continued).

# ΘΕΩ, ΤΡΕΧΩ.

227. θέω, τρέχω, 'I run.'

|   | Pres. | Fut. | Aor. | Perf. |
|---|---|---|---|---|
| A. | { θέω<br>{ τρέχω | δραμοῦμαι | ἔδραμον | δεδράμηκα |

Obs.—The compounds of this verb form a strong aorist, e.g.—

| Indic. | ἀπέδραν |
|---|---|
| Subj. | ἀποδρῶ, -ᾷς, -ᾷ, etc. |
| Opt. | ἀποδραίην |
| Imper. | ἀπόδραθι |
| Inf. | ἀποδρᾶναι |
| Partic. | ἀποδράς, -ᾶσα, -άν |

## Exercise 90.

### Accusative.

The compound ἀποτρέχειν takes an accusative, e.g.—

ἀπέδρα με ὁ οἰκέτης, 'My servant ran away from me.'

1. Οὗτος, ποῖ θείς; οὐκ εἶ πάλιν ;—Ταχέως ἐπάνειμι, νὴ τοὺς θεούς

2. Μὴ προσείπῃς τὸν ἄνδρα τοῦτον· ἐχθρῶς γὰρ ἡμῖν διάκειται.

3. Ἰδών με εὐθὺς προέδραμε τῶν ἑταίρων ὁ παῖς.

4. Οὐκ ἂν ᾤμην σ᾽ οὕτω ταχέως ἀποδρᾶναι.

5. Ὁπότε οἱ Ἕλληνες ἐπίοιεν, εὐθὺς ἀπίδρασαν οἱ Πέρσαι.

6. Οὐκ ἔφθη δεῦρ᾽ ἀφικόμενος καὶ εὐθὺς ἐνόσησε.

7. Ἐάν τις ὑμῶν ἀδικηθῇ, προσδραμοῦνται καὶ βοηθήσουσιν οἱ φίλοι.

8. Μὴ προείπῃς μηδενὶ ἃ ἐν νῷ ἔχεις δρᾶν.

9. Ἐπέθετο τοῖς πολεμίοις ὥστ᾽ ἐκείνους ἐκπεπλῆχθαι καὶ τρέχειν ἐπὶ τὰ ὅπλα.

10. Μακρὰ κλαύσεται ὅστις ἂν κακῶς σ᾽ εἴπῃ.

11. Ἐάν τις ἀποδρᾷ τὸν δεσπότην τυπτήσεται.

12. Οὐκ ἂν προελοίμην ἔγωγε ζῆν βίον τοιοῦτον μᾶλλον ἢ τεθνάναι.

13. Εἴθε μὴ ἀπέδρα με ὁ οἰκέτης ἵνα μὴ πράγματ᾽ εἶχον.

14 Ἆρα ξίφει πληγεὶς τέθνηκεν ἄνθρωπος ;—Βληθεὶς μὲν οὖν ἀκοντίῳ εὐθὺς ἀπέθανε.

15. Ὅπως μὴ ἀποδραμεῖσθέ με· οὐ γὰρ ἂν δίκαιον εἴη.

16. Ἐξεπλάγην χθὲς ἰδὼν τὸ πλῆθος τῶν ἀφικνουμένων εἰς τὴν πόλιν.

17. Φησὶν ἀποδρᾶναι τὸν δεσπότην ἄνθρωπος, ἵνα κλέψας μὴ δίκην δοίη.

18. Τί τηνικάδε ἀφίκου ; δειπνεῖν κωλύεις πάλαι· πάρεισι γὰρ πάντες οἱ κεκλημένοι.

19. Ἐξὸν ἀποδρᾶναι οὐκ ἠξίουν τὴν τάξιν λιπεῖν.

20. Σωθέντες ἐκ τῆς μάχης χάριν ἂν εἰδεῖμέν σοι δικαίως.

1. Why have you run away from your master ?

2. Don't run away from me. If you run away, I shall thrash you.

3. As soon as we attack the enemy, they will run away.

4. I wish I had not run away till it got light.

5. The man ran up to me and addressed me as follows.

6. Why do you always run in front of the rest?

7. I shall run away from you, that I may not be ill-treated any longer.

8. Where are you running to? I am invited to dinner.

9. You should not have run away without my knowledge.

10. If you run away, we shall run after you.

### XCI.—MIXED VERBS (continued).

## ΠΩΛΩ, ΩΝΟΥΜΑΙ.

### 228. πωλῶ (-έω), 'I sell.'

|   | Pres. | Fut. | Aor. | Perf. |
|---|-------|------|------|-------|
| A. | πωλῶ | ἀποδώσομαι | ἀπεδόμην | πέπρακα |
| P. | πωλοῦμαι | { πωλήσομαι <br> πεπράσομαι | ἐπράθην | πέπραμαι |

*Obs.*—The syllable πρα- is long.

### 229. ὠνοῦμαι (-έομαι), 'I buy.'

|   | Pres. | Fut. | Aor. | Perf. |
|---|-------|------|------|-------|
| A. | ὠνοῦμαι | ὠνήσομαι | ἐπριάμην | ἐώνημαι |
| P. |  | ὠνηθήσομαι | ἐωνήθην |  |

### Exercise 91.

#### GENITIVE OF PRICE.

The word which denotes the price of an object is put in the genitive, e.g.—

ἡ οἰκία ἦν εἴκοσι μνῶν,   'The house was worth twenty minae.'

ταλάντου ἐπρίατο τὸν δοῦλον,   'He bought the slave for a talent.'

τριῶν δραχμῶν ἀπέδοτο τὸν οἶνον, 'He sold the wine for three drachmas.'

1. Ὠνήσομαι τὸν ἵππον ἐάν σύ μοι δῷς τἀργύριον.

2. Βούλει ὑποδήματά σοι πρίωμαι, ὦ παῖ;—Μάλιστα μὲν οὖν, ὦ μῆτερ.

3. Οὐκ ἂν πριαίμην τοῦτο τὸ βιβλίον οὐδὲ μιᾶς δραχμῆς.

4. Εἰς ἀγορὰν εἶμι ἄρτους ὠνησόμενος. ἐξ ἀγορᾶς ἥκω ἄρτους πριάμενος.

5. Χρημάτων οὐκ ἂν πρίαιο δόξαν καὶ τιμήν.

6. Οἱ ἐν ἀγορᾷ φροντίζουσιν ὅ τι ἐλάττονος πριάμενοι πλέονος ἀποδῶνται.

7. Οἱ ἀγαθοὶ οἰκονόμοι, ὅταν τὸ πολλοῦ ἄξιον μικροῦ ἐξῇ πρίασθαι, τότε φασὶ δεῖν ὠνεῖσθαι.

8. Πρώτους ἑαυτοὺς οἱ προδόται πωλοῦσιν.

9. Πόσου τιμᾶται ἡ οἰκία;—Ταλάντου ἔγωγε ἐπριάμην τὴν οἰκίαν.

10. Μισθοῦ στρατεύονται οἱ Χαλδαῖοι, ὁπόταν τις αὐτῶν δέηται.

11. Τῶν πόνων πωλοῦσιν ἡμῖν πάντα τἀγάθ' οἱ θεοί.

12. Οὐκ ἂν ᾤμην σε τοσούτου πρίασθαι τὸν ἵππον.

13. Τήνδε τὴν οἰκίαν πέντε μνῶν ὠνεῖσθαι βούλομαι.

14. Ἐάν μοι βουλῇ τἀργύριον ἀποδοῦναι, πεπράσεταί σοι ἡ οἰκία.

15. Εἴθε μὴ ἐπριάμην τὸν ἵππον ἵνα μὴ τἀργύριον ἀπέβαλον.

16. Μῶν πέπραται ἤδη ὁ οἰκέτης,—Καὶ μάλα. πέντε μνῶν ἐώνημαι ἔγωγε.

17. Πόσου ἐωνήθη οὗτος ὁ οἰκέτης;—Οὐκ ἂν εἴποιμι.

18. Οἰκίαν ἐώνητο ἄνθρωπος· ἥδετο γὰρ τῇ ἐνθάδε διαίτῃ.

19. Ἐκ τῆς ἀγορᾶς ἥκω ἵππους καὶ βοῦς ἐωνημένος.

20. Ἐὰν μὴ τὴν ζημίαν ἀποτείσῃς, πεπράσεταί σου ἡ οἰκία.

1. He told me he would buy the house for twenty minae.

2. I did not think you would sell the horse for so much.

3. I am going to town to buy some knives.

4. Be sure not to sell the horse for less than five minae.

5. My father bought this house for a talent.

6. Although you were to offer me a hundred minae, I would not sell this slave.

7. Why did you buy this slave, when you might have bought mine for less?

8. If you are willing to sell your cloak, I will buy it.

9. The slave will be sold at once; for he has run away from his master.

10. Whenever the unjust man buys or sells anything, he gets the better of the just man.

## XCII.—THE VERB *ΚΑΘΙΖΩ*.

230. καθίζω, 'I set, seat.'

|   | PRES. | FUT. | AOR. | PERF. |
|---|---|---|---|---|
| A. | καθίζω | καθιῶ | { ἐκάθισα<br>καθῖσα | |
| M. | καθίζομαι | { καθεδοῦμαι<br>καθιζήσομαι | ἐκαθισάμην | κάθημαι |

The perfect κάθημαι, 'I am seated,' is conjugated as follows :—

### Indicative.

| SING. | DUAL. | PLUR. |
|---|---|---|
| 1. κάθημαι | | καθήμεθα |
| 2. κάθησαι | κάθησθον | κάθησθε |
| 3. κάθηται | κάθησθον | κάθηνται |

### Subjunctive.

| | | |
|---|---|---|
| 1. καθῶμαι | | καθώμεθα |
| 2. καθῇ | καθῆσθον | καθῆσθε |
| 3. καθῆται | καθῆσθον | καθῶνται |

### Optative.

| | | |
|---|---|---|
| 1. καθήμην | | καθήμεθα |
| 2. καθῆο | καθῆσθον | καθῆσθε |
| 3. καθῆτο | καθήσθην | καθῆντο |

### Imperative.

| | | |
|---|---|---|
| 2. κάθησο | κάθησθον | κάθησθε |
| 3. καθήσθω | καθήσθων | καθήσθων |

| Infinitive. | Participle. |
|---|---|
| καθῆσθαι | καθήμενος, -η, -ον |

## IMPERFECT TENSE.

| Sing. | Dual. | Plur. |
|---|---|---|
| 1. (ἐ)καθήμην | | (ἐ)καθήμεθα |
| 2. (ἐ)κάθησο | (ἐ)κάθησθον | (ἐ)κάθησθε |
| 3. (ἐ)κάθητο | (ἐ)καθήσθην | (ἐ)κάθηντο |
| (καθῆστο) | | |

### Exercise 92.

#### Negatives.

The negatives οὐ μή are used—

(1) With the future indicative to express a strong prohibition, *e.g.*—
οὐ μὴ ληρήσεις,    ' Don't talk nonsense ! '

(2) With the aorist subjunctive to express a strong denial, *e.g* —
οὐ μὴ τήμερον ἔλθῃ, ' He will *not* come to-day.'

1. Κάθιζε.    κάθησο σῖγα.—Ἰδού, κάθημαι.—Κάθησθε πάντες. τίς ἀγορεύειν βούλεται ;

2. Ἐπεὶ Κῦρος τετελεύτηκε, καθιοῦμεν Ἀριαῖον εἰς τὸν θρόνον.

3. Ἐπὶ τῆς κλίνης μαλακῶς κάθησαι, ὦ γύναι.—Σκληρῶς μὲν οὖν κάθημαι.

4. Κατέλαβον τὸν παῖδα πλησίον τοῦ διδασκάλου καθήμενον.

5. Οὐ μὴ κακῶς ἐρεῖς τοὺς ἄρχοντας, ἵνα μὴ δίκην δῷς.

6. Ἐάν τίς σ' ἀδικήσῃ, κλάων καθεδεῖται.

7. Οὐ μή μ' ἕλῃς ποτὲ δεῦρ' ἐλθόντα.

8. Βούλεσθε καθιζώμεθα ἐπὶ ταύτης τῆς κλίνης ;

9. Οὐ μὴ καθιεῖ τὸν παῖδα ἐπὶ τούτου τοῦ βάθρου.

10. Αὐτοῦ καθιζησόμεθα ἕως ἂν φῶς γένηται.

11. Ἐπὶ τῶν βάθρων καθήμενοι γράμματα μανθάνουσιν οἱ παῖδες.

12. Ὅπως ἐνταῦθα καθεδεῖσθε ἕως ἂν ἐπανέλθω.

13. Οὐκ ἂν παρὰ σοὶ καθήμην· ἄχθομαι γὰρ τοῖς σοῖς λόγοις.

14. Ἡδέως ἄν σοι διαλεγοίμην μαλακῶς οὕτω καθήμενος.

15. Δεῦρ' ἐλθὼν παρ' ἐμοὶ κάθησο.—Διὰ τί δῆτα παρὰ σοὶ καθῶμαι ;

16. Εἴθε μὴ τοσοῦτον χρόνον ἐνθάδ' ἐκαθήμην, ὥρα γὰρ ἦν πάλαι ἀπιέναι.

17. Κρεῖττόν μοι δοκεῖ εἶναι ἐστάναι ἢ καθῆσθαι.

18. Κύκλῳ ἐκάθηντο οἱ παρόντες ἵνα τῶν λόγων ἀκούσειαν.

19. Διὰ τί ἕστηκας, ὦ βέλτιστε, ἐξὸν μαλακῶς καθῆσθαι ;

20. Ἐπὶ θρόνου τινὸς καθῆστο ὁ διδάσκαλος.

1. Sit down at once !  Won't you sit down ?

2. No sooner had he sat down than he got up again.

3. Why do you sit there doing nothing when you might take a walk ?

4. I am sure I saw you sitting on that couch.

5. When I went into the house, I found the company sitting in a circle.

6. I shall sit where I am till you come back.

7. I don't like sitting on this bench ; for it is very uncomfortable.

8. They say they won't sit down till you bid them.

9. Don't sit there doing nothing, but get up and come with me.

10. If we sit here we shall be able to look on at the games.

## XCIII.—THE VERB ΠΙΠΤΩ.

**231.** The verb πίπτω, 'to fall,' is conjugated thus—

|   | PRES. | FUT. | AOR. | PERF. |
|---|-------|------|------|-------|
| A. | πίπτω | πεσοῦμαι | ἔπεσον | πέπτωκα |

*Question.*—Why is the future of this verb deponent ?

### Exercise 93.
#### VIRTUAL PASSIVE.

The compounds of πίπτω are regularly used as passives to the compounds of βάλλω, *e.g.*—

θύραζε ἐξέβαλον τὸν ἄνθρωπον,     ' I kicked the fellow out.'

θύραζε ἐξέπεσεν ἄνθρωπος ὑπ' ἐμοῦ, ' The fellow was kicked out by me.'

1. Ὑπὸ τῶν ἐν ἄστει ἐκπεπτωκότες πολλὰ ἤδη ἔτη φεύγουσιν.

2. Παρὰ μικρὸν ἐκ τῆς πόλεως ἐξέπεσον ὑπὸ τῶν τριάκοντα.

3. Τοὺς πολεμίους λήσομεν ἐπιπεσόντες· σκότος γὰρ γίγνεται.

4. Οἱ μὲν αὐτῶν εἰς τὸν ποταμὸν εὐθὺς ἔπεσον, οἱ δ' ἄλλοι ἔφευγον.

5. Ἡττηθέντες ἐν τῇ μάχῃ τοὺς ἐκπεπτωκότας ἐθέλουσι κατάγειν οἱ πολῖται.

6. Σκόπει ὅπως μὴ καταπεσεῖ· οὐ γὰρ δοκεῖς μοι ἀσφαλῶς βαδίζειν.

7. Χειμῶνι χρησάμενοι οἱ μὲν διεφθάρησαν, οἱ δ' εἰς τὴν γῆν ἐξέπεσον.

8. Ἐὰν καταπέσῃς, τίς σ' ἀναστήσει;

9. Οὐ διὰ μακροῦ κατίασιν οἱ ὑπὸ τοῦ τυράννου ἐκπεσόντες.

10. Φεύγων τὸν καπνὸν εἰς τὸ πῦρ ἐνέπεσον.

11. Εἰς δεσμωτήριον ἐνέπεσεν ἄνθρωπος ὑπὸ τῶν ἔνδεκα.

12. Ὅταν ἐγώ σε καταβαλῶ, οὐ φῇς πεπτωκέναι.

13. Οὐκ ἔφθη καταπεσὼν ἄνθρωπος καὶ εὐθὺς ἀνέστη.

14. Ἐν ἐκείνῳ τῷ πολέμῳ συνέπεσε δεινοτάτη νόσος τοις Ἀθηναίοις.

15. Ἐὰν δεῦρ' ἔλθῃ ἄνθρωπος, θύραζ' ἐκπεσεῖται ὑφ' ἡμῶν.

16. Ἐὰν μὴ σιγήσῃς, θύραζ' ἐκβαλῶ σ' ἐκ τῆς οἰκίας.

17. Δεινὰ πέπονθα, ὦ φίλοι. θύραζ' ἐξέπεσον ὑπὸ τῶν υἱέων.

18. Εἰ τρεῖς μόναι μετέπεσον τῶν ψήφων, ἀπέφυγεν ἂν ὁ Σωκράτης.

19. Ἡρόμην αὐτὸν διὰ τί ἐκ τῆς πατρίδος ἐκπεπτωκὼς εἴη.

20. Ἀδίκως φησὶν ἐκ τῆς πόλεως ἐκπεπτωκέναι.


1. I asked him why he had been turned out of doors.

2. Many citizens were thrown into prison by the Thirty.

3. Would that those who have been driven out might return !

4. Take care not to fall into the river.

5. Lose no time in rising up ; for you have fallen into the water.

6. If I am turned out of doors by you, I shall set the house on fire.

7. If you fall down, I will not raise you up.

8. As soon as the tyrant had been expelled, the citizens were at peace.

9. He was wounded by a dart and fell to the ground.

10. Whoever betrays the city will be expelled by his fellow-citizens.

## XCIV.—THE VERBS $ΔΕΔΟΙΚΑ$, $ΕΟΙΚΑ$.

232. The verb δέδοικα (praeteritive), 'I fear,' is conjugated thus :—

### Indicative.

| Sing. | Plur. |
|---|---|
| 1. $\delta\acute{\epsilon}\delta o\iota\kappa a$ $(\delta\acute{\epsilon}\delta\iota a)$ | $\delta\acute{\epsilon}\delta\iota\mu\epsilon\nu$ $(\delta\epsilon\delta o\acute{\iota}\kappa a\mu\epsilon\nu)$ |
| 2. $\delta\acute{\epsilon}\delta o\iota\kappa a\varsigma$ | $\delta\acute{\epsilon}\delta\iota\tau\epsilon$ $(\delta\epsilon\delta o\acute{\iota}\kappa a\tau\epsilon)$ |
| 3. $\delta\acute{\epsilon}\delta o\iota\kappa\epsilon(\nu)$ $(\delta\acute{\epsilon}\delta\iota\epsilon)$ | $\delta\epsilon\delta\acute{\iota}a\sigma\iota(\nu)$ $(\delta\epsilon\delta o\acute{\iota}\kappa a\sigma\iota)$ |

### Subjunctive.

Sing. 1. $\delta\epsilon\delta\acute{\iota}\omega$

etc.

### Imperative.

Sing. 2. $\delta\acute{\epsilon}\delta\iota\theta\iota$

3. $\delta\epsilon\delta\acute{\iota}\tau\omega$

etc.

### Infinitive.

$\delta\epsilon\delta\iota\acute{\epsilon}\nu a\iota$ $(\delta\epsilon\delta o\iota\kappa\acute{\epsilon}\nu a\iota)$

### Participle.

$\delta\epsilon\delta\iota\acute{\omega}\varsigma,$ $\delta\epsilon\delta\iota\upsilon\hat{\iota}a,$ $\delta\epsilon\delta\iota\acute{o}\varsigma$

$(\delta\epsilon\delta o\iota\kappa\acute{\omega}\varsigma,$ $\delta\epsilon\delta o\iota\kappa\upsilon\hat{\iota}a,$ $\delta\epsilon\delta o\iota\kappa\acute{o}\varsigma)$

### PAST TENSE (Pluperfect Form).

| Sing. | Plur. |
|---|---|
| 1. ἐδεδοίκη | ἐδέδιμεν |
| 2. ἐδεδοίκης | ἐδέδιτε |
| 3. ἐδεδοίκει(ν) [ἐδεδίει] | ἐδέδισαν |

233. The verb ἔοικα, 'I am like' or 'likely,' is conjugated thus :—

### PRESENT TENSE.

#### Indicative (Perfect Form).

| Sing. | Dual. | Plur. |
|---|---|---|
| 1. ἔοικα | | ἔοιγμεν |
| 2. ἔοικας | ἐοίκατον | ἐοίκατε |
| 3. ἔοικε(ν) | ἐοίκατον | εἴξασι(ν) [ἐοίκασι(ν)] |

#### Infinitive.

εἰκέναι [ἐοικέναι]

#### Participle.

εἰκώς, εἰκυῖα, εἰκός
[ἐοικώς]

### PAST TENSE (Pluperfect Form).

Sing. 1. ἐῴκη
2. ἐῴκης
3. ἐῴκει(ν) or ᾔκει(ν)
etc.

## Exercise 94.

### Verbs of Fearing.

Verbs of fearing are followed by μή, 'lest,' 'that' (Lat. ne), or by μὴ οἰ (Lat. ut).

When the object of fear is future, the subjunctive is used after unaugmented tenses, and the optative after augmented, *e.g.*—

δέδοικα μὴ οὐκ ἔνδον ᾖ    *Vereor ut domi sit.*
'I am afraid that he will not be at home.'

ἐδεδοίκει μὴ οὐκ ἔνδον εἴην.
'He was afraid that I should not be at home.'

1. Μηδὲν δείσῃς· οὐδὲν γὰρ δεινὸν ἔσται, νὴ τοὺς θεούς.

2 Τὴν αὑτοῦ σκιὰν δέδοικεν ἄνθρωπος.

3. Μηδὲν δέδιθι, ὦ βέλτιστε, οὐ γὰρ περιόψομαι σ᾽ ὑβριζόμενον.

4. Ὡς ἔοικεν ὁ παῖς τῷ πατρί. οὐ καί σοι δοκεῖ ;—Μᾶλλον μὲν οὖν ἔοικε τῇ μητρί

5. Δέδοικα μὴ ἐπιλαθώμεθα τῆς οἴκαδε ὁδοῦ. τίς ἡμῖν ἡγεμὼν ἔσται τῆς ὁδοῦ ;

6. Δέδιμεν μὴ οὐ πιστοὶ ἦτε.—Μηδὲν δείσητε· οὐ γὰρ προδώσομεν ὑμᾶς.

7. Δεδίασιν οἱ ἐν ἄστει μὴ τὴν χώραν κακόν τι ἐργάσωνται οἱ πολέμιοι.

8. Ἐδεδοίκη μὴ οὐχ οἷός τ᾽ εἴην πρῳαίτερον ἐλθεῖν.

9. Ἔοικεν ἄνθρωπος πράγμαθ᾽ ἡμῖν παρέξειν εἰ μὴ ἀποκτενοῦμεν αὐτόν.

10. Ἔφη δεδιέναι μὴ ἡμῖν ἐπιθῶνται τῆς νυκτὸς οἱ πολέμιοι.

11. Ὡς ἐπὶ τὸ πολὺ εἴξασιν οἱ υἱεῖς τοῖς γονεῦσι.

12. Ἐδέδισαν οἱ Ἀθηναῖοι μὴ ἀποσταῖεν οἱ σύμμαχοι.

13. Ἔοικεν ἄνθρωπος σοφώτερος εἶναί σου τὴν τέχνην.

14. Ἔδεισαν οἱ Ἕλληνες μὴ λάθοιεν οἱ Πέρσαι ἐκφυγόντες.

15. Τί τὸ πρᾶγμα ; ἔοικας γὰρ δεδιότι.

16. Πορεύεται, ὡς ἔοικεν, ὁ γεωργὸς Ἀθήναζε.

17. Ἀδελφῷ ἐοικέναι ἀδελφὸν οὐδὲν θαυμαστόν.

18. Δεδιέναι ἔοικας μὴ κακόν τί σε ποιήσω.

19. Ἔοικεν ἐχθρῶς μοι διακεῖσθαι οὑτοσί.

20. Δεδιέναι ἔφασαν μὴ ὑπὸ τῶν πολιτῶν ἐκπέσοιεν.

1. Your daughter is not at all like her mother.

2. I am afraid he will not be here in time.

3. You appear to be going home. Yes, I am going to Athens.

4. He was afraid that the enemy would attack them.
5. Would you were like your father, my boy !
6. Don't be afraid, I won't do you any harm.
7. He said the two brothers were very like each other.
8. If you had not been afraid, you would have been victorious.
9. They went home to the country from fear of the disease.
10. I was afraid you would come too late for dinner.

## XCV.—ATTIC REDUPLICATION.

**234.** Some verbs beginning with vowels take an irregular reduplication in the perfect.

ὄμνῦμι, ' I swear '

|   | Pres. | Fut. | Aor. | Perf. |
|---|---|---|---|---|
| A. | ὄμνυμι | ὀμοῦμαι | ὤμοσα | ὀμώμοκα |
| P. | ὄμνυμαι | ὀμοθήσομαι | ὠμόθην | ὀμώμομαι |

**235.** Similar is the conjugation of—

ὄλλῦμι, ' I destroy.'

|   | Pres. | Fut. | Aor. | Perf. |
|---|---|---|---|---|
| A. | ὄλλυμι | ὀλῶ | ὤλεσα | ὀλώλεκα |
| M. | ὄλλυμαι | ὀλοῦμαι | ὠλόμην | ὄλωλα |

*Obs.* 1.—In Attic the compound ἀπ-όλλῦμι is always used.

*Obs.* 2.—The strong perfect is used in a middle sense. Attic ἀπόλωλα, *perii*, ' I am undone.'

*Obs.* 3.—In Attic ἀπόλλῦμι is the regular word for ' I lose.'

## Exercise 95.

### VERBS OF SWEARING.

Verbs of swearing are followed by ἦ μήν with the infinitive, *e.g.*—

ὄμνυμι ἦ μὴν ἀποδώσειν σοι τἀργύριον.

' I swear that I will pay you the money.'

ὄμνυμι ἦ μὴν ἰδεῖν αὐτὸν ἐν τῇ ὁδῷ.
'I swear that I saw him in the street.'

ὄμνυμι ἦ μὴν νοσεῖν.
'I swear that I am ill.'

1. Πολλοὺς ἤδη ἀπολώλεκε τὸ μέγα δύνασθαι ἐν τῇ πόλει.

2. Τίς ταῦτ' εἶπε; κακὸν κακῶς ἀπολέσειαν οἱ θεοὶ τὸν ταῦτ' εἰπόντα.

3. Οἴμοι τοῦ λιμοῦ. ἀπόλωλα ὑπὸ λιμοῦ καὶ δίψης.

4. Κάκιστ' ἀπολοίμην εἰ μή σε φιλῶ, ὦ βέλτιστε.

5. Ἀπολεῖσθε αὐτίκα μάλα εἰ μὴ ἐρεῖσθε οἵτινές ἐστε καὶ ὅ τι βουλόμενοι δεῦρ' ἀφίκεσθε.

6. Ἐὰν μὴ ἡμῖν πίθησθε, ἀπολεῖσθε.

7. Δέδοικα μὴ ἀπόληται ἡ ναῦς ἐν τῷ χειμῶνι.

8. Ὀμόσαντες ἦ μὴν ταῖς σπονδαῖς ἐμμενεῖν οἴκαδ' ἀπῇσαν οἱ πρέσβεις

9. Κακῶς ἀπόλοιντο οἱ τὴν πόλιν προδεδωκότες.

10. Ὄμοσόν μοι ἦ μὴν ποιήσειν ἃ ὑπέσχου.

11. Οὐκ ἂν ἀπώλεσα θοἰμάτιον εἰ μὴ σκότος ἐγένετο.

12. Ἀρ' ὀμοῦνται ταῖς συνθήκαις ἐμμενεῖν οἱ πολέμιοι;

13. Εἴθε μὴ τὰ ὄντα ἀπώλεσα, ἵν' εἶχόν σοι μεταδοῦναι.

14. Οἱ μὲν πολλοὶ ἀπολώλασιν, ὁ δὲ στρατηγὸς πέφευγεν.

15. Ὀμωμόκατε, ὦ ἄνδρες δικασταί, ἀμφοτέρων ἴσως ἀκροάσεσθαι.

16. Δέομαί σου μὴ περιορᾶν με ἀπολλύμενον.

17. Ἠρόμην αὐτὸν ὅπως ἀπολωλεκὼς εἴη τὰ ὑποδήματα.

18. Ὀμωμοκότες ἦ μὴν ἐμμενεῖν ταῖς σπονδαῖς, πρὸς ἀλλήλους ἐσπείσαντο.

19. Τοῦ δέονται οἱ κάκιστ' ἀπολούμενοι;

20. Οὐ χρῆν ὀμόσαι πρὶν εἰδεῖμεν ὅ τι ἐν νῷ ἔχοι δρᾶν.

1. The plague has destroyed most of the citizens.
2. Be sure not to swear what you know to be false.
3. He said that his brother perished of hunger and thirst.
4. The enemy say they will not swear to abide by the peace
5. I should like to know how you lost your tunic.

6. If you swear to do anything, you must do it if you can.

7. May the authors of our present troubles perish miserably!

8. You are under oath to judge justly which of us is guilty.

9. I am ruined, unless some one will help me.

10. After swearing he would never do that if he could help it, he went away.

## XCVI.—ATTIC REDUPLICATION (continued).

**236.** The verb ἐγείρω, 'I waken,' is conjugated thus :—

|   | PRES. | FUT. | AOR. | PERF. |
|---|-------|------|------|-------|
| A. | ἐγείρω | ἐγερῶ | ἤγειρα | |
| M. | ἐγείρομαι | | ἠγρόμην | ἐγρήγορα |
| P. | | | ἠγέρθην | ἐγήγερμαι |

*Obs.*—The strong perfect ἐγρήγορα is used in the middle sense, ' I am awake,' while ἠγρόμην means ' I awakened.'

## Exercise 96.

### VERBS OF FEARING.

If the object of fear is present or past, the verb may take the indicative with μή or μὴ οὐ, *e.g.*—

| δέδοικα μὴ ἄπεστι, | ' I fear he is away.' |
| δέδοικα μὴ ἀπῄει, | ' I fear he has gone away.' |
| δέδοικα μὴ τέθνηκεν, | ' I fear he is dead.' |
| δέδοικα μὴ οὐκ ἐγρήγορα, | ' I am afraid I am not awake.' |

1. Ποῦ 'στιν ὁ δεσπότης;—'Αρτίως καθεύδει.—'Επέγειρον οὖν αὐτόν.—Εὖ οἶδ' ὅτι ἀχθέσεται, ὑμῶν δ' ἕνεκα ἐπεγερῶ.

2. 'Εναντίον τὸ ἐγρηγορέναι τῷ καθεύδειν.

3. Δέδοικα μὴ ἐχθρῶς μοι διάκειται ἄνθρωπος.

4. Οὐκ ἤγειρόν σε ὅτι μοι ἀπειρηκέναι ἐδόκεις.

5. 'Εδέδιμεν μὴ οὐκ ἀφίκοντο οἱ πρέσβεις.

6. Τῆς παρελθούσης νυκτὸς πολλάκις ἐκ τῶν ὕπνων ἐξηγρόμην.

7. Οὐκ ἂν οἶμαί σε παραμεῖναι, ἐξὸν πραγμάτων ἀπαλλαγῆναι.

8. "Οπως μή μ' ἐγερεῖς, ὤνθρωπε, βούλομαι γὰρ ὕπνου τυχεῖν.

9. Ἐδεδοίκη μὴ οὐκ ἔλαθόν σε ταῦτα δρῶν.

10. Εἴθε μή μ' ἐξήγειρας ἵν' ὅλην τὴν νύκτα ἐκάθευδον.

11. Δεδιέναι ἔοικας μὴ ὕστερον τοῦ δέοντος ἥκεις.

12. Ἐπιθεμένων τῶν πολεμίων ἐξηγρόμην ὑπὸ τοῦ θορύβου.

13. Οὐ μὴ πράγματά μοι παρέξεις, ὤνθρωπε· οὐ γὰρ σχολή μοι.

14. Ἐγρηγορὼς ἔτυχον ὅτε τὴν θύραν ἔκοψας.

15. Οὐ μή με πείσῃ ἄνθρωπος ἀληθῆ εἶναι ἃ λέγει.

16. Βούλει τὸν πατέρα ἐγείρωμεν ; ὥρα γὰρ ἦν πάλαι.

17. Οὐκ ἂν φθάνοις ἐξεγείρας τὸν στρατηγόν· ἡμέρα γὰρ γίγνεται.

18. Οὐκ ἂν ᾤμην λαθεῖν σε ἀπιών.

19. Οὐκ ἔφθη ὁ παῖς ἐκ τῶν ὕπνων ἐγερθεὶς καὶ εὐθὺς ἀνέστη.

20. Δέδοικα μὴ ἔφθασαν ἡμᾶς οἱ πολέμιοι ἐκεῖσε πλέοντες.

1. I asked him whether he was awake or asleep.

2. I am afraid you were not there in time.

3. Don't waken me, for goodness sake !  I won't get up.

4. You seem to be afraid that I am telling a lie.

5. If you wake me up, I will thrash you.

6. I was awake all night.  I fear I am ill.

7. When we came, the people in the house were not awake. .

8. I don't like being wakened in the middle of the night.

9. Will you kindly wake me early to-morrow morning.

10. The man says he is awake, but he is like one asleep.

## XCVII.—THE VERB *ΑΓΩ*.

**237.** The verb ἄγω has a reduplication of a similar kind in the strong aorist.

|      | PRES.   | FUT.      | AOR.      | PERF.   |
|------|---------|-----------|-----------|---------|
| A.   | ἄγω     | ἄξω       | ἤγαγον    | ἦχα     |
| M.   | ἄγομαι  | ἄξομαι    | ἠγαγόμην  | ἦγμαι   |
| P.   |         | ἀχθήσομαι | ἤχθην     |         |

*Obs.*—This reduplication goes through all the moods, thus—

SUBJ. ἀγάγω

OPT. ἀγάγοιμι

INF. ἀγαγεῖν

## Exercise 97.

### VERBS OF DENYING.

Verbs of denying take an infinitival complement with the negative μή, *e g* —

ἀπαρνοῦμαι μὴ εἰρηκέναι, 'I deny that I said.'

But when the verb of denying is itself negatived, the complement takes μὴ οὐ, *e.g.*—

οὐκ ἀπαρνοῦμαι μὴ οὐκ εἰρηκέναι, 'I don't deny that I said.'

1. Δέδοικα μὴ πειρῶνται οἱ πολῖται κατάγειν τοὺς φυγάδας.

2. Εἰ μὴ ἑκὼν ἀκολουθήσεις ἐμοί, ἄκοντά σ' ἄξω.

3. Τοὺς ἀδίκως φεύγοντας δικαίως κατήγαγον οἱ πολῖται.

4. Εἰς τὴν ἀγορὰν ἥκουσιν οἱ γεωργοὶ ἄγοντες τοὺς βοῦς.

5. Εἰ γὰρ τοὺς φεύγοντας κατήγαγεν ὁ δῆμος ἵν' εἰρήνην ἤγομεν

6. Πολὺν χρόνον ἡσυχίαν ἀγαγών, πράγματα νῦν ἔχω.

7. Τίς προσήγαγε τοὺς παρὰ βασιλέως πρέσβεις τῷ δήμῳ;

8. Ὅποι ἂν ἀγάγῃς με, ἐνταῦθα μενῶ.

9. Ὅπως παρέσει εἰς ἕω καὶ τοὺς ἄλλους ἄξεις.

10. Ἥκομεν ἄγοντες τόνδε τὸν ξένον ἵνα σοι διαλέγηται.

11. Τότε πρῶτον ἤγαγον τὴν ἑορτὴν ταύτην οἱ Ἀθηναῖοι.

12. Εἰ γὰρ ἡσυχίαν ἤγαγον διὰ παντὸς τοῦ βίου.

13. Εἰ ᾔδη σε νοσοῦντα, ἤγαγον ἄν σε πρὸς τὸν ἰατρόν.

14. Οὐκ ἂν ᾤμην σ' ἀγαγεῖν ποτε τοὺς υἱεῖς Ἀθήναζε.

15. Ἐπειδὰν τάχιστ' οἴκαδ' ἀγάγῃς τὸν παῖδα, δεῦρο πάλιν ἐλθέ.

16. Τὴν ἑορτὴν ἀγαγόντες οἴκαδ' ἀπῇσαν οἱ πολῖται.

17. Μή μ' ἀγάγῃς παρὰ τὸν ἰατρόν, πρὸς τῶν θεῶν.

18. Διὰ τί τοὺς ἐκπεσόντας κατήγαγον οἱ Ἀθηναῖοι;

19. Εἰς τὸ δικαστήριον εἰσήγαγέ μ' οὑτοσί, οὐδὲν δεινὸν ὑπ' ἐμοῦ πεπονθώς.

20. Δέδοικα μὴ οὐκ οἴκαδ' ἤγαγες τοὺς παῖδας.

1. Why did you not take the boy to see the games?

2. It is right to restore those who were expelled by the tyrant.

3. I wish I had not taken you to Athens!

4. We must introduce the ambassadors to the Assembly.

5. Why did the Athenians celebrate the festival yesterday?

6. Why did you trouble yourself when you might have kept quiet?

7. Don't take the boy home; for it is still light.

8. He said he had brought the stranger that he might talk to you.

9. Lose no time in taking your sister home to Athens.

10. If you don't take that man away, I will strike him.

## XCVIII.—THE VERB $AKOY\Omega$.

**238.** The verb ἀκούω, 'I hear,' reduplicates in a peculiar way.

|     | PRES. | FUT. | AOR. | PERF. |
|-----|-------|------|------|-------|
| A.  | ἀκούω | ἀκούσομαι | ἤκουσα | ἀκήκοα |
| P.  | ἀκούομαι | ἀκουσθήσομαι | ἠκούσθην | ——— |

*Obs.*—The future is deponent because ἀκούω is a verb of perception.

### Exercise 98.

#### VERBS OF HEARING.

Verbs of hearing take the accusative of the sound and the genitive of its source, *e.g.*—

ἀκούω **τὴν φωνὴν** τοῦ ῥήτορος, 'I hear the voice of the speaker.'

ἀκούω τοῦ **ῥήτορος**, 'I hear the speaker.'

ἀκούω **ταῦτά σου**, 'I hear this from you.'

Verbs of hearing take a participial complement, *e.g.*—

ἀκούω σου λέγοντος, 'I hear you speaking.'

*N.B.*—The verb ἀκούω is used as the passive of λέγω in the construction εὖ, κακῶς λέγειν τινά, *e.g.*—

**καλῶς ἀκούω** ὑπὸ τῶν πολιτῶν.

'I am well spoken of by my fellow-citizens.'

κακῶς ἀκούει ὑπὸ τῶν Ἑλλήνων.
'He has a bad name among the Greeks.'
It also means 'I am called,' e g.—
Σωκράτης ἀκούω, 'I am called Socrates.

1. Ἐπειδὰν πάντα ἀκούσητε, κρίνατε, ὦ ἄνδρες δικασταί.

2. Ἄκουσον ἐάν τί σοι δοκῶ λέγειν. ἆρα συνῆκας ἃ λέγω;

3. Ἡδέως ἀκούω σου διαλεγομένου. ἥδιστοί μοι οἱ σοὶ λόγοι.

4. Μέγα τι δοκεῖ εἶναι τὸ εὖ ἀκούειν ὑπὸ πολλῶν ἀνθρώπων.

5. Εἰ βούλει καλῶς ἀκούειν, μάθε καλῶς λέγειν.

6. Πολλὰ κακὰ εἰπὼν καὶ πολλὰ ἀκούσας ἀπῆλθεν ἄνθρωπος.

7. Ἀκήκοα μὲν τοὔνομά σου, ἐπιλέλησμαι δέ. οὐ μέμνημαι τοὐνόματος.

8. Εἴθε μὴ ἀπῆα ἵνα Σωκράτους ἤκουσα διαλεγομένου.

9. Οὐκ ἀκήκοας τὸν Ἀχιλλέα, ὅτι ὑπ' Ἀλεξάνδρου ἀπέθανεν;

10. Ἡδέως ἂν ἀκούσειαν οἱ παρόντες σου διαλεγομένου.

11. Πολλάκις οἱ φίλοι ὑπὸ τῶν νοσούντων ἐχθροὶ ἀκούουσιν.

12. Οὐδενός πω ἀκήκοα ταῦτα λέγοντος

13. Μῶν ἔνδον ὁ δεσπότης;—Οὐκ ἀκηκόατε ὅτι οὐ σχολὴ αὐτῷ;

14. Εἰπέ μοι τοὔνομά σου, πρὸς τῶν θεῶν.—Τίμων ἀκούω.

15. Οὔ φησιν ἄνθρωπος ἀκοῦσαι τὰ παρηγγελμένα.

16. Οὐκ ἂν οἶμαι σ' ἡδέως ἀκούειν αὐτῷ λέγοντος.

17. Οὐκ ἔφθη ταῦτ' ἀκούσας ὁ πατὴρ καὶ εὐθὺς ἐγέλασε

18. Δέδοικα μὴ οὐκ ὀρθῶς ἀκηκόατε τὰ εἰρημένα.

19. Δεδίασιν οἱ στρατηγοὶ μὴ κακῶς ἀκούωσιν ὑπὸ τῶν πολιτῶν.

20. Θεοῖς ἐχθροὶ καὶ πάντα τὰ τοιαῦτ' ἀκούουσιν οἱ προδόντες τὴν πόλιν.

1. I should like to hear you talking to each other.

2. May I have a good name among my fellow-citizens!

3. Have you heard what was said to-day in the Assembly?

4. I am afraid I have forgotten the man's name. He is called Timon.

5. I never yet heard any one speak better than you.

6. If you spoke well of others you would be well spoken of.

7. I should prefer to be well spoken of, rather than to be rich.

8. Have you not heard what has happened? Not I, but I should like to hear.

9. You will not be well spoken of, if you do such things.

10. I have heard that you are more skilled in your profession than the rest.

## XCIX.—IRREGULAR AUGMENT.

**239.** Some verbs beginning with ε take ει instead of η in the augmented tenses. The commonest are—

| PRESENT. | | IMPERFECT. |
|---|---|---|
| ἐῶ (-άω), | 'I leave, let.' | εἴων. |
| ἐθίζω, | 'I accustom.' | εἴθιζον. |
| ἐστιῶ (-άω), | 'I feast, entertain.' | εἱστίων. |
| ἕπομαι, | 'I follow.' | εἱπόμην. |
| ἐργάζομαι, | 'I work.' | εἱργαζόμην. |
| ἔχω, | 'I have' | εἶχον. |

*Obs.*—To ἐθίζω belongs the intransitive perfect εἴωθα.

**240.** The verbs ἕλκω, 'I draw,' and ἕρπω, 'I creep,' are conjugated thus—

ἕλκω, 'I draw.'

| | PRES. | FUT. | AOR. | PERF. |
|---|---|---|---|---|
| A. | ἕλκω | ἕλξω | εἵλκυσα | εἵλκυκα |
| P. | ἕλκομαι | ἑλκυσθήσομαι | εἱλκύσθην | εἵλκυσμαι |

ἕρπω, 'I creep.'

| | PRES. | FUT. | AOR. | PERF. |
|---|---|---|---|---|
| A. | ἕρπω | ἕρψω | εἷρπυσα | —— |

## Exercise 99.

### VERBS OF HINDERING.

Verbs of hindering take an infinitival complement with the negative μή—

κωλύω σε **μὴ ταῦτα δρᾶν**, ' I prevent your doing so.'

But μή is often omitted after κωλύω, and always after the negative οὐ κωλύω and the interrogative τίς κωλύει ;

1. Διὰ μέσης τῆς ἀγορᾶς οἱ τοξόται εἷλκον τὸν κλέπτην.

2. Εἰ μέν σοι δοκεῖ, ποίησον· εἰ δὲ μή, ἔασον.

3. Τί μ᾽ εἰργάσω, ὦ κάκιστ᾽ ἀπολούμενε ;   μηδαμῶς ταῦτ᾽ ἐργάσῃ.

4. Εἰς τὴν ἀγορὰν ἄρτον καὶ οἶνον εἰώθασι φέρειν οἱ γεωργοί.

5. Οὐκ ἤθελον ταῦτα δρᾶν· οὐ γὰρ εἴων οἱ νόμοι.

6. Ὅπως αὔριον παρέσεσθέ μοι ἐπὶ δεῖπνον· μέλλω γὰρ ἑστιᾶν τοὺς φίλους.

7. Εἴθε μὴ εἴασα τὸν παῖδα ἀπιέναι, ἵνα πληγὰς ἔλαβεν.

8. Μετὰ τὴν ναυμαχίαν τὰς ναῦς ἀνείλκυσαν οἱ Ἀθηναῖοι.

9. Τίς κωλύσει με δρᾶν ὅ τι ἂν βούλωμαι ;—Ἐγώ σ᾽ οὐκ ἐάσω.

10. Τοὺς πολεμίους οὐκ ἐάσομεν τῆς χώρας ἐπιβαίνειν.

11. Ἐν ᾧ σὺ εἱστίας τοὺς φίλους, ἐγὼ πράγματ᾽ εἶχον στρατευόμενος.

12. Εἰώθασι λέγειν οἱ ῥήτορες ὅτι τῶν νῦν πραγμάτων ὁ πόλεμος αἴτιος.

13. Δέδοικα μὴ οὐκ ἐῶσιν ἡμᾶς εἰσιέναι οἱ φύλακες.

14. Ἆρ᾽ εἴωθας ἐν τῷ ποταμῷ λοῦσθαι ;—Ἔγωγε.

15. Οὐκ ἂν ᾤμην σε κακὰ τοσαῦτα ἐργάσασθαι τὴν πόλιν.

16. Εἰ ᾔδη σε ταῦτα δράσοντα, οὐκ ἂν εἴασα.

17. Ἐπειδὴ ἐλέλυντο αἱ σπονδαί, τὰς ναῦς καθείλκυσαν οἱ Ἀθηναῖοι.

18. Ἔασόν με ὕπνου τυχεῖν, ὦ βέλτιστε· ἔτι γὰρ σκότος γίγνεται.

19. Οὐκ εἴθισμαι κακῶς ἀκούειν ὑπὸ σοῦ.

20. Εἰ μή μ᾽ ἐάσεις ἀπιέναι, τὰς ἐξ ἀνθρώπων πληγάς σε τυπτήσω.

1. Why did you not launch your ships at once?

2. How many evils the war has done to our country!

3. When you came I was giving an entertainment to my friends.

4. I stayed where I was; for the laws did not allow me to depart.

5. I am not in the habit of telling falsehoods.

6. I shall not allow you to do that.

7. Let me go home. I don't like staying here.

8. The police dragged the murderer to prison.

9. Lose no time in launching your ships; for the enemy are near.

10. I should not have allowed you to go away if I had known you were ill.'

## C.—DOUBLE AUGMENT.

**241.** Some compound verbs have a double augment. The most common are—

| PRESENT. | IMPERFECT. |
|---|---|
| ἀντιβολῶ (-έω), 'I entreat. | ἠντεβόλουν |
| ἀμφισβητῶ (-έω), 'I dispute. | ἠμφεσβήτουν |
| ἀνέχομαι, 'I bear, endure.' | ἠνειχόμην |
| ἐνοχλῶ (-έω), 'I importune.' | ἠνώχλουν |

## Exercise 100.

### PARTICIPIAL COMPLEMENT.

The verb ἀνέχομαι, 'I bear, endure,' may take a participial complement, e.g.—

> οὐκ ἀνέξομαί σου τοιαῦτα λέγοντος.
>
> 'I will not stand your speaking like that.'

### NEGATIVES.

Like other verbs of denying, ἀμφισβητῶ is followed by a simple negative in the dependent clause. But, when the verb is itself negatived, the negative of the dependent clause becomes μὴ οὐ, e.g.—

> ἀμφισβητῶ μὴ οὕτως ἔχειν.
>
> 'I dispute the truth of that.'
>
> οὐκ ἀμφισβητῶ μὴ οὐχ οὕτως ἔχειν ταῦτα.
>
> 'I do not dispute the truth of that.'

1. Οὐδεὶς ἀμφισβητεῖ μὴ οὐχ ἡδέα εἶναι τὰ ἡδέα.

2. Δακρύσας ἠντεβόλουν τὸν ἄνδρα μὴ προδοῦναι τὴν πόλιν.

3. Οὐδεὶς ἂν τούτους ἀνάσχοιτο, ἐξὸν αὐτῶν ἀπαλλαγῆναι.

4. Οὐκ ἠμφεσβήτει ὁ ῥήτωρ μὴ οὐ τῶν νῦν πραγμάτων αἴτιον εἶναι τὸν πόλεμον.

5. Εἴ μ' ἐνοχλήσεις καὶ πράγματά μοι παρέξεις, οὐ χαίρων ἀπαλλάξει.

6. Ἠμφεσβήτουν πάντες οἱ παρόντες μη ἀληθῆ εἶναι τὰ ἀπηγγελμένα.

7. Εἴθε μὴ ἐνέτυχόν ποτε τῷ ἀνθρώπῳ ἵνα μή μ' ἠνώχλησε.

8. Οὐδεὶς ὅστις οὐκ ἀμφισβητήσει μὴ οὐκ ἀληθῆ εἶναι ἃ σὺ λέγεις.

9. Εἰ μὴ ταῦτ' ἠνειχόμην, εὖ ἴσθι με δεινότερ' ἂν ἔτι παθόντα.

10. Ἀνάσχου καόμενος καὶ τεμνόμενος ἵνα τῆς νόσου ἀπαλλαγῇς.

11. Τί παθὼν ἀνέχεται διαβεβλημένος ἄνθρωπος, δέον ἀπολογεῖσθαι ;

12. Ἐὰν ἁλῷς ἔτι ταῦτα πράττων, οὐκ ἀνέξομαι.

13. Οὐκ ἂν ἠντεβόλησα συγγνώμης τυχεῖν εἰ μὴ ᾔδη σε συγγνωσόμενον.

14. Αἰτίαν ἔχει ἐκεῖνος διὰ παντὸς τοῦ βίου ἐνοχλῆσαι τοὺς φίλους

15. Οὐκ ἠνέσχετο καταγελώμενος ἄνθρωπος· μέγα γὰρ φρονεῖ ἐπὶ τῷ γένει καὶ τῷ πλούτῳ.

16. Οὐδὲν πλέον ποιήσεις, ἐνοχλῶν τοὺς μέγα δυναμένους ἐν τῇ πόλει.

17. Καίπερ πένης ὤν, οὐκ ἀνέξομαι κακῶς ἀκούων ὑπὸ σοῦ.

18. Οὐκ ἂν φθάνοις ἀντιβολῶν τοὺς δικαστὰς συγγνώμην ἔχειν.

19. Οὐκ ἂν οἶμαί σ' ἀνασχέσθαι ποτὲ ταῦτ' ἀκούων.

20. Μή μ' ἐνοχλήσῃς, ὤνθρωπε· οὐ γὰρ ἀνέξομαι.


1. Why did you not dispute the truth of what I said ?

2. I besought you with tears not to abandon your friends.

3. If you do that sort of thing I won't stand it.

4. He importuned me all day, but I got rid of him towards evening.

5. Be patient, good sir : you will soon be rid of your troubles.

6. What good would it have done me if I had wept and entreated ?

7. I said I could not stand hearing such things.

8. You cannot dispute the truth of the news I bring.

9. I should not have thought you would stand such treatment.

10. You will gain nothing by importuning the judges to pardon you.

# APPENDIX.

## THE LAWS OF EUPHONY.

### 1. Vowel-Contraction.

(1)

| | | | | | |
|---|---|---|---|---|---|
| $\alpha + \alpha$ | = | $\bar{\alpha}$ | *e.g.* | $\kappa\rho\epsilon\bar{\alpha}$, | § 40. |
| $\alpha + \epsilon$ | = | $\bar{\alpha}$ | *e.g* | $\tau\iota\mu\hat{\alpha}\tau\epsilon$, indicative, § 132. |
| $\alpha + \eta$ | = | $\bar{\alpha}$ | *e.g.* | $\tau\iota\mu\hat{\alpha}\tau\epsilon$, subjunctive, § 132. |
| $\alpha + o$ | = | $\omega$ | *e.g.* | $\tau\iota\mu\hat{\omega}\mu\epsilon\nu$, § 132. |
| $\alpha + \omega$ | = | $\omega$ | *e.g.* | $\tau\iota\mu\hat{\omega}$, § 132. |
| $\breve{\alpha} + \iota$ | = | $\alpha\iota$ | *e.g.* | $\psi\upsilon\chi\alpha\iota$, § 3. |
| $\bar{\alpha} + \iota$ | = | $\alpha$ | *e.g.* | $\chi\acute{\omega}\rho\alpha$, § 10. |

(2)

| | | | | | |
|---|---|---|---|---|---|
| $\epsilon + \alpha$ | = | $\eta$ | *e.g.* | $\gamma\acute{\epsilon}\nu\eta$, § 39. |
| $\epsilon + \epsilon$ | = | $\epsilon\iota$ | *e.g.* | $\gamma\acute{\epsilon}\nu\epsilon\iota$, dual, § 39. |
| $\epsilon + \eta$ | = | $\eta$ | *e.g* | $\Pi\epsilon\rho\iota\kappa\lambda\hat{\eta}s$, § 69. |
| $\eta + \epsilon$ | = | $\eta$ | *e.g.* | $\beta\alpha\sigma\iota\lambda\hat{\eta}s$, § 47. |
| $\epsilon + o$ | = | $ov$ | *e.g.* | $\gamma\acute{\epsilon}\nu ov s$, § 39. |
| $\epsilon + \omega$ | = | $\omega$ | *e.g.* | $\phi\iota\lambda\hat{\omega}$, § 132 |
| $\epsilon + \iota$ | = | $\epsilon\iota$ | *e.g.* | $\gamma\acute{\epsilon}\nu\epsilon\iota$, § 39. |

(3)

| | | | | | |
|---|---|---|---|---|---|
| $o + \alpha$ | = | $\omega$ | *e g.* | $\alpha\iota\delta\hat{\omega}$, § 41. |
| $o + \epsilon$ | = | $ov$ | *e.g.* | $\mu\iota\sigma\theta o\hat{v}\tau\epsilon$, § 137. |
| $o + \eta$ | = | $\omega$ | *e.g.* | $\mu\iota\sigma\theta\hat{\omega}\tau\epsilon$, § 137. |
| $o + o$ | = | $ov$ | *e.g* | $\nu o\hat{v}s$, App § 4. |
| $o + \omega$ | = | $\omega$ | *e g.* | $\mu\iota\sigma\theta\hat{\omega}$, § 137. |
| $o + \iota$ | = | $o\iota$ | *e.g.* | $o\check{\iota}\kappa o\iota$ (locative). |
| $\omega + \iota$ | = | $\varphi$ | *e.g.* | $o\check{\iota}\kappa\varphi$ (dative). |

### 2. Consonant Changes.

(1) When two successive syllables begin with an aspirate the first is replaced by the corresponding breathed mute, *e.g.*—

| | | | |
|---|---|---|---|
| $\tau\rho\acute{\iota}\chi\alpha s$ | for | $\theta\rho\acute{\iota}\chi\alpha s$, § 58. |
| $\pi\epsilon\phi\acute{\iota}\lambda\eta\kappa\alpha$ | for | $\phi\epsilon\phi\acute{\iota}\lambda\eta\kappa\alpha$, § 132. |
| $\tau\rho\acute{\epsilon}\phi\omega$ | for | $\theta\rho\acute{\epsilon}\phi\omega$, § 147. |
| $\acute{\epsilon}\tau\acute{\alpha}\phi\eta\nu$ | for | $\acute{\epsilon}\theta\acute{\alpha}\phi\eta\nu$, § 175 |

318

(2) Before voiced dentals, breathed and aspirated mutes of other classes are voiced, e.g. —

| ἕβδομος | from | ἑπτά. |
|---|---|---|
| ὄγδοος | from | ὀκτώ. |
| κρύβδην (adv.) | from | rt. κρυφ. |

(3) Before breathed dentals, voiced and aspirated mutes of other classes are breathed, e.g —

| τριπτός | for | τριβτός. |
|---|---|---|
| κρυπτός | for | κρυφτός. |
| τακτός | for | ταγτός. |

(4) Before aspirated dentals, breathed and voiced mutes of other classes are aspirated, e.g. —

| ἐλήφθην | for | ἐλήβθην. |
|---|---|---|
| ἐλέχθην | for | ἐλέγθην. |
| ἐτρέφθην | for | ἐτρέπθην. |
| ἐδιώχθην | for | ἐδιώκθην. |

(5) Before a dental, other dentals become sigma, e q. —

| ἐπείσθην | for | ἐπείθθην. |
|---|---|---|
| ἴσμεν | for | ἴδμεν. |

(6) Before μ, labial mutes are nasalised, dentals become sigma, and gutturals are voiced, e.g. —

| γέγραμμαι | for | γέγραφμαι. |
|---|---|---|
| πέπεισμαι | for | πέπειθμαι. |
| πέπλεγμαι | for | πέπλεκμαι. |

(7) Before sigma dentals fall out, e g. —

| ἐλπίσι | for | ἐλπίδσι. |
|---|---|---|
| πείσω | for | πείθσω. |

(8) Before sigma ν is dropped and the preceding vowel is lengthened. In this case ε becomes ει and o becomes ου. Thus—

| τιθέν(τ)ς | becomes | τιθείς. |
|---|---|---|
| διδόν(τ)ς | becomes | διδούς. |

(9) Between two vowels τ becomes σ, e.g. —

| τίθητι | becomes | τίθησι. |
|---|---|---|
| πλούτιος | becomes | πλούσιος. |

(10) Between two vowels σ is dropped unless it represents an original r, e.g. —

| γένεσος | becomes | γένους. |
|---|---|---|
| τάσων | becomes | τάων, τῶν. |

## 3. Accentuation of Contracted Syllables.

Contracted syllables are—

(a) accented with the circumflex when the *first* of the two uncontracted syllables was accented, *e.g.* τῑμάω, τῑμῶ : ποιέετε, ποιεῖτε : δηλόεσθαι, δηλοῦσθαι : γενέων, γενῶν.

(b) accented with the acute when the *second* of the two uncontracted syllables was accented, *e g.* τῑμαέτω, τῑμάτω : ποιεοίην, ποιοίην : δηλοόμενος, δηλούμενος.

(c) unaccented when neither of the uncontracted syllables was accented, *e.g.* ἐτίμαον, ἐτίμων : ποίεε, ποίει : δήλοε, δήλου : γένεος, γένους.

## NOUNS.

## 4. Contracted Nouns of the Second Declension.

### νοῦς (νό-ος), 'mind.'

|     | SING. | PLUR. |
|-----|-------|-------|
| N.  | νοῦς  | νοῖ   |
| G.  | νοῦ   | νῶν   |
| D.  | νῷ    | νοῖς  |
| A.  | νοῦν  | νοῦς  |

### ὀστοῦν (ὀστέ-ον), 'bone.'

|     |        |        |
|-----|--------|--------|
| N.  | ὀστοῦν | ὀστᾶ   |
| G.  | ὀστοῦ  | ὀστῶν  |
| D.  | ὀστῷ   | ὀστοῖς |
| A.  | ὀστοῦν | ὀστᾶ   |

Note the irregular contraction of -*éa* into *â*.

## 5. "Attic" Second Declension (stems in ω).

|     | SING.        | DUAL. | PLUR. |
|-----|--------------|-------|-------|
| N.  | νεώς, 'temple.' | νεώ  | νεώ   |
| G.  | νεώ          | νεών  | νεών  |
| D.  | νεώ          |       | νεώς  |
| A.  | νεών         |       | νεώς  |
| V.  | νεώς         |       | νεώ   |

There are also a few adjectives declined in this way, *e.g.*—

|            | MASC.           | FEM.  | NEUT. |
|------------|-----------------|-------|-------|
| NOM. SING. | ἵλεως, 'gracious.' | ἵλεως | ἵλεων |
|            | etc.            | etc.  | etc.  |

*Obs.* The noun ἕως, 'dawn,' has ἕω in the accusative instead of ἕων.

## Third Declension (Vowel Stems).

Stems in υ are declined in two ways—

### 6. (1) ὁ ἰχθύς, 'the fish.'

|      | SING.      | PLUR.        |
|------|------------|--------------|
| N.   | ἰχθύς      | ἰχθύες       |
| G.   | ἰχθύος     | ἰχθύων       |
| D.   | ἰχθύι      | ἰχθύσι(ν)    |
| A.   | ἰχθύν      | ἰχθῦς        |
| V.   | ἰχθύ       | ἰχθύες       |

### 7. (2) ὁ πέλεκυς, 'the axe.'

|      |            |              |
|------|------------|--------------|
| N    | πέλεκυς    | πελέκεις     |
| G.   | πελέκεως   | πελέκεων     |
| D.   | πελέκει    | πελέκεσι(ν)  |
| A.   | πέλεκυν    | πελέκεις     |
| V.   | πέλεκυ     | πελέκεις     |

The only nouns declined like πέλεκυς are πῆχυς, 'fore-arm,' 'cubit'; πρέσβυς, 'old man'; ἔγχελυς, 'eel.'

*Obs.*—In the plural πρέσβεις means 'ambassadors' and corresponds to the singular πρεσβευτής.

### 8. Stem in y.

|      |            |                        |
|------|------------|------------------------|
| N.   | ἡ πειθώ,   | 'persuasion.'          |
| G    | τῆς πειθοῦς | [πειθόy-ος]           |
| D.   | τῇ πειθοῖ  | [πειθόy-ι]             |
| A.   | τὴν πειθῶ  | [πειθόy-α]             |
| V.   | ὦ πειθοῖ   | [πειθόy]               |

### 9. Names of Gods.

Liturgical use has led to the retention of some obsolete and dialectical peculiarities in the declension of divine names.

|      | NOM.       | ACC.       | VOC.       |
|------|------------|------------|------------|
| (1)  | Ἀπόλλων    | Ἀπόλλω     | Ἄπολλον    |
|      | Ποσειδῶν   | Ποσειδῶ    | Πόσειδον   |
| (2)  | Δημήτηρ    | Δήμητρα    | Δήμητερ    |

x

(3)　N.　Ἄρης
　　　G.　Ἄρεως
　　　D.　Ἄρει
　　　A.　Ἄρη or Ἄρην
　　　V.　Ἄρες

# ADJECTIVES.

## Adjectives of the First and Second Declension Contracted.

**10.** χρύσεος, 'golden.'

| | | MASC. | FEM. | NEUT. |
|---|---|---|---|---|
| SING. | N. | χρυσοῦς | χρυσῆ | χρυσοῦν |
| | G. | χρυσοῦ | χρυσῆς | χρυσοῦ |
| | D. | χρυσῷ | χρυσῇ | χρυσῷ |
| | A. | χρυσοῦν | χρυσῆν | χρυσοῦν |
| DUAL | N. A. | χρυσώ | χρυσώ | χρυσώ |
| | G D. | χρυσοῖν | χρυσοῖν | χρυσοῖν |
| PLUR. | N. | χρυσοῖ | χρυσαῖ | χρυσᾶ |
| | G. | χρυσῶν | χρυσῶν | χρυσῶν |
| | D. | χρυσοῖς | χρυσαῖς | χρυσοῖς |
| | A. | χρυσοῦς | χρυσᾶς | χρυσᾶ |

After ε or ρ, -εα in the feminine contracts to ᾶ, *e.g.*—

ἀργυροῦς, 'silver.'　　　ἀργυρᾶ　　　　ἀργυροῦν

**11.** ἁπλόος, 'simple.'

| | | MASC. | FEM. | NEUT. |
|---|---|---|---|---|
| SING. | N. | ἁπλοῦς | ἁπλῆ | ἁπλοῦν |
| | G. | ἁπλοῦ | ἁπλῆς | ἁπλοῦ |
| | D. | ἁπλῷ | ἁπλῇ | ἁπλῷ |
| | A. | ἁπλοῦν | ἁπλῆν | ἁπλοῦν |
| DUAL | N. A. | ἁπλώ | ἁπλώ | ἁπλώ |
| | G. D. | ἁπλοῖν | ἁπλοῖν | ἁπλοῖν |
| PLUR. | N. | ἁπλοῖ | ἁπλαῖ | ἁπλᾶ |
| | G. | ἁπλῶν | ἁπλῶν | ἁπλῶν |
| | D. | ἁπλοῖς | ἁπλαῖς | ἁπλοῖς |
| | A. | ἁπλοῦς | ἁπλᾶς | ἁπλᾶ |

## Adjectives of the First and Third Declensions.

### 12. μέλας, 'black.'

|          |          | Masc.        | Fem.       | Neut.        |
|----------|----------|--------------|------------|--------------|
| Sing.    | N.       | μέλᾱς        | μέλαινα    | μέλᾰν        |
|          | G.       | μέλᾰνος      | μελαίνης   | μέλᾰνος      |
|          | D.       | μέλανι       | μελαίνῃ    | μέλανι       |
|          | A.       | μέλανα       | μέλαιναν   | μέλαν        |
|          | V.       | μέλαν        | μέλαινα    | μέλαν        |
| Dual     | N. A. V. | μέλανε       | μελαίνᾱ    | μέλανε       |
|          | G. D.    | μελάνοιν     | μελαίναιν  | . μελάνοιν   |
| Plur.    | N.       | μέλανες      | μέλαιναι   | μέλανα       |
|          | G.       | μελάνων      | μελαινῶν   | μελάνων      |
|          | D.       | μέλασι(ν)    | μελαίναις  | μέλασι(ν)    |
|          | A.       | μέλανας      | μελαίνας   | μέλανα       |
|          | V.       | μέλανες      | μέλαιναι   | μέλανα       |

### 13. χαρίεις, 'graceful.'

|          |          | Masc.        | Fem.         | Neut.         |
|----------|----------|--------------|--------------|---------------|
| Sing.    | N.       | χαρίεις      | χαρίεσσα     | χαρίεν        |
|          | G.       | χαρίεντος    | χαριέσσης    | χαρίεντος     |
|          | D.       | χαρίεντι     | χαριέσσῃ     | χαρίεντι      |
|          | A.       | χαρίεντα     | χαρίεσσαν    | χαρίεν        |
|          | V.       | χαρίεν       | χαρίεσσα     | χαρίεν        |
| Dual     | N. A. V. | χαρίεντε     | χαριέσσᾱ     | χαρίεντε      |
| .        | G. D.    | χαρίεντοιν   | χαριέσσαιν   | χαριέντοιν    |
| Plur.    | N.       | χαρίεντες    | χαρίεσσαι    | χαρίεντα      |
|          | G.       | χαριέντων    | χαριεσσῶν    | χαριέντων     |
|          | D.       | χαρίεσι(ν)   | χαριέσσαις   | χαρίεσι(ν)    |
|          | A.       | χαρίεντας    | χαριέσσας    | χαρίεντα      |
|          | V.       | χαρίεντες    | χαρίεσσαι    | χαρίεντα      |

### 14. ἑκών, 'voluntary' ('voluntarily,' 'intentionally').

|          |          | Masc.        | Fem.       | Neut.        |
|----------|----------|--------------|------------|--------------|
| Sing.    | N.       | ἑκών         | ἑκοῦσα     | ἑκόν         |
|          | G.       | ἑκόντος      | ἑκούσης    | ἑκόντος      |
|          | D.       | ἑκόντι       | ἑκούσῃ     | ἑκόντι       |
|          | A.       | ἑκόντα       | ἑκοῦσαν    | ἑκόν         |
|          | V.       | ἑκών         | ἑκοῦσα     | ἑκόν         |

—/

|  |  | Masc | Fem. | Neut. |
|---|---|---|---|---|
| Dual | N. A. V. | ἑκόντε | ἑκούσᾱ | ἑκόντε |
|  | G. D. | ἑκόντοιν | ἑκούσαιν | ἑκόντοιν |
| Plur | N | ἑκόντες | ἑκοῦσαι | ἑκόντα |
|  | G. | ἑκόντων | ἑκουσῶν | ἑκόντων |
|  | D. | ἑκοῦσι(ν) | ἑκούσαις | ἑκοῦσι(ν} |
|  | A. | ἑκόντας | ἑκούσας | ἑκόντα |
|  | V. | ἑκόντες | ἑκοῦσαι | ἑκόντα |

## COMPARISON OF ADJECTIVES.

**15.** Observe the comparison of the following :—

|  | Pos. | Comp. | Sup. |
|---|---|---|---|
| (a) | γεραιός, ' aged.' | γεραίτερος | γεραίτατος |
|  | παλαιός, ' ancient.' | παλαίτερος | παλαίτατος |
|  | σχολαῖος, ' slow.' | σχολαίτερος | σχολαίτατος |
| (b) | πρῷος, ' early.' | πρῳαίτερος | πρῳαίτατος |
|  | ὄψιος, ' late.' | ὀψιαίτερος | ὀψιαίτατος |
|  | ἥσυχος, ' quiet.' | ἡσυχαίτερος | ἡσυχαίτατος |
| (c) | εὔνους, ' kindly.' | εὐνούστερος | εὐνούστατος |
|  | χαρίεις, ' graceful.' | χαριέστερος | χαριέστατος |
| (d) | ἐρρωμένος, ' vigorous.' | ἐρρωμενέστερος | ἐρρωμενέστατος |
| (e) | φίλος, ' dear.' | μᾶλλον φίλος | φίλτατος |
| (f) | κενός, ' empty.' | κενότερος | κενότατος |
|  | στενός, ' narrow.' | στενότερος | στενότατος |

## 16. NUMERALS.

| CARDINALS. |  | ORDINALS. |
|---|---|---|
| 1 | εἷς . . . . . . . . | πρῶτος |
| 2 | δύο . . . . . . . . | δεύτερος |
| 3 | τρεῖς . . . . . . . . | τρίτος |
| 4 | τέτταρες . . . . | τέταρτος |
| 5 | πέντε . . . . . . . | πέμπτος |
| 6 | ἕξ . . . . . . . . . | ἕκτος |
| 7 | ἑπτά . . . . . . . | ἕβδομος |
| 8 | ὀκτώ . . . . . . . . | ὄγδοος |
| 9 | ἐννέα . . . . . . . | ἔνατος |
| 10 | δέκα . . . . . . . | δέκατος |
| 11 | ἕνδεκα . . . . . . | ἑνδέκατος |

| | CARDINALS. | | ORDINALS. |
|---|---|---|---|
| 12 | δώδεκα . . . . . . . | . | δωδέκατος |
| 13 | τρεῖς καὶ δέκα . . . . . | . | τρίτος καὶ δέκατος |
| 14 | τέτταρες καὶ δέκα, etc. . . | . | τέταρτος καὶ δέκατος, etc. |
| 20 | εἴκοσι(ν) . . . . . . | . | εἰκοστός |
| 21 | εἷς καὶ εἴκοσι(ν) . . . | . | πρῶτος καὶ εἰκοστός, etc. |
| 30 | τριάκοντα . . . . . . | . | τριακοστός |
| 40 | τετταράκοντα . . . . . | . | τετταρακοστός |
| 50 | πεντήκοντα . . . . | . | πεντηκοστός |
| 60 | ἑξήκοντα . . . . . . | . | ἑξηκοστός |
| 70 | ἑβδομήκοντα . . . . . | . | ἑβδομηκοστός |
| 80 | ὀγδοήκοντα . . . . . | . | ὀγδοηκοστός |
| 90 | ἐνενήκοντα . . . . . | . | ἐνενηκοστός |
| 100 | ἑκατόν . . . . . . | . | ἑκατοστός |
| 200 | διακόσιοι . . . . . | . | διακοσιοστός |
| 300 | τριακόσιοι . . . . | . | τριακοσιοστός |
| 400 | τετρακόσιοι . . . . | . | τετρακοσιοστός |
| 500 | πεντακόσιοι . . . . | . | πεντακοσιοστός |
| 600 | ἑξακόσιοι . . . . . | . | ἑξακοσιοστός |
| 700 | ἑπτακόσιοι . . . . . | . | ἑπτακοσιοστός |
| 800 | ὀκτακόσιοι . . . . . | . | ὀκτακοσιοστός |
| 900 | ἐνακόσιοι . . . . . | . | ἐνακοσιοστός |
| 1,000 | χίλιοι . . . . . . | . | χιλιοστός |
| 2,000 | δισχίλιοι . . . | . | δισχιλιοστός |
| 5,000 | πεντακισχίλιοι, etc. . . | . | πεντακισχιλιοστός, etc. |
| 10,000 | μύριοι . . . . . . | . | μυριοστός |
| 20,000 | δισμύριοι, etc. . . . | . | δισμυριοστός, etc. |
| 100,000 | δεκάκις μύριοι . . . | . | δεκακισμυριοστός |

## REFLEXIVE PRONOUNS.

**17.** There is also an indirect reflexive pronoun declined as follows:—

> SING. G. οὗ (*encl.*).
> D. οἷ (*encl.*).
> A. ἕ (*encl.*).
>
> PLUR. G. σφῶν
> D. σφισί(ν)
> A. σφᾶς

This pronoun is used with dependent verbs to refer to the subject of the principal verb. This avoids the ambiguity which always exists in Latin.

## PREPOSITIONS.

**18.** I. Prepositions governing the ACCUSATIVE.

### (1) εἰs, 'into,' 'to.'

Εἰs τὴν κώμην, 'into the village' or 'to the village.'
Εἰs ἑσπέραν ἥξω, 'I shall come in the evening.'
Εἰs ἕω ἄπειμι, 'I shall go away in the morning.'
Here εἰs marks *the time looked forward to.*

### (2) ὡs, 'to.'

'Ωs βασιλέα πορεύεται, 'He is going to the king.'
This preposition is only used before names of persons.

### (3) ἀνά, 'up.'

'Ανὰ τὸν ποταμόν, 'up the river.'

**19.** II. Prepositions governing the DATIVE.

### (1) ἐν, 'in,' 'at.'

'Εν τῇ κώμῃ, 'in the village.'
'Εν ἐκείνῳ τῷ χρόνῳ, 'at that time.'

### (2) σύν, 'with.'

Σὺν θεῷ, 'by the help of God,' 'under Providence.'
This preposition is hardly used in good Attic except in this phrase.
The common word for 'with' is μετά (see below).

**20.** III. Prepositions governing the GENITIVE.

### (1) ἀπό, 'from.'

'Απὸ τῆς πομπῆs, 'from the procession.'

### (2) ἐκ (ἐξ), 'out of,' 'from.'

'Εκ τῆς κώμηs, 'from the village.'

### (3) ἀντί, 'instead of.'

'Αντὶ τοῦ πατρὸs ἐβασίλευσε, 'He became king instead of his father.'

### (4) πρό, 'before.'

Πρὸ τῶν ὀφθαλμῶν, 'before one's eyes.'
Πρὸ δείπνου, 'before dinner.'

21. IV. Prepositions governing the Genitive *or* Accusative.

## (1) διά, 'through.'

(*a*) With the genitive—

Διὰ τῆς ἀγορᾶς, 'through the market-place.'

Διὰ παντὸς τοῦ βίου, 'throughout all one's life.'

Διὰ χρόνου, 'after an interval of time,' 'after a long time,' 'at length,' 'once again.'

Διὰ σοῦ, 'through you,' 'by means of you.'

(*b*) With the accusative—

Διὰ σέ, 'through you,' 'because of you.'

Διὰ τὴν ἑορτήν, 'because of the festival.'

Διὰ ταῦτα, 'for these reasons.'

## (2) κατά, 'down.'

(*a*) With the genitive—

Κατὰ τοῦ ὄρους, 'down the hill.'

Κατὰ τῶν ὀφθαλμῶν ὕπνος ἔρχεται,
'Sleep comes down upon my eyes.'

(*b*) With the accusative—

Κατὰ τὸν ποταμόν, 'down the river' (*opp. to* ἀνά).

Κατὰ γῆν καὶ κατὰ θάλατταν, 'by land and by sea.'

Κατὰ τὸν νόμον, 'according to the law' (*opp. to* παρά).

## (3) μετά, 'in the midst of,' 'with,' 'after.'

(*a*) With the genitive—

Μετὰ τῆς ἀδελφῆς, 'with one's sister.'

Μετὰ σοῦ, 'with you.'

(*b*) With the accusative—

Μετὰ τὴν μάχην, 'after the battle.'

Μετὰ ταῦτα, 'after that.'

## (4) ὑπέρ, 'over,' 'beyond.'

(*a*) With the genitive—

Ὑπὲρ τῆς κώμης, 'over the village.'

Ὑπὲρ τῆς πατρίδος, 'in defence of one's country.'

(*b*) With the accusative—

Ὑπὲρ τὴν θάλατταν, 'beyond the sea.'

Ὑπὲρ τὴν ἐλπίδα, 'beyond one's hope '

**22.** V. Prepositions governing the Genitive, Dative, *or* Accusative.

## (1) ὑπό, 'under,' 'by.'

(*a*) With the genitive—

    Ὑπὸ γῆς, 'under the earth.'

    Ὑπὸ δέους, 'from fear' (*prae metu*).

    Ὑπὸ τῆς ἀδελφῆς, 'by one's sister' (*a sorore*).

(*b*) With the dative—

    Ὑπὸ τῇ κλίνῃ, 'under the bed' (in answer to question ποῦ ;).

(*c*) With the accusative—

    Ὑπὸ τὴν κλίνην, 'under the bed' (in answer to question ποῖ ;).

    Ὑπὸ τὸν αὐτὸν χρόνον, 'towards' or 'about the same time.'

## (2) παρά, 'beside.'

(*a*) With the genitive—

    Παρὰ τῆς ἀδελφῆς, 'from beside' or 'from one's sister' (in answer to question πόθεν ;).

    Παρ' ἐμοῦ, 'from me,' 'from my house,' *de chez moi.*

(*b*) With the dative—

    Παρὰ τῇ ἀδελφῇ, 'beside' or 'with one's sister' (in answer to question που ;)

    Παρὰ τοῖς Ἀθηναίοις, 'among the Athenians'

    Παρ' ἐμοί ἐστιν, 'He is at my house,' *Il est chez moi, Er ist bei mir.*

(*c*) With the accusative—

    Παρὰ τὴν ἀδελφήν, 'to beside' or 'to one's sister' (in answer to question ποῖ ;).

    Ἥκει παρ' ἐμέ, 'He comes to me,' 'to my house,' *Il vient chez moi.*

    Παρὰ τὴν θάλατταν, 'beside the sea,' 'along the shore.'

    Παρὰ πάντα τὸν βίον, 'all through one's life.'

    Παρὰ τὸν νόμον, 'against the law' (*opp. to κατά*).

    Παρὰ τοὺς ἄλλους, 'in comparison with the others.'

    Παρ' οὐδὲν τίθεσθαι, 'to set at naught.'

## (3) ἐπί, 'on.'

(*a*) With the genitive—

    Ἐπὶ τῆς τραπέζης, 'on the table' (in answer to question ποῦ;).

    Ἐπὶ τῶν προγόνων, 'in the days of our ancestors.'

(*b*) With the dative—

 'Eπὶ τῇ θαλάττῃ, 'at the sea-side.'

 'Eπ' ἐμοί, 'in my power.'

 'Eπὶ τούτοις, 'on these conditions.'

(*c*) With the accusative—

 'Eπὶ τὴν θάλατταν, 'towards the sea' (in answer to question ποῖ ;).

## (4) πρός, 'to,' 'towards.'

(*a*) With the genitive—

 Πρὸς τοῦ ποταμοῦ, 'on the river side.'

(*b*) With the dative—

 Πρὸς ταῖς θύραις, 'at the doors.'

 Πρὸς τούτοις, 'besides these,' 'in addition to these.'

(*c*) With the accusative—

 Πρὸς τὴν πόλιν, 'towards the city.'

 Πρὸς ἑσπέραν, 'towards evening.'

 Πρὸς τοὺς Πέρσας ἡ μάχη, 'The battle is against the Persians.'

## (5) περί, 'around,' 'about.'

(*a*) With the genitive—

 Περὶ τούτων γράφω, 'I write about these things.'

(*b*) With the dative—

 Περὶ τῇ κεφαλῇ, 'round one's head' (in answer to question ποῦ ;).

(*c*) With the accusative—

 Περὶ τὴν κεφαλήν, 'round one's head' (in answer to question ποῖ ;).

## 23. THE NEGATIVES.

(*a*) With the *indicative* οὐ is used, except after εἰ and ἵνα.

(*b*) With the *imperative* μή is always used.

(*c*) With the *subjunctive* μή is always used.

(*d*) With the *optative, expressing a wish*, μή is always used.

(*e*) With all forms of the *potential* οὐ is always used.

(*f*) With the *infinitive* μή is generally used.

24. A simple negative may be followed by a compound negative without its negative force being destroyed, *e.g.*—

 οὐ δώσω ταῦτ' οὐδενί, 'I will not give these things to any one.'

 μὴ δῷς ταῦτα μηδενί 'Don't give these things to any one.'

# VOCABULARIES.

## I. GREEK-ENGLISH.

### A.

ἀγαθός, -ή, -όν, good

ἀγαθόν (τι), a good thing, benefit, blessing.

ἀγαθά, *neut. plur.*, good things, blessings.

καλὸς κἀγαθός (*lit.* 'beautiful and good'), well-bred, gentlemanly.

ἀγαθὸς περὶ τὴν πόλιν, of service to the state.

πάντ' ἀγαθά, abundance of good things, plenty.

ἄγαλμα, -ατος, τό, (1) object of pride, (2) statue (offered in a temple). [ἀγάλλομαι, take delight in, be proud of.]

Ἀγαμέμνων, -ονος, ὁ, Agamemnon.

ἄγαν, *adv.*, too much ('nimis').

ἀγανακτέω, -ῶ, c. *dat.*, be angry with, annoyed at, indignant.

ἀγαπάω, -ῶ, be fond of, be contented with.

ἀγγέλλω (§ 179), bring news, announce.

ἄγγελος, ὁ, messenger, news-bearer.

ἀγείρω, ἀγερῶ, ἤγειρα, gather, collect.

ἀγνοέω, -ῶ, be ignorant.

ἀγορά, ἡ, market-place, market ('forum'), *often without the article.* [ἀγείρω.]

διὰ τῆς ἀγορᾶς, through the market-place.

οἱ ἐν ἀγορᾷ, those in the market, business men.

ἀγοράζω, -άσω, *etc.*, (1) frequent the market, (2) go marketing, buy. [ἀγορά.]

ἀγορεύω (§ 205 *obs.*), speak.

ἄγριος, -ᾱ, -ον, wild, savage. [ἀγρός.]

ἄγροικος, -ος, -ον (§ 65), boorish, rude. [ἀγρός + οἰκέω].

ἀγρός, ὁ, field.

οἱ ἀγροί, the country ('rus').

ἄγω (§ 237), (1) drive, lead, (2) take, bring (*of living things*).

ἄγων, ἄγοντες, *partic.*, *tr.* 'with.'

ἡσυχίαν ἄγει, he keeps quiet, rests

εἰρήνην ἄγει, he keeps peace, is at peace.

ἑορτὴν ἄγει, he keeps a feast *or* holiday, holds a festival.

ἀγών, -ῶνος, ὁ, (1) competition, contest, (2) games, (3) struggle.

οἱ τοῦ Ἡρακλέους ἀγῶνες, the 'labours' of Herakles.

ἀδελφή, ἡ, sister.

ἀδελφός, ὁ, brother.

ἀδελφός, by crasis for ὁ ἀδελφός.

ἄδηλος, -ος, -ον (§ 65), not clear, uncertain.

ἀδήλου ὄντος, it being uncertain, doubtful.

ἀδικέω, -ῶ, (1) be unjust, do wrong, be guilty, (2) wrong, injure, *c. acc.*

ἀδίκημα, τό, wrong-doing, crime.

ἀδικία, ἡ, injustice, wrong-doing, dishonesty.

ἄδικος, -ος, -ον (§ 65), unjust, wrongful, dishonest.

ἀδύνατος, -ος, -ον (§ 65), (1) unable, powerless, (2) impossible. [δύναμαι.]

ᾄδω, ᾄσομαι, ᾖσα, sing.

ἀεί, *adv.*, always, ever.

ἀήρ, -έρος, ὁ, (1) air, (2) climate.

ἀθάνατος, -ος, -ον (§ 65), immortal. [ἀ *neg.* + θάνατος.]

Ἀθήναζε, to Athens = εἰς Ἀθήνας [*from* Ἀθήνας-δε, *cf.* οἴκαδε].

Ἀθῆναι, αἱ, Athens.

ἐν Ἀθήναις (Ἀθήνησι), at Athens.

εἰς Ἀθήνας (Ἀθήναζε), to Athens.

ἐξ Ἀθηνῶν, from Athens.

Ἀθηναῖοι, οἱ, the Athenians.

Ἀθηναῖος, -ᾱ, -ον, Athenian.

Ἀθήνησι, at Athens = ἐν Ἀθήναις [*old locative of* Ἀθῆναι].

ἀθλητής, ὁ, athlete. [ἆθλον.]

ἆθλον, τό, prize.

Αἴγινα, ἡ, Aegina (*an island in the Saronic Gulf, 15 miles over the sea from Athens*).

αἰδώς, -οῦς, ἡ (§ 41), (1) shame, (2) reverence, respect.

αἴνιγμα, τό, riddle.

αἱρέω, -ῶ (§ 222), (1) *act.*, take, catch, convict, (2) *mid.*, choose.

αἴρω, ἀρῶ, ἦρα, ἦρκα, ἦρμαι, ἤρθην, raise, lift.

αἰσθάνομαι (§ 186), perceive, observe, be aware of (*c. gen. or acc. and partic. compl. or* ὅτι).

αἰσχρός, -ά, -όν, (1) ugly, (2) shameful, base, bad (*opp.* καλός).

αἰσχύνη, ἡ, shame.

αἰτέω, -ῶ, ask for, beg, demand (*c. two accs.*).

αἰτία, ἡ, (1) cause, (2) blame, (3) credit.

αἰτίαν ἔχει, he is blamed (*p.* 138).

αἰτιάομαι, -ῶμαι, (1) ascribe to, (2) blame, (3) credit. *Pass.* αἰτίαν ἔχω, *p.* 138. (*c. acc. pers. et gen. rei.*)

αἴτιος, -ᾱ, -ον, *adj. c. gen.*, (1) answerable for, the cause of, (2) to blame for, guilty of, (3) to be thanked for.

αἰχμάλωτος, ὁ, prisoner of war, captive. [αἰχμή, spear, + ἁλίσκομαι.]

ἄκλητος, -ος, -ον (§ 65), uninvited. [ἀ + καλέω.]

ἀκολουθέω, -ῶ, (1) accompany, (2) follow (*c. dat. or* μετά *c. gen.*).

ἀκόντιον, τό, javelin, dart.

ἀκούω (§ 238), I hear (*c. gen. or acc. and partic. compl.*). *Virtual pass. of* λέγω (*p.* 311).

ἄκρατος, -ος, -ον (§ 65), unmixed, neat. [ἀ + κεράννῡμι, mix.]

ἀκρῑβής, -ής, -ές, nice, highly finished, exact.

ἀκρῑβῶς, exactly, precisely.

ἄκριτος, -ος, -ον (§ 65), untried. [ἀ + κρίνω.]

ἀκροάομαι, -ῶμαι, I listen (*c. gen.*).

ἄκρος, -α, -ον, (1) at the top of ('summus'), (2) at the end of ('extremus').

ἄκροις τοῖς ποσίν, on tip-toe.

ἄκραις ταῖς χερσίν, with the finger-tips.

ἄκων, -ουσα, -ον, involuntary, unwilling, reluctant. [ἀ + ἑκών.]

ἄκων ἔδρασα, I did it involuntarily, because I couldn't help it.

ἀλγέω, -ῶ, feel pain, ache (*c. acc. of part affected*).

Ἀλέξανδρος, ὁ, Alexander (*a name of Paris, son of Priam*).

ἀλήθεια, ἡ, truth. [ἀληθής.]

ἀληθής, -ής, -ές, true. [ἀ + λαθ *in* λανθάνω.]

  ἀληθῆ λέγει, he speaks the truth.

ἀληθῶς, truly. [ἀληθής.]

  ὡς ἀληθῶς, really and truly, as a matter of fact.

ἁλίσκομαι (§ 223), (1) I am taken, caught, (2) I am convicted, *c. gen. or partic. compl.* (*used as pass. to* αἱρῶ).

ἀλλά, *conj.*, but (*often to be translated* 'Well!' *cf. French,* 'mais').

  ἀλλ' οὐ, and not.

ἀλλάττω (§ 176), change.

ἄλληλοι (§ 187), one another.

ἄλλος, -η, -ο (§ 113), other.

  ὁ ἄλλος δῆμος, the rest of the people.

  οἱ ἄλλοι, the rest.

  ἄλλοι ἄλλα λέγουσι, some say one thing, some another ('alii alia').

ἅλς, -ός, ὁ, salt (*usually plural*).

ἅμα, (1) *adv.*, at the same time, (2) *prep. c. dat.*, at the same time as.

  ἅμα τῇ ἡμέρᾳ, at daybreak.

ἀμαθής, -ής, -ές, ignorant, stupid. [ἀ + μαθ *in* μανθάνω.]

ἅμαξα, ἡ, waggon, cart.

  ἐπὶ τῆς ἁμάξης, on the waggon.

ἁμαρτάνω (§ 186), (1) miss, *c. gen.*, (2) fail, (3) err, mistake.

ἄμεινον, *adv.*, better.

ἀμείνων (§ 80), *comp. of* ἀγαθός, better.

ἀμελέω, -ῶ, neglect, *c. gen.*

ἀμύνω (§ 182), (1) *act.*, I keep off, ward off (τί τινι), (2) *mid.* I defend myself against, *c. acc.*

ἀμφιέννυμι (§ 189), I clothe, *c. two accs.*

ἀμφισβητέω -ῶ, dispute, dissent (§ 241).

ἀμφότερος, -ᾱ, -ον (§ 89 *obs.*), both.

ἄμφω (§ 89 *obs.*), both.

  ἀμφοῖν τοῖν ποδοῖν (φεύγει), as fast as his legs will carry him.

ἄν, (1) *with the potential, pp.* 150, 152, 153, 159, (2) *with relatives and conditionals, p.* 164, 191, 196.

ἀναβαίνω (§ 183), (1) I go up, mount, (2) march up country, inland.

ἀναβάλλομαι (§ 180), put off, postpone.

ἀναβιῶναι, come to life again.

ἀναγιγνώσκω (§ 191), read.

ἀνάγκη, ἡ, (1) need, (2) necessity, (3) compulsion.

  ἀνάγκη (ἐστί), it is necessary, *c. dat. and inf.*

ἀναγορεύω (§ 205), proclaim.

ἀνάθημα, τό, votive offering. [ἀνατίθημι.]

ἀναιρέω, -ῶ (§ 222), (1) take up, (*esp. of taking up the dead for burial*), (2) destroy ('tollo').

ἀναίτιος, -ος, -ον (§ 65), (1) not answerable, irresponsible, (2) innocent, *c. gen.*

ἀναμιμνῄσκω (§ 192), remind.

ἀνάξιος, -ος, -ον (§ 65), unworthy, *c. gen.*

ἀναξίως, unworthily.

ἀναπαύομαι, rest.

ἀνατείνω (§ 182), stretch up, hold up.

ἀνατίθημι (§ 157), set up, dedicate, offer (to a god). *Perf. pass.* ἀνάκειμαι.

ἀνατρέπω (§ 145), overturn, upset.

ἀναχωρέω, -ῶ, retire, retreat.

ἀνδρεία, ἡ, manhood, bravery, courage. [ἀνήρ, 'vir.']

ἀνδρεῖος, -ᾱ, -ον, manly, brave. [ἀνήρ, 'vir.']

ἀνέλκω (§ 240), (1) draw up, (2) beach.

ἄνεμος, ὁ, wind.

ἄνευ, *prep. c. gen.*, without.

ἀνέχομαι (§ 241), hold up, tolerate, endure, bear, *c. partic. compl.*

ἀνήρ, ὁ (§ 49), man ('vir').

ἀνήρ, *by crasis for* ὁ ἀνήρ.

ἀνθίσταμαι (§ 163), hold one's ground, resist.

ἄνθρωπος, ὁ, (1) man, human being ('homo'), (2) person, fellow.

   οἱ ἄνθρωποι, men, mankind.

   τὸ τῶν ἀνθρώπων γένος, mankind.

   τὰ ἐξ ἀνθρώπων, the biggest in the world.

ἄνθρωπος, *by crasis for* ὁ ἄνθρωπος.

ἀνίημι (§ 164), (1) *c. acc.*, slacken, loosen, relax, (2) *c. gen.*, give up.

ἀνίστημι (§ 163), (1) *act.* raise, (2) *mid.* rise.

ἀνοίγνυμι (§ 189), open.

ἀνοίγω (§ 189), open.

ἀντέχω (§ 142), hold out, withstand, endure.

ἀντί, *prep. c. gen.*, instead of, in return for.

ἀντιβολέω, -ῶ, entreat (§ 241).

ἀντιλέγω (§ 205), say *or* speak against, object, contradict.

Ἄννυτος, ὁ, Anytos, *a democratic statesman, one of the accusers of Socrates.*

ἄνω, *adv.*, up, above.

ἄξιος, -ᾱ, -ον, (1) worthy of, *c. gen.* deserving, *c. dat. of the person at whose hands one deserves,* (2) cheap.

   οὐκ ἄξιον λόγου, not worth talking about.

   πολλοῦ, πλείονος, πλείστου ἄξιον, valuable, more, most valuable.

   οὐδενὸς ἄξιον, worthless.

ἀξιόω, -ῶ, (1) hold (oneself) worthy of, deem worthy, *c. gen.* (2) think right, demand, (3) aspire, claim, (4) condescend, stoop, deign.

ἀξίως, worthily.

ἀπαγγέλλω (§ 179), report.

ἀπαγορεύω (§ 205), (1) *trans.* forbid, (2) *intrans.* give up, become tired.

ἀπαιτέω, -ῶ, (1) ask back, (2) demand (*corr.* ἀποδίδωμι).

ἀπαλλάττω (§ 176), (1) *act.*, rid, free from, (2) *mid., pass.* get off, get rid of (*c. gen.*).

   οὐ χαίρων ἀπαλλάξεται, he won't get off with impunity.

ἅπαξ, *adv.*, once.

   ἅπαξ τοῦ ἔτους, once a year.

ἀπαρνέομαι, -οῦμαι, deny.

ἅπᾱς (*like* πᾶς, § 72, *but with regressive accent*), all, whole, every.

ἄπειμι (§ 117), be away, absent.

ἄπειμι (§ 168), *fut. of* ἀπέρχομαι.

ἄπειρος, -ος, -ον (§ 65), inexperienced in, unskilled in, unacquainted with (*opp.* ἔμπειρος). [πεῖρα.]

ἀπέρχομαι (§ 210), go away, depart, get off.

ἀπέχω (§ 142), (1) *act.*, be away from *or* distant, (2) *mid.*, keep away from, abstain, *c. gen.*

ἀπό, *prep. c. gen.*, from.

ἀποβάλλω (§ 180), (1) throw away, (2) lose.

ἀποδείκνυμι (§ 166), *act.*, (1) show, prove, (2) appoint, make, (3) *mid.*, express, declare.

   γνώμην ἀποδείκνυται, he expresses his opinion.

ἀποδημέω, -ῶ, be from home, abroad.

ἀποδίδωμι (§ 154), (1) give back, return, (2) give up; deliver, pay ('reddo'). *Cf.* πωλῶ.

ἀποδύω (§ 160), take off (clothes), strip (*c. two accs.*).

ἀποθνήσκω (§ 215), (1) die, (2) be killed (*pass. of* ἀποκτείνω).

ἀποκρίνομαι, ἀποκρινοῦμαι, ἀπεκρινάμην (cf. § 182) answer.

ἀποκτείνω (§ 214), kill.

ἀπολαμβάνω (§ 186), take back, get back, recover.

ἀπόλλῦμι (§ 235), (1) destroy, (2) lose.

   κακὸν κακῶς ἀπολέσειαν οἱ θεοί, The curse of heaven be on—

   ὁ κάκιστ' ἀπολούμενος, the accursed one.

ἀπολογέομαι, -οῦμαι, I make a defence, defend myself, plead my cause.

ἀποπλέω (§ 201), sail away.

ἀπορία, ἡ, (1) difficulty, straits, (2) scarcity, want.

ἀποστέλλω (§ 179), send out, dispatch (*esp. of ships*).

ἀποστερέω, -ῶ, rob, defraud (§ 192).

ἀποτέμνω (§ 185), cut off.

ἀποτίνω (§ 185), pay back, pay.

ἀποτρέχω (§ 227), run away.

ἀποφαίνω (§ 182), (1) *act.*, show forth, (2) *mid.*, express, declare (γνώμην, ἃ γιγνώσκει).

ἀποφέρω (§ 225), carry away.

ἀποφεύγω (§ 173), (1) flee away, escape, (2) be acquitted.

ἀποψηφίζομαι, acquit.

ἅπτω (§ 175), *act.*, (1) lay hold of, fasten, (2) kindle, (3) *mid.*, touch, *c. gen.*,

ἄρα (*second in its clause*), so, then, therefore.

ἆρα, *interrog. particle* (= *Lat.* 'ne'), *used to introduce questions.*

   ἆρ' οὐ (= 'nonne').

ἀργύριον, τό, money. [ἄργυρος, silver.]

ἀρετή, ἡ, goodness, courage.

'Αριαῖος, ὁ, Ariaeus.

ἄριστα (§ 83), *superl. adv.*, very well, best.

ἄριστος, -η, -ον, *superl. of* ἀγαθός (§ 80), very good, best.

ἄριστον, breakfast (*note long* **a**).

ἄρτι, ἀρτίως, freshly, recently, just.

ἄρτος, ὁ, bread, loaf.

ἀρχή, ἡ, (1) beginning, (2) rule, office, magistracy ('imperium').

   ἐξ ἀρχῆς, (1) from the beginning, (2) in the beginning, originally.

ἄρχω, (ἄρξω, etc.), *c. gen.*, (1) be first, begin, take the lead, be first to do, *act. of something continued by others, mid. of something continued by oneself*, (2) rule, rule over, command.

ἀσέβεια, ἡ, impiety, irreligion.

ἀσπίς, -ίδος, ἡ, shield.

ἄστυ, τό (§ 48), town.

   ἐν ἄστει, in town.

   ἐξ ἄστεως, from town.

   εἰς ἄστυ, to town.

   κατ' ἄστυ, about town, in town.

ἀσφαλής, -ής, -ές, safe, secure.

ἀτρέμας, *adv.*, quietly, still.

αὐλητής, ὁ, flute-player, piper.

αὔρα, ἡ, breeze.

αὔριον, *adv.*, to-morrow.

   εἰς αὔριον, εἰς τὴν αὔριον (*of time looked forward to*).

αὐτίκα, immediately.

   αὐτίκα μάλα, in a moment.

αὐτός, -ή, -ό, (1) self, (2) same (§ 100), (3) *in oblique cases*, he, she, it (§ 91).

αὐτοῦ, *adv.*, on the spot, where you are ('ilico').

αὑτοῦ, *reflexive* (§ 106).

ἀφαιρέω, -ήσω, -έομαι, -οῦμαι (§ 222), take away, deprive.

ἀφίημι (§ 164), (1) let go, (2) discharge.

   ἐλεύθερον ἀφίησιν, he sets free

   φωνὴν ἀφίησιν, he utters a sound.

ἀφικνέομαι, -οῦμαι (§ 187), arrive.

ἀφίστημι (§ 163), (1) *act.*, cause to revolt, (2) *mid.*, revolt.

ἄχθομαι, ἀχθέσομαι, ἠχθέσθην, dislike, c. *dat.*, be displeased at.

ἄχθος, τό, (1) burden, (2) grief.

'Αχιλλεύς, -έως, ὁ, Achilles.

## B.

βαδίζω (§ 178), I walk, proceed.

βάθος, τό, depth.

βάθρον, τό, bench.

βαθύς, -εῖα, -ύ, deep.

βαίνω (§ 183), step, walk.

βάλλω (§ 180), (1) throw, (2) pelt, hit (*with a missile*).

βάρβαρος, -ος, -ον (§ 65), barbarian, (*i.e.* non-Hellenic).

βαρέως, *adv.*, heavily. [βαρύς.]

   βαρέως φέρει, ('graviter. aegre fert').

βάρος, τό, weight.

βαρύς, -εῖα, -ύ, (1) heavy, (2) low (*of the voice*).

βασιλεύς, ὁ (§ 47), king (*without the article*, the King, *i.e.* the king of Persia).

βασιλεύω, reign.

βέλος, τό, missile.

βέλτιστος, -η, -ον (§ 80), best.

βελτίων, -ων, -ον (§ 80), better.

βία, ἡ, force, violence ('vis').

   βίᾳ ἄγει, he drags by force.

   πρὸς βίαν, under compulsion.

βιβλίον, τό, book.

βίος, ὁ, life.

   διὰ βίου, all through life, one's life long.

βλάπτω (§ 175), hurt, injure.

   μεγάλα βλάπτει, he does great injury to, c. *acc.*

βοάω, -ῶ, shout, shout for.

βόειος, -ā, -ον, of an ox. [βοῦς.]

   τὰ βόεια (*sc. κρέα*), beef.

βοή, ἡ, shout, cry, shouting, (*a*) *of approval or joy*, cheering, (*b*) *of disapproval or sorrow*, uproar.

βοήθεια, ἡ, succour, aid, help.

βοηθέω, -ῶ, run to the rescue, bring aid, succour, help.

Βοιωτός, ὁ, Boeotian.

βουλεύω, (1) *act.* plan, plot, (2) *mid.* consider, deliberate.

βουλή, ἡ, (1) plan, design, (2) council, senate.

βούλομαι (§ 197), will, wish, desire,

   βούλει, c. *inf.*, will you— ? be so kind as to—.

   βούλει, c. *subj.* (*p.* 167), do you wish me to— ?

βοῦς, ὁ, ἡ (§ 62), ox, cow.

βραδέως, slowly.

βραδύς, -εῖα, -ύ, slow.

βραχύς, -εῖα, -ύ, short.

   βραχύ τι χαρίζεταί μοι, he does me a small favour.

βροντή, ἡ, thunder.

## Γ.

γαμέω, -ῶ, marry (§ 196).

γάρ, *conj.* for (*always second in its clause, cf. Lat.* 'enim').

γε, *post-positive enclitic particle*, at least. *This word is generally left untranslated. It emphasises, underlines, or puts in italics the preceding word.*

γείτων, -ονος, ὁ, neighbour.

   ἐκ (τῶν) γειτόνων, from our neighbours.

γελάω, -ῶ, laugh (§ 136).

γελοῖος, -ā, -ον, laughable, ridiculous.

γέλως, -ωτος, ὁ, laughter.

   γέλωτος ἄξιος, laughable, ridiculous.

   γέλωτα παρέχει, he produces laughter, makes himself ridiculous.

γενναῖος, -ā, -ον, well-bred, noble, spirited.

γενναίως, nobly, bravely.

γένος, τό, (1) kindred, family, (2) race, birth, (3) kind.

τὸ τῶν ἀνθρώπων γένος, the human race.

γέρων, -οντος, ὁ, old man (§ 52).

γέφῦρα, ἡ, bridge.

τὴν γέφῦραν λύει, he breaks the bridge.

γεωργός, ὁ, farmer.

γῆ, ἡ, (1) ground ('humus'), (2) land ('terra'), (3) the earth ('tellus'), (4) shore.

κατὰ γῆν, by land.

ποῦ (τῆς) γῆς; where on earth?

γῆρας, γήρως (§ 40), τό, old age.

ὑπὸ γήρως, from old age ('prae senectute').

γηράσκω (§ 190), grow old.

γίγνομαι (§ 144), to become, come to be, turn out, show oneself.

πόσα ἔτη γέγονε; how old is he?

τί γένωμαι; what is to become of me?

γιγνώσκω (§ 190), (1) know, (2) learn, perceive, (3) make up our mind, resolve.

γλυκύς, -εῖα, -ύ, sweet.

γλῶττα, ἡ, (1) tongue, (2) language.

γνώμη, ἡ, (1) opinion, thought, (2) resolution, plan. [γι-γνώ-σκω].

γνώμην ἔχει, ἀποφαίνεται, he has, expresses an opinion.

γονεύς, ὁ, parent.

γόνυ, τό (§ 57), knee.

Γοργίας, -ου, ὁ, Gorgias, a celebrated sophist from Leontinoi in Sicily.

γράμμα, -τος, τό, letter.

τὰ γράμματα, letters, reading and writing.

γραμμάτων ἄπειρος, unable to read or write.

γράφω (§ 140), write.

γυμναστική, ἡ, gymnastics.

γυνή, ἡ (§ 50), woman, wife.

## Δ.

δαιμόνιος, divine.

ὦ δαιμόνιε, My dear sir—(in a tone of surprise).

δαίμων, -ονος, ὁ, divinity.

δάκνω (§ 185), bite.

δάκρυον, τό, tear.

δακρύω, weep.

δάκτυλος, ὁ, finger, toe.

δέ, post-positive conj., but (see p. 47).

δέδοικα (§ 232), fear.

δεῖ, impers. verb c. acc. it is fitting, necessary (§ 139).

δείκνῦμι (§ 165), show.

δεινός, -ή, -όν, (1) dreadful, terrible (2) strange, wonderful, (3) clever, skilful. [Rt. δϜει, fear.]

δεινὸς λέγειν, eloquent.

ἐν (τοῖς) δεινοῖς, in danger.

δειπνέω, -ῶ, dine. [δεῖπνον.]

δεῖπνον, τό, dinner.

ἐπὶ δεῖπνον, 'to dinner.'

δέκα, ten.

Δελφοί, οἱ, Delphi.

δένδρον, τό, tree.

δεξιά, ἡ, the right hand.

δεξιός, -ά, -όν, right (opp. σκαιός, left).

δέομαι (§ 200), (1) want, (2) ask, beg, request.

δέος, τό, fear.

ὑπὸ (τοῦ) δέους, from fear ('prae metu').

δέρω (§ 149), flay, thrash.

δεσμωτήριον, τό, prison.

δέσποινα, ἡ, mistress of the house, mistress.

δεσπότης, -ου, ὁ, master, master of the house (opp. οἰκέτης).

δεῦρο, hither, here ('huc').

δεύτερος, -ά, -ον, second.

δέω, δῶ, (1) bind, (2) imprison (§ 132 obs.).

δέω (§ 200), lack, want, need (*see* δεῖ).

τὰ δέοντα, what is wanted (*in the circumstances*), the right thing to do.

ὀλίγου δεῖν, wanting little, all but, almost.

εἰς δέον, opportunely.

πλέον τοῦ δέοντος, more than is right.

δή, *post-positive intensive particle, giving decision to a statement and insistance to a question or command.*

δῆλος, -η, -ον, (1) visible, (2) clear, (3) evident.

δῆλός ἐστι, *c. partic.* it is clear that he—.

δηλόω, -ῶ, make clear.

Δημόκριτος, ὁ, Democritus, *the philosopher of Abdera.*

δῆμος, ὁ, (1) the people ('populus'), (2) the democracy.

Δημοσθένης, ὁ, Demosthenes.

δήπου, of course, to be sure.

δῆτα, pray.

διά, *prep.* (*A*) *c. gen.* (1) *of place,* through, (2) *of time,* (*a*) throughout, (*b*) at, after an interval of. (*B*) *c. acc.* because of, on account of.

διὰ (παντὸς τοῦ) βίου, throughout one's life.

διὰ χρόνου, after a long time, once more again.

διαβαίνω (§ 183), step across, cross.

διαβάλλω (§180), (1) set at variance, cause to quarrel, estrange, (2) misrepresent, slander.

διαγιγνώσκω (§ 191), know apart, distinguish.

διαθήκη, ἡ, will, testament. [διατίθεσθαι.]

δίαιτα, ἡ, life (*in the sense of 'way of life' as we say 'town life,' 'country life'*).

διάκειμαι (§ 156), be disposed [*perf. pass. of* διατίθημι].

διαλέγομαι, talk, converse.

διανέμω (§ 149), divide.

διαπλέω (§ 201), sail over, across.

διαπράττομαι, carry out, accomplish.

διατίθημι (§ 157), (1) *act.* dispose, put in a certain state of body or mind, [*perf. pass.* διάκειμαι.] (2) *mid.* to dispose of by will, make a will, bequeath.

διαφερόντως, exceptionally, preeminently.

διαφέρω (§ 225), (1) differ, (2) surpass, *c. gen.*

διαφεύγω (§ 173), escape.

διαφθείρω (§ 182), (1) spoil, corrupt, (2) ruin, destroy, (3) cause to perish.

διδάσκαλος, ὁ, teacher.

διδάσκω, διδάξω, teach, *c. accs. of person and thing* (*p.* 259).

δίδωμι (§ 153), give.

δίκην δίδωμι, am punished.

πεῖραν δίδωσι, he gives proof of.

διεξέρχομαι (§ 210), go right through, describe in detail.

δίκαιος, -α, -ον, *adj.,* just, fair, honest, right. [δίκη.]

δικαιοσύνη, ἡ, justice, honesty.

δικαίως, justly, honestly.

δικαστήριον, court of law.

δικαστής, ὁ, juryman, judge.

δίκη, ἡ, (1) satisfaction, penalty, (2) law-suit, action, (3) justice.

δίκην δίδωσι, he gives satisfaction, is punished.

δίκην λαμβάνει, he takes satisfaction, punishes.

δίκην ἐπιτίθησι, he imposes a punishment.

δίς, *adv.,* twice.

δὶς τοῦ μηνός, twice a month.

δὶς τοῦ ἔτους, twice a year.

Y

δίψᾰ, ἡ, thirst.

διψάω, -ῶ, thirst (§ 219 obs.).

διώκω, διώξομαι, (1) pursue, (2) prosecute (pass. φεύγω), c. gen. (p. 242).

δοκέω, -ῶ, (1) be thought, believed, (2) seem good (§ 194).

δόξα, ἡ, (1) belief, opinion, (2) reputation, glory.

δόξαν ἔχει, c. gen., he has a reputation for.

δουλεύω, be a slave.

δοῦλος, ὁ, slave (opp. ἐλεύθερος).

δραχμή, ἡ, a drachma.

δράω, -ῶ, do, act.

δύνᾰμαι (§ 160), can, be able.

μέγα δύναται, he is very powerful.

δύναμις, -εως, ἡ, power.

δυνατός, -ή, -όν, (1) able, powerful, (2) possible.

δύο (§ 87), two.

δύω (§ 160), I cause to enter.

δῶρον, τό, gift.

E.

ἑάλωκα, ἑάλων, see ἁλίσκομαι.

ἐάν, conj., if, always with the subj. [εἰ + ἄν.]   N.B.—εἰ never has the subj.

ἑαυτοῦ (§ 106), of himself, his own.

ἐάω (§ 239), (1) let, (2) let go, allow, permit, (3) leave alone, pass by.

οὐκ ἐᾷ, he forbids, prevents.

ἑβδομήκοντα, seventy.

ἐγγύς, adv. and prep. c. gen., near.

ἐγείρω (§ 236), awake.

ἐγχέω (§ 201), pour in (we say in Eng. ' pour out ').

ἐγώ (§ 90), I.

ἔγωγε, I for my part.

ἐθέλω (§ 198, obs.), be willing, ready, content.

οὐκ ἐθέλει, he refuses.

ἐθίζω (§ 239), accustom.

ἔθνος, τό, tribe, nation.

εἰ, if (only with ind. and opt.).

εἰ μή, if not, unless, except.

εἰ γάρ, would that !

εἰ δὲ μή, if not, otherwise.

εἰ καί, even if, although.

εἴθε, would that (p. 112).

εἶδον, see ὁρῶ.

εἴκοσι, twenty.

εἴληφα, see λαμβάνω.

εἷλον, see αἱρέω.

εἰμί (§ 116), be.

εἶμι (§ 168), I shall go.

εἶπον, see λέγω.

εἰρήνη, ἡ, peace.

εἰρήνην ἄγει, he keeps peace, is at peace.

εἰς, prep. c. acc., into, to, of place and of time looked forward to.

εἷς, μία, ἕν (§ 85), one.

εἰσάγω (§ 237), bring in, esp. bring into court, put upon trial (pass. εἰσέρχομαι).

εἰσέρχομαι (§ 210), come into (esp. come into court), enter (virtual pass. of εἰσάγω, p. 274).

εἴσομαι, see οἶδα.

εἶτα, then, thereupon.

εἴωθα (§ 239, obs.), be accustomed.

ἐκ, see ἐξ.

ἕκαστος, each (§ 112).

ἑκάστοτε, on each occasion, every time.

ἑκάτερος, -α, -ον (§ 112), both of two, either.

ἑκάτεροι, either side, both sides.

ἑκατόν, a hundred.

ἐκβαίνω (§ 183), (1) step out, (2) issue, end, turn out.

ἐκβάλλω (§ 180), expel.

ἐκδύω (§ 160), I strip (c. two accs.).

ἐκεῖ, adv., there, in that place ('ibi').

ἐκεῖθεν, thence, from there, from that place ('illinc').

ἐκεῖνος, -η, -ο (§ 98), that ('ille').

ἐκεῖσε, thither ('illuc').

ἐκκλησία, ἡ, the Assembly (the sovereign executive assembly at Athens consisting of all citizens).

ἐκκλησίαν ποιοῦσι, they summon, constitute, hold an assembly (of the magistrates).

ἐκκλησίαν ποιοῦνται, they hold an assembly (of the citizens).

ἐκκόπτω, knock out, put out.

ἐξεκόπη τὸν ὀφθαλμόν, he had his eye put out.

ἐκπίπτω (§ 231), (1) fall out, (2) be cast out, turned out, expelled (*virtual pass. of* ἐκβάλλω), (2) be cast ashore.

ἐκπλέω (§ 201), sail out, away, set sail.

ἐκπλήττω, amaze, terrify, *aor.* ἐξεπλάγην.

ἐκποδών, out of the way.

ἐκποδὼν στῆναι, get out of the way.

ἐκφεύγω (§ 173), escape.

ἐκχέω (§ 201), spill.

ἑκών, -οῦσα, -όν (*App.* § 14), intentionally, voluntarily.

οὐχ ἑκὼν εἶναι, not if I can help it (*only in negative sentences*).

ἐλάα, ἡ, olive.

ἐλάττων (§ 80), less, fewer.

ἔλαττον ἔχει, he is at a disadvantage, gets the worse of it, is worse off, *c. gen.*

ἐλαύνω (§ 188), (1) drive, (2) march, (3) ride.

ἐλεῖν, ἑλέσθαι, *see* αἱρέω.

ἔλεος, ὁ, pity, compassion.

ἐλέου τυγχάνει, he is pitied.

ἐλευθερία, ἡ, freedom, liberty.

ἐλεύθερος, -α, -ον, free.

ἐλευθερόω, -ῶ, set free, liberate.

ἐλευθέρως, like a free man.

ἐλθεῖν, ἐλθών, *see* ἔρχομαι.

ἕλκω (§ 240), draw, drag.

Ἑλλάς, -άδος, ἡ, Hellas, Greece.

ὑπὲρ τῆς Ἑλλάδος, in defence of Hellas.

Ἕλλην, -ηνος, ὁ, Hellene, Greek.

παρὰ τοῖς Ἕλλησι, among the Greeks.

ἑλληνίζω, speak Greek.

Ἑλλήσποντος, ὁ, the Hellespont.

ἐλπίζω, hope.

ἐλπίς, -ίδος, ἡ, hope.

ἐμαυτοῦ (§ 106), of myself, my own.

ἐμβαίνω (§ 183), (1) step into, (2) embark.

ἐμβάλλω (§ 180), fall (*of a river*).

ἐμβάλλει τὴν δεξιάν μοι, he gives me his right hand.

ἐμμένω (§ 149), abide by, *c. dat.*

ἐμός, -ή, -όν (§ 93), my, mine.

ἔμπειρος, -ος, -ον, experienced in, acquainted with, skilled in.

ἐμπείρως ἔχει, *c. gen.*, he is skilled in.

ἐμπίμπλημι (§ 162), fill.

ἐμπίμπρημι (§ 162), set on fire.

ἐμπίπτω (§ 231), (1) fall into, (2) fall upon, attack.

ἐμπόριον, τό, port (*for merchandise*).

ἔμπορος, ὁ, merchant.

ἐν, *prep. c. dat.*, in, at.

ἔν σοι, dependent on you.

ἐν ᾧ, while.

ἐναντίος, -α, -ον, opposite.

ἐνδεής, -ές, in want of, lacking (*acc. sing.*, ἐνδεᾶ).

ἕνδεκα, eleven.

οἱ ἕνδεκα were the police magistrates of Athens.

ἔνδον, *adv.*, in, within, at home, indoors.

ἐνδύω (§ 160), put on (*clothes*).

ἔνειμι (§ 117), be in.

ἕνεκα, *prep. c. gen.*, for the sake of (*commonly put after its noun*).

τούτου γ' ἕνεκα, so far as that goes.

ἐνθάδε, *adv.*, here ('hic').

ἐνθένδε, hence, from here ('hinc').

ἔνιοι, -αι, -α, some (*for ἔνι οἵ, i.e. ἔστιν οἵ*, 'sunt qui').

ἐνίοτε, sometimes.

ἐννέα, nine.

ἐννοέομαι, -οῦμαι, intend (= ἐν νῷ ἔχω).

ἐνοχλέω, -ῶ, importune, bother (§ 241).

ἐνταῦθα, *adv*, here, there (beside you, 'istic').

ἐντέλλομαι, enjoin, *c. dat.*

ἐντεῦθεν, thence, from there, from this place ('inde')

ἐντυγχάνω (§ 186), fall in with, meet, *c. dat.*

ἐξ (*before consonants ἐκ*), *prep. c. gen.*, out of, from.

ἐξ οὗ, since.

ἕξ, six.

ἐξεγείρω (§ 236), wake up.

ἐξελαύνω (§ 188), (1) drive out, expel, (2) march on.

ἐξεπλάγην, *see ἐκπλήττω.*

ἔξειμι (§ 210), *fut. of ἐξέρχομαι.*

ἐξέρχομαι (§ 210), go out, come out.

ἔξεστι (§ 117), it is permissible ('licet').

ἐξετάζω, -άσω, *etc.*, review.

ἐξέτασις, -εως, ἡ, a review. [ἐξετάζω.]

ἐξέτασιν ποιεῖται (§ 144, *obs*), he holds a review.

ἐξευρίσκω (§ 192), find out.

ἔξω, *c. gen.*, outside, beyond, out of reach of.

ἔοικα (§ 233), be like, likely.

ἑορτή, ἡ, (1) feast, festival, (2) holiday.

ἑορτὴν ἄγει, he holds a festival, keeps holiday.

ἐπαγγέλλομαι (§ 179), offer, profess.

ἐπαινέω, -ῶ, ἐπαινέσομαι, ἐπήνεσα, praise.

κάλλιστ', ἐπαινῶ, no, thank you.

ἔπαινος, ὁ, praise.

ἔπαινον ἔχω, I win praise, am praised (παρά *c. gen.*, at the hands of so-and-so).

ἐπανέρχομαι (§ 210), return.

ἐπεγείρω (§ 236), wake up.

ἐπεί, *conj.*, when, since.

ἐπειδάν, *conj.*, whenever, after, as soon as (*always c. subj.*).

ἐπειδὰν τάχιστα, as soon as ever—.

ἐπειδή, *conj.*, whenever, after, as soon as (*always c. ind or opt*)

ἔπειτα, next, secondly, afterwards, then.

ἐπέρχομαι (§ 210), come against, attack.

ἐπέχω (§ 142), stop.

ἐπί, *prep.* (1) *c. gen.*. on, (2) *c. dat.*, upon, towards, close to, (3) *c acc.*, on to, towards, towards with a view to

ἐπιβαίνω (§ 183), step on to, mount, gain a footing in, *c. gen.*

ἐπιβιῶναι, to live on

ἐπιβουλεύω, *c. dat.*, plan, plot, conspire against.

ἐπιγράφω, write upon, inscribe.

ἐπιδείκνυμαι (§ 165), show off, display.

ἐπιεικής, -ές, (1) fair, reasonable, (2) good.

ἐπιλανθάνομαι (§ 186), *c. gen.*, forget.

ἐπιμελέομαι, -οῦμαι, care for, manage.

ἐπιπίπτω (§ 231), fall upon.

ἐπίσταμαι (§ 160), know, know how to.

ἐπιστέλλω (§ 179), charge, send word.

ἐπιστήμη, ἡ, knowledge.

ἐπιστολή, ή, letter. [ἐπι-στέλλω.]

ἐπίσχες, stop! *imper. of* ἐπέχω (§ 142).

ἐπιτείνω (§ 182), stretch, tighten.

ἐπιτήδειος, -ᾱ, -ον, suitable.

τὰ ἐπιτήδεια, necessaries, provisions, supplies.

ἐπιτίθημι (§ 157), (1) *act.*, set upon, impose (ζημίαν, δίκην), *c. acc. et dat.*, (2) *mid.*, set upon, attack *c. dat.*

ἐπιτῑμάω, -ῶ, *c. dat.*, blame, censure.

ἐπιτρέπω (§ 145), (1) permit, (2) entrust, (3) leave to, *c. acc. et dat.*

ἐπιχέω (§ 201). pour upon, into.

ἕπομαι (§ 143), *c. dat.*, accompany, follow (μετά c. gen.).

ἔπος, το, (1) word (*Ionic*), hexameter line.

τὰ ἔπη, epic poetry.

ὡς ἔπος εἰπεῖν (' paene dixerim '), I might almost say, practically.

ἑπτά, seven.

ἐργάζομαι (§ 239), work, do.

ἔργον, τό, work, deed.

ἕρπω (§ 240), creep.

ἐρυθρός, -ά, -όν, red.

ἔρχομαι (§ 206), go, come.

εἰς ταὐτὸν ἔρχεται, *c. dat.*, he meets.

ἐρῶ, *see* λέγω.

ἐρωτάω, -ῶ, ask (*aor. usually* ἠρόμην).

ἐσθίω (§ 220), eat.

ἑσπέρᾱ, ή, evening.

τῆς ἑσπέρᾱς, in the evening.

ἑσπέρᾱς, yesterday evening, last night.

πρὸς ἑσπέρᾱν, towards evening.

εἰς ἑσπέρᾱν, this evening, tonight (*of time looked forward to*).

ἑστιάω, -ῶ, feast, entertain (§ 239).

ἕστηκα, I am standing (*perf. of* attitude, *see* ἵστημι).

ἑταῖρος, ὁ, companion, friend.

ἕτερος, -ᾱ, -ον, the other, one of two (' alter ').

ἕτεροι τοσοῦτοι, as many again.

ἔτι, still.

ἕτοιμος, -ος, -ον, ready.

ἔτος, τό, year.

δὶς τοῦ ἔτους, twice a year.

πολλάκις τοῦ ἔτους, several times a year.

δι' ἔτους, all the year round.

εὖ, well.

εὖ ἔχει, it is well.

εὖ πράττει, he fares well.

εὖ λέγει (*c. acc.*), he speaks well of (*pass.* εὖ ἀκούει).

εὖ γ' ἐποίησας, *c. partic.*, you did well to, it was kind of you to.

εὐδαίμων, -ον, fortunate, happy, prosperous.

εὐεργετέω, -ῶ, do good to, benefit.

εὐθέως, straightway.

εὐθύς, -εῖα, -ύ, straight.

εὐθύς, at once, *c. partic.*, *e.g.* εὐθὺς ἀναστάς, as soon as he rose (*see* φθάνω).

εὔνοια, ή, good-will, favour.

εὔνους (*App.* § 11), well-disposed, friendly.

εὐνούστερον, *adv.*, more favourably.

Εὐρῑπίδης, -ου, ὁ, Euripides.

εὑρίσκω (§ 192), find.

εὐτυχής, -ές, lucky, successful, happy.

εὐχή, ή, (1) wish, (2) vow, (3) prayer.

ἐφέπομαι (§ 143), follow, *c. dat.*

ἐφίεμαι (§ 163), aim at, desire.

ἐφοράω, -ῶ, behold, witness, live to see (*esp. of evils*).

ἔχθρα, ή, hatred, enmity.

ἐχθρός, -ά, -όν, (1) hostile, (2) hateful.

ἐχθρῶς ἔχει, *c. dat.*, he is at enmity with, hostile to, hates.

ἔχω (§ 142), (1) have, (2) be able, know (*when followed by deliber-ative clauses*.

　εὖ ἔχει, οὕτως ἔχει, it is well, it is so.

　χάριν ἔχει, he is grateful.

ἔωθεν, *see* ἕως.

ἑωθινός, belonging to dawn.

　ἐξ ἑωθινοῦ, from, at dawn, day-break.

ἕως, ἡ (*App.* 5 *obs.*), dawn.

　εἰς ἕω, in the morning (*of time looked forward to*).

　ἔωθεν, in the morning (*of time looked back to*).

ἕως, so long as, till (*p.* 189).

　ἕως ἄν, c. *subj.*

## Z.

ζάω, ζῶ, live (§ 219).

Ζεύς, (§ 59), Zeus.

　νὴ (τὸν) Δία, by Zeus (*in affirmations*)

　πρὸς (τοῦ) Διός, by Zeus (*in questions and entreaties*).

ζημίᾱ, ἡ, (1) loss, (2) fine, punish-ment.

　ζημίαν ἐπιτίθησι, he imposes a fine.

ζημιόω, -ῶ, fine, punish.

ζῷον, τό, animal.

## H.

ἤ, *conj.*, (1) or, (2) than.

　ἤ ... ἤ ..., either .. or ...

ἦ μήν, verily (*introducing oaths*).

ᾗ, which way.

ἡγεμών, -όνος, ὁ, (1) guide, (2) leader.

ἡγέομαι -οῦμαι, (1) lead, (2) think ('duco').

ἡδέως, pleasantly, with pleasure.

　ἡδέως ἂν ποιοίην, I should be glad to do.

ἤδη, *adv.*, already, at once.

ἥδομαι, ἡσθήσομαι, ἥσθην, I like, c. *dat.* or *partic. compl.*

ἡδονή, ἡ, pleasure.

ἡδύς, -εῖα, -ύ, sweet, pleasant.

　ἡδὺ γελᾷ, he laughs pleasantly.

　ἡδὺ πνεῖ ὁ ἄνεμος, the wind blows sweetly.

ἥκω, come, become.

ἥλιος, ὁ, the sun.

ἡμεῖς (§ 90), we.

ἡμέρᾱ, ἡ, day.

　καθ' ἡμέρᾱν, day by day, ὁ καθ' ἡμέρᾱν βίος, daily life.

ἡμέτερος, -ᾱ, -ον, our, ours.

ἥμισυς, -εια, -υ (*accent !*) half.

ἡνίκα, *adv.*, when, at the time when.

Ἥρα, ἡ, Hēra.

Ἡράκλειτος, ὁ, Heraclitus (*a philo-sopher of Ephesus*).

Ἡρακλῆς, ὁ (§ 69), Herakles.

　Ἡράκλεις, Herakles! (*in ex-clamations*).

Ἡρόδοτος, ὁ, Herodotus.

ἠρόμην, I asked (*used as aor. of* ἐρωτῶ).

ἥσθην, *aor. of* ἥδομαι.

ἡσυχίᾱ, ἡ, quiet, rest.

　ἡσυχίᾱν ἄγει, he keeps quiet, is at rest.

ἧττᾰ, ἡ, defeat.

ἡττάομαι, -ῶμαι, be defeated.

ἥττων, -ον (§ 80), weaker than, less than, inferior to

　ἥττων τοῦ οἴνου, κ.τ.λ., having a weakness for wine, etc.

## Θ.

θάλαττᾰ, ἡ, the sea.

　ἐπὶ (τῇ) θαλάττῃ, by the sea, the coast.

　παρὰ (τὴν) θάλατταν, along the sea, on the shore.

　κατὰ θάλατταν, by sea (*opp.* κατὰ γῆν).

ἐπὶ τὴν θάλατταν, towards the sea, to the coast.

θάνᾰτος, ὁ, death.

θάπτω (§ 175), bury.

θαρρέω, -ῶ, to be of good courage.

θάρρει, cheer up !

θαρρῶν λέγε, don't be afraid to say.

θάτερον, for τὸ ἕτερον (§ 113).

θάττων, θᾶττον, quicker (§ 80).

θαυμάζω, θαυμάσομαι, ἐθαύμασα, τεθαύμακα, I wonder, wonder at, admire.

θαυμάσιος, -ᾱ, -ον, wonderful.

θέᾱ, ἡ, sight, view, spectacle.

ἐπὶ θέαν, c. gen., to look on at, to see (of ' sights ').

θεάομαι, -ῶμαι, look at, view, see.

θέᾱτρον, τό, theatre.

Θεμιστοκλῆς, ὁ (§ 69), Themistocles.

θεός, ὁ, god.

θεοῖς ἐχθρός, hateful to the gods, outcast, miscreant.

νὴ τοὺς θεούς (in. affirmations), by the gods, upon my word.

πρὸς τῶν θεῶν (in questions and entreaties), for goodness' sake, please.

θεράπαινᾰ, ἡ, maidservant.

θερμός, -ή, -όν, warm, hot.

θέρος, τό, summer.

θέρους καὶ χειμῶνος, summer and winter.

θέω (§ 227), run.

θήρ, θηρός, ὁ, wild beast.

θήρα, hunting, sport.

θηρίον, τό, beast.

θνητός, -ή, -όν, mortal.

θοἰμάτιον, by crasis for τὸ ἱμάτιον.

θορυβέω, -ῶ, make a noise, interrupt. [θόρυβος.]

θόρυβος, ὁ, noise.

θρίξ, ἡ (§ 58), hair.

θρόνος, ὁ, (1) chair, (2) throne.

θυγάτηρ, ἡ (§ 44), daughter.

θύρᾱ, ἡ, door.

ἐπὶ ταῖς θύραις, at the doors.

θύραζε, out of doors (' foras ').

θύρᾱσι(ν), out of doors (' foris ').

θυσία, ἡ, sacrifice.

θύω, θύσω, sacrifice.

θώραξ, -ᾱκος, ὁ, breast-plate.

## I.

ἰᾱτρός, ὁ, doctor, physician.

ἰδεῖν, ἰδών, see ὁρῶ.

ἰδέᾱ, ἡ, appearance, look.

καλὸς τὴν ἰδέαν, good-looking, handsome.

ἰδού, there ! (' voici ! voilà ! ').

ἱερός, -ά, -όν, sacred, holy.

ἵημι (§ 163), not common except in compounds.

ἱκανός, -ή, -όν, sufficient, capable.

ἱμᾰτιον, τό, garment, cloak

τὰ ἱμάτια, clothes.

ἵνα, that, in order that (' ut '); neg. ἵνα μή (' ne ').

ἰού, interj. c. gen., Hurrah !

Ἰούλιος, ὁ, Julius.

ἱππεύς, -έως, ὁ, horseman, knight.

Ἱπποκράτης, ὁ, Hippocrates.

ἵππος, ὁ, horse.

ἴσθι, imper. of εἰμί.

ἴσθι, imper. of οἶδα.

εὖ ἴσθ' ὅτι, be assured that—, you may be sure.

ἴσος, -η, -ον, equal.

ἵστημι (§ 158), (1) act. trans., stand, set up, stop, (2) mid. intrans., stand, stop, stay.

ἐκποδὼν ἔστη, he got out of the way.

χαλκοῦν ἵστησι, c. acc., he sets up a bronze statue of.

ἰσχῡρός, -ά, -όν, strong.

ἴσως, adv., perhaps.

ἰχθύς, -ύος, ὁ, fish (App. § 6).

Ἴωνες, οἱ, the Ionians.

## K.

κἀγαθός, by crasis for καὶ ἀγαθός (Introd. 12), see καλὸς κἀγαθός.

καθαιρέω, -ῶ, take down, pull down (§ 222).

καθαρός, -ά, -όν, clean, pure.

καθεδοῦμαι, see καθίζω.

καθέλκω (§ 240), (1) drag down, (2) launch.

καθεύδω, καθευδήσω, imperf. ἐκάθευδον or καθηῦδον, sleep.

κάθημαι (§ 230), be seated, sit.

καθίζω (§ 230), (1) trans., seat, set, (2) intrans., sit.

καθίστημι (§ 163), (1) trans., set up. appoint, post, put, (2) intrans., be set up, appointed, get (p. 206).

καί, conj., and ; adv., both.

  τε ... καί, both ... and.

  καὶ μάλα, why, certainly !

καινός, -ή, -όν, new.

καίπερ, although, c. partic. [neg. οὐ].

καιρός, ὁ, the right time, opportunity.

  εἰς καιρὸν ἥκει, he comes at the right time, opportunely, in time.

κακία, ἡ, badness, vice.

κακοδαίμων, -ον, luckless, wretched.

κακός, -ή, -όν, bad.

  τὰ κακά, ills, misfortunes.

  κακόν τι ποιεῖ, c. acc., he does harm, mischief to ... .

κακῶς, badly, ill.

  κακῶς ἔχει, it is in a bad way.

  κακῶς ποιεῖ, c. acc., he does harm to.

  κακῶς λέγει, c. acc., he speaks ill of.

καλέω, -ῶ, call, invite (§ 195).

Καλλίμαχος, ὁ, Callimachus.

καλλίων, κάλλιον (§ 78).

κάλλιστος, κάλλιστα (§ 78).

  κάλλιστα, 'No, thank you.

κάλλος, τό, beauty.

καλός, -ή, -όν, (1) fair, fine, beautiful, (2) honourable, glorious, (3) noble.

  καλὸς τὴν ἰδέαν, good-looking, handsome.

καλὸς κἀγαθός, well-bred, gentlemanly (lit. beautiful and good).

καλῶς, beautifully, well.

κάμνω (§ 185), (1) toil, (2) be weary, (3) be ill.

κἄν, (1) = καὶ ἄν, (2) = καὶ ἐάν.

καπνός, ὁ, smoke.

κατά, prep., down (App. 21, 2).

  κατὰ γῆν, by land, κατὰ θάλατταν, by sea.

  κατὰ τὸν νόμον, according to the law.

  μείζων ἢ κατά, c. acc., too great for.

καταβαίνω (§ 183), step down, go down, dismount.

καταβάλλω (§ 180), throw down.

καταγελάω, -ῶ, laugh at, mock, c. gen. (§ 136).

καταγιγνώσκω (§ 191), (1) lay something to one's charge, (2) condemn (c. acc. of the charge and gen. of the person).

κατάγω (§ 237), (1) lead down, home, (2) restore from exile.

καταδουλόω, -ῶ, enslave.

κατακάω (§ 202), burn down.

καταλαμβάνω (§ 186), (1) seize, overtake, (2) find.

καταλείπω (§ 173), leave, desert.

καταλύω, (1) dissolve, (2) depose, overthrow.

καταπίπτω (§ 231), fall down [virtual pass. of καταβάλλω].

καταπλέω (§ 201), sail into port.

καταστρέφω (§ 146), act., overthrow, mid., subjugate.

κατατίθημι (§ 157), put down, pay down.

καταφρονέω, -ῶ, despise, c. gen.

κατέρχομαι (§ 210), return from exile (virtual pass. of κατάγω).

κατέχω (§ 142), hold back, restrain, control.

κατήγορος, ὁ, accuser.

κάω (§ 202), burn.

καειν καὶ τέμνειν, of surgical operations.

κεῖμαι (§ 156), lie, am placed.

ὁ νόμος κεῖται, the law is framed, established, laid down.

κελεύω (§ 127), order, bid.

κενός, -ή, -όν, empty.

κεραυνός, ὁ, thunderbolt.

κέρδος, τό, gain, profit.

κέρδους ἕνεκα, for gain ('lucri causa').

κεφἄλή, ἡ, head.

κῆρυξ, -ῦκος, ὁ, herald, crier.

κηρύττω (§ 176), proclaim.

κιθαρίζω, play the κιθάρα or lyre.

κινδῦνεύω, face danger, run risks, hazard.

κίνδῦνος, ὁ, danger.

κλάω (§ 202), (1) weep, cry, (2) be thrashed.

μακρὰ κλαύσεται, he will be well thrashed.

μακρὰ κλάειν κελεύω, I bid them go hang.

κλείω (§ 130), shut, lock.

κλέπτης, ὁ, thief.

κλέπτω (§ 175), steal.

κλίνη, ἡ, couch, bed.

ἐπὶ τῆς κλίνης, on the couch or bed.

ὑπὸ τῇ κλίνῃ, under the couch or bed.

κοινῇ, adv., in common, in public, together.

κοινός, -ή, -όν, common.

κολάζω (§ 177), I chastise, punish.

κόλαξ, -ἄκος, ὁ, flatterer, parasite.

κόμη, ἡ, head of hair.

κόπτω (§ 175), knock.

κόρη, ἡ, girl.

ὦ κόρη, 'My girl.'

Κορίνθιος, ὁ, Corinthian.

Κόρινθος, ἡ, Corinth.

κόρρη, ἡ, temple.

ἐπὶ κόρρης τύπτει, he boxes the ears.

κόσμιος, -ᾱ, -ον, orderly, well-behaved.

κράτιστος, -η, -ον, superl. of ἀγαθός (§ 80). Cf. κρείττων.

κρέας, κρέως, τό (§ 40), flesh, meat. τὰ κρέᾱ, the meat.

κρείττων, -ον, comp. of ἀγαθός (§ 80), in the sense of strength and superiority.

κρήνη, ἡ, well, spring.

κρίνω (§ 182), judge.

κρίσις, -εως, ἡ, judgment.

κριτής, ὁ (accent l), judge.

Κροῖσος, ὁ, Croesus, king of Lydia.

κρούω (§ 130), strike, knock.

κρύπτω, hide, conceal, c. acc. pers. et rei.

κτάομαι, κτῶμαι, get, win, acquire.

κύκλος, ὁ, circle.

κύκλῳ, round about.

Κῦρος, ὁ, Cyrus.

κύων, ὁ, ἡ (§ 60), dog.

κωλύω, check, stop, hinder, keep back.

κώμη, ἡ, village.

## Λ.

Λακεδαιμόνιος, ὁ, Lacedaemonian.

Λακεδαίμων, -ονος, Lacedaemon.

λαμβάνω (§ 186), take, get.

δίκην λαμβάνει παρά, c. gen., he punishes.

λαμπρός, -ά, -όν, (1) bright, clear, (2) splendid.

λανθάνω (§ 186), escape notice.

λέγω (§ 203), tell, say.

μέγα λέγει, he speaks loud.

ἀληθῆ, ψευδῆ λέγει, he tells the truth, a lie.

λειμών, -ῶνος, ὁ, meadow.

λείπω (§ 173), leave.

λευκός, -ή, -όν, white.

λίθος, ὁ, stone.

λιμήν, -ένος, ὁ, harbour, port.

λιμός, ὁ, hunger, famine.

λόγος, ὁ, saying, statement, speech.

οἱ λόγοι, words, conversation.

ἄξιον λόγου, worth talking about.

λόγον δίδωμι, I give an account of.'

εἰς λόγους ἔρχεται, c. dat., he converses with.

λούω, λοῦμαι (§ 120, obs. 2), wash, bathe.

λύκος, ὁ, wolf.

λυπέω, -ῶ, hurt, pain, grieve.

λύπη, ἡ, (1) pain, (2) grief, sorrow.

λυπηρός, -ά, -όν, sorrowful, annoying.

Λύσανδρος, ὁ, Lysander.

λύχνος, ὁ, lamp.

λύω, (1) loose, set free, (2) break up, dissolve.

λύει τὰς σπονδάς, he breaks the truce, treaty.

λύει τὴν γέφυραν, he breaks the bridge.

## M.

μά, used in negative oaths, μὰ τοὺς θεούς, μὰ (τὸν) Δία, ' No, by heaven !' ' Upon my word.'

μάθημα, τό, study, lesson.

Μακεδών, -όνος, ὁ, Macedonian.

μακρός, -ά, -όν, long.

οὐ διὰ μακροῦ, at no long interval, before long.

μάλα, very.

καὶ μάλα, 'Why, certainly !' (lit. very much so ').

μαλᾰκός, -ή, -όν, (1) soft, (2) comfortable.

μάλιστα, most.

μάλιστά γε, 'Decidedly !'

μᾶλλον, more, rather.

μανθάνω (§ 186), learn.

Μαραθών, -ῶνος, ὁ, Marathon.

Μαραθῶνι, loc. adv., at Marathon.

μαρτυρία, ἡ, evidence, deposition.

μάχαιρᾰ, ἡ, knife.

μάχη, ἡ, battle.

ἡ πρὸς τοὺς Πέρσας μάχη, the battle against (with) the Persians.

μάχομαι, μαχοῦμαι, ἐμαχεσάμην, μεμάχημαι, fight.

μέγας, adj. (§ 70), great, large, tall, (2) loud (of the voice).

μέγα λέγει, he speaks loud.

μεγάλη τῇ φωνῇ, in a loud voice.

μέγα φρονεῖ ἐπί, c. dat., he is proud of.

μέγιστος, -η, -ον, greatest (§ 12).

μεθίημι (§ 164), (1) act. c. acc., let slip, (2) mid. c. gen., let go.

μεθίστημι (§ 163), change, alter.

μεθύω, be drunk [aor. ἐμεθύσθην].

μείζων, -ον, greater (§ 80).

μέλας, -αινα, -αν (App. § 12), black.

μέλει, impers. verb c. gen. rei et dat. pers., it is a care.

οὐδέν, ὀλίγον μοι μέλει τούτου, I don't care at all, I care little for that.

μελετάω, -ῶ, practice.

Μέλητος, ὁ, Meletus, a tragic poet, one of the accusers of Socrates.

μέλλω, μελλήσω, I am about to, I am going to, c. *inf.*, *fut.* or *pres.*

μέλος, τό, song.

μέν ... δέ, see p. 47.

μὲν οὖν, *corrective*, ('immo vero').

Μένανδρος, ὁ, Menander.

μένω (§ 148), remain, stay, wait.

μεσημβρία, ἡ, mid-day, noon.

πρὸ μεσημβρίας, in the forenoon.

€? μετὰ μησημβρίᾱν, in the afternoon.

μέσος, -η,-ον, middle.

ἐν μέσῃ τῇ χώρᾳ, in the middle of the country.

διὰ μέσης τῆς χώρᾱς, through the middle of the country.

μετά, *prep.* (*App.* 21, 3), (1) c. *gen.*, with, (2) c. *acc.*, after.

μεταδίδωμι (§ 154), give a share of, c. *dat. pers. et gen. rei.*

μεταμέλει, *impers.* = 'paenitet' c. *dat. pers. et gen. rei.*

μεταπίπτω (§ 231), be changed, transferred.

μέτεστί μοι (§ 117), I have a share in.

μετρίως, moderately.

μή, not (*App.* 23).

μηδαμῶς, by no means.

μή μοί γε, not for me! don't tell me!

μηδείς (§ 86), no one.

μηδέποτε, never.

μηκέτι, no longer.

μήν, μηνός, ὁ, month.

δὶς τοῦ μηνός, twice a month.

μήτηρ, μητρός, ἡ (§ 44), mother.

μιαρός, -ά, -όν, (1) polluted, unclean, (2) abominable.

μῑκρός, -ά, -όν, little, short, small.

παρὰ μικρόν, within a little.

μιμέομαι, -οῦμαι, imitate.

μιμνήσκω (§ 192), remind (*only used in composition with* ἀνά *and* ὑπό), *mid.*, remember, c. *gen.*, *pass.*, am reminded, mention.

μισθός, ὁ, (1) pay, wages, fee, (2) reward.

μισθὸν φέρει, he draws pay, earns wages.

πολὺς μισθός, high pay.

μισθόω, -ῶ, (1) *act.*, let, (2) *mid.*, hire.

μνᾶ, ἡ, mina (*a sum of drachmas, not a coin*).

μόλις, *adv.*, hardly, scarcely, with difficulty.

μόνον, *adv.* only.

οὐ μόνον ... ἀλλὰ καί ..., 'not only ... but also ....'

μόνος, -η, -ον, only, alone.

μουσική, ἡ, music.

μῡρίος, -ᾱ, -ον, (1) countless, (2) ten thousand.

μῶν, *interrog. particle* = 'num.'

μωρία, ἡ, folly.

μῶρος, -ᾱ, -ον, foolish.

### N.

Νάξιος, ὁ, Naxian.

ναυμαχία, ἡ, sea-fight.

ναῦς, ἡ, (§ 63), ship.

ἐπὶ [τῆς] νεώς, on board ship.

ἐν ταῖς ναυσὶ τὰ πράγματα, our fortunes depend on the ships.

νεᾱνίᾱς, -ου, ὁ, young man.

νεᾱνίσκος, ὁ, young man.

Νεῖλος, ὁ, the Nile.

νεκρός, ὁ, corpse.

νέμω (§ 148), distribute, allot.

νέος, -ᾱ, -ον, (1) new, (2) young.

νεώς, ὁ, (*App.* § 5), temple.

νή, *particle of asseveration.*

νὴ τοὺς θεούς, by the gods! by heaven! upon my word.

νῆσος, ἡ, island.

νῑκάω, -ῶ, conquer, win.

νίκη, ἡ, victory.

νομίζω (§ 178), (1) hold as a custom, (2) think.

νομίζεται, νενόμισται, it is the custom, the accepted belief.

νομοθέτης, ὁ, law-giver, legislator.

νόμος, ὁ, (1) custom, (2) law.

κατὰ τὸν νόμον, according to law.

παρὰ τὸν νόμον, against the law.

νοσέω, -ῶ, be ill, sick.

ἐνόσησε, he fell ill.

νόσος, ἡ, illness, disease, plague.

νοῦς, ὁ (App. § 4), mind, sense.

νοῦν ἔχει, he is sensible.

προσέχει τὸν νοῦν, he attends.

ἐν νῷ ἔχει, he intends.

κατὰ νοῦν ἐστιν, it is satisfactory.

νῦν, adv., now.

οἱ νῦν, the men of the present day, the moderns.

οἱ νῦν ὑποκριταί, the actors of the present day.

ὁ νῦν χρόνος, the present time.

νυν, enclitic = δή.

νύξ. νυκτός, ἡ, night.

τῆς νυκτός, in the night-time.

μέσαι νύκτες, midnight.

πόρρω τῶν νυκτῶν, far on in the night.

## Ξ.

ξένος, ὁ, (1) foreigner, (2) stranger, (3) guest.

Ξενοφῶν, -ῶντος, ὁ, Xenophon.

Ξέρξης, -ου, ὁ, Xerxes.

ξίφος, τό, sword.

## O.

ὁ, ἡ, τό (§ 1), the.

ὀβολός, ὁ, obol (a coin worth one-sixth of a drachma).

ὅδε, ἥδε, τόδε (§ 96), this.

ὁδός, ἡ, way, road, street, journey.

ἡ ὁδὸς φέρει εἰς ..., the way leads to ....

ὀδούς, ὁ (§ 56), tooth.

ὄζω, smell.

οἶδα (§ 169), know.

χάριν οἶδεν, he feels grateful.

οἴκαδε, adv., homewards, home ('domum').

οἰκεῖος, -ᾱ, -ον, one's own, familiar.

οἰκείως, familiarly, friendly (c. ἔχειν, διάκεισθαι).

οἰκέτης, -ου, ὁ, servant.

οἰκέω, -ῶ, dwell, live.

οἰκίᾱ, ἡ, house.

οἰκοδομέω, -ῶ, build.

οἴκοθεν, adv., from home. [οἶκος.]

οἴκοι, adv., at home ('domi') (locative case of οἶκος).

οἰκονόμος, ὁ, housekeeper.

οἶμαι, see οἴομαι.

οἴμοι, interj., Ah me! Dear me! Alas!

οἶνος, ὁ, wine.

οἴομαι (§ 199), think, imagine, expect.

οἷος, -ᾱ, -ον (§ 115), such as.

οἷός σὺ ἀνήρ, a man like you.

οἷός τε, c. inf., able to.

οἷόν τε, possible.

οἴχομαι, be gone, be off, away, depart.

ὀλίγον, adv., a little.

ὀλίγος, -η, -ον, (1) sing., small, little, not much, (2) plur., few.

ὀλίγου, within a little, all but, almost.

ὀλίγου δεῖν, see p. 159.

ὅλος, -η, -ον, whole.

Ὀλύμπια, τά, the Olympic games.

Ὀλυμπίασι(ν), at Olympia.

ὅλως, adv., wholly.

'Ομηρος, ὁ, Homer.

ὀμνῡμι (§ 234), swear.

ὅμοιος, -α, -ον, *adj. c. dat.*, like.

ὁμοίως, *adv.*, alike, likewise.

ὄνομα, -τος, τό, name.

ὄνομα τίθεται, he gives a name to, names.

ὄνος, ὁ, ass, donkey.

ὀξύς, -εῖα, -ύ, (1) sharp, (2) high (*of notes or voice*).

ὅπῃ, which way.

ὁπηλίκος, how old.

ὁπλίτης,-ου,ὁ, heavy-armed soldier, ' hoplite.'

ὅπλον, τό, piece of armour.

τὰ ὅπλα, arms.

τὰ ὅπλα τίθεται, he halts.

ὁπόθεν, whence, where from.

ὅποι, whither, where.

ὁποῖος, of what sort.

ὁπόσος, of what size, number.

ὁπότε, ὁπόταν, whenever.

ὁπότερος, whichever (of two) (§ 115).

ὅπου, where.

ὅπως, how (§ 115), *c. fut.*, be sure to (*see also p.* 277).

ὁράω, -ῶ, see (§ 211).

ὀργή, ἡ, anger.

ὑπ' ὀργῆς, from anger.

πρὸς ὀργήν, angrily.

ὀργίζομαι, be angry, *c. dat.*

ὀρθός, -ή, -όν, (1) straight, upright, (2) right.

ὀρθὰς ἔχει τὰς τρίχας, his hair stands on end.

ὀρθῶς, rightly.

ὅρκος, ὁ, oath.

ὀρνίθεια, τά, poultry.

ὄρνις, ὁ, ἡ (§ 61), bird.

ὄρος, τό, mountain, hill.

'Ορφεύς, -έως, ὁ, Orpheus.

ὅς, ἥ, ὅ, *rel. pron.* (§ 104).

ὅσιος, -α, -ον, religious, pious (*in the sense of* not forbidden by religion), right.

ὅσος, -η, -ον, how (as) much, how (as) many, how (as) great.

πάντες ὅσοι, πάνθ' ὅσα, all who, all that.

ὅσπερ, ἥπερ, ὅπερ, who.

ὅστις (§ 110), whoever, whatever.

ὁστισοῦν, any (one) whatsoever.

ὅταν, *c. subj.*, (1) whenever, (2) as soon as.

ὅτε, *c. ind.*, when, *c. opt.*, whenever.

ὅτι, *conj.*, (1) that, (2) because.

λέγει ὅτι, he says that—.

οὐ, *adv.*, not (*before a smooth breathing* οὐκ, *before a rough breathing* οὐχ). See *Part I., Introd.* 5.

οὐ δῆτα, certainly not.

οὐδαμοῦ, nowhere.

οὐδαμῶς, by no means.

οὐδέ, (1) not even, (2) neither.

οὐδείς, no one, none (§ 86).

οὐδὲν λέγει, he is talking nonsense.

παρ' οὐδὲν τίθεται, he sets at naught.

οὐδέποτε, never.

οὐδεπώποτε, never yet.

οὐκέτι, no longer.

οὐ μὴν ἀλλά, not but what, nevertheless, for all that.

οὔπω, not yet.

οὖς, τό (§ 55), ear.

οὐσία, ἡ, property.

οὗτος, αὕτη, τοῦτο, this, that (§ 97).

οὗτος, You there ! Hullo !

οὑτοσί, this here.

οὕτω, so, thus.

οὕτω καί, just so.

οὕτως ἔχει, it is so.

ὀφθαλμός, ὁ, eye.

ὀψέ, *adv.*, late.

ὀψὲ τῆς ἡμέρας, late in the day.

## Π.

πάθος, τό, (1) experience, (2) misfortune, suffering, (3) feeling, passion.

παιδείᾱ, ἡ, education, culture.

παιδεύω, educate.

παιδίον, τό, child.

παῖς, παιδός, ὁ, boy (§ 29).

πάλαι, long ago.

   οἱ πάλαι, the men of long ago, the ancients.

παλαιός, -ά, -όν, old, ancient.

   οἱ παλαιοί, the ancients.

πάλιν, (1) back again, (2) over again.

   πάλιν ἐξ ἀρχῆς, over again from the beginning.

πάνυ, quite, very.

   οὐ πάνυ τι, not very.

πάνυ μὲν οὖν, Certainly (*in answers*).

παρά, *prep.*, beside (*App.* 22, 2), (1) c. *gen.*, from beside, from (*a person*), from the house of ; (2) c. *dat.*, beside, at the house of ('chez'); (3) c. *acc.*, alongside of, along, against ; to (*a person*), to the house of.

   παρὰ μικρόν, παρ' ὀλίγον, within a little.

παραβαίνω (§ 183), transgress.

παραβάλλω (§ 180), (1) move from side to side.

παραγγέλλω (§ 179), give the word (*military term*), order.

παραγίγνομαι (§ 144), to be present at, come to, arrive, take part in, c. *dat.*

παραδίδωμι (§ 154), 'trado,' (1) I hand over, surrender, (2) I hand down.

παρακαλέω, -ῶ, summon, invite, encourage (§ 195).

παρακελεύομαι (§ 127), encourage, exhort.

παραλαμβάνω (§ 186), receive, derive.

παραμένω (§ 148), stay beside, stay at one's post.

παρανομέω, -ῶ, be a law-breaker.

παραπλέω (§ 201), sail along the coast, coast.

παρασκευάζω (§ 177), prepare.

παρατάττω (§ 176), draw up in line of battle.

παρατίθημι (§ 157), set beside, serve (*at table*).

πάρειμι (§ 117), be present, be at hand, c. *dat.*

   πάρεστί μοι, it is in my power, I get a chance (§ 117 *obs.*).

   οἱ παρόντες, the company.

παρέρχομαι (§ 210), go past.

   τῆς παρελθούσης νυκτός, during the past night.

παρέχω (§ 142), furnish, offer ('praebere').

   παρέχειν αὑτόν τινι, to put oneself in the hands of some one.

   πράγματα παρέχει, he gives trouble.

παρθένος, ἡ, maiden, young lady.

παρίημι (§ 164 *obs.*), pass, pass over, let pass, let slip.

πᾶς, πᾶσα, πᾶν (§ 72), any, every, all.

   πᾶν ποιεῖν, to do anything.

πάσχω (§ 213), (1) be done to, (2) be treated, (3) suffer.

   εὖ (κακῶς) πάσχει, he is well, (ill) treated.

   τί παθών; whatever makes you—?

   δεινόν τι, δεινὰ πάσχει, he is badly treated.

   δίκαια (ἄδικα) πάσχει, he is fairly (unfairly) treated ('It serves him right').

πᾰτήρ, ὁ (§ 44), father.

πάτριος, -ᾱ, -ον, ancestral.

   κατὰ τὰ πάτρια, according to ancestral usage.

πᾰτρίς, -ίδος, ἡ, the land of one's father, fatherland, native country.

ὑπὲρ τῆς πατρίδος, for one's country ('pro patria').

πατρῷος, -α, -ον, (1) paternal, (2) descending from father to son, hereditary.

παύω (§ 120), stop, *c. partic. compl.* or *gen.*

παῦε, παῦε, stop, stop !

παχύς, -εῖα, -ύ, thick, stupid.

πεδίον, τό (*accent l*), plain.

πείθω (§ 173), *act.* persuade, *mid.* (1) yield, obey, (2) believe, (3) trust in.

πεινάω, -ῶ, be hungry (§ 219 *obs.*).

πεῖρα, ἡ, trial, proof.

πεῖραν δίδωσιν, he gives proof.

Πειραεύς (*gen.* Πειραιῶς, *acc.* Πειραιᾶ), Piraeus (*the port of Athens*).

πειράομαι, -ῶμαι, try, attempt.

πέλεκυς, ὁ (*App.* 7), axe.

πέμπω, πέμψω, ἔπεμψα, πέπομφα, send.

πομπὴν πέμπει, he holds a procession, takes part in a procession.

πένης, -ητος, ὁ, poor man.

οἱ πένητες, the poor.

πενία, ἡ, poverty.

πεντακόσιοι, five hundred.

πέντε, *indecl.*, five.

πεπράσομαι, *fut. perf. pass. of* πωλῶ.

περί, *prep.*, around (*App.* 22, 5), (1) *c. gen.*, about, (2) *c. dat.*, round about, (3) *c. acc.*, round about, concerning.

ἀγαθὸς περὶ τὴν πόλιν, of service to one's country.

περὶ πολλοῦ ποιεῖται, he values highly.

πέρίειμι (§ 117), surpass, *c. gen.*

περίκειμαι (§ 156), *used as perf. pass. of* περιτίθημι.

Περικλῆς, ὁ (§ 69), Pericles.

περιμένω (§ 148), *c. acc.*, wait for, await.

περιοράω, -ῶ, overlook, allow, permit, *c. partic. compl.*

περιπατέω, -ῶ, walk about.

περίπατος, ὁ, walk.

εἰς περίπατον ἔρχεται, he goes for a walk.

περιτίθημι (§ 157), set round, put on the head.

Πέρσης, -ου, ὁ, Persian.

πέποιθα, trust in, have confidence in, *see* πείθω.

πέπρᾱγα, fare, get on, *see* πράττω.

πεύσομαι, *fut. of* πυνθάνομαι.

πέφῡκα, be born, be by nature, be naturally, *see* φύω.

πῇ ; what way?

πηλίκος; how old ?

πηνίκα ; at what o'clock ?

πίμπλημι (§ 162), *see* ἐμπίμπλημι.

πίμπρημι (§ 162), *see* ἐμπίμπρημι.

πίνω (§ 220), drink.

πίπτω (§ 231), fall.

πιστεύω, trust in, believe in (*mid.* of mutual confidence).

πιστός, -ή, -όν, trustworthy, faithful.

Πλάτων, -ωνος, ὁ, Plato.

πλεῖν ἤ, more than.

πλέον = πλεῖον (§ 81).

πλείων (§ 80), more.

πλέον ἔχει, *c. gen.*, he has an advantage over.

πλέον ποιεῖ, he does some good.

οὐδὲν πλέον, no good.

πλεονεξίᾱ ἡ, covetousness, greed.

πλέω (§ 201), sail.

πληγή,ἡ,*sing.*,blow, stroke, wound, *plur.*, beating, thrashing, πληγὰς ἐνέβαλεν, ἔλαβεν, *see* τύπτω (§217).

πλῆθος, τό, (1) quantity, number, (2) crowd, multitude, (3) majority.

πλησίον, adv. c. gen., near.

πλοῦς, ὁ (App. 4), voyage.

πλούσιος, -ᾱ, -ον, rich.

οἱ πλούσιοι, the rich.

πλοῦτος, ὁ, wealth, riches.

Πλούτων, -ωνος, ὁ, Pluto.

πνέω (§ 201), breathe, blow.

μέγας πνεῖ, blows high.

ποδαπός, of what country? ('cuias?').

πόθεν; interrog., Whence? Where from? ('unde?').

ποῖ; interrog., whither? where? where to? ('quo?').

ποιῶ, -έω, make, do (for use of middle, see § 144 obs.).

κακῶς, κακόν τι ποιῶ, c. acc., harm, do a mischief to.

περὶ πολλοῦ ποιεῖσθαι, to value.

ποιητής, -οῦ, ὁ, poet.

ποιμήν, -ένος, ὁ, shepherd.

ποῖος, -α, -ον, of what kind? (= 'qualis?'), usually ποῖός τις; unless it is derisive (§ 115 a).

πολεμέω, -ῶ, make war, fight.

πολεμία, ἡ (sc. γῆ), hostile country.

πολέμιος, -ᾱ, -ον, hostile.

οἱ πολέμιοι, the enemy.

πόλεμος, ὁ, war.

ὁ πρὸς τοὺς Πέρσας πόλεμος, the war against the Persians.

πόλις, -εως, ἡ, city, state.

τὰ τῆς πόλεως (πράγματα), the interests, fortunes of the state, political affairs.

ἀγαθὸς περὶ τὴν πόλιν, of service to the state.

πολίτης, -ου, ὁ, citizen, fellow-citizen.

πολλάκις, often.

πολλάκις τοῦ ἔτους, often in the year, several times a year.

πολύ, adv., much, far.

πολύς, πολλή, πολύ (§ 71), much, many.

ὡς ἐπὶ τὸ πολύ, as a general rule.

πολλοῦ ἄξιος, worth much, valuable.

οἱ πολλοί, the majority, the most, the multitude.

περὶ πολλοῦ ποιεῖται, he values highly.

πομπή, ἡ, procession. [πέμπω.]

πομπὴν πέμπει, he holds a procession, takes part in a procession.

πονηρός, -ά, -όν, bad.

πονηρία, ἡ, badness, worthlessness.

πόνος, ὁ, labour, toil.

πορεύομαι, go, march.

πόρρω, adv., far, c. gen.

πόρρω τοῦ βίου, advanced in years.

Ποσειδῶν, -ῶνος, ὁ, Poseidon.

πόσος, -η, -ον; how much? how great? how many? ('quantus?').

ποταμός, ὁ, river.

πότε; when?

ποτε, at some time, at any time, ever.

τίς ποτε; τί ποτε; whoever? whatever?

πότερον, whether ('utrum').

πότερος, -ᾱ, -ον, which of two ('uter').

ποῦ; adv. (§ 115, b) where?

ποῦ 'στι(ν); where is?

ποῦ (τῆς) γῆς; where on earth?

που, encl. adv. (§ 115, b), somewhere, anywhere.

πούς, ὁ (§ 54), foot.

πρᾶγμα, -τος, τό, thing, business, affair, plur., trouble, troubles.

πράγματα ἔχει, he is in trouble, is troubled.

πράγματα παρέχει, he gives trouble, troubles.

*Also* fortunes, welfare.

τὰ τῆς πόλεως πράγματα, the fortunes of the state, political affairs.

πράττω (§ 176), do.

εὖ πράττει, he is doing well, fares well.

τὰ τῆς πόλεως πράττει, he is engaged in politics, public life.

πράττει ὅπως, c. fut., he manages that—.

πρέπει (§ 138), it is seemly ('decet').

πρέσβεις, οἱ (*App.* 7 *obs.*), ambassadors.

πρεσβύτατος, -η, -ον, eldest, oldest.

πρεσβύτερος, -α, -ον, elder, older.

πρίασθαι, *see* ὠνοῦμαι.

πρίν, *conj.*, before (*p.* 288).

προαγορεύω (§ 205), give notice.

προαιρέομαι, -οῦμαι, prefer, resolve.

προβαίνω (§ 183), step forward, go on, advance.

πρόγονος, ὁ, ancestor.

προδίδωμι (§ 154), betray ('prodo').

προδότης, -ου, ὁ, traitor.

προέρχομαι (§ 210), advance.

εἰς τοσοῦτον προῆλθε, c. gen., he reached such a height of—.

προέχω (§142), surpass, excel, c. gen.

προΐημι (§ 163), *act.*, send forth, discharge, *mid.*, abandon, neglect

προλέγω (§ 205), foretell, predict.

πρόοιδα (§ 169), know beforehand.

πρός, *prep. c. gen., acc., et dat.* (*App.* 22, 4), to, towards, in addition to, compared with.

πρὸς τὰ ἔτη, for one's years.

προσαγορεύω (§ 205), address, speak to, call, c. acc.

προσάγω (§ 237), introduce, c. acc. et dat.

προσέρχομαι (§ 210), (1) come up, approach, (2) come in (of 'income').

προσέχω (§ 142), hold to, attend.

προσέχει τὸν νοῦν, he attends.

προσήκει, *impers.* (§ 138), it is befitting.

πρόσοδος, ἡ, income, revenue.

προστάττω (§176), order, command.

προστίθημι (§ 157), add.

προστρέχω (§ 227), run up to.

πρόσωπον, τό, face.

πρότερον, before, formerly.

προτίθημι (§ 157), propose, *esp.* (1) a prize, (2) a subject for discussion.

προτιμάω, -ῶ, prefer.

προτρέπω (§ 145), urge, exhort, encourage.

προτρέχω (§ 227), run before.

πρῷ, early.

πρῳαίτερον, earlier.

πρῶτος, -η, -ον, first.

πτερόν, τό, feather.

πυθέσθαι, aor. inf. of πυνθάνομαι.

πυνθάνομαι, πεύσομαι, ἐπυθόμην, πέπυσμαι, (1) ask, inquire, (2) learn, hear of, find out.

πῦρ, πυρός, τό, fire.

πρὸς τὸ πῦρ, by the fireside.

πω, *encl.*, yet.

πωλέω, -ῶ, sell (§ 228).

πώποτε, ever yet.

πῶς; how? ('quomodo?').

πῶς γὰρ οὔ, to be sure.

πως, *encl.*, somehow.


## P.

ῥᾴδιος, -ᾱ, -ον, easy.

ῥᾳδίως, easily.

ῥᾳδίως φέρει, he bears lightly.

ῥέω (§ 201), flow.

πολὺς ῥεῖ, is in flood, swollen.

ῥήτωρ, -ορος, ὁ, speaker, orator.

ῥῑγόω, -ῶ, be cold (inf. ῥῑγοῦν).

Ῥωμαῖοι, οἱ, the Romans.

z

## Σ.

**Σαλαμίς**, -ῖνος, ἡ, Salamis.　*Locative* **Σαλαμῖνι**, at Salamis.

**σαυτοῦ, σεαυτοῦ** (§ 106).

**σαφής**, -ές, clear.

**σαφῶς**, clearly.

**σελήνη**, ἡ, the moon.

**σῖγα**, *adv.*, in silence.

**σῑγάω**, -ῶ, be silent.

**σῑγή**, ἡ, silence.

**Σικελία**, ἡ, Sicily.

**σιτία**, τά, rations.　[σῖτος.]

**σῖτος**, ὁ, (1) corn, (2) food.

**σκαιός**, -ά, -όν, left, left-handed, awkward, clumsy (*opp.* δεξιός).

**σκέλος**, τό, leg.

**σκιά**, ἡ, shade, shadow.

**σκληρός**, -α, -όν, (1) hard, (2) uncomfortable.

**σκληρῶς**, uncomfortably.

**σκοπέω**, -ῶ, look, consider (§ 212).

**σκοπός**, ὁ, aim, mark, target.

**σκότος**, ὁ *or* τό, darkness.
　σκότος ἐστί, γίγνεται, it is, gets dark.

**σμικρός**, -ά, -όν, little.

**Σόλων**, -ωνος, ὁ, Solon.

**σός, σή, σόν**, (§ 93), thy, thine ; your, yours.

**σοφία**, ἡ, (1) cleverness, cunning, (2) wisdom.

**σοφιστής**, -οῦ, ὁ, sophist.

**σοφός**, -ή, -όν, (1) clever, cunning, skilful, (2) wise.

**Σπαρτιάτης**, ὁ, Spartan.

**σπένδω** (§ 140), *act.* pour a libation, *mid.* make a truce, peace, *c. dat. or* πρός *c. acc.*

**σπονδή**, ἡ, libation.
　σπονδαί, αἱ, truce, peace.
　τὰς σπονδὰς λύει, he violates the truce, breaks the peace.

**σπουδή**, ἡ, (1) haste, eagerness, (2) pains, trouble.

σπουδῆς ἄξιος, worth the trouble, worth taking pains about, serious, (3) earnest (*opp.* παιδιά, fun).

**στάδιον**, τό, (1) race-course, (2) furlong.

**στάσις**, -εως, ἡ, faction, civil war.

**στενός**, -ή, -όν, narrow.

**στερίσκω** (§ 192), deprive.

**στέφανος**, ὁ, wreath, crown.

**στεφανόω**, -ῶ, crown.

**στήλη**, ἡ, stone table *or* pillar.

**στοά**, ἡ, colonnade.

**στρατεύομαι**, serve in the army, take the field, make an expedition.

**στρατηγός**, ὁ, general.

**στρατιά**, ἡ, army.

**στρατιώτης**, ὁ, soldier.

**στρατόπεδον**, τό, camp.

**στρέφω** (§ 146), turn, twist.

**στρώματα**, τά, bed-clothes.

**σύ**, thou (you) (§ 90).

**συγγνώμη**, ἡ, forgiveness, pardon, indulgence.
　συγγνώμης τυγχάνει, he is pardoned.

**συγγίγνομαι** (§ 144), interview, converse with.

**συγγιγνώσκω** (§ 191), pardon, forgive, indulge, *c. dat.*

**συμβαίνω** (§ 183), (1) befall, (2) fall out, happen.

**συμβουλεύω**, advise.
　ἀγαθόν τι, χρηστόν τι, τὰ ἄριστα συμβουλεύει, he gives good, the best advice.

**συμμαχέω**, -ῶ, *c. dat.* be an ally of. [σύμμαχος.]

**σύμμαχος**, ὁ, ally.

**συμπίπτω** (§ 231), fall out, befall.

**συμφέρω** (§ 225), be of advantage to.

**συμφορά**, ἡ, accident, misfortune,

σύνειμι (§ 117), I associate with, c. dat.

οἱ συνόντες, associates.

συνίημι (§ 164 *obs.*), understand.

σύνοιδα (§ 169), be conscious of, c. *partic. compl. and dat.*

συντίθημι (§157), *act.*, put together, compose, *mid.*, agree, contract, *perf. pass.*, σύγκειται.

Συρακόσιοι, οἱ, the Syracusans.

Συράκουσαι, αἱ, Syracuse.

σύριγξ, -ιγγος, ἡ, pipe.

σφαῖρά, ἡ, ball, sphere.

Σφίγξ, -γγός, ἡ, the Sphinx.

σφόδρα, vehemently, hard, exceedingly, very.

σχολή, ἡ, leisure, οὐ σχολή μοι, I have no time, I am engaged.

σῴζω (§ 177), I save, bring safely. [= σω-ίζω, *from* σῶος, σῶς, safe].

Σωκράτης, -ους, ὁ, Socrates.

σῶμα, -τος, τό, body.

σωτήρ, -ῆρος, ὁ, saviour.

σωτηρία, ἡ, safety, preservation.

σώφρων, -ον, (1) sane, (2) sober, temperate, (3) moderate.

### T.

τἀγαθά, *by crasis for* τὰ ἀγαθά.

τάλαντον, τό, talent.

τάξις, -εως, ἡ, post.

τἀληθές, τἀληθῆ, *by crasis for* τὸ ἀληθές, τὰ ἀληθῆ.

τἀμά, *by crasis for* τὰ ἐμά.

τἀργύριον, *by crasis for* τὸ ἀργύριον (*Introd.* 12).

τἀσφαλέστατον, *by crasis for* τὸ ἀσφαλέστατον.

τάττω (§ 176), post, arrange.

ταῦτα, Very good! All right!

ταὐτόν, *by crasis for* τὸ αὐτόν, *more common in this form than* ταὐτό.

εἰς ταὐτὸν ἰέναι, c. *dat.*, to meet.

ταχέως, quickly.

τάχιστα, very, most quickly.

ὡς τάχιστα, as quickly as possible.

τάχιστος, -η, -ον (§ 80), quickest.

τὴν ταχίστην, the quickest way.

ταχύς, -εῖα, -ύ, quick, swift.

τε ... καί ..., *see p.* 51.

τείνω (§ 182), stretch.

τειχίζω, fortify.

τεῖχος, τό, wall.

τελευταῖος, -ᾱ, -ον, last.

οἱ τελευταῖοι, the rear.

τελευτάω, -ῶ, (1) end, (2) die.

τελευτή, ἡ, (1) end, (2) death.

τελέω, -ῶ, pay (*fut.* τελῶ, *cf.* § 195).

τέλος, τό, end.

τέλος ἐπιτίθησι, he puts the finishing touch.

τέμνω (§ 185), (1) cut, (2) lay waste.

τέμνει καὶ κάει, he performs a surgical operation.

τέτταρες, four (§ 89).

τέχνη, ἡ, (1) art, trade, profession (2) skill.

τέως, *adv.*, till then, up to that point, for a time (*correl.* ἕως).

τήμερον, *adv.*, to-day. [ἡμέρα.]

τηνικάδε, at this time of day.

τί; what? why?

τίθημι (§ 155), put, set, place.

νόμους τιθέναι, to give laws.

νόμους τίθεσθαι, to adopt laws.

ὄνομα τίθεσθαι, to give a name.

τὰ ὅπλα τίθεσθαι, to halt.

παρ' οὐδὲν τίθεσθαι, to set at naught.

τῑμάω, -ῶ, *act.*, honour, *mid.*, value, assess, c. *gen.*

τῑμή, ἡ, (1) price, (2) honour. [*Rt.* τει, pay.]

τῑμιος, -ᾱ, -ον, dear. [τιμή.]

Τίμων, -ωνος, ὁ, Timon.

τίς; τί; *interrog.*, who ? what ? (§ 108).

τίς ποτε; τί ποτε; who ever ? what ever ?

τις, τι, *indef.* (§ 109).

τοιόσδε, -άδε, -όνδε (§ 115, A), such.

τοιοῦτος (§ 115, A), such.

τοξότης, -ου, ὁ, (1) archer, (2) policeman.

τοσόσδε (§ 115, A).

τοσοῦτος (§ 115, A).

τότε, *adv.*, then.

οἱ τότε ῥήτορες, the orators of that time.

τοὔνομα, *by crasis for* τὸ ὄνομα.

τοὔργον, *by crasis for* τὸ ἔργον (*Introd.* 12).

τράπεζα, ἡ, table.

ἐπὶ τῆς τραπέζης, on the table.

τραχύς, -εῖα, -ύ, rough.

τρεῖς, τρία (§ 88), three.

τρέπω (§145),(1) *act.*, turn, (2) *mid.*, turn oneself, apply oneself.

τρέφω (§ 147), bring up, rear, keep.

τρέχω (§ 227), run.

τριάκοντα, thirty.

οἱ τριάκοντα, the thirty (*commonly called* 'the Thirty Tyrants').

τρίτος, -η, -ον, third.

τρίχες, hair (*plur. of* θρίξ, § 58).

τροπαῖον, τό, trophy.

τροπαῖον ἱστάναι, to set up a trophy.

τρόπος, ὁ, manner, way.

ἐκ παντὸς τρόπου, in every way.

τυγχάνω (§ 186), (1) hit, *c. gen.*, (2) obtain, get, *c. gen.*, (3) chance, happen at the time, (4) really be.

τύπτω (§ 217), (1) strike, wound, (2) beat, thrash.

τύραννος, ὁ, tyrant.

τυφλός, -ή, -όν, blind.

τύχη, ἡ, (1) hap, coincidence, (2) chance, luck, fortune. [*Rt.* τευχ, hit.]

τὠφθαλμώ, *by crasis for* τὼ ὀφθαλμώ (*Introd.* 12).

## Υ.

ὑβρίζω, insult, outrage.

ὕβρις, -εως, ἡ, insolence, wantonness.

ὕδωρ, ὕδατος, τό, water (§ 43).

υἱός, ὁ, son (§ 51).

ὕλη, ἡ, wood.

ὑμεῖς, you (§ 90).

ὑμέτερος, your (§ 93).

ὑπέρ, *prep c. gen.*, (1) above, (2) in defence of, for.

ὑπὲρ τῆς πατρίδος (' pro patria ').

ὑπισχνέομαι, -οῦμαι, promise (§ 187).

ὕπνος, ὁ, sleep.

ὑπό, *prep. c. gen., dat. et acc.* (*App.* 22, 1), under, by.

ὑφ' ἑαυτῷ ποιεῖσθαι, subdue.

ὑπόδημα, -ατος, τό, shoe.

ὑποκριτής, -οῦ, ὁ (*accent !*), actor.

ὑπομένω (§ 149), await, endure, face.

ὑποπίνω (§ 221), tipple.

ὕστερον, afterwards.

ὑψηλός, -ή, -όν, high.

ὕψος, τό, height.

## Φ.

φαγεῖν, φαγών, *see* ἐσθίω.

φαίνω (§ 182), (1) *act.*, I show, *mid. and pass.*, I appear, evidently am (182, *obs.*), I am shown.

φανερός, -ά, -όν, visible, clear, manifest.

φάρμακον, τό, (1) drug, (2) medicine, (3) poison.

φάσκειν, φάσκων, *see* φημί.

φέρω (§ 225), *act.*, bear, bring, carry, *mid.*, carry off, win.

μισθὸν φέρει, he draws pay.

ἡ ὁδὸς φέρει, the way leads.

φέρ' ἴδω, come, let me see.

ῥᾳδίως, χαλεπῶς φέρει, he bears lightly, with difficulty.

φεῦ, *interj.*, Alas !

φεύγω (§ 173), (1) flee, (2) be banished, (3) be prosecuted for (*c. gen.*).

φημί (§ 167), say.

φθάνω (§ 185), be beforehand with, anticipate, foretell.

φθάνω ταῦτα δρῶν, I do this before any one else.

οὐκ ἔφθην (*c. partic.*) ... καὶ εὐθύς, ' no sooner had I ... than ....'

φθόγγος, ὁ, sound, note.

φιάλη, ἡ, drinking-cup (' patera ').

φιλία, ἡ, friendship.

φιλέω, -ῶ, love.

Φιλήμων, ὁ, Philemon.

Φίλιππος, ὁ, Philip.

φίλος, ὁ, friend.

φιλόσοφος, ὁ, philosopher.

φίλτατος, -η, -ον, *superl. of* φίλος.

φόβος, ὁ, fear.

ὑπὸ φόβου, for (from) fear.

Φοίνιξ, -ικος, ὁ, Phoenician.

φονεύς, -έως, ὁ, murderer.

φόνος, ὁ, murder.

φόρος, ὁ, tribute.

φόρον φέρει, he pays tribute.

φράζω (§ 177), show, point out, declare.

φρονέω, -ῶ, think.

μέγα φρονεῖ ἐπί, *c. dat.*, he is proud of.

φροντίζω, give heed, care, mind.

φροῦδος, -η, -ον, away, off (*from* πρὸ + ὁδός).

φυγάς, -άδος, ὁ, exile.

φυγή, ἡ, flight, retreat. [*Rt.* φευγ, flee.]

φύλαξ, ὁ, guard, sentry.

φυλάττω, *act.*, guard, *mid.*, take care of, avoid.

φύω (§ 160), grow, produce.

πέφυκα, I am born, am by nature.

φωνή, ἡ, (1) voice, (2) dialect.

μεγάλῃ τῇ φωνῇ, in a loud voice.

φωνὴν ἀφιέναι, to utter a sound.

φῶς, φωτός, τό, light.

φῶς ἐστι, γίγνεται, it is, gets light.

## X.

χαῖρε, *sing.*, χαίρετε, *plur. imper. of* χαίρω, (1) Good-day ! (' salve '), (2) Good-bye ! (' vale ').

Χαιρεφῶν, -ῶντος, ὁ, Chaerephon, *a disciple of Socrates.*

χαίρω, χαιρήσω, rejoice, *c. dat.*

χαῖρε, good-day, farewell.

χαίρων, with impunity.

Χαλδαῖοι, οἱ, the Chaldeans.

χαλεπός, -ή, -όν, *adj.*, (1) hard, difficult, (2) hard, grievous.

χαλεπῶς, hardly, with difficulty.

χαλεπῶς φέρει (' aegre fert ').

χαλκοῦς (*App.* ), brazen, bronze.

χαλκοῦν ἱστάναι, to set up a bronze statue of.

χαρίζομαι (§ 178), I do a favour, gratify. [χάρις.]

χάρις, -ιτος, ἡ, grace, favour.

χάριν ἔχει, οἶδεν, he is grateful.

πρὸς χάριν λέγει, *c. dat.*, he speaks to please so-and-so.

χειμών, -ῶνος, ὁ, (1) winter, (2) storm.

(τοῦ) χειμῶνος, in winter.

χειμῶνι χρῆσθαι, to meet with a storm.

χείρ, ἡ (§ 53), hand.

χθές, *adv.*, yesterday.

χιτών, -ῶνος, ὁ, tunic.

χιών, -όνος, ἡ, snow.

χλαῖνα, ἡ, cloak, gown.

χορδή, ἡ, string of a lyre.

χορός, ὁ, dance.

   χορὸν ἱστάναι, hold a dance.

χράομαι, -ῶμαι, I use (§ 134), c *dat*, I treat, do with, etc. (*as I like*).

   χειμῶνι χρῆσθαι, meet with a storm

χρεών (§ 139), *partic. of* χρή (*used without* ἐστι).

χρή (§ 139), ('oportet').

χρήματα, τά, money, wealth.

   χρήματα ἔχει παρά, c. *gen.*, he is bribed by.

   χρήματα λαμβάνει, he takes a bribe.

χρήσιμος, -η, -ον, useful.

χρηστός, -ή, -όν, good.

χρόνος, ὁ, time.

   ὁ νῦν χρόνος, the present time.

   διὰ χρόνου, after an interval of time, once again.

χρυσός, ὁ, gold.

χύτρα, ἡ, jar.

χωλός, -ή, -όν, lame.

χώρᾱ, ἡ, (1) ground, place, (2) land, district, country (*i.e. the district round a town, Attica as opposed to Athens*).

χωρίον, τό, place, (1) farm, (2) fort.

### Ψ.

ψευδής, -ές, false

   ψευδῆ λέγει, he speaks falsely, tells a lie

ψῆφος, pebble, vote.

ψυχή, ἡ, soul.

ψυχρός, -ά, -όν, cold.

### Ω.

ὦ, 'O.'

ᾠδή, ἡ, song (ἀδω).

ὠνέομαι, -οῦμαι, buy (§ 229).

ὥρα, ἡ, season, time, high time.

ὡς, *exclam*, How !

   ὡς καλὴ ἡ ἀδελφή, How beautiful my sister is !

ὡς, to, *partic. c. acc. of persons*.

ὥσπερ, as, just as (*correl.* οὕτως).

ὥστε, so, so as (*pp.* 229, 231).

ὠχρός, -ά, -όν, pale.

# II. ENGLISH-GREEK.

## A.

abandon, προίεσθαι.

abide by, ἐμμένειν, c. dat.

able, οἷός τε.

able, be, δύνασθαι.

abominable, μιαρός.

about, περί, c. gen.

above, prep., ὑπέρ.

    above all, εἴ τις καὶ ἄλλος.

absent, be, ἀπεῖναι.

    in his absence, ἀπόντος αὐτοῦ.

absurd, γελοῖος, γέλωτος ἄξιος.

accompany, ἕπεσθαι, ἀκολουθεῖν, c. dat., or μετά c. gen.

accomplish, διαπράττεσθαι.

account, ὁ λόγος.

    give an account of, λόγον διδόναι.

accuse, κατηγορεῖν, c. gen.

acquainted with, ἔμπειρος, c. gen.

acquitted, be, ἀποφεύγειν.

act, πράττειν, ποιεῖν.

actor, ὁ ὑποκριτής.

address, προσαγορεύειν.

admirably, θαυμασίως.

admire, θαυμάζειν.

advantage (have, get an), πλέον ἔχειν.

advice, give, συμβουλεύειν, c. dat.

    he gives good advice, χρηστόν τι συμβουλεύει.

Aeschines, ὁ Αἰσχίνης, -ου.

affairs, τὰ πράγματα.

afraid, be, δεδιέναι.

after, μετά, c. acc.

afterwards, ὕστερον, μετὰ ταῦτα.

again, αὖθις, ἔτι.

against, πρός, c. acc.

age, old, τὸ γῆρας (§ 40).

    from old age, ὑπὸ γήρως.

Alas! φεῦ, c. gen.

all, πᾶς, πᾶσα, πᾶν (§ 72).

    all that (rel.), πάνθ' ὅσα.

all but, ὀλίγου (δεῖν).

all right! εὖ λέγεις.

allow, ἐᾶν.

ally, ὁ σύμμαχος.

almost, ὀλίγου.

alone, μόνος.

already, ἤδη.

although, εἰ καί, καίπερ (see p. 183).

altogether, πάνυ, παντάπασι(ν).

always, ἀεί.

ambassador, ὁ πρεσβευτής (plur. οἱ πρέσβεις).

among ('apud, chez'), παρά, c. dat.

ancestors, οἱ πρόγονοι.

ancestral, πάτριος.

ancient, παλαιός, -ά, -όν.

    the ancients, οἱ πάλαι.

and, καί.

anger, ἡ ὀργή.

angle, ἡ γωνία.

angrily, πρὸς ὀργήν.

animal, τὸ ζῷον.

annoyed, be, ἄχθεσθαι, c. dat.

answerable for, αἴτιος, -α, -ον, c. gen. rei et dat. pers.

answer, ἀποκρίνεσθαι.

anything, πᾶν, ὁτιοῦν.

appear, φαίνεσθαι, ἐοικέναι.

appoint, καθιστάναι, ἀποδεικνύναι.

archon, ὁ ἄρχων, -οντος.

arms, τὰ ὅπλα.

army, ἡ στρατιά.

arrive, ἀφικνεῖσθαι.

arrogance, ἡ ὕβρις, -εως.

art, ἡ τέχνη.

as, ὡς.

　　as much, ὅσος.

　　as much as possible, ὡς, c. superl.

ask (A = 'inquire '), ἐρωτᾶν.

ask (B = 'require,' 'ask for '), αἰτεῖν, c. acc.

asleep, be, καθεύδειν.

aspire, ἀξιοῦν.

assembly, ἡ ἐκκλησία.

associate with, συνεῖναι, συγγίγνεσθαι, c. dat.

at, ἐν, c. dat.

at once, ἤδη, εὐθύς.

Athenian, Ἀθηναῖος.

Athens, αἱ Ἀθῆναι.

　　to Athens, εἰς Ἀθήνας, Ἀθήναζε.

　　at Athens, ἐν Ἀθήναις, Ἀθήνησι(ν).

　　from Athens, ἐξ Ἀθηνῶν.

athlete, ὁ ἀθλητής.

attack, ἐπιτίθεσθαι, ἐπιέναι, c. dat.

attention, ἡ σπουδή.

　　great attention, πολλὴ σπουδή.

author of, αἴτιος.

awake, be, ἐγρηγορέναι.

aware, be well, εὖ εἰδέναι.

away, φροῦδος.

away, be, ἀπεῖναι.

**B.**

baby, τὸ παιδίον.

back, πάλιν.

bad, κακός, πονηρός.

　　be in a bad way, κακῶς ἔχειν.

ball, ἡ σφαῖρα.

barbarian, βάρβαρος.

base, αἰσχρός, -ά, -όν.

bath, take a, λοῦσθαι.

bathe, λοῦσθαι.

battle, ἡ μάχη.

be, εἶναι.

　　be present, be there, παρεῖναι.

　　be absent, be away, ἀπεῖναι.

　　be in, ἐνεῖναι.

bear, φέρειν.

beast, τὸ θηρίον.

　　wild beast, ὁ θήρ.

beating, αἱ πληγαί.

beautiful, καλός, -ή, -όν.

beauty, τὸ κάλλος.

because of, διά, c. acc.

because, ὅτι.

become, γίγνεσθαι.

　　What is to become of me? τί γένωμαι ;

bed, ἡ κλίνη.

　　on the bed, ἐπὶ τῆς κλίνης.

beef, τὰ βόεια.

befall, συμβαίνειν.

before, prep., πρό, c. gen.

before, adv., πρότερον.

before, conj., πρίν, πρὶν ἄν.

before long, οὐ διὰ μακροῦ.

beg, δεῖσθαι.

behaved, well, κόσμιος.

believe, πείθεσθαι, πιστεύειν, c. dat.

bench, τὸ βάθρον.

beseech, ἀντιβολεῖν.

beside, παρά, c. dat.

betray, προδιδόναι.

better, ἀμείνων, -ον, βελτίων, -ον, καλλίων, -ον, κρείττων, -ον.

he is better off than, gets the better of, πλέον ἔχει, c. gen.

bid, κελεύειν.

big, μέγας.

bird, ὁ, ἡ ὄρνις, -ιθος.

bite, δάκνειν.

blame, αἰτιᾶσθαι, c. acc. pers. et gen. rei ; ἐπιτιμᾶν, c. dat.

be blamed, αἰτίαν ἔχειν.

blessings, ἀγαθά.

blow, πνεῖν.

board, on, ἐπὶ (τῆς) νεώς.

go on board, ἐμβαίνω.

boat, τὸ πλοῖον.

body, τὸ σῶμα.

strong in body, ἰσχυρὸς τὸ σῶμα.

book, τὸ βιβλίον.

born, be, γεγονέναι, πεφῡκέναι.

he was born, ἔφυ.

both, adj., ἄμφω (ἀμφότερος), ἑκάτερος.

both sides, ἑκάτεροι.

both ... and, καί ... καί, τε ... καί.

bother, πράγματα παρέχειν, c. dat.

box on the ear, give a, ἐπὶ κόρρης τύπτειν.

boy, ὁ παῖς, παιδός.

brave, ἀνδρεῖος, -ᾱ, -ον.

bravely, ἀνδρείως.

bravery, ἡ ἀνδρείᾱ.

bread, ὁ ἄρτος.

break.

break a bridge, λύειν.

break a law, παραβαίνειν.

breakfast, τὸ ἄριστον.

to breakfast, ἐπ' ἄριστον.

breed, τρέφειν.

bridge, ἡ γέφῡρα.

bright, λαμπρός, -ά, -όν.

bring, (1) of living things ( = 'lead'), ἄγειν, (2) of lifeless things ( = 'carry'), φέρειν.

bring before (a court), εἰσάγειν εἰς.

bring up, τρέφειν.

bronze, subst., ὁ χαλκός, adj., χαλκοῦς.

set up a bronze statue of, χαλκοῦν ἱστάναι, c. acc.

brother, ὁ ἀδελφός (voc., ὦ ἄδελφε).

burn, κάειν, κατακάειν.

bury, θάπτειν.

business, τὰ πράγματα.

it is his business, αὐτῷ μέτεστι.

but, ἀλλά, δέ (post-positive).

buy, ὠνεῖσθαι.

by, ὑπό, c. gen.

by land and sea, κατὰ γῆν τε καὶ θάλατταν.

by the sea-side, παρὰ θάλατταν.

## C.

call, καλεῖν.

camp, τὸ στρατόπεδον.

can, δύνασθαι, οἷός τ' εἶναι.

care of, take, ἐπιμελεῖσθαι, c. gen.

take care to..., ὅπως, c. fut. ind.

care of, under the, ὑπό, c. dat.

carry, φέρειν.

carry off, φέρεσθαι.

catch, αἱρεῖν.

cause, subst., ἡ αἰτία, adj., αἴτιος, αἰτίᾱ, αἴτιον.

cause, verb, αἴτιος εἶναι, c. dat. pers. et gen. rei.

cavalry, οἱ ἱππῆς.

celebrate (a festival in honour of the god), ἄγειν (ἑορτὴν τῷ θεῷ).

century, ἑκατὸν ἔτη.

chance, ἡ τύχη.

chance, I get a, πάρεστί μοι.

change, μεθιστάναι, μεταβάλλειν.

character, τὸ ἦθος, οἱ τρόποι.

cheap, ἄξιος, -ᾱ, -ον.

check, κωλύειν.

circle, ὁ κύκλος.

　　in a circle, (ἐν) κύκλῳ.

citizen, ὁ πολίτης.

city, ἡ πόλις, -εως.

claim, ἀξιοῦν.

clear, λαμπρός, -ά, -όν, σαφής, ·ής, -ές.

clearly, σαφῶς.

clever, σοφός, δεινός.

cleverness, ἡ σοφία, ἡ δεινότης -ητος.

climb, ἀναβαίνειν.

cloak, ἡ χλαῖνᾰ, τὸ ἱμάτιον.

coat, ὁ χιτών, -ῶνος.

cold, ψυχρός, -ά, -όν.

come, ἥκειν, ἱέναι.

come up, προσιέναι, c. dat.

comfortable, μᾰλᾰκός, -ή, -όν.

common, κοινός.

company, the, οἱ παρόντες.

compose, ποιεῖν, συντιθέναι.

conceal, κρύπτειν.

conclude a truce, peace, σπένδεσθαι, σπονδὰς ποιεῖσθαι, εἰρήνην ποιεῖσθαι.

condescend, ἀξιοῦν.

conquer, νῑκᾶν.

　　to be conquered, ἡττᾶσθαι.

conscious, be, (ἐμαυτῷ) συνειδέναι, c. partic.

consider (A = 'think'), νομίζειν.

　　to be considered, δοκεῖν.

　　it is considered, νομίζεται.

consider (B = 'reflect'), σκοπεῖν, σκοπεῖσθαι, βουλεύεσθαι.

constitution, ἡ πολῑτεία.

contradict, ἀντιλέγειν.

conversation, οἱ λόγοι.

convict, αἱρεῖν.

convince, πείθειν.

corn, ὁ σῖτος.

corrupt, διαφθείρειν.

couch, ἡ κλίνη.

countless, μύριοι, -αι, -α.

country, ἡ χώρᾱ, οἱ ἀγροί.

　　from the country, ἐκ τῆς χώρας ἐκ τῶν ἀγρῶν.

　　native country, ἡ πατρίς, -ίδος.

courage, ἡ ἀνδρεία.

cross, διαβαίνειν.

crowd, τὸ πλῆθος.

crown, ὁ στέφανος.

crown, verb, στεφανοῦν.

culture, ἡ παιδεία.

cup, ἡ φιάλη.

custom, τὸ ἦθος.

## D.

danger, ὁ κίνδῡνος.

　　in danger, ἐν τοῖς δεινοῖς.

dark, ὁ σκότος (also neuter).

　　in the dark, ἐν τῷ σκότῳ.

　　it is, gets dark, σκότος ἐστί, γίγνεται.

dart, τὸ ἀκόντιον.

daughter, ἡ θυγάτηρ.

day, ἡ ἡμέρᾱ.

　　a day ('per diem'), τῆς ἡμέρας.

　　on the following day, τῇ ὑστεραίᾳ.

　　(not) for three days, (οὐ) τριῶν ἡμερῶν.

daylight, τὸ φῶς.

dear, τίμιος, -ᾱ, -ον.

Dear me! οἴμοι, c. gen.

death, ὁ θάνατος.

　　put to death, ἀποκτείνειν.

dedicate, ἀνατιθέναι.

deed, τὸ ἔργον.

deep, (1) βαθύς, -εῖα, -ύ, (2) of the voice) βαρύς, -εῖα, -ύ.

defeat, ἡ ἧττα.

defeat, verb, νῑκᾶν.

defraud, ἀποστερεῖν.

delighted, be, ἥδεσθαι, χαίρειν, c. dat.

democracy, ὁ δῆμος.

Demosthenes, ὁ Δημοσθένης, -ους.

deny, οὐ φάναι, ἀπαρνεῖσθαι.

depart, ἀπιέναι.

deprive, ἀφαιρεῖσθαι.

desert, προίεσθαι, καταλείπειν.

   desert one's post, τὴν τάξιν λιπεῖν.

deserve, *for* 'deserves' *say* 'is worthy of,' ἄξιος, ἀξίᾳ, ἄξιόν ἐστι, c. gen.

destroy, διαφθείρειν, ἀπολλύναι.

dialect, ἡ φωνή.

die, τελευτᾶν, ἀποθνῄσκειν.

difference, make a, διαφέρειν.

difficult, χαλεπός, -ή, -όν.

difficulty, ἡ ἀπορία.

dinner, τὸ δεῖπνον.

   to dinner, ἐπὶ δεῖπνον.

discharge, ἀφιέναι.

disease, ἡ νόσος.

disgraceful, αἰσχρός, -ά, -όν.

dishonest, ἄδικος.

dislike, ἄχθεσθαι, c. dat. or partic. compl.

disobey, οὐ πείθεσθαι.

dispatch, (*of ships*) ἀποστέλλειν, (*of letters*) ἐπιστέλλειν.

display, give a, ἐπιδείκνυσθαι, ἐπίδειξιν ποιεῖσθαι.

displeased, be, ἄχθεσθαι, c. dat.

disposed, be, διακεῖσθαι.

dispute, ἀμφισβητεῖν.

distinguish, διαγιγνώσκειν.

distress, πράγματα, κακά.

distribute, διανέμειν.

divide, νέμειν, διανέμειν.

divinity, ὁ δαίμων, -ονος.

do, do to, ποιεῖν, δρᾶν, ἐργάζεσθαι.

do with, χρῆσθαι.

doctor, ὁ ἰατρός.

dog, ὁ, ἡ κύων.

donkey, ὁ ὄνος.

door, ἡ θύρα.

   out of doors θύρασι(ν), ('foris'), θύραζε ('foras ').

drachma, ἡ δραχμή.

drag, ἄγειν, ἕλκειν.

draw (*pay*), φέρειν (μισθόν).

draw up (*in order of battle*), παρατάττειν.

drink, πίνειν.

drive out, ἐκβάλλειν, ἐξελαύνειν.

due, τὸ προσῆκον.

due to, *use* αἴτιος *and transpose*, *e.g.* 'death is due to disease,' αἰτία τοῦ θανάτου ἡ νόσος.

## E.

each, ἑκάτερος, ἕκαστος.

each other, ἀλλήλοι.

ear, τὸ οὖς.

early, πρῴ.

earlier, πρῳαίτερον.

   early to-morrow morning, εἰς ἕω.

easily, ῥᾳδίως.

easy, ῥᾴδιος, -ᾱ, -ον.

eat, ἐσθίειν.

educate, παιδεύειν.

elder, πρεσβύτερος.

eldest, πρεσβύτατος.

elect, αἱρεῖσθαι.

eloquent, δεινὸς λέγειν.

end, τὸ τέλος.

end, on, ὀρθός, -ή, -όν.

   his hair is standing on end, ὀρθὰς ἔχει τὰς τρίχας.

enemy, (1) ἐχθρός ('inimicus '), (2) πολέμιος ('hostis ').

   the enemies' country, ἡ πολεμία.

enslave, καταδουλοῦν.

entertainment, give an, ἑστιᾶν, c. acc.